비밀과 역설

비밀과 역설

10개의 키워드로 읽는 독일통일과 평화

—— 이동기 지음 ——

아카넷

'독일식 해결책'을 전하며
'비상한' 한반도 평화로(路)를 그리다

이스라엘의 소설가 아모스 오즈에 따르면, 비극은 두 방식으로 해소될 수 있다. 셰익스피어 해결책이 있고, 안톤 체호프 해결책이 있다. 그는 다음과 같이 말했다. "셰익스피어 비극의 결말에서는 무대에 시체들이 나뒹굴고, 아마도 저 높은 곳 어딘가에 정의가 어른거릴 것이다. 반면에 체호프의 비극에서는 모든 인물이 환멸을 느끼고, 씁쓸해지고, 상심하고, 실망하고, 철저히 망가진 상태로 끝나지만, 여전히 모두가 살아 있다. 나는 셰익스피어 식이 아니라 체호프 식으로 이스라엘-팔레스타인 비극이 해결되길 바란다."

한반도가 독일처럼 평화로 가기를 바라지만, 현실은 자주 팔레스타인의 가자 지구로 눈을 돌리게 만든다. 독일처럼 한번 개시된 평화 대화가 분단 극복으로 이어지지 않고 오히려 평화협상의 좌절이 오해의 증폭과 대결의 빌미가 된 이스라엘-팔레스타인 갈등이 더 눈에 밟힌다. 만

성적인 적대와 폭력 충돌은 환멸과 씁쓸함, 상심과 실망을 켜켜이 쌓았지만 평화운동에 헌신했던 오즈는 갈등의 폭발을 통해 선과 악이 승부를 겨루어 얻는 정의의 평화가 아니라 좁혀지지 않는 거리를 그대로 유지한 채 공존을 모색하는 길에 의지했다.

우리의 삶과 세계는 체호프의 가공인물들처럼 선과 악으로 딱히 나눠지지 않고 저마다의 사연으로 넘치기에 갈등의 해결도 딱히 선악을 가르는 정의에 기초하기도 어렵고 소통을 통한 상호이해가 수월히 보장되지도 않는다. 오즈는 체호프에 기대어 모두가 애처롭고 애잔하지만 살아남는 길을 갈등 해결의 마지막 비책으로 보았다. 화사한 신세계의 기대가 아니라 우중충한 현실을 감당하며 삶의 의지를 세우는 인내가 더 중요하다는 말일 테다.

그런데 체호프의 작품에 등장하는 인물들도 더러 자살하거나 죽기에 오즈의 말이 딱 맞지는 않는다. 이를테면, 「관리의 죽음」이 그렇다. "어느 멋진 저녁" 오페라 공연을 보러 간 회계원 체르뱌코프는 실수로 자리에 앉은 채 재채기를 했다. 앞에 앉은 운수성 고위 관료인 브리잘로프 장군에게 침이 튀었고 장군은 머리와 목을 닦으며 투덜거렸다. 체르뱌코프가 몸을 숙여 연신 사과했지만 장군은 귀찮은 듯 괜찮으니 "제발, 공연 좀 봅시다"고 받았다. 직속상관은 아니지만 고위 관료에게 폐를 끼쳤는데 그가 제 사과를 제대로 받지 않은 듯해서 체르뱌코프는 '불안'했다. 그리하여 쉬는 시간에 다시 장군에게 다가가 용서를 빌었다. 장군은 "나는 이미 잊었"는데 "아직도 그 얘기냐"면서 면박을 주었다. 장군의 신경질은 체르뱌코프의 '의심'을 돋우었다. 혹시라도 장군이 자기가 일부러 침을 튀긴 것이라고 '오해'할 것이라고 생각했다. 집에 돌아와 고민하니 아내가 제대로 사과를 하지 않으면 예절을 모르는 사람이라고 오해할 테니 장군의 사무실로 직접 찾아가 사과를 하라고 권했다. 다음 날 체르뱌코프는 새 관복을 차려 입고 장군을 찾아가 해명했지만 장군은 그가 도대체 왜 그렇게까지 귀찮게 찾아와서 해명과 사과를 하는지 이해할 수 없었다. 체르뱌코프는 본의가 아니고 어쩔 수 없이 재채기를 했다고 말하며 연신 사과했지만, 장군은 "울상을 지으며" 체르뱌코프가 자신을 일부러 놀린다고 생각해 그를 쫓아냈다. 체르뱌코프는 당황하기도 하고 화도 나서 집에 돌아와 차분히 편지를 쓸까 고민했다. 하지만 아무래도 다시 찾아가 사과하는 것이 문제를 해결하는 길이라고 생각했다. 다음 날 그는 장군을 찾아가 똑같은 얘기를 다시 너무도 진지하게 반복했다. 장군은 소스라쳤다. 그는 "꺼져"라고 외치며 "얼굴이 파랗게 질려서 부들부들 떨었다." 장군은 발을 구르며 계속 "꺼지라니까!"라고 말했다. 체르뱌코프는 "뱃속에서 무언가가 터졌"고 흐느적흐느적 걸어 돌아와 "죽었다."

　　한 번의 재채기가 만든 이 '씁쓸한' 이야기는 저자에게 냉전과 분단의 적대를 연상케 했다. 사람들의 불화와 대결은 명확한 의도나 적나라한 이익의 충돌에서 비롯되기도 하지만 때로는 상호 오해와 의심이 증폭해서 만들어진 결과이기도 하다. 냉전과 분단의 대결도 선의가 악의로, 진심이 의심으로 바뀌면서 불신과 공포의 체제나 구조로 정착했다. 「관리의 죽음」에서 보듯, 선의와 진심의 교호작용을 막는 데는 때로 악의나 이익이 아니라 불안과 오해가 더 크게 작동하기 때문이다. 국제냉전의 최신 연구도 바로 그 연관관계를 많이 밝혔다. 미국과 북한, 한국과 북한 사이의 불화와 적대, 심지어 한국과 미국 사이의 의심과 불신을 더 잘 이해하고 분석해 3자 다방 간 이해의 틈과 새를 키우려면 갈등과 적대의 증폭 메커니즘, 그리고 그것의 억제와 해결 가동 방식에 대해 더 많은 이야기들을 챙겨야 할 것이다.

　　역사가인 저자는 독일 평화정치와 통일 과정을 살펴 그 이야기들에 돌을 하나 더 얹으려 한다. 독일통일을 어떤 해결책이라고 불러야 할지 아직 분명하지 않다. 다만 독일은 통일 논의를 유보하고 평화정치에 집중하며 오해와 불신이 아니라 그것의 극복에 가속과 증폭 장치를 달았다. 그것이 독일통일의 '비밀'이며 동시에 평화정치의 '역설'이다. 하지만 더 많은 '비밀'과 '역설'이 숨어 있다. 그것도 더했다.

　　2020년은 한국전쟁 발발 70주년과 6·15 남북공동선언 20주년에 더해 독일통일 30주년을 함께 맞았다. 한반도의 분단 현실과 통일독일의 역사를 비추어 30년이라는 시간의 무게를 재면 처연하다. 그렇다고 해서 독일통일을 모범으로 추키고 '독일통일의 교훈'을 탑으로 세울 일은 아니다. 동독 지역의 최근 상황을 염두에 두면 1990년 독일통일을 '성공'이라고 무조건 높일 수가 없다. 게다가 1990년대 또 다른 정치체들의 결합, 즉 1992년에 탄생한 유럽연합과 1997년부터 시작한 중국과 홍콩의 일국양제의 최근 현실은 모두 우리에게 '통일'이나 '통합'에 주춤거리게 한다. 그러니 독일통일의 역사를 한반도 남북의 '통일'을 위한 '교훈'이 아니라 평화정치와 평화문화를 쌓는 성찰 자료로 삼는 게 좋다. 통일은 '대박' 또는 '번영'이라는 정치가들의 최면 걸기에 몸을 맡기지 말고 오히려 그들에게 더 많고 과감한 평화정치를 채근하는 동시에 동행해야 할 것이다.

이 책은 독일 분단의 극복과 통일을 다룬다. 하지만 이 책은 인습적인 역사서술의 형식을 조금 비튼다. 독일통일의 역사를 시기의 흐름에 따르고 사건을 중심으로 서술하는 방식을 약간 벗어났다. 그런 역사서술은 이미 적지 않기 때문이다. 그 대신 이 책은 사건의 연관과 과정의 흐름을 무시하지 않되―저자가 다른 글에서도 강조한―'행위자 관점'을 적극 반영했다. 사건과 구조는 결국 역사행위자들의 인지와 구상, 기회와 모험, 의지와 결정 및 그것의 교호(交互)와 이격(離隔)을 통해서 더 잘 포착할 수 있기 때문이다.

3부로 구성된 이 책은 10개의 주제로 채워졌다. 제1부 4개 장은 독일 '평화정치'의 발원과 성격 및 지속과 쟁점을 다루었다. 그것은 '평화가 길'이 되는 과정을 다루면서 독일 평화정치가들의 숙고와 모험, 논쟁과 행동에 집중했다. 열강에 대한 태도, 진보와 보수의 합의, 인권과 평화의 관계 등이 주요 주제로 올랐다. 저자에게 그것은 한반도 분단 극복의 관점을 반영하는 방식이었다. 제2부 4개 장은 독일통일로 만나고 엇갈린 여러 행위자들의 고유한 길들을 다루었다. 역사의 특정 목표와 결과를 바람직하고 필연적인 것으로 전제하며 복잡한 과정을 단선으로 축소하는 '휘그적 해석'을 넘어서야 대안과 전망의 사유가 열린다. 1989년 가을에서 1990년 가을까지의 통일 과정도 마찬가지다. 그렇기에 제2부는 동독 체제비판운동과 주민들, 서독 정부와 좌파 야당들, 열강과 주변국들의 주장과 입장, 갈등과 고집을 각기 따로 다루었다. 통일을 둘러싼 각 행위자들의 입장 차이와 이견 조정의 과정을 더 입체적으로 보기 위함이었다. 마지막 제3부 2개 장은 독일통일에 대한 과도한 이상화를 극복하고 한반도 통일 논의를 보조하기 위한 내용을 담았다. 통합과 통일에 대해 더 열린 관점과 전망을 찾고자 했다. 독일통일의 현실을 비판적으로 다루는 것은 그것의 의미나 의의를 놓치거나 낮추기 위함이 전혀 아니다. 오히려 한반도에서 '더 나은' 평화와 통일의 길을 찾으려면 독일통일의 오류와 결함, 역전과 위험에 대해 우리는 더 민감해야 한다. 우리에게 평화와 통일은 흥미로운 연구 대상이면서 동시에 절박한 실천 과제이기 때문이다. 분단 현실을 고려하면, 독일인이나 유럽인보다 우리가 더 독일통일에 대해 비판적 관점을 넓히고 인식지평을 높여야 할 것이다.

산더미 같은 독어와 영어 문헌들을 헤집고 나오느라 국내 연구 성과를 충분히 살피지 못했다. 아쉽다. 아울러 저자는 각 장의 말미에 한반도 맥락에서 중요한 함의를 나름 더듬었고 마지막 장에서 '국가연합'을 따로 다루었지만, 국내 '남북연합' 논의와 통일 토론에 본격적으로 뛰어들지는 못했다. 독일 평화정치와 통일 과정을 소상히 알리며 그 논의와 토론을 보조하는 것에 역점을 두었다. 향후 기회가 되는 대로 국내 평화정치와 통일구상 논의에 견해를 보태며 배울 예정이다.

코로나19 팬데믹에 맞선 방역에서 보듯, 위험이 심각하고 불안이 확산되면 정치공동체는 특별한 해결을 모색해야 한다. 방법은 열려 있고 선택은 우리의 것이다. 방역과 관련해서는 이미 그동안 실천은커녕 상상조차 쉽지 않았던 여러 정치 대응과 사회 공존 방식이 등장했다. 사람들 사이의 신뢰와 의존이 얼마나 깊고 중요한지를 새삼 깨닫게 했다. 한반도 남북 간의 분단과 적대도 그렇게 심각히 인지하고 대응했다면 좋았을 것이다. 빌리 브란트가 총리가 되어 1969년 말 연방의회에서 말했듯이, 평화를 위해서는 "모험을 두려워하지 말아야 한다!" 비상한 문제에는 비상한 대응이 필요함을 모두가 익히고 있다. 전염 병균에 맞선 방역처럼 적대와 대결의 숙주에 대해서도 그렇게 임할 의지와 지혜가 솟길 바란다. 한반도 평화 부재의 극복을 위한 '손 씻기'와 '거리두기' 방식들도 따로 꽤 있을 것이다. 이 책이 그런 의지의 창출과 지혜의 형성에 조금이나마 도움이 된다면 저자로서 크게 기쁠 것이다.

집필과 이직이 겹쳤다. 강릉에서 7년 동안 역사를 살피다 이제 춘천에서 평화에 매달려 연구하고 교육할 기회를 가졌다. 강릉원주대학교 사학과 교수와 학생들에게 차분히 이별 인사도 못했다. 이 자리를 빌려 우의와 배려로 연구와 집필에 집중하도록 해주신 홍형우, 이승일, 김두현, 이상균 교수님께 깊이 감사드린다. 인연을 줄여 아쉬운 사학과 학생들에게도 미안함을 남기고 건승을 빈다. 같은 학교 강승호, 정세환, 여인만, 박종성, 박소현, 황승환, 강철웅 교수님께도 그동안의 우정과 친교에 머리를 숙인다. 강원대학교에서 함께 '평화를 만들게' 된 정대교, 한광석, 송영훈 등 평화학과 교수님들께도 환대에 감사의 마음을 올린다. 한국냉전학회와 독일사학회 선생님들은 저자에게 늘 지적 자극과 숙고의 기회를 제공했다. 정성을 다해 말석을 채우련다. 홍익대학교 하선규 교수님은 저자를 키르케고르로 안내했고 불안과 공포에 대한 철학 논의로 저자를 깨우쳤다. 감사의 인사를 전한다. 이 책을 집필하면서 저자는 동시에 2020년 5월 초부터 10월 초까지《한국일보》에서 「한반도 평화, 베를린에서 묻다」라는 제목으로 격주에 걸쳐 연재를 했다. 책 내용의 일부는 그 연재에도 담겼음을 밝힌다. 다가올 평화의 시기를 헤아려 지면을 제공해준《한국일보》와 조태성 문화부장님, 그리고 부족한 글을 잘 살펴준 강윤주 기자님께 깊이 감사를 드린다.

저자는 2013년 아카넷 출판사에서 『20세기 평화텍스트 15선』을 발간했다. 이미 박수용 학술팀장의 성실함과 꼼꼼함을 잘 알기에 이번에도 편히 기댔다. 독일통일 30주년을 빈손으로 흘려보낼 수 없었기에 그의 신호를 바퀴 삼아 달렸다. 아카넷 김정호 대표님은 책 발간을 격려했을 뿐 아니라 인문학과 세상의 관계에 대한 탁견으로 저자를 고무시켰다. 두 분 모두에게 감사할 따름이다. 오류가 있다면 저자의 민망함으로 남고, 결핍이 있다면 저자에게 아픔으로 박힌다. 독자들의 지적과 반응에 열려 있을 것이다. 그래야 평화와 통일에 대해 크고 깊게 공부할 수 있음을 안다. 미무를 헤치고 '평화로(路)'를 달리자.

2020년 9월 이동기

책머리에 ──── 5

제1부

평화가
길이다

제1장 / **불안** / 공포와 오해가 냉전을 낳다   17

제2장 / **접근** / 작은 걸음으로 친구가 되다   41

제3장 / **신뢰** / 보수가 실용을 펼치다   71

제4장 / **인권** / 평화와 인권이 만나다   95

제2부

통일로
가는 길들

제5장 / **혁명** / 체제개혁 분출이 통일 요구에 지다   133

제6장 / **공세** / 총리가 통일열차를 몰다   171

제7장 / **대안** / 우회로를 들었지만 묻히다   205

제8장 / **외교** / 설득과 유인으로 독일문제를 해결하다   235

제3부

더 나은 길을
찾아서

제9장 / **통합** / 통일이 새로운 분열을 낳는다면?   269

제10장 / **연합** / 국가연합의 백화제방을 열자!   303

주석 ──── 331

참고문헌 ──── 372

찾아보기 ──── 387

일러두기

1. 본문에서 약칭한 주요 독일 정당의 정식 표기는 다음과 같다.

  기민련(CDU): 기독민주연합(Christlich Demokratische Union Deutschlands)

  기사련(CSU): 기독사회연합(Christlich-Soziale Union in Bayern e. V.)

  사민당(SPD): 독일사회민주당(Sozialdemokratische Partei Deutschlands)

  자민당(FDP): 자유민주당(Freie Demokratische Partei)

  사통당(SED): 독일사회주의통일당(Sozialistische Einheitspartei Deutschlands)

  민사당(PDS): 민주사회당(Partei des Demokratischen Sozialismus, 사통당의 후신이며 현재는 좌파당
      Die Linke.)

  AfD: 독일을 위한 대안(Alternative für Deutschland)

2. 이 책의 제5장은 저자의 최근 논문 「"독일, 통일된 조국": 1989년 동독의 민주주의 혁명과 통일문제
   의 관계」,《독일연구》44(2020.08), pp. 171-204를 일부 수정한 것이다. 그 외의 일부 장도 내용과 서
   술은 저자의 기발표된 학술논문들과 겹친다. 하지만 저자는 책의 체계와 관점을 다듬고 새로운 연구
   와 자료를 반영해 전면 재집필했다. 이 책의 바탕이 된 저자의 논문들은 주석과 참고문헌에 밝혀 두
   었다.

※ 본문의 도판은 독일 연방기록원(Das Bundesarchiv)의 자료를 주로 활용했으며 저작권자가 불분명
   한 일부 도판에 대해서는 추후에 사용 허가를 얻겠습니다.

제1부 —

평화가 길이다

제1장

불안

공포와 오해가 냉전을 낳다

/

"모든 인간은 스스로 나락에 빠져들지 않기 위해서 두려워하는 일을 배워야만 한다.
한 번도 불안 속에 있어 본 적이 없거나, 혹은 불안 속에서 침몰하게 됨으로써
인간은 나락에 빠져들게 되는 것이다. 그 때문에 올바른 방식으로 불안해하는 것을
배운 자는 어떤 궁극적인 것을 배우는 것이다."

－키르케고르, 1844 [1]

전후 유럽

1945년을 '0년'으로 부르는 것은 적절했다.[2] 1945년에는 옛 질서가 회복된 것도 아니지만 새로운 세계질서가 바로 모습을 드러내지도 못했기 때문이다. 전후 '1년'이 아니라는 말이다. 1945년은 세계질서와 국가관계, 일상문화와 경험세계 모두에서 여러 흐름과 현상이 혼재했다.[3] 전후 초기 세계는 냉전 대결이 아닌 다른 길들, 즉 더 나쁜 길과 더 나은 길의 가능성이 뒤섞였다.

먼저, 나치 제국의 몰락은 유럽의 쇠퇴를 동반했다. 전후 유럽의 주요 국가들은 제국의 지위를 잃었고 국제정치와 세계경제에서 역할과 규모의 쇠락을 경험했다.[4] 전후 유럽은 여타 지역에 비해 인명 피해와 문명 소모가 너무 크고 참혹했다. 유럽 국가들은 홀로 재건할 수도 없었고 함께 용을 써도 새 정치질서를 창안하기 어려웠다. 유럽 주요 국가들은 제국이나 열강으로 한때 자랑했던 패권을 잃어 제 문제와 위기조차 스스로 해결할 능력이 없었다. 비유럽 지역의 탈식민화도 유럽 제국의 기반과 위신을 통째로 흔들었다.[5]

탈식민화는 곡절이 많아 시간이 좀 걸렸다. 유럽 대륙은 상황이 더 가팔랐다. 나치 제국의 몰락으로 거대한 권력 공백이 생겼다. 바로 그곳으로 미국과 소련이 '의도치 않게' 진입했다. 유럽은 새로운 세계열강을 맞이했고 양극화로 기울었다. 독일의 권력 진공으로 서로 협력 동반자를 찾던 유럽 국가들은 양극화의 소용돌이에 빠질 수밖에 없었다. 유럽은 미국과 소련의 대(對)유럽 전략과 이익 관철 이전에 이미 미국의 지원이나 소련의 영향을 기대하거나 수용해야 했다. 다만 전후 유럽 질서의 형식이나 내용은 미리 결정되지도 않았고 결정될 수도 없었다. 1945년 '자본주의 미국'이 곧장 유럽과 독일에 '제국주의 패권'을 행사하려 했다든지, '공산주의 소련'이 '유럽과 독일의 공산화'를 준비했다든지 하는 진단은 당시 맥락에서 보면 현실과는 무관한 가상불안이었고 현재 관점에서 보면 사후 결과를 전제한 채 단선적인 인과관계로 연관관계의 복합성을 지우는 시도다.

전쟁은 심대한 폐허와 혼란을 남겼고 전쟁 공포는 더욱 커졌다.[6] 1945년 시점에서 새로운 정치 대결과 군사 긴장이 재발해 제3차 세계대전이 발발할 가능성은 매우 낮았다. 오히려 제2차 세계대전이 끝날 무렵부터 1947년 사이에 전승국 대표들은 아직 세계질서 구상을 명료히 세우지 못했다. 세계열강으로 등극한 미국과 소련은 세계 인지 방식과 사회 체제가 근본적으로 달랐지만 경제 이익이나 자국 현실의 화급함을 놓고 보면 전후에 협력하지 못할 이유가 없었다. 소련은 전쟁으로 산업 생산이 피폐해져 직접 조달하기 어려운 물자를 미국의 재정지원과 원조로 해결할 수 있었다. 또 소련은 미국과 협력하고 조정해야만 자신이 입은 막대한 전쟁 피해를 배상받을 수 있었다. 역으로 소련의 안보 관심에서 가

1945년 3월 베를린의 거리.

장 중요한 동유럽은 미국의 외교나 무역에서 전혀 중요하지 않았다. 그렇기에 1945년 미국의 루스벨트 대통령은 소련이 동유럽에서 영향력을 행사하는 것을 용인하고 소련에 재정을 지원해 전후 복구를 도울 생각을 할 수 있었다. 그것에 조응해 스탈린도 소련의 안보 권역만 보장된다면 동유럽에서 소비에트화를 강제할 이유가 전혀 없었다.

얄타와 포츠담

국제냉전을 '얄타체제'로 부르는 것은 부적절했다. 1945년 2월의 얄타회담은 미국과 영국과 소련의 전쟁 연합이 전후 협력으로 이행하는 첫걸음이 될 수도 있었다.[7] 얄타회담 당시까지도 스탈린은 동유럽을 어떻게 처리할지에 대해 계획이 명확하지 않았다. 아직 전쟁 중인 상황에서 처칠과 루스벨트는 정치 신념과 미래 구상이 스탈린과 달랐지만 소련이 전쟁에서 입은 피해와 승리를 위해 수행한 공헌을 모두 인정해야 했다. 서방측은 동유럽과 독일에 대한 소련의 영향력을 인정하는 대신 소련으로부터 대일전 참전과 유엔 창립 지지와 참여 약속을 얻었다. 프랑스가 연합군의 승리와 독일 점령 후 연합군통제위원회에 참여하기로 보장되었으며, 동유럽 상황도 계속 협의하고 조정할 수 있는 여지를 남겼다. 3국 모두에 나쁘지 않은 결과였다. 얄타회담이 냉전의 발원이었다기보다는 그 후의 조정 실패가 냉전의 원인이었다.[8]

1945년 5월 8일 독일의 패전으로 전후 독일과 유럽의 재건 방향과 형식을 논의해야 했다. 7월 17일부터 8월 2일까지 베를린 근교 포츠담의 체칠리엔호프 궁전에서 열린 전후 처리 회담도 승전국들끼리 협력이 계속 가능하다는 사실을 보여주었다. 미국 대통령 트루먼과 영국 총리 처칠 (7월 28일부터는 클레멘트 애틀리)과 소련공산당 서기장 스탈린은 포츠담회담을 통해 독일 재건의 기본 원칙, 즉 탈나치화와 탈군사화, 탈집중화와 민주화의 4대 원칙을 정했고 연합군통제위원회의 주관 아래 네 개 점령지를 공동으로 관리하고 외무장관 회의에서 평화협정을 준비하는 데 합의했기 때문이다.[9] 각 분할 점령지에서 4대 전승국이 합의를 어떻게 구체적으로 실천하고 적용할지는 열려 있었고 독일의 경제적 통일성을 어떻게 유지할지가 쉽지 않은 문제였는데, 결국 불화의 씨앗이 되었다.

사실 얄타회담 후부터 포츠담회담 사이에 이미 소련과 서방 열강은 서로에 대해 의심하고 불신하기 시작했다.[10] 스탈린은 비록 첩보기관 단위에서이긴 하지만 미국과 영국이 스위스에서 독일군 대표와 종전 협상을 진행한 사실을 알고 서방이 언제든지 소련을 배신하고 고립시킬 것이라고 의심했다. 반면, 영국은 소련이 폴란드에서 일방적으로 친소 정권을 세울지 모른다는 불안을 떨칠 수가 없었다. 게다가 미국은 5월 8일 유럽에서 전쟁이 끝나자마자 소련에 대한 물자와 무기 지원 및 대여를 중단했다. 그 방식은 소련에 치욕이었다. 예정된 물자 수송이 전면 취소된 것은 말할 것도 없고 이미 소련으로 향하던 미국 수송선도 바다 한가운데서 미국 항구로 되돌아왔다.[11] 미국이 보기에 그것은 종전의 당연한 조치였고 소련뿐만 아니라 여타 동맹국들에도 해당하는 조치였지만, 소련은 그것을 자신을 겨냥해 우호를 깨는 행위로 인지하면서 향후 협력에 대한 미

4대국의 독일 분할점령이 결정된 포츠담회담 장면(위).
오스트리아 빈의 벨베데레궁전 발코니에서 「오스트리아국가조약」을 펼쳐 든 외무장관 레오폴트 피글(아래).

국의 의지를 의심하기에 충분했다. 그렇게 불안과 불신은 기회만 있으면 고개를 들 준비가 되었다. 하지만 얄타의 합의 내용이 1945년 여름 포츠담회담에서도 재확인되고 심각한 갈등 없이 구체화되었다는 사실이 중요하다. 이견과 의심에도 협상과 조정은 두 번이나 연이어 성공했다.

게다가 독일이 네 개 점령지로 분할 관리된다고 해서 두 개의 독일로 분단될 이유는 전혀 없었다. 포츠담회담의 합의에 따라 오스트리아도 독일과 마찬가지로 4개 지역으로 분할 점령되었지만 10년에 걸친 국제 협의와 국내 조정 끝에, 즉 1955년 7월 27일 국가조약을 통해 주권을 되찾았다. 10월 25일 오스트리아 주둔 외국군은 모두 철수했고, 10월 26일 오스트리아 국가평의회는 중립법을 의결했다. 오스트리아는 주권을 회복하고 단일국가를 유지한 채 1955년 12월 14일 유엔 회원국이 되었으며 냉전 대결을 비켜갔다.[12] 그뿐만 아니라 오스트리아는 국제냉전기 평화의 가교로서 각종 중재와 평화 협상의 장소를 제공하며 매력을 발산했다.[13] 냉전과 분단을 이데올로기와 체제 대결의 필연적 결과로 볼 수 없는 명료한 예였다. 오스트리아의 주권 획득과 독일의 분단은 승전국과 해당 국가의 정치가들이 합의를 통해 새로운 질서를 만들 수 있는 여지를 잘 활용했느냐 못했느냐의 문제로 보아야 한다. 이데올로기나 체제가 달라도 적대와 분단으로 치달을 필연적인 이유는 없다. 유럽냉전과 독일분단은 전쟁 연합의 국가들이 서로에 대한 신뢰를 잃고 점차 공포와 불안, 불신과 의심의 소용돌이로 빠져들었기 때문에 생겨났다.

냉전과 분단

애초 전승 연합국들은 독일의 재부상을 막을 요량으로 나치 제국의 해체를 넘어 독일의 분할을 잠시 구상했다. 하지만 그들은 서로 다른 체제의 두 개 국가로 독일을 분단하려는 계획을 세우지는 않았다.[14] 오히려 그들은 독일 분할보다는 단일 독일국가 건설을 염두에 두었다. 다만 구상과 계획이 명료하지 못했다. 1945년에서 1947년 사이에 미국과 영국의 정치지도부는 소련이 동유럽과 동독과 베를린의 점령지에서 정치 자유를 보장한다면 소련의 안보 요구에 응하고 협력할 의지가 분명했다. 심지어 영국과 미국의 일부 정치가들과 관료들은 중립주의를 전제로 한 단일 독일국가 구상을 갖기도 했다.[15] 1949년 독일에서 두 개의 국가가 건국된 후에도 미국과 영국에서는 간헐적으로, 이를테면, 1950년대 중반에도 애초 대표적 냉전 전사였던 영국 총리 윈스턴 처칠과 미국 외교관 조지 케넌은 소련과 합의해 단일한 독일국가를 건설하는 논의를 부활시켰다. 그때도 독일중립화는 대안으로 숙고되거나 제안되었다.[16] 게다가 독일에서도 냉전과 분단을 극복할 대책으로 민족중립주의 흐름과 강령이 다양하고 질기게 등장했다.[17]

스탈린은 루르 지역의 서독 산업 기반으로부터 전쟁 배상을 받을 목적과 서방 통합의 '제국주의'적 성격에 대한 두려움으로 중립화 통일독일을 자주 초들었다. 그것은 선전 술책이거나 교란 작전이 아니었다. 스탈린은 나름 진지했다. 서방, 특히 미국과의 협력은 소련의 이익에 철저히 부합했을 뿐만 아니라 독일중립화로 미국이 유럽에서 물러나면 영국과 세력 균형을 유지하는 것도 가능하다고 보았다. 스탈린은 미국을 비롯한 서방측과 계속 협력할 수 없다면 최소한 동유럽을 자신들의 안보 권역으로 묶는 대안을 관철하고자 했다. 소련은 서방과의 협력에 대한 미련을 버리지는 않았지만 줄곧 동유럽에서 영향력을 강화했다. 물론, 동유럽이 소련의 지배하에 떨어진다고 해서 그것이 곧장 소련이 전체 독일을 영향권 아래 두려고 한다고 간주될 수는 없었다. 또 작고 보잘것없는 독일의 동부 지역을 장악하는 것보다는 독일 전체를 자신에 우호적인 지역으로 만드는 것이 소련에 훨씬 이로웠다. 소련은 독일분단이 아니라 중립화를 전제로 단일 독일국가를 원할 이유가 충분했다.[18]

하지만 동유럽 친소 정권의 탄생과 정치 자유의 억압은 서방측에 소련과 타협할 수 없다는 생각을 강화했다. 특히 1946년 4월 21일-22일 소련 점령지인 동독 지역의 사민당과 공산당이 합당해 '독일사회주의통일당(이하 사통당)으로 결집했을 때 서방측은 경악했다. 소련의 강제와 압박이 독일에서도 정치 현실로 드러났기 때문이다. 그것은 서방과 서독 정치가들에게 독일 전체를 소련이 공산화하려고 한다는 의심을 증폭시켰다. 물론, 소련은 사통당의 탄생을 독일의 탈나치화와 민주화의 한 형식이자 과정으로 이해했을 뿐이었다. 고유의 맥락을 지닌 특정 행위와 결정이 상대방에게는 불안과 불신을 계속 낳았다.

서독과 서방측에는 중립화 독일이 소련의 강압과 위협으로 결국 공산화로 귀결되고 말 것이라는 우려가 증대했다. 서독 지역이라도 서방에 결속해 두는 것이 현명해 보였다. 서방측은 점차 소련의 방어적 태도를 위협으로 인지하며 동서독 분단을 현실로 인정했다. 1947년 12월 런던의 외무장관회담에서 조정이 실패하자 미국과 영국은 소련 점령지를 제외한 서방 지역에 독일국가를 건설해야겠다는 생각을 굳혔다.[19] 1948년 6월 7일 미국과 서유럽 국가의 대표들은 런던에서 서독의 국가 형식에 대해 합의했고 그것을 서독 정치가들에게 '권고'했다. 1946년부터 주의회 선거와 정당 재건을 통해 등장한 서독의 정치지도자들은 「런던의정서」와 「프랑크푸르트 문서」에 기초해 1948년 7월부터 헌법제정과 국가 건설에 착수했다. 이견과 갈등이 작지 않았지만 민주 절차가 착실히 진행되었다. 1949년 5월 8일 마침내 서독 주의회 평의회는 본에서 독일연방공화국을 만들 기본법을 통과시켰다. 1949년 5월 23일 독일연방공화국이 건국되었고 헌법을 대신한 기본법이 발효되었다. 1949년 8월 14일 첫 연방의회를 구성할 총선이 실시되었고 기민련·기사련이 31%의 지지를 얻어 제1당이 되었다. 1949년 9월 14일 연방의회는 콘라트 아데나워를 초대수상으로 임명했다. 오스트리아 정치가들과는 달리 독일연방공화국 초대 총리 콘라트 아데나워는 소련과의 타협을 거부하고 서방통합의 길을 단호히 옹호했다. 스탈린과 동독은 서독 지역의 단독 국가 건설을 막기 위해 대중운동을 조직했지만 성과를 얻지 못했다. 1949년 10월 7일 독일민주공화국이 동독 지역에 건국되었다.

　　소련은 그 나름으로는 마지막까지 유럽냉전과 독일분단을 극복하고자 노력했다. 1952년 3월 10일 스탈린은 미국과 영국과 프랑스 정부에 중립화를 전제로 독일통일에 대해 협상하자고 제안했다.[20] '스탈린 각서'는 1949년을 전후한 독일 중립화 방안을 한 번 더 되풀이한 것이었다. 서방 전승국과 서독 정부는 냉담했다. 한국전쟁으로 인한 공산주의 위협의

서독과 동독에 별개의 국가가 건설되었다. 1949년 5월 23일
「연방공화국기본법」을 선포하는 콘라트 아데나워(위)와
1949년 10월 7일 독일민주공화국 건국 행사(아래).

현실화와 전후 경제 재건의 가속화('코레아-붐')는 중립화에 기초한 독일 통일 제안을 서방 통합을 방해하려는 선전 술책으로 보이게 했을 뿐이다. 스탈린은 한반도「정전협정」을 유예하면서도 독일과 유럽에서는 평화의 길을 찾으려 했지만 더 명확하고 단호한 타협 의지를 보이지 못했다.

게다가 동독 국가평의회 의장인 최고 권력자 발터 울브리히트는 사통당의 일당 독재 구상을 포기할 생각이 없었고 계급투쟁과 사회주의 독일혁명의 꿈을 접지 않았다. 스탈린의 독일중립화 구상에 감히 직접 맞서지는 못했지만 동독 체제를 이미 소비에트화함으로써 스탈린의 제안을 무용하게 만드는 데 일조했다.

사실 서방측과 소련의 상호 불신은 이미 1948/49년 '제1차 베를린 위기'에서 본격적으로 드러났다. 그것은 향후 독일과 유럽에서 미국과 소련 및 그들의 동맹국이 전개할 냉전 대결의 양상을 예시했다. 1946년과 1947년 미국과 소련은 동유럽과 독일문제에서 이견과 갈등을 되풀이했다. 1947년 트루먼 독트린과 마셜 플랜 및 서독 지역의 화폐개혁을 통한 경제통합 강화 그리고 소련 측의 체코슬로바키아 내정 개입을 통한 공산 정권 창출과 코메콘(COMECON: 상호경제원조회의) 창립의 연쇄적 상호작용은 1948년 6월 24일 소련의 베를린 봉쇄와 이에 대응한 서방측의 항공 수송으로 이어졌다. 한쪽의 행위는 항상 다른 쪽에서 과잉 해석되었고 대응 전략과 조치를 최고로 끌어올리도록 작용했다.

미국도 점차 대결정치에 나섰지만 때로는 서유럽 국가들이 더 안보에 안달했다. 마셜 플랜이 서유럽의 공산화를 막기 위한 경제적 조치였다면 이를 위한 군사적 수단이 북대서양조약기구(NATO, 이하 나토) 결성이었다. 나토는 1949년 4월에 출범해 12개 국가(벨기에, 네덜란드, 룩셈부르크, 영국, 프랑스, 미국, 캐나다, 이탈리아, 덴마크, 포르투갈, 노르웨이, 아이슬란드)가 초기 회원국으로 참여했다. 1952년 그리스와 터키가 나토에 추가 가입했다. 1955년 나토는 독일연방공화국을 회원국으로 받아들임으로써 동유럽 공산주의에 맞선 정치 군사 동맹의 성격을 명료히 드러냈다.

한편, 서유럽 국가들이 미국과 동맹해 소련에 맞서는 것은 소련이 가장 우려한 상황 중 하나였다. 소련도 맞대응을 해야 했다. 소련은 동유럽 국가 7개국, 즉 동독, 체코슬로바키아, 폴란드, 헝가리, 루마니아, 불가리아와 알바니아를 불러 모아 1955년 5월 바르샤바조약기구(Warsaw Treaty Organization)를 결성했다. 소련은 회원국들의 군사력을 통제할 뿐만 아니라 긴급 상황에는 '사회주의 전체의 이익을 위해' 언제든 회원국에 '개입'할 수 있는 권리를 가졌다. 안보동맹은 군사적 의미를 넘어 정치적 성격이 뚜렷했고 소련에 위성국가들의 내정에 간섭할 권리를 보장해 주었다. 그렇기에 동유럽 사회주의 국가의 내부 개혁과 외교 주권은 소련의 동의가 없다면 불가능한 일이었다. 나토와 바르샤바조약기구의 대치는 독일 분단의 외벽이었다. 독일 안의 경계보다 더 높고 위험한 경계였다. 물론, 외벽은 내벽, 즉 독일분단을 통해 유지되었다.

이데올로기적 냉전과 민족 분단은 역사적으로 낯설고 파괴적이었다. 오랜 연결을 파괴했고 사회를 갈기갈기 찢었다. 냉전은 한 번의 적대 행위나 갈등 발화의 단순 결과가 아니었다. 그것은 대결의 축적이었기에 상대에 대한 불안의 강화와 공포의 상승을 동반했다. 물론, 독일 내부에서 냉전과 분단에 맞선 거부 움직임도 동시에 발생했다. 냉전도 양차 대전과 마찬가지로 총력전이었기에 전체 사회가 동원되고 결집할 필요가 있었다. 냉전과 분단은 진영 대결일 뿐 아니라 사회 내부의 이견과 항의를 제압하고 통제하는 과정이자 결과였다.[21] 대결과 적대 또는 격리와 배제라는 냉전정치의 논리는 분단 사회 전체에 내면화되어 '냉전문화'로 자리를 잡았다. 그것은 새로운 형태의 정치 목표와 경제 이익, 문화 지향과 결합되었다.[22]

독일분단의 특성은 유럽 차원의 동서 진영 간 힘의 균형과 동서독 간 힘의 불균형이 결합되었다는 데 있었다. 나토와 바르샤바의 핵무장과 대결 체제의 외면상 힘의 균형 아래 동독과 서독은 사실상의 불균형 상황을 유지했다. 영토와 인구 및 경제력뿐만 아니라 정치 정당성과 주민 복리의 면에서도 동서독 간 불균형은 시종 돌이킬 수 없었다. 동독은 분단 시기 내내 상대적 불안정 속에 소련에 의존할 수밖에 없었다. 유럽 차원의 힘의 균형과 분단독일 국가 간 불균형의 동시성은 냉전과 분단 시기 내내 큰 변화 없이 지속되었다. 그 불균형과 균형의 동시성이 흔들리면 독일분단은 급격한 변화를 겪을 수밖에 없다. 그렇게 되기까지는 아직 분단의 우여곡절이 더 필요했다.

한편, 독일분단은 유럽냉전의 원인이라기보다는 오히려 결과였다. 독일분단을 극복하려면 유럽냉전의 해체나 완화는 필수이거나 전제였다. 물론, 독일의 민족중립주의자들은 독일분단의 독자 해결이 유럽냉전 극복과 유럽통합의 지름길이라고 우겼다. 그들은 유럽 차원의 평화질서 구상을 논하기도 했지만 주로는 독일만 따로 중립화해서 미국과 소련의 압박과 영향으로부터 벗어나는 방식으로 통일하자고 주장했다. 그렇지만 독일문제는 민족정체성의 강화나 민족주의 동원에 기초한 '독일적 해결'보다는 '유럽적 해결' 또는 유럽통합의 전망 속에서 비로소 가능하다는 인식이 확산되었다. 그 관점은 독일의 지정학적 특수성과 역사적 부채, 즉 '나치제국의 범죄'로 말미암아 설득력을 얻었다. 1970-80년대 서독의 동방정책이 민족주의를 경계하고 독일통일 논의를 유보한 채 동서 진영 간의 화해와 동서독 간 실용적인 협력관계의 진전에 초점을 맞춘 것도 그 맥락에서 이해할 수 있다. 그 과정에서 서독은 유례없는 평화정치를 선보였다. 그것은 민족정책이나 통일정치와 관련이 없었고 다만 긴장을 해소하고 위기를 예방하고 갈등을 조정하는 대화와 협상의 연쇄였다.

시기 구분

열전과 달리 냉전은 대화를 자주 동반했다. 특히 분단 시기 동독과 서독은 1950년대 말과 1960년대 초 격렬한 위기를 겪고 '전환'을 모색했다. 양 독일 국가의 정치가와 주민은 이데올로기적 대결을 조정하고 교류협력과 인적 교류를 강화했다.

1949년 '이중건국'에서 1990년 10월 3일 통일까지 독일 양 정부의 '대화'는 국내외 정세, 대화 주체와 내용 및 결과에 따라 크게 네 시기로 나눌 수 있다. 먼저 1949년부터 1969년까지는 양독 정부 간 공식적인 '관계부재(Nichtbeziehung)'의 시기였다. 동독 정치지도자들은 이미 국가 수립 전부터 시종 서독 정부와 정당들에 대화를 제의했다. 하지만 아데나워 연방총리를 중심으로 한 서독의 정치엘리트들은 동독을 국가로 인정하지 않았기에 대화에 응할 이유가 없었다. 둘째, 1969년 서독에서 독일사회민주당(이하 사민당)·자유민주당(이하 자민당) 연정의 등장 이후부터 1982년까지 이어졌던 양독 관계의 정상화 시기다. 사민당 소속 총리 빌리 브란트(Willy Brandt)와 헬무트 슈미트(Helmut Schmidt)는 동방정책을 통해 양독 간 관계 개선과 실제 협력사업을 강화했다. 세 번째 시기는 1982년 10월 초 서독의 권력교체, 즉 사민당에서 기독교민주연합(이하 기민련)으로의 정권 교체 후 1989년 9월 동독의 체제위기까지의 시기다. 이때 양독은 협력관계를 확대하고 심화시켰다. 마지막으로 1989년 10월부터 1990년 10월 사이는 양국 사이에 새로운 관계가 설정되는 기간이었다가 통일로 귀결된 시기다. 그 마지막 1989/90년의 '전환(Wende)'은 이미 분단 상황이 급변하고 민족재결합 요구에 기초한 통일 과정의 시기라는 점에서 앞의 세 시기와는 구분된다.

위의 시기 구분 시점들 중 앞의 둘은 서독의 중앙 권력 교체에 초점을 맞춘 것이라 동독의 정치 변화에 그대로 조응하지는 못한다. 1955년 대립적인 정치 군사 블록체제로의 동서독 편입과 1956년 사통당 지도부의 정치 숙청 또는 1961년 베를린장벽의 건설 등도 동서독 관계에 큰 변화를 초래한 사건이다.[23] 아울러 동독의 입장에서는 1982년 서독의 정권 교체가 아니라 1987년 사통당 서기장 에리히 호네커(Erich Honecker)의 서독 공식 방문이 더 결정적인 의미를 지녔다.[24]

게다가 특정 부문, 이를테면 경제교류에 초점을 맞추어 동서독 관계를 살피면, 시기 구분은 또 달라진다. 동서독 간 경제교류와 정치협상은 긴밀히 연관되었지만 시기가 완전히 일치하거나 상호 영향이 금방 드러나지는 않는다.[25] 오히려 양독 간 경제협력은 정치 발전의 영향을 받으면서도 그 자체로는 독자적으로 발전해 고유한 시간 흐름을 만들었다. 이를테면 1960년부터 1963년에 이루어진 경제협력의 일시 단절은 1949년부터 1960년 시기까지 양독 간 정치적 상황, 즉 '관계부재' 내지 분리의 사후 파장이라고 볼 수 있다. 반면 1964년 이후 1972년까지의 경제교류의 재정상화를 통해 이루어진 성과는 그 후 1972년 후 양독의 정치관계 발전과 성과의 전사(前史) 또는 촉매였다.[26]

하지만 1969년과 1982년은 동서독 관계와 대화의 시기 구분에서 여전히 결정적으로 중요하다. 왜냐하면 동서독 정부의 공식 대화가 시작된 것은 어쨌든 1969년 서독에서 사민당 정부가 본격적으로 '신동방정책'을 개시한 때였기 때문이다. 또 서독에서 1982년 10월 보수 우파로의 정권 교체가 되었음에도—또는 그랬기 때문에— 동서독의 협력관계는 질적 발전을 이루었기 때문이다.

평화정치

냉전과 분단 대결을 규정한 것은 안보딜레마였다. 냉전의 양측은 상대방을 제 안전을 위협하는 잠재적 침략자로 간주하며 혹시라도 있을 '최악의 상황'에 대한 대책을 강구했다. 그들은 각기 무기를 개발하고 동맹을 찾고 안보를 강화했다. 그것은 다시 상대방에 의해 적대와 공격 의도의 증거로 인지되었고 그것에 맞서 '최선의 대비'에 코를 박는 '이중적 악순환'이 발생했다.[27] 상대 진영의 선의는 그대로 전달되기 어렵고 작은 선의의 타진도 오해받았다. 방어용이라는 작은 군사 움직임은 말할 것도 없고 결집용이라는 작은 정책 문구도 상대에게는 최악의 시나리오에 맞서 대책을 구상하도록 자극하고 유도했다. 더구나 핵무장과 강력한 군사 동맹 체제는 양 진영 모두에게 '공포'와 '불안'을 자극했고 오해와 불신을 상승시켰다.[28]

냉전과 분단의 근본 원인은 '쌍방 간의 인지 오류'와 그것을 낳은 공포와 불안, 그것으로 인한 불신과 소통 실패다. 대립적인 이데올로기의 소음과 사회 체제의 간극 자체가 아니라는 말이다. 공포와 불안은 인간의 감정 중 가장 강력하고 보편적이다.[29] 그것은 삶과 안전이 위협받는다는 감정이다. 공포와 불안은 국제 정치에서 활성도 높고 일상에서 뿌리도 깊다. 그것은 과거의 경험에 기초하고 집단적으로 학습하고 전승된다. 공포와 불안은 인간의 어떤 감정보다 전염이 빠르고 오래 간다. 그것은 실제 위협에 대한 것이기도 하지만 자주 가상의 위험과 관련이 있기 때문이다. 정보 부족이나 왜곡도 그것을 강화한다. 전쟁과 폭력, 적대와 지배에 대한 공포와 불안은 그것에 맞설 수단을 찾게 만든다. 바로 그 공포와 불안이 안보딜레마를 건재하게 만든다. 안보딜레마는 탱크로 스크럼을 짜서 해결될 일이 아니다. 그것을 벗어나는 것은 인지 오류와 의사소통 실패를 극복하는 데서 시작한다.

불안과 공포를 극복할 다른 무기는 없다. 상대방과 신의와 선의를 주고받으며 신뢰를 만드는 것 말고는. 신뢰는 상대방과의 관계 문제이면

1954년 본 근처에서 시행된 핵전쟁 대비 민방위훈련.

서 동시에 자신의 삶의 태도 문제이기도 하다. 상대에 대한 정보 부족으로 인한 '불안에 침몰'하지 말고 자신의 선의와 신의를 꾸준하고 명료히 전달하고 상대도 신의와 선의를 되돌려 줄 것이라고 믿어야 한다. 그것은 당연히 모험이자 실험이다. 1960년대 후반부터 서독의 평화정치가들은 바로 그 길을 걸었다. 평화가 길이 되려면 불안을 극복하는 방법을 익혀야 했다. 냉전의 인습과 구속을 팽개치려면 평화정치라는 신종 정치 판타지가 필요했고 그것은 모험을 수반했다. 그들은 모험이 낳을 멋진 결과를 망상하지도 않았지만 동시에 모험에서 생겨날 위험을 과하게 곱하지도 않았다. 이상주의자가 아니라 현실주의자였기에 그들은 안보딜레마를 헤집고 나와 신뢰형성으로 나아갔다.

냉전의 대결정치는 악한 상대와 선한 우리를 나눠 상대의 궤멸과 퇴각을 노린다. 대결정치는 제 전략을 숨긴 채 상대를 흔들고 불안과 공포를 낳고 불신과 의심을 만든다. 대결정치는 국가나 진영의 대표들이 제 권력의 거점에서 결집과 동원을 위해 적대 이미지를 유포하고 선동을 일삼는다. 반면, 평화정치는 공포와 불안이 낳는 심리적 소모 전략을 단념하는 오해 기제의 극복 노력이다. 평화정치는 적으로 간주한 상대와 함께 시간과 공간을 함께 나누는 경험 공유다. 평화정치는 제 우려와 관심을 말하고 상대의 요구와 주장을 듣는 상호이해의 소통 연습이다. 평화정치는 갈등 쟁점을 상대의 관점에서 보는 법을 배우는 학습 과정이다. 평화정치는 대화가 곧장 성과를 내지 못하더라도 상대에게 거칠지 않고 적대의 독소를 빼는 절제 경험이다. 평화정치는 불안한 현재를 극복하기 위해 출구에 이르는 모험을 두려워하지 않는 담력 훈련이다. 평화정치는 신뢰와 조정, 예측 가능성의 정치 덕목을 발견하고 발명하는 창조 행위다. 평화정치는 공감이나 양보가 약자의 징표가 아니라 자신감과 용기의 발현임을 알리는 계몽 작업이다.

평화정치는 냉전과 분단의 경계를 넘는 다양한 월경자들을 낳았다. 냉전과 분단의 영향이 정치나 안보에만 그치는 것이 아니었다. 냉전의 전체 사회사는 냉전 극복도 사회 모든 부문에서 함께 추구되어야 함을 함축한다. 정치와 행정, 정당과 단체, 산업과 교역, 학문과 종교, 문화와 미디어, 인권과 환경 등 많은 영역에서 평화를 위한 새로운 역사행위자들이 생겨나야 했다. 오해와 불신을 극복하는 평화 대화는 정부나 국가 기관의 대표자들 외에도 '경계인'들에 의해서도 동시에 추진되었다. 독일의 평화정치가들과 평화행위자들은 냉전과 분단의 '불안 속에서 침몰하지' 않고 '올바른 방식으로 불안해하는 법을 배'웠다. '어떤 궁극적인 것'으로 향했다.

제2장

접근

작은 걸음으로 친구가 되다

/

"친구를 얻는 유일한 방법은 스스로 친구가 되는 것"이라는 에머슨의 말을
우리는 잘 알고 있습니다. 의심과 불신, 공포를 갖고 다가가면 우리는
평화를 유지할 수 없습니다. 신념에 기반을 둔 이해와 자신감,
그리고 용기를 가지고 추진할 때만 우리는 평화를 유지할 수 있습니다.
-프랭클린 루스벨트, 1945[1]

아우토반 24호선(A24)

'친구' 때문만은 아니었다. 2018년과 2019년 여름 각각 서울과 울산의 교사들이 민주시민교육과 평화교육 견학차 독일을 방문했을 때 나는 베를린 답사를 끝내고 그들을 함부르크로 안내했다. 독일 유학 시절의 친구가 함부르크 정치교육원의 부원장으로 재직하는데 그는 총명한 역사학박사이자 탁월한 청소년교육 전문가다. 나는 함부르크 정치교육원에서 한국 교사들이 독일의 민주시민교육에 대해 더 좋은 정보를 얻고 더 유익한 토론을 할 수 있도록 그와 협의했다. 그곳으로 안내한 또 다른 이유는 A24 고속도로를 타면서 옛 동독과 서독의 분단 경계를 가로지르는 경험을 나누기 위해서였다. 두 번의 방문 모두 고속도로 공사가 진행되어 한국 손님들은 장시간 버스에서 힘들었다. 손님들의 도착이 늦었음에도 함부르크 정치교육원은 친절했다. 게다가 한국 교사들의 사전 학습과 준비가 좋아 토론은 유익했다. 물론, 행사를 매끈히 조직하고 적절히 조정한 친구와 그의 동료 덕이기도 했다.

코로나19 팬데믹에 앞으로 그런 날이 또 올지 모르겠다. 평화답사로 독일에 오는 한국 방문객들과 함께 함부르크를 갈 기회가 다시 있다면 이번에는 A24 고속도로에서 분단 경계와 그 극복의 역사를 제대로 만끽하고 싶다. 베를린에서만 독일의 분단과 통일을 접할 수 있는 것이 아니다. 옛 동서독 경계지대에는 녹색벨트만 있는 것도 아니다.[2] 수를 헤아리기 어려운 분단과 경계 기념과 통일 조형물은 빼더라도 옛 동서독 분경지에는 약 40개의 경계박물관(Grenzmuseum)이 방문객들에게 냉전과 분단의 역사를 보여준다. A24 고속도로는 길 자체가 동서독 관계의 발전사를 간직하는 '기억의 장소'다.

A24의 생일은 1982년 11월 20일이다.[3] 서독의 연방교통부장관 베르너 돌링거와 동독 교통부장관 오토 아른트는 각각 함부르크와 동베를린에서 출발해 구도우(서독 슐레스비히홀슈타인주의 마지막 서독 마을)와 차렌틴(동독 메클렌부르크 지역의 접경시)의 월경 검문소에서 만났다. 도로 공사는 4년 걸렸다. 그곳은 베를린과 하노버 사이에 있는 마리엔본 다음으로 큰

동독 지역의 A24 도로와 동서독의 도시가 함께 적힌 표지판.

—————— 제1부・평화가 길이다

규모의 동서독 월경지가 되었다. A24 개통식이 끝나고 돌링거는 서독 쪽에 위치한 슈톨페 휴게소로 아른트를 데려와 식사를 대접했다. 둘은 유쾌했다. 특히 동쪽에서 건너온 아른트는 "주권 원칙과 동등 권리, 영토 주권과 불개입의 원칙을 엄격히 존중하면서도 두 당국 모두에 유익한 규정을 만드는 것이 가능"함을 보여주었다며 뿌듯해했다. 고속도로의 나라 독일, 그중에서도 수도 베를린은 서독으로 가는 고속도로 노선을 이미 가졌다. 히틀러 시대에 만들어 유명해진 베를린에서 뮌헨으로 흐르는 A9와 하노버에서 서베를린을 잇는 A2는 이미 동서독과 베를린을 통과하거나 연결하는 기능을 수행했다. 하지만 서독의 가장 큰 도시이자 국제무역 중심의 항만 도시 함부르크와 베를린 사이의 A24 건설은 서독 자체로 보나 동서독 교역 발전으로 보나 물류 흐름의 동맥을 잇는 것이었고 북서부 서독 주민들이 하노버 방향으로 우회하지 않고 (서)베를린으로 곧장 갈 수 있는 인적 교류의 다리였다. 그렇기에 동서독이 협력을 통해 건설한 A24는 1970년대 후반 동서독 관계 발전의 가장 눈부신 성과였다. 동독 사통당 기관지는 "그것을 양독 간 긴장완화의 큰 진전"이라고 높였다. 영국 신문 《타임스(The Times)》는 미국과 소련의 관계가 악화될지라도 동독과 서독 사이의 "협력과 대화를 유지"할 "연결고리"를 만들었다고 평했다. 서독 경제지 《한델스블라트(Handelsblatt)》는 A24를 "함부르크를 위한 선물"로 부르며 즐겼다. '선물'은 가격이 비쌌다. 동독 정부도 일부 구간을 자비로 미리 건설했지만 비용 대부분은 서독이 부담했다. 서독 정부는 동독 지역의 핵심 구간인 비트슈톡과 차렌틴 사이의 125킬로미터 구간의 건설비용을 포함해 총 12억 마르크(11억 8,000유로, 약 1조 6,615억 원)를 동독에 지불했다.

A24 건설에 동독과 서독 정부 모두 관심이 있었지만 본격 발의는 함부르크시에서 나왔다. 함부르크시 경제부장관 헬무트 케른은 함부르크에서 베를린 사이의 고속도로는 동서독 경제교류에 크게 기여할 것이라며 서독과 동독 정부 모두를 겨냥해 건설을 촉구했다. 동서독 화해협력과 교류에 대한 관심이 지역과 부문에서 다양하고 역동적으로 발현되는 양상이었다. 1974년부터 동서독 사이에 협상이 진행되어 1978년 베를린과 함부르크를 연결하는 239킬로미터의 고속도로 건설에 합의했다. 동독은 곧장 자신들의 지역에서 건설에 착수했다. 하지만 서독의 민주주의와 다원주의는 그런 협력과 추진에 항상 장애였다. 환경보호와 녹색정치를 옹호하는 단체와 개인은 동서독의 긴장완화와 화해협력을 명분으로 그렇게 쉽게 자연을 파괴하는 일을 용납할 수 없었다. 환경보호가 먼저냐 냉전 적대의 극복 마련이 중하냐는 의미 있는 논쟁이 전개되었다. 환경보호주의자들의 저항이 심했지만 결국 서독에서도 건설이 관철되었다.

게다가 협상 성과와 협력사업은 새로운 접촉과 관계를 만들기에 항상 낯선 갈등과 문제를 야기했다. 이미 당시 보수 야당 기민련 소속의 함부르크 시의원들은 A24 동독 구간에는 함부르크뿐만 아니라 여타 서독 시와 군을 알리는 방향 표지판도 없고 심지어 서독 국가의 공식 명칭도 없이 약칭 'BRD(BundesRepublik Deutschland의 약호)'만 표기된 것을 문제 삼았다. 사실 그들의 진짜 불만은 A24가 서독의 세금으로 건설되었지만 서독 통행자들은 비자 요금과 통과료 및 강제 환전금을 따로 지불해야 했다는 점이다. 물론, 서독 정부가 매해 일괄적으로 대신 지불하는 방식을 취했지만 수백만 마르크에 달해 동독은 경제 수익이 컸다. 게다가 A4 구간의 대부분은 동독 지역이었기에 동독 경찰이 교통위반을 단속했고 월경 검문소에는 동독 슈타지 직원들이 상주해 감시했다.[4] 서독인들은 불쾌하거나 불편한 경험이 적지 않았다. A24 동독 구간에서는 시속 100킬로미터 이하로만 운전해야 하는 규정이 있었다. 더 빠른 속도로 고속도로를 다니던 서독 운전자들에게는 그것도 쉽지 않았다. 그럼에도 서독은 물류 수송과 인적 교류의 도로를 소중히 여겨 인내하고 거듭 대화와 돈으로 동독 측을 설득해 상황을 개선하기 위해 노력했다. 점심을 나눈 뒤 서독 교통부장관 돌링거는 시속 100킬로미터 규정을 지키며 베를린으로 향했는데, 옆에서 동독 교통부장관 아른트를 태운 차는 돌링거의 관용차를 빠르게 추월했다. 아른트는 돌링거에게 손인사를 하며 스쳐갔다. 규칙을 준수했던 돌링거는 그것을 동독 측이 보내는 최소한의 감사와 신의로 이해했다.

서독 동방정책의 핵심 표어 '접근을 통한 변화'의 그 '접근'은 정치 상징만이 아니었다. 또는 단순히 정치지도자들의 대화만을 의미하지도 않았다. 두 분단 사회와 주민들이 실제로 접하도록 거리를 좁히는 것을 의미했다. 베를린과 함부르크는 고속도로로 그 공간과 시간을 줄였다. 동독과 서독은 그렇게 '가까이 다가갔다.' 고속도로는 분단의 양쪽을 '접근'시키는 데 그치지 않는다. 검문소와 휴게소, 주차장과 주유소, 인터숍(Intershop)[5] 등이 세워지며 민족 내부의 새로운 경험공간과 소통기회를 창출한다. 그것 또한 접근의 의미다. 또 A24는 새로운 장소와 공간과 건물을 사용하거나 들르는 동독 직원들, 정기적으로 일 때문에 오가는 동서독 통근자들, 관광을 하거나 지인을 만나기 위한 월경인들 등 다양한 유형의 경계인을 낳았고 서로에 대해 숱한 인지와 경험, 서사와 기억을 빚었다.[6] 그렇게 되기까지 곡절이 없지 않았다.

전사(前史)와 전환

독일연방공화국은 1949년 5월 23일 건국 후부터 1969년까지 공식적으로는 동독을 국가로 인정하지 않고 정부 차원에서 동독과 대화하기를 거부했다. 콘라트 아데나워 정부(1949-1963)와 기민련 주도의 후속 정부들, 즉 1963-1966년 루트비히 에르하르트 총리 시절 기민련·기사련·자민당 내각과 1966-1969년 쿠르트 게오르크 키징거 총리 시절의 기민련·사민당의 대연정은 서방 통합 정책과 '힘의 우위 정책'을 유지했다. 당시 서독 정부는 단독대표 입장('할슈타인 원칙')[7]과 동독 국가의 불인정 입장에 변화가 없었다.[8] 특히 아데나워 총리는 독일연방공화국을 정치와 안보 및 문화와 일상에서 서방에 강고히 통합된 국가로 간주했다. 그는 독일 전역에서 자유선거를 치르지 않는다면 동독과 정치협상을 할 이유가 없으며 통일을 논할 필요도 없다고 보았다. 그는 동독을 대화 상대자로 인정하지 않고 외교적으로 고립시키면 금방 붕괴할 것이라고 믿었다. 1961년 8월 베를린장벽 건설을 통해 드러나듯이, 독선적 압박 외교와 전투적 반공주의의 동독 정책은 단지 적대적 대결과 민족 분단을 강화하는 결과만을 초래했다. 서방통합과 동독 불인정을 통한 급속한 흡수통일 전략은 몽상임이 드러났다. 동독 붕괴와 흡수통일 구상은 정치적으로 옳

은지 그른지의 문제 이전에 이미 현실적이지 못해 스스로 파산했다. 정치 현실에 조응하는 이성적 접근이 필요했다.

반면, 민주적인 정치 정당성을 갖지 못한 사통당 지도부는 1949년 10월 7일 독일민주공화국을 건국한 뒤 서독과 대화에 더 적극적으로 나섰다. 동독 정치지도부는 자국의 국제법적 인정과 내부 정치 불만의 중화를 위해 통일 대화를 내세우며 정치 수사를 남발했다.[9] 그들 또한 서독 정부와 마찬가지로 진지한 협상과 조정에 나설 생각은 없었다. 동독 지도부는 권력 유지와 정치 생존이 중요했다. 물론, 양독 간 공식 접촉이 있긴 했다. 예를 들면, 1951년 양독은 내독 간 교역을 위해 「베를린협정」을 체결했다.[10] 하지만 그 외에 양독 정부 간 공식 대화나 협상이 진행된 적은 없었다. '관계부재' 국면이 1960년대 후반까지 계속되었다.

정당과 사회단체들은 달랐다. 또 정부 기관들의 비공식 대화가 완전히 사라지지는 않았다.[11] 이를테면, 서독 자민당과 동독 독일자유민주당은 1956년부터 1967년까지 계속 대화하며 상호이해를 시도했다.[12] 발터 셸과 볼프강 되링을 중심으로 한 자민당 내부의 협상주의자들은 동독 대화상대자들이 잠재적으로나마 사통당에 비판적 거리를 유지할 것이라고 믿었다. 그들은 접촉을 강화해 동독에서 정치 변화를 유도할 수 있을 것이라고 생각했다.[13] 하지만 동독의 위성정당인 독일자유민주당은 철저히 사통당의 정치 노선에 충실했다. 그 당은 역으로 동독 정치지도부를 도와 서독의 변혁을 노렸고 선동정치의 틀을 넘지 못했다.

사민당도 분단 초기에 가졌던 동독과의 거리두기 정책을 버렸다. 헤르베르트 베너를 중심으로 당 지도부는 1954년부터 동독과 협상해야

1974년 5월 총리 슈미트와 사민당 원내대표 베너.

한다고 강조하기 시작했다.[14] 심지어 1959년 사민당 통일강령인 '독일계획(Deutschlandplan)'은 — 비록 통일은 동독 체제의 종말을 의미한다는 관점을 접지는 않았지만 — 여러 측면에서 당시 동독의 통일정책에 근접했다. 그런데 1960년 6월 말 사민당 지도부는 서독 정부의 서방통합정책을 받아들이며 기본 노선을 급히 바꿨다. 사민당은 동독 지도부와 지면상으로 거친 말을 주고받았다. 하지만 사민당 지도부는 계속 양독 간 대화의 문과 협상의 길을 찾았다.[15] 1966년 사민당과 사통당은 각자의 공식 행사에 서로 '연설자를 교환'하기로 협의했다. 마지막 순간 협의는 사통당 지도부의 주저와 통일전선전략의 공세로 인해 성과 없이 끝났다.[16]

그 밖의 사회 부문에서도 동독과 서독의 접촉은 이어졌다. 특히 서독의 정부 비판 인물과 단체는 동독의 서방정책 부서 또는 그 유관 사회단체들과 교류를 이었다. 이를테면, 1960년대 전반기 독일사회주의학생동맹(SDS)은 서독 정부와 좌파 야당인 사민당의 서방통합정책과 동독불인정을 거부하며 동독 청년조직 '자유독일청년단(FDJ)'과 교류를 가졌다.[17] 서독의 신좌파는 유럽과 미국과는 달리 민족문제 토론을 비켜갈 수 없었고, 통일문제를 둘러싸고 내부 논쟁이 치열했다.[18] 1966년까지 독일 사회주의학생동맹의 주요 사업 중 하나는 동독 방문이었고 동독 대학생들과의 토론이었다. 하지만 당시 동서독 민간 교류는 동독 사통당의 통일전선전략과 서방 교란활동으로 독자적인 의미를 갖거나 고유의 활력을 지속하지 못했다.[19]

그렇지만 양독 정부의 냉전과 분단 강화에 대항해서 독자 사상과 실천 활동을 통해 분단 극복의 길을 제시한 이들이 적지 않았다. 1949년 분단국가 형성 전후부터 1950년대 후반, 심지어 1960년대 후반까지도 다양한 조류의 '중립주의' 또는 '민족화해주의'를 주장하는 흐름이 존재했다. 서독에서는 기민련의 지도자 중 한 명이자 전독일문제부 연방장관이었던 야코프 카이저, 사민당 당수 쿠르트 슈마허, 자민당의 연방의원이자 외교관 카를 게오르크 플라이더러, 자민당 소속의 초대 연방법무장관 토마스 델러, 기민련 출신의 초대 내무장관이자 전독일민족당 당수 구스타프 하이네만, 비판 신문《슈피겔(*Der Spiegel*)》의 편집인 루돌프 아우크슈타인, 보수적 언론인 파울 제테, 비판적 문화사회학자 알프레트 베버, 언론인 테오도어 쾨글러, 중립주의 운동의 탁월한 조직가이자 언론인 볼프 셍케, 바이마르 시절 제국총리를 역임한 요제프 비르트, 민족혁명주의자 오토 슈트라서, 기사련 부당수 출신이자 독일공동체 대표 아우구스트 하우스라이터 등은 아데나워 정부의 서방통합정책을 격렬히 비판하며 독일

을 중립국가로 만들어 통일하는 방안을 놓고 소련과 협상하고 동독과 대화할 것을 요구했다.[20]

그것에 상응해 동독 사통당에서도 안톤 아커만, 루돌프 헤른슈타트, 빌헬름 차이서, 볼프강 하리히, 발터 얀카, 카를 쉬르데반, 프란츠 달렘 등은 발터 울브리히트 중심의 정치지도부를 비판했다. 그들은 동독에서 사회주의를 강화하면 양독 간 분단만 심화된다고 지적했다. 그들은 동독 체제를 개혁해서 양독 국가가 서로 양보하고 협상하면 민족문제를 해결할 수 있다고 주장했다.[21]

비스마르크 이후 20세기 전반기까지의 독일사를 염두에 두면, 동독이 소련체제에 복속한 것 이상으로 아데나워의 서방편입 정책은 근대 독일외교사의 '전환'이었다.[22] 독일은 항상 동쪽과 서쪽 사이에서 균형을 찾거나 독자 노선을 찾았지 한쪽으로 쏠리지만은 않았기 때문이다. 그만큼 낯서니 저항이 만만치 많았고, 그것은 양독 모두에서 다양한 정치 조류와 사상 흐름과 결합하면서 전개될 수 있었다. 중립주의자들은 유럽냉전 체제의 블록 형성을 저지하고자 독일 또는 유럽 중립화를 궁리했고 통일을 위해 분단국가 사이의 민족 협상과 타협을 주장했으며, 더러 포괄적인 차원의 '제3의 길'을 궁극적인 새로운 사회의 전망으로 제시했다.[23] 외교와 안보 분야에서 동서 블록체제의 형성과 심화에 대한 비판과 거부가 사회경제 정책과 관련해서도 자본주의와 공산주의를 다 부정하며 새로운 사회경제 체제와 정치 체제를 구상하는 대안에 대한 관심과도 결합되었다. 이런 비판과 대안은 이미 정부 정책의 전환을 압박했고 추동했다.

1961년 8월 13일부터 건설된 베를린장벽은 서독에 충격이었지만 정책 전환을 낳기도 했다. 베를린장벽은 공산주의의 폐쇄성과 억압을 대변하며 줄곧 동독 주민들의 불만과 국제적 규탄의 대상이었다. 서독을 비롯한 자유 진영의 대응은 두 가지였다. 먼저, 장벽 건설 직후 서독과 서방의 정치가들은 동독 공산정권에 대해 비난과 규탄의 목소리를 높였다. 그들은 동독과 대화를 거부하고 국제적 공조를 통해 베를린장벽의 해체와 주민들의 자유로운 이동을 옹호했다. 거친 반공주의 언어를 담은 성명서와 전단 살포가 난무했다. 1963년 6월 26일 미국 케네디 대통령도 서베를린을 방문해 반공 연설의 정수를 선보였다.[24]

그런데 서베를린을 방문하기 2주 전에 케네디는 이미 '평화의 전략'을 발표해 냉전과 공산주의 체제에 대한 근본적인 인식 전환을 드러냈다.[25] 아울러 당시 서베를린시의 시장으로 베를린장벽에 온몸으로 맞선 빌리 브란트도 케네디 정부와 조율하면서 점차 발상을 전환하고 있었다. 그들은 모두 '공산주의 정권은 제거되는 것이 아니라 변화되어야' 하며, '현상을 변화시키기 위해서는 먼저 현상을 인정'해야 한다고 생각했다.[26] 언론과 종교, 학계 및 정치권에서 유사한 평화 구상들이 봇물 터지듯 쏟아졌다. 통일구상의 세부 내용은 백가쟁명이었지만 전제는 한결같았다. 반공주의에 기초한 대결 정책을 포기해야 한다는 것이었다. 전환이 필요했다. 어중간은 존재할 수 없었다. 한손으로는 싸우고 다른 한손으로 악수하기란 불가능했다. 적이 아니라 친구가 되어야 했다. 물론, 서로에게 매우 불편한 친구였다.

서베를린 시장이자 사민당 지도자인 브란트와 참모 에곤 바르는 1963년부터 '접근을 통한 변화'를 주장하며 공산주의 체제에 살고 있는

빌리 브란트와 에곤 바르.

주민들의 구체적 고통과 물질적 삶을 개선하기 위해서 가장 먼저 해야 할 일은 그 체제의 권력자와 대화하고 협상하는 일이라고 주장했다. 1969년 총리가 된 브란트가 보기에는 '실용적'이고 '현실적'인 평화정치야말로 독일통일의 진정한 길이었다. 그는 "거창하게 뭔가를 얘기하기보다는 작은 일이라도 행동하는 것이 더 중요하다"고 강조했다. 브란트의 동방정책의 핵심은 통일 논의를 유보하며 동독을 국가로 인정하며 실제적인 협력과 교류를 증진하는 것이었다.

1960년대 전반기부터 본격화된 서독 내 여론사회의 뚜렷한 입장 변화도 미국과 소련의 데탕트 이상으로 사민당의 '접근을 통한 변화'(에곤 바르) 시도에 날개를 달아주었다. 1960년대 중반부터 이미 당시 기민련 정부의 '힘의 우위 정책'을 통한 흡수통일 전략에 대한 실망으로 비판적

——————

언론과 지식인들은 동독과 통일 정책에 대한 근본적 변화를 강력히 요구했던 것이다.[27]

그런 사회적 요구과 정치적 발의에 조응해 1966년부터 1969년까지 기민련과 사민당이 힘을 모은 대연정도 가만히 있을 수는 없었다. 특히 대연정은 국제변화에도 조응해 소련과 동유럽에 대해 정책 변화를 시도했지만 매번 두 당 사이에서 마찰이 일었다. 1969년 9월 28일 연방의회 총선에서 브란트와 사민당이 승리했다. 1969년 10월 28일 브란트 내각은 정부 성명에서 동독이라는 국가의 존재를 인정한다고 발표했다. "독일에 두 국가가 존재하더라도 그 국가들은 서로에게 외국이 아니다. 두 국가 사이의 관계는 단지 특수한 종류일 뿐이다." 사민당·자민당 연정은 그동안 기민련이 거부했던 「핵확산방지조약」에 서명해 서유럽 국가들뿐 아니라 소련과 동유럽 국가들에도 서독이 이제 평화정치의 의지가 분명하다고 느끼게끔 만들었다.

결국, 1969년부터 1982년까지의 시기는 사민당 소속 빌리 브란트 총리(1969년 10월 21일부터 1974년 5월 6일까지 재임)와 헬무트 슈미트 총리(1974년 5월 16일부터 1982년 10월 1일까지 재임)가 이끄는 서독 사민당·자민당 연정과 동독의 새로운 권력자인 에리히 호네커 정권 사이에 이루어진 화해협력의 발전기였다. 양독 정부 간의 공식적인 대화가 신뢰를 낳았고 경제와 사회와 문화 영역 모두에서 의미 있는 관계 발전을 낳았다.[28]

미국의 지지와 서독의 자율성

1969년부터 1979년까지 양독 정부 간 대화는 기본적으로 국제정치 차원의 긴장완화와 유럽 주변국들의 지지와 협조하에 이루어질 수 있었다.[29] 소련과 미국은 1960년대 전반의 핵전쟁 위기를 해소하고 점차 데탕트로 서로 다가오고 있었다. 평화가 인권과는 달리 사방팔방에서 올 수 있음은 브레즈네프와 닉슨이 잘 보여주었다. 소련 공산당 서기장 브레즈네프는 자신의 권력 유지를 위해 데탕트에 모험을 걸었다. 공산주의 권력자가 권력 유지와 강화에 매달리면 인권유린의 억압은 심해질 수 있지만 오히려 평화 의지는 더욱 세질 수 있다. 소련은 1968년 프라하의 봄을 짓밟았지만 그것으로 서방과의 대화를 포기할 이유는 없었다. 오히려 정반대였다. 브레즈네프는 권력 유지에 골몰했기에 데탕트 대화가 성공하면 지위가 더욱 확고해질 것이라고 믿었다.

브레즈네프는 국제 데탕트의 한 축을 직접 담당했지만 동독에도 서독과의 대화 및 협상을 권했다.[30] 에리히 호네커도 전임자인 울브리히트에 비해 딱히 융통성이 있거나 독자적인 민족강령이나 평화전략을 고안하지는 못했다. 사실은 울브리히트가 서독과 대화하려는 의지가 호네커보다 더 강했다. 비록 울브리히트는 사회주의 독자민족론을 발전시켜 독일통일을 포기하는 방침을 관철시켰지만 동독의 국가 인정을 전제로 서독과 대화하고 협력하기를 포기하지는 않았다.[31] 그 과정에서 그는 고참 혁명가를 자칭하며 독자 입장을 고집하기도 했기에 브레즈네프가 감당하기 어려웠다. 브레즈네프는 동독이 소련의 사전 승인을 받지 않고 자

1958년 7월 13일 사통당 당대회에서 연설하는 호네커와 울브리히트(좌).
1971년 6월 16일 사통당 제8차 당대회에서 악수하는 브레즈네프와 호네커(우).

율적으로 서방과 관계를 개선하는 것을 용납하기 어려웠다. 브레즈네프
는 호네커의 권력 장악 계획을 사전에 승인해 동독 지도부의 권력교체를
수월하게 했다. 호네커는 브레즈네프의 데탕트 전략 아래 그리고 그에 철
저히 종속된 채 '현실주의 서방정책'을 표방할 수 있었다. 소련도 동독도
'독일의 이국가 상태'를 국제정치의 합의 규약이나 국제법 차원에서 관
철하려는 전략을 약간 수정했다. 그것은 이제 대화의 전제나 접근의 조건
이 아니라 협상 과정의 결과이자 협력 발전 단계의 중간 성과로 간주되기
시작했다. 동독을 사실상 인정하고 존중하는 정책으로의 전환은 유럽 데
탕트와 동서독 관계 발전의 큰 디딤돌이었다. 서독 동방정책에 가려 동독
서방정책의 의미를 놓칠 수는 없다. 동독 정치지도부는 소련의 권력자의
통제 아래 화해협력정치에 나섰지만 그만큼 충실히 소련을 따라 대화의
장에 나설 수 있었다. 다만 소련의 통제 외에도 국제 외교 무대에서의 국

제법적 인정 결여, 그리고 서독과의 비교 열위 등은 동독의 외교와 서방 정책을 상당히 제한했다.[32]

반면, 서독과 미국의 관계는 복잡했다. 먼저 닉슨도 점차 냉전 강경파에서 데탕트 옹호자로 돌아섰다. 미국은 베트남에서는 전쟁을 계속했지만 유럽에 대해서는 생각이 달랐다. 특히 닉슨의 안보보좌관 헨리 키신저는 현실주의 관점에서 소련과의 대화를 적극 추진했다. 1970년 4월부터 오스트리아 빈에서 전략무기제한협상(Strategic Arms Limitation Talks: SALT)의 사전 회담이 시작되었다. 미국과 소련은 협상 초에는 신형 미사일을 감축 대상에 포함시킬지 여부와 숫자를 놓고 이견이 심해 난항을 겪

1973년 9월 29일 백악관에서 환담하는 브란트와 닉슨과 키신저.

었다. 그렇지만 1972년 4월 키신저는 모스크바를 방문해 미국과 소련 모두 탄도요격미사일 체제를 두 개씩 갖는 방안과 대륙간 탄도미사일 발사대를 서로 동등한 수준으로 동결할 것 등을 소련과 합의했다. 1972년 5월 22일부터 26일까지 닉슨의 모스크바 방문은 미국과 소련 관계 발전의 정점이었다. 닉슨은 바르샤바조약기구가 요구한 유럽안보협력회의가 열리는 것에도 동의했다. 닉슨은 미국과 소련 사이의 무역협정도 체결하도록 했으며 브레즈네프와 개인적 우정과 신뢰도 키웠다. 브레즈네프는 브란트와도 친구였지만 닉슨과도 친구에 가까워졌다. 1973년 6월에 브레즈네프도 미국을 답방해 미소 관계는 상당 기간 유례없는 화해와 협력으로 발전했다.[33]

그렇기에 언뜻 보면, 서독의 동방정책은 미국과 소련의 상호이해와 조정의 정치와 나란히 발전했기에 미국의 지지를 받은 듯 보인다. 하지만 1969년 말부터 서독 정부가 동방정책을 드러내자 미국은 의심을 거두지 않았다. 소련과 동독을 비롯한 동유럽과의 화해협력을 둘러싸고 미국과 서독의 관계는 간단치 않았다. 브란트는 1969년 서독 총리가 된 후 계속 미국 정부에 자신의 평화정치 구상과 계획을 소상히 알려주었다. 서독이 가장 중요한 동맹국가의 지지를 받지 못한다면 소련을 비롯한 동유럽 국가들과 화해하기도 어려웠고 동독과 협력하기도 불가능했기 때문이다.

하지만 평화정치를 위해 미국과 보조를 맞추기는 쉽지 않았다.[34] 닉슨 같은 미국 보수주의 정치가에게 독일 사민주의 정치가들은 이미 충분히 '빨갰다.' 독일 망명 집안 출신인 키신저조차도 초기에는 의심을 숨기지 않았다. 1960년대 중반 브란트와 바르는 키신저에게도 이미 자신들의 평화 구상을 소개했다. 키신저는 그때 주의 깊게 경청하거나 맞장구를 쳤다. 하지만 구상과 실천은 차원이 완전히 달랐다.

키신저는 서독이 동방정책을 통해 소련과 동유럽에 너무 많은 양보를 하고 있으며 그것은 현상을 오히려 불안하게 만든다고 보았다. 키신저는 동방정책의 타이밍과 속도 및 형식 모두 불안하거나 과하다고 보았고 서독이 그 정책의 과정과 결과를 제대로 조정하거나 통제하지 못할 것이라고 부정적으로 보았다. 그는 심지어 서독이 '핀란드화'를 추구하고 있지는 않은지 의심했다. 당시 핀란드는 정치적으로는 민주주의, 경제적으로는 자본주의를 유지했지만, 외교와 안보는 중립을 추구하며 사실상 미국보다는 소련에 더 가까웠다. 북유럽의 소국 핀란드와는 달리 유럽의 중심에 위치한 경제대국 독일의 중립화는 미국으로서 용납하기 어려웠다. 특히 브란트의 참모 바르는 미국 정치가들에게 민족주의자로 보였고 서유럽과 동유럽 사이에서 중립주의를 추구하는 인물로 의심을 받았다. 미국 정치지도자들에게는 바르가 소련에 너무 가깝다는 불평이 많았다. 닉슨과 키신저는 브란트의 동방정책은 물론 다른 부분에 대해서도 험담을 주고받았다. 이를테면, 1971년 6월 중순 브란트가 미국을 방문했을 때 둘은 회담을 준비하면서 브란트가 어리석고 "게으르며 술꾼이라"며 시시덕거렸다.

물론, 브란트와 바르의 동방정책은 핀란드화와 거리가 멀었다. 다만 1969년 사민당 주도의 새 서독 정부 지도자들은 이제 더 이상 패전국의 대표가 아니라 자주적인 독일인의 대표로서 자기결정권을 부각하고 싫었다. 심지어 브란트는 이미 인도의 네루와도 친교를 쌓으며 민족의 자기결정권을 나름의 방식으로 받아들였다. 1969년 10월 21일 브란트가 총리로 취임하기 직전 바르는 미국을 방문해 새 정부의 외교 구상을 알렸다. 바르는 키신저와 그의 참모들과 대화하면서 "당신들은 이제 우리가 더욱 불편해지는 것에 익숙해져야 할 것입니다"라고 말했다. 미국의 대화 상대자들과 견해가 갈릴 때 바르는 "저는 여기에 당신들과 상의하러 온 것이 아니라 가장 중요한 동맹국인 당신들에게 우리 계획을 미리 알리려 왔을" 뿐이라며 단호했다. 브란트 총리는 동방정책의 기조를 담은 신정부 선언의 핵심 내용을 미국 측과 '사전에 논의'하지 않고 다만 '미리 알려'준 뒤 공표했을 뿐이다. 미국 외교관들은 서독의 동방정치가들이 앞선 서독 정치가들과 상당히 다르며 독일의 이익을 적극적으로 내세움을 보고 당혹스러워했다. 서독 동방정치가들의 민족적 자의식과 자주적인 정책 결정에 미국 정치가들은 계속 '불편'했다. 세계열강이 아닌 한 어디서든 평화정치의 근간은 자기결정권이었다. 키신저는 바르에게 미국 대통령과 서독 총리의 신속하고 정확한 소통을 위해 공식 외무부 라인과는 별도로 둘만의 '백채널'을 만들자고 제안했고 바르는 수용했다. 그 결과 키신저는 "당신들의 성공이 우리의 성공"이라며 서독 동방정책을 양해했다. 키신저는 한편으로 '백채널'을 통해서 다른 한편으로는 베를린에 대한 4대 열강의 권리 유지를 통해 계속 서독의 동방정책을 조정할 수 있다고 보았다.

당시 미국 정부는 데탕트를 지지했기에 서독의 동방정책을 노골적으로 만류할 수는 없었다. 1971년 「베를린협정」의 협상에서 서독은 미국과 긴밀히 협력했다. 비록 미국 정치지도부의 의심에도 브란트는 미국을 자유의 수호자이자 서독의 가장 중요한 우방 국가로 간주하기를 포기하지 않았다. 브란트는 급진사회주의 출신이었고 스칸디나비아에서 망명 생활을 할 때 민주사회주의로 자리를 옮겼다. 그렇지만 브란트는 미국 보수주의 정치에 대해서는 공감하거나 지지하지 않았다. 브란트는 프랭클린 루스벨트의 뉴딜 정책에서 미국 사회와 경제의 변화를 보았고 서베를린 시장으로서 냉전의 전선을 지켰기에 미국이 서독의 안보 보장국가임을 믿어 의심치 않았다. 게다가 브란트는 서독이 서방의 일원이 되어야 한다는 생각을 사민당 내에서 가장 먼저 그리고 가장 강력히 옹호했다.

민주사회주의자 브란트는 미국 보수주의자 닉슨에 대해 불편함이 없지 않았고 그의 냉랭함에 대해서도 서운했지만 사적인 감정을 넘어 정부 수반으로서의 책임의식을 갖고 동방정책에 대한 미국의 지지를 얻기 위해 전력을 다했다. 키신저는 브란트와 바르가 동방정책에서 성공을 거두자 초기의 불신과 의심을 거두고 오히려 그들을 높이며 지지를 표명했다. 곧 미국은 서독과 서유럽이 만든 평화정치의 성과를 자신의 것으로 만들기에 바빴다. 동시에 키신저는 바르를 통해 소련의 입장과 동유럽의 상황에 대한 정보를 미리 얻고자 했다. 둘은 점차 경쟁자에서 협력자가 될 수 있었다. 다만 닉슨은 1971년 말에도 브란트를 만나 미국은 서독의 "동방정책을 지지하는 것이 아니라 반대하지 않을 뿐"이라고 퉁명스레 말했다. 구체적인 "방법과 전술은 전적으로 서독 정부의 몫"이니 "그것에 대한 책임도 서독 정부가 져야 한다"고 경고했다. 미국은 동방정책이 실패해도 그것의 책임을 나눠 질 생각이 없었기에 거리를 두었다. 역사가 보여주듯, 그것은 독일인들에게 독이 아니라 복이었다. 연방정부는 미국의 거리두기를 통해 오히려 동방정책의 구체적인 방법과 조치 및 전술에 있어 선택과 결정의 자유와 폭을 더 많이 가질 수 있었다. 미국은 동방정책이 조금이라도 의심스러워지거나 실패 위험에 직면하면 언제든 중단시킬 의향이 있었지만 다행히 그럴 기회가 없었다. 브란트는 미국의 우려와 의심을 잘 알고 있었지만 그것을 심각하게 보지 않았다. 그 결과 서독 정부는 미국의 외면상 지지와 사실상의 방관을 통해 운신의 폭을 넓혔고 행위 여지도 높였다.

서독의 평화정치가들이 미국의 우려와 의심을 극복한 요인은 단호한 평화의지와 명확한 평화구상이었다. 이미 전망과 내용에서 서독 평화정치가들은 미국 외교전략가들을 앞질렀다. 하지만 자기결정권에 대한 의지가 더 결정적이었다. 서독은 동방정책을 성공시키기 위해 기꺼이 미국의 우방이었지만 동시에 '자립적인' 우방이었다. 안보를 위해서는 동맹이 절대 필요했지만 평화를 위해서는 자주적이면서 동맹 국가들을 더 설득할 필요가 있었다. 새로운 친구를 얻느라 오랜 친구를 잃는 어리석음을 범하지 말되, 서로 다른 성격과 지향의 친구 둘을 모두 가질 수 있음을 기억해야 한다. 게다가 실천을 통해 상황을 개선하면 선택의 폭도 넓어지는 법이다. 심지어 서독 동방정책은 미국이 소련과 협상하고 협력하는 데도 영향을 크게 미쳤다. 다시 말해 동방정책은 미국과 소련의 데탕트를 돕기도 했다. 동방정책은 외교에서 평화의 전파력을 과시한 역사적 예였다.

동방정책의 성격

브란트의 동방정책은 소련과 동유럽 국가들과의 관계 정상화와 선린 협력관계를 지향했다. 동방정책은 과거와 현재와 미래의 시간 층위와 복합적으로 연결되었다. 그것은 나치 '과거'사의 유산과 대결해 동유럽 피해 국가들과 화해를 지향했으며, 냉전과 분단의 '현재' 불안과 대결을 해소했으며, 유럽 통합의 '미래'를 전망했다. 동방정책은 그런 세 가지 차원을 지녔기에 복잡했지만 동시에 각각의 차원은 서로 영향을 미치며 평화정치의 긍정적 역동성을 발진시켰다. 동서독 관계 발전은 동방정책의 일부다. 서독 정부는 소련과 폴란드와 체코슬로바키아와 각각 협정을 맺었는데, 소련과 폴란드에 비해 동독과 체코슬로바키아와 협정을 맺는 게 오히려 어려웠다. 서독과 체코슬로바키아의 협상은 수데테란트 지역을 '제3제국'에 넘겨준 1938년 9월의 「뮌헨협정」의 '무효' 여부 때문에 힘들었고, 서독과 동독의 협상은 민족과 통일에 대한 인식 차이와 동독 국가의 국제법적 인정 등의 문제 때문이었다.

동방정책은 전후 유럽냉전 질서와 독일분단 상황의 현상 유지, 즉 동독과 동유럽 체제 존중과 현존 국경 인정 및 통일 논의의 유보에 기반을 두었다. 동방정책은 동독과 관련해서 '실용주의'라는 수식어를 항상 달고 다녔다. 그 이유는 애초부터 동서독의 관계 정상화 협상은 동서독 주민의 왕래와 만남 및 가족 재결합 성사를 가장 중요한 주제로 삼았기 때문이다. 또 브란트는 통일이라는 전략 목표를 당장은 포기함으로써 의미 있는 진전이 일어날 것이라고 믿었다. 현실 가능한 협력사업에 집중해야 했다.

1973년 4월 10일 하노버에서 열린 사민당 전당대회에서의 베너와 브란트와 슈미트.

앞서 보았듯이, 동독의 정책 변화도 놓쳐서는 안 된다. '실용주의 동방정책'은 호네커의 '현실주의 서방정책'과 조응했다. 동독 정치지도부는 주권국가로의 국제법적 인정을 대화와 협력의 전제 조건으로 더는 내걸지 않았던 것이다. 그 결과 동서독은 「기본조약」 체결 및 이산가족 상봉과 상호방문, 교통과 통신협정, 경제협력과 공동사업, 재정지원과 문화교류 등에서 타협과 양보에 기초해 질적 관계 변화를 만들어냈다.[35]

1972년 12월 21일의 동서독 간 「기본조약」 체결은 향후 동서독 관계 정상화와 협력관계에 결정적인 기틀을 마련했다. 「기본조약」은 "민족 문제에 대해 서로 다른 견해"가 있음을 확인했지만 양독 간 교류 활성화를 약속했다. 그것은 국제법상 조약으로서 "동서독 중 어느 한 국가도 다른 국가를 대표할 수 없"음을 선언하며 국가로서 상호 승인했고 유엔 동시 가입과 상주대표부 설치를 핵심 내용으로 담고 있다. 본 조약 외에 통행규제 완화, 이산가족 상봉과 재결합, 우편물 교환 확대 등을 포함하는 각서도 교환하며 본격적인 협력의 장을 열었다.[36]

그렇지만 「기본조약」은 법적으로나 정치적으로 분단조약이 아니었다. 동방정책의 가장 강력한 반대자인 바이에른주 기사련 주정부의 헌법소원에 대해 1973년 7월 31일 연방헌법재판소가 판결에서 밝힌 것처럼, 「기본조약」은 '이중적 성격'을 지녔다. 그것은 한편으로 두 개의 독립적인 국가 간의 국제법적 협약이었지만, 다른 한편으로 독일 내적 관계를 규정한 것이기에 독일민족의 지속과 독일 전체에 대한 4대 열강의 책임을 여전히 강조함으로써 법적으로 독일통일의 가능성을 열어 두었다.[37]

물론, 사민당 집권 시기, 즉 1982년 기민련·기사련·자민당으로의 정권 교체까지 열린 세 차례 정상회담, 즉 1970년 3월 동독의 에르푸르트, 같은 해 5월 서독의 카셀 그리고 1981년 12월 동독의 베르벨린제에서 동서독 정상의 만남은 상징적 의미 외에 직접적 성과나 중요한 변화를 도출하지 못했다.[38] 또 양독 정상이 '작은 걸음'에 매달리며 '큰 걸음(분단 극복)' 정책과 관련해서 어떤 논의도 ―합의는커녕― 개시하지 못한 것은 그 시기 사민당 동방정책의 딜레마로 지적하지 않을 수 없다.[39]

게다가 1979년부터 새롭게 전개된 국제냉전의 갈등 격화에 양독 정부 간 관계 개선이 다시 제한받게 되었을 때 그것을 극복해낼 동력을 찾기란 쉽지 않았다. 그것은 1970년대 사민당의 화해협력정책의 한계를 보여주는 것이었다. 그것을 극복하기 위해서 필요한 것이 '유럽평화체제(에곤 바르 등)' 토론이었는지[40] 아니면 '국가연합'의 준비 단계로 헤르베르트 베너가 제안한 '독일경제공동체'[41]였는지에 대해서는 쉽게 답하기 어렵다.

그것이 어떤 경로였든지 간에 1972년 12월 양독이 맺은 「기본조약」이 토대가 될 수 있었다. 「기본조약」에 기반을 둔 양독 정부 간 공식 대화와 비공식 대화의 (준)제도적 정착 그리고 대화 참여자와 중개 협상자들의 대화 학습효과, 교류경험 축적과 공유 및 상호간의 정치적 개인적 신뢰 형성도 그 후 양독 관계의 지속 발전과 평화 정착에 중요한 바탕이 되었다. 그렇지만 흔한 오해와는 달리 동방정책은 독일통일을 위한 의도적 포석이거나 계획에 따른 단계가 아니었다. 동방정책이 곧장 독일통일로 이어졌다고 오해해서는 곤란하다.[42] 독일통일은 동방정책의 의도치 않은 발전의 결과였다. 브란트의 동방정책은 현상을 유지하면서 한편으로 현상을 변화시키고자 했다. 동독을 사실상 인정하면서 동서독 관계를 발전시켰고 단일한 독일민족의 존재를 인정했으며 독일통일에 대한 장기적 전망을 유지했다. 다른 한편 그것은 동독 지배자들에게 사실상의 국가 인정을 넘어 국제법적 인정을 달성하도록 국내외적으로 정치 기반을 제공했다. 그 불편한 진실을 그대로 인정해야 한다. 그런 점에서 동방정책은 모순적인 성격을 지녔다.

평화를 위한 친구

영국 역사가 티머시 가튼 애쉬는 서독 동방정책과 실천이 단지 정부의 독점 사업이 아니었음을 강조했다. 그것은 정부당국자뿐 아니라 야당정치가, 언론매체, 학자와 지식인 그리고 다양한 사회그룹들의 공동 노력의 과정이자 결과였기에 그 경계를 엄밀하게 긋기가 어렵다는 지적이다. "그들 모두가 일정한 정도로 동방정책의 행위자였다."[43] 그것은 동방정책의 전사인 1950/60년대로 확장하면 더욱더 들어맞는다. 양독 간 대화와 화해협력정치의 발전은 다양한 정치 행위자들과 사회 단위들의 능동적인 고투의 결과였다. 민족 화해와 평화는 공동체의 다양한 역사행위자들의 대화와 참여의 결과였다. 사실 동방정책은 그 여러 구상과 모색의 하나에 불과했다.

동방정책의 입안자인 바르는 1972년 12월 21일 「기본조약」 체결 후에 그 의미를 묻는 질문에 "지금까지 우리는 어떤 관계도 없었습니다.

이제 우리는 나쁜 관계를 가지게 되었습니다. 그것은 진보입니다"라고 대답했다.[44] 에머슨과 루스벨트가 말한 대로 먼저 스스로 "친구가 되어" 새로운 "친구를 얻"었다고 해서 그 친구와 '좋은 관계'를 갖기는 여전히 어렵다. '접근'해서 '친구가 되었다'고 해서 동질성이 강화되지 않는다. 이질성도 함께 등장한다. '접근'은 그런 종류의 집단정체성에 답을 명료히 만들지 못한다. 접근해서 친구 되기는 적대와 대결을 억제하고 관리하며 서로 연결되고 얽히는 관계의 방식일 뿐이다. 친구가 된다는 것은 천사가 되는 것도 아니고 친구를 얻는 것이 가족이나 동지를 얻는 것도 아니다. '나쁜 친구'와 친교를 맺는 방식을 익히고 '더 나은 관계'로 바꾸는 지혜가 필요하다. 바르가 "나쁜 관계를 가졌다"고 말했을 때 그는 이미 "신념에 기반을 둔 이해와 자신감 그리고 용기"로 충만했다.

새로운 친구와 '나쁜 관계'라도 가지려는 데 옛 친구가 무작정 도와주기를 기대하기는 쉽지 않다. 동맹은 안보를 위해서 필요할지 모르지만 평화를 위해서는 충분하지 않다. 평화정치를 위해서라면 한반도 분단대결이 삼각관계임을 전제해야 한다. 역사도 그랬고 현실도 그렇다. 미국을 자유의 동맹으로 유지하면서도 미국이 대북 협력의 족쇄를 채우는 일이 있다면 '자율성'을 발휘해야 한다. 브란트는 1969년 10월 28일 연방의회에서 자신의 정부성명을 발표하면서 "실험을 두려워 말자"고 했다. 우리도 평화정치와 관련해서라면 '실험'과 '모험'을 두려워 말아야 한다. 우리는 동독이 소련에 그랬듯이 종속하는 길이 아니라 서독처럼 '스스로 친구가 되어' 새로운 '친구를 얻는' 평화정치를 '실험'해야 한다.

더구나 한반도에서는 1970년대 동서독과 달리 지난 2000년대 남북정상회담을 통해 통일에 대해서도 논의해 성과를 낳았다. 「기본조약」을 비롯한 1970년대 후반의 동서독 협정과는 달리 지난 시기 남북은 관계 개선과 협력사업 추진과는 별도로 낮은 단계의 연방제와 국가연합의 길이 남북통일의 가능한 경로임에 합의했다. 그 합의가 지닌 정치적 역동성에 더 착목해야 한다. 독일이 해보지 못한 통일 합의가 가진 잠재적 돌파력을 내버려 둘 일은 아니다. 여기서도 우리는 "실험을 두려워하지 말"아야 한다. 그렇지만 그것은 결국 사람들이 만나고 물류가 더 많이 오가는 일에서 시작한다.

강릉에 살면서 고성을 더러 다녔다. 고성에서는 강릉보다는 원산이 더 가깝다. 내려오기보다 올라가기가 더 쉽지만 우리에게는 A24가 없다. 2018년 남북이 현대화하기로 합의한 고성과 원산의 도로가 순조롭게 건설되어 언젠가 분단 '기억의 장소'가 될 것임을 믿자. 평화의 자신감과 용기는 신념에서 비롯된다고 하니.

제3장

신뢰

보수가 실용을 펼치다

/

"서독 정부에 협상은 단지 어떤 특별한 목적을 달성하기 위한 수단 중
하나가 아니었다. 그것은 더 일반적인 목적을 위한 유일한 수단이자,
사실상 이미 목적 그 자체였다."

—티머시 가튼 애쉬[1]

브란트와 콜의 우정

1992년 8월 28일 '통일총리' 헬무트 콜(Helmut Kohl)은 이미 죽음의 그림자가 드리운 빌리 브란트(Willy Brandt) 전 총리를 방문했다. 독일통일과 유럽평화의 초석을 놓은 공로로 1971년 노벨평화상을 수상한 브란트는 병마에 시달려 몸을 세우기 어려운 상태였다. 그럼에도 그는 최고의 예를 갖추어 정장을 한 뒤 거실 의자에 앉아 나볏이 콜 총리를 맞이했다. 콜이 안쓰러워 "몸이 힘든데 왜 일어나 앉으셨냐"며 걱정하자 브란트는 "'나의 총리'가 오시는데 내가 어떻게 침대에 누워 있겠습니까"라고 화답했다.[2]

둘은 1970년대 중반 각기 기민련과 사민당의 당수로 만나 정치 쟁점을 놓고 자주 사납게 대결했고 더러 관계가 냉랭했다. 둘은 정치 이력의 부침과 굴곡진 생애의 와중에도 인간적 신뢰와 존경의 끈을 붙들었다.[3] 정치 신조의 차이와 의회 안팎의 격한 논쟁에도 콜에게 브란트는 도덕적 권위와 정치적 명망을 넘어 무엇보다 먼저 "공손한 사람"이었다. 한편 1989/90년 통일 국면에서 브란트는 사민당 주요 정치가들과는 달리 콜의 통일정책을 적극 지지했고,[4] 콜은 브란트의 말에 귀를 열었다. 1990년

브란트와 콜은 정견이 달랐지만 상대를 존중하고 신뢰했다. 때로는 의견을 경청하고(1984년, 위)
때로는 설전을 벌이기도 했다(1985년의 텔레비전 토론, 아래).

10월 3일 베를린의 제국의회 의사당 앞에서 독일통일을 선포할 때 둘은 독일 국민들 앞에 통일의 주역으로 나란히 설 수 있었다.

  콜이 문안을 다녀가고 얼마 뒤인 1992년 10월 8일 브란트는 팔순의 나이로 세상을 떠났다. 그런데 사민당 지도부는 낭패를 보았다. 부고를 처음 알린 곳이 사민당이 아니라 총리실이었기 때문이다. 브란트는 부고를 비롯해 장례 의식과 관련한 절차를 콜이 방문하던 날 미리 상의해 두었던 것이다. 콜은 망자의 바람대로 망종길을 충실히 마련해 주었다.[5] 콜은 『회고록 1990-1994』에서 같은 보수정당 소속의 오랜 정치 동지들에게는 대개 매몰찼고 심지어 그들을 폄훼했지만, 민주사회주의자 브란트에게는 시종 '존경'의 마음을 드러냈다.[6]

  이데올로기 대결로 깊이 물든 20세기 정치무대에서 좌우로 서로 대립하는 정당 지도자들이 보인 그와 같은 신뢰와 존중은 현대 정치사에서 흔한 예가 아니다. 더구나 사적인 우애가 정치를 통해 국가 차원의 역사적 업적으로 결실을 보는 예는 더욱 찾아보기 어렵다. 그것을 가능하게 만든 사건은 무엇보다 동방정책의 계승과 연속이었다. 1970년대 전반기 민주사회주의자 브란트가 총리 시절 토대를 닦고 발전시킨 동방정책이 1980년대 보수주의자 콜 정부에서도 수미일관하게 지속되었다. 바로 그 사실에 두 '동방정치가(Ostpolitiker)'들이 생애 말년에 나눈 우정의 추억을 넘어 독일통일의 성공 비밀이 숨어 있다.

1982년 '전환'과 동방정책

1969년부터 13년간 지속된 사민당 주도의 사민당·자민당 연정은 1982년 10월 1일 헬무트 슈미트(Helmut Schmidt) 총리의 불신임안 가결로 해체되었다. 기민련과 기사련은 자민당과 함께 새로 연정을 구성해 권력을 위임받았다.[7] 서독 정치사에 유례없는 방식의 정권 교체였다. 그것은 1983년 3월 6일 총선을 통해 국민의 신임(기민련은 48.8% , 자민당은 7.0%을 얻어 둘은 합해 과반수를 훌쩍 넘긴 반면, 사민당은 38.2%로 지지를 잃었다)을 얻고 정당성을 확보했다. 1970년대 중후반 서독 사민당·자민당 연정은 평화정치의 성공(이를테면, 1975년 여름 헬싱키 유럽안보협력회의)과 동독과의 협력사업 진전(이를테면, 1978년 11월 베를린과 함부르크 간 고속도로 건설 추진)으로 동방정책의 성과를 이었다. 게다가 1974년 5월 16일 브란트를 이어 총리가 된 또 다른 사민당 지도자 헬무트 슈미트는 외교의 주역으로 나서 미국과 소련 사이의 중재자를 자임하며 명성을 쌓았다.[8] 하지만 슈미트 총리는 내정으로 돌아오면 여러 난관 앞에서 뾰족한 수를 찾지 못했다. 경제성장이 지속되지 못하면서 높은 사회복지 비용을 어떻게 조달할지가 화급한 문제로 부상했다. 경기 침체는 돌이킬 수 없었다. 실업률도 5%에 육박했는데, '황금기'에 익숙한 당시 사람들에게 그것은 꽤 심각했다.

불경기와 고실업은 딱히 정부나 여당 탓이 아니었다. 그것은 석유위기와 국제경기 하락 같은 외부 조건의 악화가 주요 원인이었다. 그렇지만 자주 그렇듯이, 정치는 문제 인지나 원인 분석보다는 해결 방법과 대응 전략에서 더 극명히 갈린다. 사민당은 경제문제의 해결을 놓고 기업의 이익을 우선하는 자민당과 불화를 겪었다. 연정은 위기에 빠졌다. 연정 파트너인 사민당과 자민당은 연금 인상과 공동결정제도를 둘러싸고 계속 대립했다. 슈미트 총리는 사민당 내 좌파의 강경한 요구(이를테면, 공동 결정 제도의 확대와 고소득자를 겨냥한 소득세 증대)와 자민당의 끈질긴 주장(이를 테면, 사회복지 지출 삭감과 시장 자율성 존중) 사이에서 가랑이가 찢어질 지경이었다.

1980년 10월 5일 총선에서 사민당은 42.9%를 얻어 1976년의 상실(42.6%로 제2당, 1972년 총선에서는 45.8%로 제1당)을 약간 회복했다. 44.5%를 챙긴 기민련은 다시 제1당이 되었지만 야당으로 머물러야 했다. 사민당은 자민당과 함께 권력을 계속 나눌 수 있었다. 그렇지만 4년 전에 비해 2.7%를 더 올려 10.6%의 지지율을 보인 자민당은 자신감에 찼다. 자민당은 이미 사민당과 이별을 준비했다. 슈미트 총리 아래에서 경제부장관을 역임한 자민당의 고참 지도자 오토 그라프 람프스도르프는 1982년 9월 9일 강령이 담긴 글을 발표해 사회민주주의적인 사회경제 정책을 전면 비판하며 사실상의 '이별'을 알렸다.[9] 사민당을 비롯해 정부를 지지하는 언론과 여론의 포화("자민당은 배신자!")와 자민당 내부의 이견에도 불구하고, 기민련과 자민당 지도부는 슈미트 총리 불신임안을 통과시켰고 권력을 위임받았다. 연정 하위 파트너인 자민당이 우파였기에 사민당·자민당 연정은 타협정치를 표방할 수밖에 없었다. 그렇더라도 이제는 '좌파정부의 종식'이 공언되었고, 많은 정치 영역에서 전면 수정 내지 정책 조정이 불가피했다. 새 보수·자유주의 내각의 기조를 총괄적으로 드러낸 10월 13일의 '제1차 정부선언'에서 신임 총리 콜은 신생 연정을 '중도 내각'이라고 불렀다.[10] 새 내각은 여러 정책 분야에서 '혁신'과 '변화'를 표명했고 앞선 사민당 정부의 정책과 '단절'하고 '전환'을 선언했다. 경기 침체와 재정 문제는 사민당과 자민당 사이의 정책 불화와 연정 붕괴의 원인이자 당시 국민의 가장 큰 관심사였다. 콜 총리와 한스-디트리히 겐셔(Hans-Dietrich Genscher) 외무부장관을 중심으로 한 기민련·기사련·자민당 연정은 경제성장 지속과 실업 감소를 기치로 기존 사회민주주의적 사회경제 정책의 수정을 선언했고 복지 삭감과 기업 친화 정책의 실행을 공표했다. 이와 같은 정책 전환을 '새로운 역사의 출발'이라고 규정했다.[11] 그것에 발맞춰 외교·안보·통일 정책에도 변화를 예상하는 이들이 많았다. 특히 사민당과 비판 언론들은 동서독 관계에서 새로운 '냉각기'가 시작될 것이라고 우려했다.

언뜻 보면, 국제정세도 그 우려를 강화하기에 충분했다. 1982년 10월 콜이 권력을 잡았을 때 세계는 다시 냉전의 긴장이 닥쳤다. 그것은 양독 교류협력의 지속에 어두운 그림자를 드리웠다. 소련의 SS-20미사일 배치와 그로 인한 1979년 말의 나토-이중결의 통과와 재무장, 소련의 아프가니스탄 침공과 폴란드 위기, 미국과 '자유진영'의 모스크바 올림픽 보이콧, 미국 레이건 행정부의 무한 군비경쟁 가동 등에서 드러나듯, 국제냉전은 날로 긴박했다.[12] '제2차 냉전'에도 불구하고 동서독 정부는 화해협력관계를 유지하려고 용을 썼다. 그렇지만 미국과 소련의 갈등 격화로 제약을 많이 받았다. 게다가 국제 갈등은 1970년대 '작은 걸음'의 평화정치가 군비경쟁의 격한 속도를 따라잡지 못한 데 기인한 측면도 있기에,[13] 동서독이 따로 그들만의 대화나 협력으로 국제정치의 위기를 피하고 심지어 냉전 갈등을 중재하기는 어려워 보였다. 이제 문제는 국제정치에 편승해 서독의 집권 우파 정치가들이 다시 1950/60년대의 '힘의 우위' 전략과 체제대결 논리에 빠져 1970년대 동방정책의 성과를 무로 돌릴지 아닐지의 여부였다.

동방정책의 계승과 연속

많은 이들의 우려와는 달리, 그리고 여러 분야의 정책 '전환' 선언과 국제정치의 긴장 증대에도 불구하고, 신임 총리 콜은 독일정책과 관련해서는 집권 초부터 앞 정부와의 연속성을 분명히 강조했다.[14] 물론, '제1차 정부선언'의 끝자락에서 콜은 독일문제가 아직 미해결이라고 말했고 '역사'니 '정체성' 같은 개념을 내세우며 민족분단의 '해결'에 대한 관심을 드러냈다. 정작 중요한 것은 콜이 동독 체제에 대한 비판적 거리 유지를 선언했음에도 실천적으로는 경제와 무역, 인적 교류 부문에서 대화와 협력을 지속하겠다고 명료히 밝혔다는 사실이다.[15] 선언적이고 규범적인 차원에서 동독 체제의 인권문제와 베를린장벽의 비인도성에 대한 비판도 콜 정부에서 처음 제기한 것이 아니었다. 앞선 브란트와 슈미트 총리 주도의 사민당 정부도 그 문제를 정기적으로 언급했다.[16] 다만 양자 모두 그것 때문에 동독과의 교류협력이 방해받지 않도록 했는데 콜 정부도 동독과 협력관계를 지속시키는 것이 가장 중요했기 때문이다.

서독 대통령 카를 카르스텐스와 외무부장관 겐셔는 1982년 11월

14일 모스크바에서 열린 브레즈네프 장례식에서 동독 사통당 서기장 에리히 호네커를 만났다. 그들은 새 연방정부가 앞선 사민당 정부의 화해협력 정책을 이어갈 것이라는 콜 총리의 메시지를 전달했다.[17]

1982년 11월 29일 이번에는 콜이 직접 동독 총리 호네커에게 보내는 서한에서 "동서독 사이의 「기본조약」과 여타 모든 협정과 합의들은 양국 간 관계 발전의 기본"임을 확인했고, 연방정부는 동독과의 선린관계 발전에 관심이 크다고 밝혔다.[18] 콜은 서한에서 호네커에게 "나는 독일민주공화국과 관계를 맺고 있는 해당 주무 장관들에게 현재 진행 중인 모든 협상을 그대로 지속할 것을 부탁해 두었다"고 알렸다. 호네커에게 서독을 방문해 달라고도 청했다. 아울러 1983년 1월 24일 호네커와 첫 전화 통화 때, 콜은 자신의 입장이 그해 3월 초 총선 후에도 변하지 않을 것이라고 미리 다지며 예측 가능성과 신뢰를 높였고 불필요한 오해와 소모적인 논쟁의 여지를 없앴다.[19]

실천이 말을 따랐고 둘은 곧 일치했다. 실제 교류 분야에서 이미 합의했거나 협의하던 각종 경제협력과 문화교류 등은 차질 없이 진행되었다. 1982년 11월 중순 이미 양독의 건설부장관회담 및 교통부장관회담 등의 공식 대화가 예정대로 진행되어 서독 건축 전시회의 동베를린 전시건 그리고 이미 건설 중인 베를린과 함부르크 간 고속도로의 마지막 구간에 대한 실무 협의를 그대로 지속할 수 있었다. 또 12월 초에는 총리공관 장관 필리프 예닝어가 동베를린을 공식 방문해 동독 외무장관 오스카어 피셔와 양독 간 문화협정을 체결하기 위한 협상을 시작했다. 그 모든 것이 정권 교체 후 2~3개월 안에 이루어졌다.

사민당의 동방정책과 협력정치가 얼마나 빈틈없이 기민련 정부에 이월되었는지를 보여주는 또 다른 예는 '취리히 모델' 논의 승계였다. 그 모델은 스위스 취리히의 은행가인 독일인 홀거 발로부터 나왔다.[20] 내용은 스위스 취리히의 은행을 중개로 해서 서독이 수십억 마르크를 지원하는 대신 동독 정부는 자국 시민의 서독 방문 장벽을 크게 완화하는 것이었다. 아직 사민당 슈미트 총리 재임기였던 1981년 말 당시 총리실 고위 간부들은 그 안을 둘러싸고 이미 동독과 비공식 협상을 진행했다. 정권 교체 후 콜 정부의 총리실은 그 협상을 그대로 이어받아 지속했다. 비록 그것이 실현되지는 못했지만, 상당 기간 본(Bonn)의 협상가들만 바뀐 채 핵심 내용은 계속 본과 베를린을 오가며 조율을 거쳤다. 이렇듯 모든 차원에서 동방정책은 빈틈없이 지속되었다. 마치 본에서 아무 일이 없던 것처럼!

겐셔에서 겐셔로

1982년 정권 교체 후에도 서독의 동방정책이 지속된 배경으로는 먼저 연정 하위 파트너인 자민당의 역할을 들 수 있다. 1982년 말 정권이 교체될 때 동방정책이 수정되거나 후퇴할 것이라는 당시 국내외 여론의 우려를 불식시킬 수 있었던 요인은 자민당이 연정에 참여해 외교 정책의 지속성을 책임졌기 때문이었다. 자민당 대표이자 탁월한 협상정치가인 한스-디트리히 겐셔는 이미 1974년 5월부터 외무부장관으로서 서독

1980년 슈미트 총리에게 자문하는 겐셔(좌), 1982년 10월 콜과 이야기 나누는 겐셔(우).
겐셔는 1980년대 정권 교체에도 외무장관직을 줄곧 수행하며 정책의 일관성을 유지했다.

의 동방정책을 대변했다. 겐셔는 1980년대에도 외무부장관직을 그대로 수행함으로써, 외교와 동독정책의 일관성을 유지하며 대내외의 신뢰를 쌓았다.[21] 앞서 보았듯이, 자민당은 '사민당을 배신'하고 기민련과 연정을 구성할 수밖에 없는 이유를 경제와 재정정책의 전환 필요성에서 찾았다. 덧붙여 자민당 지도부는 당시 사민당의 계파 분포로 보았을 때 사민당에서 고립된 헬무트 슈미트 총리와는 함께 '나토-이중결의'를 관철시킬 수 없다고 보았다. 겐셔는 '현실적' 긴장완화 정책이란 동서 대결이 여전한 상황을 고려해 충분한 안보 능력을 확보할 때에만 의미를 가질 수 있다고 내다보았다.[22] 역으로 겐셔와 자민당 지도부에게는 그 '현실적' 재무장 정책을 위해서라도 기존 동방정책의 성과 유지와 화해협력 정치의 지속이 결정적으로 중요했다. 신생 집권당 기민련도 겐셔의 외교 경험과 명망이 필요했다. 겐셔가 외무부장관직을 유지하면서 서독 외교의 예측 가능성이 보장되었다. 한편으로는 1970년대 동방정책을 유지하고 발전시키고, 다른 한편으로는 정세 변화를 반영해 나토-이중결의를 통해 안보를 강화하는 '이중 전략'은 기민련·기사련의 보수주의자들과 자민당의 자유주의자들 사이의 연정 구성과 유지를 위한 공통 외교·동독 정책의 근간으로 자리 잡았다.

물론, 콜과 겐셔는 서방과 동방의 관계에서 때로 서로 강조점을 달리하면서 실용 외교를 상호 보조했다. 겐셔는 사민당의 슈미트 총리 시절에는 주로 서방과의 친선관계를 책임지는 역할을 수행했는데, 이제 콜 총리가 그 역할에 더 많은 관심을 보임으로써 자연스럽게 소련 및 동유럽과 협력관계를 유지할 책임을 더 많이 떠맡았다.[23] 그렇기에 겐셔는 미소 간의 긴장이 격화된 시기에도 소련과 대화를 중단한 적이 없었고, 서독 정부는 미국 레이건 정부의 압력에도 소련이나 동독 등 동유럽 국가들과 경제교류 및 인적 접촉을 더욱 강화했다.

기민련과 동독의 접촉

1980년대 기민련·기사련·자민당 연정의 동방정책 지속을 가능하게 한 더욱 결정적인 요인은, 정권 인수 전에 이루어진 기민련의 정책 전환이었다. 이미 1972년 4월 말 기민련·기사련은 여론의 비판에도 동방정책을 공격하며 의회에서 브란트 총리 불신임안을 통과시키려 했지만 실패했다.[24] 그 뒤 11월 총선에서 기민련·기사련의 보수 정치세력은 44.9%를 얻어 그 만용의 대가를 톡톡히 치렀다. 브란트의 인기는 치솟았고, 사민당과 자민당은 각각 45.9%와 8.4%의 선거 지지율을 획득해 안정적 과반을 구축했다. 선거의 최대 쟁점이던 동방정책은 이제 정치적 승인과 대중적 지지를 분명히 얻은 셈이었다. 뒤이어 동서독 간 「기본조약」은 의회 비준과 헌법재판소의 합헌 결정으로 정치적·법적 안정을 확보했고, 1973년 9월 18일 동서독의 유엔 동시 가입으로 보수 야당 기민련·기사련의 저항은 정치적 의미를 잃었다. 뒤이은 동서독 간 교류 발전과 협력 사업의 전개는 기민련·기사련에 정책 전환을 과제로 던졌다.

이에 1975년부터 상당한 내부 저항과 혼란을 겪으면서도 기민련·기사련 내 동방정책 지지자들은 이미 승인된 「동방조약」들과 양독 간 협정이 그대로 유지되어야 한다고 강조하기 시작했다. 1975년 「헬싱키협정」 후 콜을 비롯한 기민련 내 '자유주의 진보주의자들'은 알프레트 드레거, 카르스텐스, 하인리히 빈델렌, 특히 기사련 당대표인 프란츠 요제프 슈트라우스 등의 '보수주의 강경파'[25]와 노선 투쟁을 벌이며, 앞선 동방정책 반대 입장을 포기하고 변화된 국내외 상황에 조응하기 시작했다.

기민련 당대표 콜은 1975년 9월 30일 모스크바를 방문해 얼마 전까지 반대한 「헬싱키협정」을 이제는 수용한다고 밝혔다. 그는 소련과 계속 접촉하고 대화하기를 원했다. 1977년 당대회를 기점으로 콜 중심의 기민련 지도부는 동독의 인권 문제 비판과 독일통일의 법적 확인을 전제로 사민당의 '작은 걸음' 정책과 동서독 협력정책의 수용 의사를 공식적으로 드러냈다. 1980년 11월 연방의회 연설에서 콜은 「동방조약」의 법적 적실

성을 최종적으로 확인했고 동독 체제의 안정이 양독 관계의 발전에 필수불가결함을 받아들였다.[26]

이렇게 본다면, 1970년대 사민당이 주도한 동방정책의 가장 의미 있는 성과 중 하나는 동방정책의 반대자 내지 비판자까지 동방정책을 수용하지 않을 수 없게 된 상황이라고도 볼 수 있다. 동방정책이 법적·정치적 안정성과 대중적 지지에 기반해 구체적 성과를 만들어내자 기민련과 기사련 같은 체제 내 보수 우파뿐 아니라 극우 반공주의자와 네오나치 세력들조차 일부는 이미 1980년대 초반 그동안의 동방정책 반대 입장을 바꾸기 시작했다. 이를테면, 대표적 극우 세력인 독일민족민주당(NPD)은 1982년 동방정책의 정신과 성과를 수용하기 시작했다.[27] 또한 동방정책에 대해 좌파 관점에서 비판을 전개하던 평화운동과 녹색당 안팎의 '민족좌파(Nationale Linke)' 세력 또한 한편으로 동서독 간 통일 논의를 유보한 점을 문제 삼았지만, 다른 한편으로 그들이 주장하는 '국가연합' 방식의 민족통일이 「기본조약」의 확대 갱신 방식으로 달성될 수 있음을 강조하며 동방정책의 성과를 적극 인정했다.[28]

기민련의 노선 변경에 직접 영향을 주며 함께 발전해온 또 다른 요소가 있었다. 그것은 기민련과 동독 사통당 지도부의 비공식 접촉이었다. 이미 1975년부터 양측에서 중간 협상자들이 서로의 입장을 전달하고 상대의 진의를 탐문하는 접촉과 만남이 많았다. 1975년부터 1982년 정권교체 때까지 이 양독 간 비공식 대화와 접촉에 참여한 기민련 정치가는 연방의회 의원이자 기민련 최고위원회 외교 대변인이고 당 회계 총무인 발터 라이슬러 키프, 슐레스비히홀슈타인주 주지사이자 기민련 부당수였던 게르하르트 슈톨텐베르크, 연방의회 의원이자 당내 좌파 그룹인 사회위원회 대표였던 노르베르트 블륌 그리고 당시 연방의회 의장이었던 리하르트 폰 바이츠제커 등이다.[29]

특히 발터 라이슬러 키프는 당시 기민련 당대표였던 헬무트 콜과 당 사무총장이었던 쿠르트 비덴코프와 협의한 뒤 본과 동베를린을 오가며 동독 정세와 사통당 지도부의 의중을 탐지했다. 그의 대화 상대자는 사통당 중앙위원회 위원이며 서독부 부장으로 1973년부터 1985년까지 호네커를 보필했던 서방정책 전문가인 헤르베르트 해버였다.[30]

두 밀사는 접촉을 시작한 1975년 초부터 해버가 정치적으로 몰락해 접촉이 불가능해진 1985년까지 대략 20여 차례의 비공식 만남을 가졌다.[31] 키프가 이미 일찍부터 동방정책의 역사적 의의에 공감하고 동독과 진지한 대화에 나설 것을 적극적으로 옹호한 기민련 내 현실주의적 소수파였다면, 해버 또한 사통당 내 협상파 내지 실용주의 개혁파의 핵심 인물이었다. 키프는 이미 1975년 1월 15일 동베를린 주재 서독 상주대표부에서 첫 만남을 가졌을 때부터 해버에게 "기민련은 이미 체결된 협정을 완전히 그대로 받아들일 것이고 기민련·기사련이 내각을 구성하게 되더라도 그 협정은 양독 관계의 지속과 발전의 토대로 간주할" 것임을 분명히 밝혔다.[32] 아울러 1975년 2월 모스크바에서 키프는 소련의 정치지도부에게도 다음과 같이 확약했다.

기민련·기사련은 권력을 획득하게 되면 소련과 동유럽 국가들과의 유관 사업을 이미 형성된 기반 위에서 계속 펼쳐 나갈 것이다. 아니 사

1976년 하노버에서 열린 기민련 전당대회의 키프와 콜(위).
1985년 3월 12일 라이프치히 박람회에서 해버와 서베를린시장 디프겐의 만남(아래).

민당보다 훨씬 더 효과적으로 더 잘해 나갈 것이다. 특히 경제 관계에서는 그렇다. 기민련·기사련은 이미 체결된 협정을 승인하게 될 것이며 이미 이루어진 약속을 파기할 생각이 전혀 없다.[33]

키프를 비롯한 기민련의 밀사들은 기민련이 동독에 사민당 못지않은, 심지어 더 나은 대화 및 협력 상대가 될 것이라고 강조했다.[34] 그는 기민련이 사민당보다 동독에 이데올로기적으로 오히려 위험이 덜하다고 말했고, 미국과의 관계에서 마찰을 훨씬 줄일 수 있음을 강조하기도 했다. 또 기민련이 동방정책을 수용·계승해서 추진하면 서독 의회에서는 이제 동방정책을 반대할 야당도 더 이상 존재하지 않게 될 것이기에 기민련이 사민당보다 "더 잘할 수 있다"고 주장하기도 했다.

물론, 기민련과 사통당 지도부의 접촉과 대화는 규모나 전략의 차원에서 1980년대 사민당이 동독을 상대로 보여준 '평행 외교(Nebenaußenpolitik)' 수준까지 깊어지거나 결정적인 것은 아니었다.[35] 그렇지만 그 비공식 대화와 접촉이 없었다면 양측의 관계가 1982년 기민련의 권력 장악 후에 그렇게 순탄하게 전개되지는 못했을 것이다. 이미 기민련과의 비공식 대화를 통해 기민련 지도부의 의중을 알고 있던 동독 지도부도 다소 우려는 했지만 기본적으로 호의적 기대를 갖고 서독의 정권 교체를 지켜볼 수 있었다. 불필요한 의심과 오해는 사라졌다.

요컨대 분단국가 간 관계 개선에서 결정적인 것은 대체로 상호 불신과 두려움을 어떻게 극복하느냐의 문제인데, 그것을 위해서는 적절한 시기에 적절한 주체들 간의 적절한 소통이 반드시 필요했다. 1982년 정권 교체 이전 서독의 기민련과 동독 사통당 지도부 사이의 접촉과 대화는 이를 가장 잘 보여주는 역사적 예라고 할 수 있다.

콜의 '실용주의'

콜 정부는 집권 후 선언적이고 규범적인 차원에서 동독 공산주의 체제를 정례적으로 비판했다. 그는 화해협력 정치의 궁극 목표가 '자유'에 기반한 민족통일임을 사민당 정권보다 더 분명하게 밝힘으로써, '2민족'론을 내세워 통일의 가능성을 부정하는 동독을 때로 압박했다. 그래서 콜의 선언적 언명에 지나치게 집착하는 역사가들은 실용적 동방정책과 동독에 대한 규범적 비판 사이의 긴장을 부각시키기도 한다.[36]

하지만 중요한 것은 그 동독 비판이 주로 기민련과 기사련 내부의 반대파를 정치적으로 무력화하기 위한 '내수용' 정치수사였을 뿐이라는 사실이다.[37] 아울러 콜은 1989년 11월 베를린장벽 붕괴 전까지는 '재통일 (Wiedervereinigung)'이라는 용어를 공식적으로 사용하지도 않았다. 콜이 항상 강조한 것은 '실제적', '현실주의적' 또는 '실용적' 협력과 조정, 대화의 정치였다. 정치 실천 영역에서 콜 총리와 총리공관의 핵심 참모들은 수시로 동독 지도부와 전화하고 편지를 교환하고 상주대표부를 활용해 당면 현안을 협의·조정했다.

또 콜은 최대의 경쟁자이자 동방정책 반대자인 바이에른주 주지사 프란츠 요제프 슈트라우스에게 동독에 대한 재정지원에 핵심적인 역

1983년 7월 24일 슈트라우스와 호네커의 협상 장면.

할과 독자적 주도권을 행사할 수 있도록 해주었다. 즉 1983년과 1984년 콜의 양해와 지지로 슈트라우스는 동독에 정치적 반대급부에 대한 어떤 분명한 보장도 없이 10억 마르크 상당의 차관을 두 차례 제공했다. 콜은 그것을 통해 보수 우파 세력 내의 실용주의 동방정책에 대한 반발을 무력화하고 통합하는 정치 수완도 발휘했다.

콜이 보기에는 동독 체제의 안정이 양독 관계 발전의 근간이었다. 그렇기에 실용적이고 실제적인 접근을 넘어서 동독 체제 붕괴를 겨냥한 당 내외 일부의 적극적인 통일 추구 요구에 콜은 직접 제동을 걸기도 했다.[38] 그러나 통일 전망을 완전히 포기한 것은 아니었다. 다만 콜 총리는 분단 상황의 객관적 조건에 조응하지 않는 인위적인 정치 공세 및 동독 체제의 안정을 흔드는 도발적인 공세와는 시종 거리를 두었다.

1987년 호네커의 본 방문과 정상회담은 동독에 대한 서독 정부의 실질적 승인이었고, 동독의 서방정책이 이룬 결정적인 성과였다. 동독 지도부는 그 성과를 국내 정치개혁과 연결시키지 못함으로써 결국 체제 몰락으로 치달았다. 반면, 콜과 그의 참모들은 고르바초프 등장 이후 소련 외교정책의 변화 그리고 동독 시민의 동요와 이탈 및 통일 갈망을 주의 깊게 관찰하다 1989년 10월 말 분단의 불균형이 뚜렷해지자 동독 지도부에게 적극적인 '통일공세'를 감행했다. 이제 비로소 동독에 대한 경제지원과 정치개혁을 상호주의의 원칙에 의거하여 직접 연결하여 동독 체제의 근본적인 변화를 꾀했다.[39]

다양한 채널의 대화와 탐문을 통한 주의 깊고 신중한 정세 파악, 새로운 상황과 그 역동성이 주는 활동 여지와 가능성의 포착, 그리고 그것을 가능케 한 '실제적'이고 '실용적'인 접근 태도 등은 콜이 '통일총리'로 역사책의 한 페이지를 장식할 수 있게 만든 핵심 요인이다. 정치적 '실용주의'는 결국 이데올로기적 규범이나 최종 목표에 입각한 최대강령주의에 매달려 정치적 부동성이나 대기주의에 빠지지 않는 것, 실제 작은 변화와 그 가능성의 확대를 위해서 끊임없이 탐색하고 준비하는 것, 그리고 기회와 여지가 조금이라도 보일 때에는 즉각 '결정'하고 '행동'하는 것을 의미하기 때문이다.

요컨대 서독의 보수 정치가들은 1970년대 전반기 사민당의 동방정책을 처음부터 격렬히 반대했지만, 동방정책이 정치적 법적 안정성을 얻고 대중적 지지를 확보했음이 드러나자 차츰 입장을 달리했다. 특히 1982년 정권 교체를 전후해 기민련의 보수 우파 정치가들은 점차 사민당

1987년 9월 7일 동독 국가평의회의장 호네커가 서독 수도 본을 공식 방문했다.

동방정책의 성과와 원칙을 자신의 것으로 만들었다. 그들은 동독 지도부와 비공식 접촉을 통해 신뢰를 다졌고 전망을 찾았다. 동방정책의 연속성은 양독 간 관계의 안정성과 예측 가능성을 높임으로써 동서독 관계의 발전에 중추적인 역할을 수행했다.

콜의 전임자이자 브란트 동방정책의 계승자이면서 동시에 또 한 명의 실용주의 정치가인 헬무트 슈미트 연방총리는 "필요한 것은 신중, 인내, 예측 가능성이다"라고 평화정치의 덕목을 요약했다. 그와 같이 소박해 보이는 협상과 대화의 덕목이야말로 사실은 보수와 진보를 불문하고 독일과 한반도를 가로질러 적용되는 모든 평화정치 성공의 비밀이다.

───────

한반도 남북 관계의 발전도 이 과정을 지나치기는 어렵다. 여당과 야당, 진보와 보수가 평화정치의 원칙과 화해협력 정책의 근간에 합의해야 한다. 사실 진보와 보수 세력이 경제정책과 사회정책에 합의하기는 늘 어렵다. 하지만 평화정치에 대해서는 소통과 합의의 여지가 크다. 2020년 현재 보수 우파의 선의와 이성에 기대기는 어렵지만, 그럼에도 평화정치가들은 평화무도장에 그들을 계속 초대해야 한다.

지난 이명박·박근혜 정부가 김대중·노무현 정부의 대북 포용정책을 포기하고 대결정책을 재가동한 것은 단순한 시간 지체나 일시적 혼란이 아니라 상호 신뢰와 예측 가능성에 기초해야 할 평화정치의 근간을 흔드는 것이었다. 한번 허물어진 신뢰의 근간을 다시 세우는 일은 처음 협정을 맺는 일보다 더 어렵다. 한국 사회의 다양한 세력 사이에 정치 합의가 더욱 중요해졌다.

제4장

인권

평화와 인권이 만나다

/

"정치는 말한다: 뱀처럼 지혜롭게
도덕은 (이 말을 제한하는 조건으로) 거기에 덧붙인다: 비둘기처럼 순결하게"

-임마누엘 칸트[1]

홀거를 기억하며

커서 어른이 되면 아름다운 세상을 보러 다닐 거예요.

쇠로 만든 새 등에 올라 저 멀리 우주를 가로질러 다닐래요.

강과 바다, 대양의 물위를 날아다닐래요.

구름이 누나가 되고 바람이 형이 되겠죠.

이시스 여신의 오랜 땅에서

스핑크스도 보고 피라미드도 보겠죠.

웅장한 나이아가라 폭포 너머로 날아갈 거예요.

사하라의 태양 아래서 목욕을 하고

구름 속에 숨은 티베트의 산들을 가로질러

라마교 마법사의 기막힌 비밀을 내려 보고는

찌는 더위를 뒤로하고 북구의 빙하로 향할 거예요.

캥거루가 사는 섬들도 지나고 폼페이 유적을 지나

구약성경에 나오는 성스러운 땅, 유명한 호머의 나라를 지나면

이 세상의 아름다움에 또바기 홀리겠죠.

구름이 누나가 되고 바람이 형이 되겠죠.[2]

1944년 열네 살의 아브라함 코플로비츠는 아우슈비츠 수용소에서 검은 연기로 사라지기 전에 '꿈'을 시로 빚었다. 폭력사의 칼날에 어린 생명도 잘려나갔다. 홀로코스트 희생자 중 16세 이하의 아이들은 4분의 1에 달했다. 베를린장벽에서도 어린 희생자가 적지 않았다. 장벽 희생자 136명 중 20세 이하는 4분의 1을 훌쩍 넘었다. 16세에서 20세 사이의 희생자는 34명, 16세 이하의 희생자가 9명이었다.[3] 막내가 가장 먹먹한 얘기를 남겼다.

동독 청춘 남녀 잉그리트와 클라우스는 1970년 초 소련 수학여행 길에 눈이 맞았다.[4] 둘은 돌아와서도 떨어지기 싫었다. 결혼 직후부터 그

베를린 연방정부청사 지역에 설치된 베를린장벽 희생자 추모 마당.

제1부・평화가 길이다

들은 동독을 떠나 서독에서 살길을 궁리했다. 24세 남편 클라우스는 17세 때 동독 탈출을 시도한 전력 때문에 낙인이 찍혀 제대로 된 직장을 갖기가 어려웠다. 21세 아내 잉그리트는 교사였지만 공산주의 정치교육에 신물이 났다. 1973년 1월 이제 갓 15개월을 넘긴 아들 홀거에게도 더 많은 자유의 공기와 삶의 기회를 안겨주고 싶었다. 둘의 탈출 의사를 확인한 서베를린의 지인들은 1월 22일 밤 동독 도시 포츠담에서 서베를린 사이의 통과 경유지 주차장에 화물차를 대기시켰다. 클라우스와 잉그리트는 포츠담에서 주차장으로 진입해 화물차 짐칸에 재빨리 몸을 옮겼다. 그들은 각각 두 개의 상자 속에 숨어들었다. 엄마 잉그리트가 아기 홀거를 품었고, 아빠 클라우스는 옆 상자에서 따로 숨을 죽였다. 화물차가 바삐 출발했지만, 검문 초소에서 동독 국경경비대의 검문이 길었다. 그들은 "통과!" 소리를 기다리며 애를 태웠다. 갑자기 홀거가 울기 시작했다. 잉그리트는 급히 아이의 입을 막아 소리를 죽였고, 탈출은 성공했다. 검문소를 벗어나 서베를린 방향으로 300미터쯤 왔을 때 부부는 화물상자를 치우고 나왔다. 기쁨을 만끽하려던 순간, 잉그리트가 "우리 아기, 우리 아기!"를 소리치며 발을 굴렀다. 부부는 홀거가 이미 중이염과 기관지염을 앓아 코로 숨쉬기가 곤란했다는 사실을 뒤늦게 알았다. 홀거의 작은 몸은 굳어갔고 꺼진 생명을 되돌리려는 어른들의 안간힘은 물거품이 되었다. 부부는 동독을 탈출해 자유를 얻었지만 아기는 '바람'과 '구름' 사이로 '새'가 되어 날았다. 홀거가 아케론강에 오래 머물렀는지 부부는 세상에 더는 소식을 알려주지 않았다. 동서독 분단이 찢은 숱한 가족사의 한 자락이다.

　　15개월 아기의 막힌 숨결과 꺼진 눈동자를 잠시 뒤로 두고 사건의 날짜를 다시 보자. 그 죽음은 1972년 12월 21일 동독과 서독이 「기본조약」을 체결한 지 한 달 만에 발생했다. 다시 말하면, 그것은 동서독이 평화를 약속하며 협력을 개시한 뒤 첫 번째 발생한 베를린장벽 희생이었다. 그 후에도 베를린과 동서독 국경에서는 유사한 비극이 이어졌다. 1972년 12월 동서독 「기본조약」 체결 후부터 1989년까지 베를린장벽에서는 총 31명이 동독 군인들이 쏜 총에 맞거나 검문 과정에서 압박을 느껴 사망했다. 같은 시기 동서독 국경지역에서 동독을 탈출하다 사망한 주민의 수도 46명에 달했다.[5] 비록 희생자 수가 1972년 전에 비해 줄기는 했지만, 사건이 발생할 때마다 서독의 극우 반공단체들은 동독 정권과 서독 정부를 함께 규탄했고 "인권 없이 평화 없다"는 구호로 결집했다.

당시 동독 정권의 가장 대표적인 인권유린은 자유로운 이동과 여행 제한, 국경 봉쇄와 외부 세계와의 접촉과 소통 제한, 정치 억압과 사법 탄압이었다.[6] 특히 동독 탈출을 시도한 주민들은 동독 형법 213조에 따라 5-8년의 금고형을 선고받았다. 그들은 대부분 정치범으로 규정되었다. 1989년 말까지 동독에서 정치범으로 탄압받은 사람의 수는 대략 17만 5,000명에서 23만 1,000명 사이로 추정된다.

한편, 동독도 '사회주의 인권' 개념을 창안해 자본주의 국가의 자유주의 인권 개념이 계급 지배의 은폐에 불과하며 '사회주의 없이는 인권도 없다'고 맞섰다. 1970년대 동독이 내세운 '사회주의 법치국가'는 개인의 자유롭고 독립적인 권리가 아니라 인민과 국가의 집단적 자기결정만을 옹호했다. 아울러 동독은 빈민 문제와 정치범 탄압 등을 내세워 인권을 유린하고 있는 곳은 동독이 아니라 오히려 서독이라고 맞불을 놓았다.

1979년 풍선기구로 동독을 탈출한 가족.

서독 사회도 결함이 없지 않았지만, 체제 비판의 자유와 갱신의 가능성이
존재하는 곳과 그렇지 못한 곳의 근본적인 차이를 부정할 수는 없다. 동
독의 인권 개념은 곧 동독 주민들 다수에 의해 조롱거리로 전락했다.

규범적 비판

동독정책과 평화정치에서 사민당 집권기와 기민련 집권기 사이에
큰 차이가 없었다는 사실로도 대동독 인권정책이 두 시기에 별반 다르지
않았음을 쉽게 예상할 수 있다. 1970년대 사민당 정부 시절의 서독 인권
정책은 1982년 이후 콜 정부에서도 큰 변화 없이 지속되었다. 그 이유는
이 전체 시기 동안 서독 정부의 인권정책이 동독과의 화해와 협력을 지향

하는 동방정책의 정책 기조와 완벽히 조응했기 때문이다.

그렇지만 동방정책을 통한 양독 간 화해협력의 시기에도 서독 정부는 동독의 인권유린 상황에 대해 '원칙적', '선언적', '규범적' 비판을 중단하지 않았다. 1970년대 초 동방정책이 개시된 후 1989년 가을 동독이 붕괴할 때까지 서독 정부는 동독 인권유린에 대해 공식적으로 문제를 제기했다. 이때 서독 정부는 항상 인권, 기본권, 시민권 등의 개념을 명료히 사용했다. 그것은 에두르지 않고 동독의 정치억압과 인권유린 및 기본권 부정을 직접 겨냥하는 것이었다. 좌파 사민당 정부든 우파 기민련 정부든 모두 서독 기본법 정신에 의거해 자유, 자기결정 및 법치국가의 토대 위에서 통일이 이루어져야 함을 선언했고 동서독 간 체제의 근본 차이, 즉 민주주의와 독재의 차이를 강조했으며 인권유린과 기본권 억압을 들어 동독 체제 비판을 되풀이하여 말했다.

먼저 브란트 총리는 동독과 「기본조약」을 협상하는 과정에서 인권의 중요성을 놓치지 않았다. 그는 동서독 「기본조약」 2조에 유엔헌장 준수를 담도록 함으로써 '인권보호'를 동서독 관계의 고리로 걸었다.[7] 1974년 집권한 헬무트 슈미트 연방총리도 '민족의 상황에 대한 보고' 연례 의회 연설에서 동독의 인권유린 문제를 반복해서 언급했다.[8] 사민당 출신의 두 총리는 각각 베를린장벽과 국경 봉쇄, 발포 명령, 자유로운 이동의 제한, 동독 탈출 조력자에 대한 재판 등을 구체적으로 열거하며 비인도성을 비판한 뒤 동독 권력자들에게 그것의 개선을 요구했다.[9]

1982년 10월 권력을 위임받은 기민련의 콜 총리와 내각 각료들도 1990년 통일까지 다양한 방식으로 동독의 인권억압 상황을 자주 비판했다. 베를린장벽과 동서독 국경의 철조망을 비롯해 동독 탈출 주민들을 겨냥한 동독 권력자들의 발사 명령 등은 동독과 관련한 정부 지도자의 연설에서 자주 언급되었다. 이를테면, 콜 총리는 매년 '분단 독일의 민족 상황에 대한 보고' 연설에서 "자유가 독일문제의 핵심"임을 강조했고 "베를린장벽의 철거가 동서독 관계의 정상화를 위한 전제조건"이라고 말했다.[10] 심지어 1987년 9월 7일 동독 국가평의회 의장 호네커가 서독의 수도 본을 공식 방문했을 때 환영 만찬에서 콜 총리는 다음과 같이 말했다.

> 어떤 경우든 한 인간이 다시는 정치적 목적의 도구로 악용되어서는 안 됩니다. 평화는 개별 인간 삶의 모든 영역에서 무조건적이고 절대적인 가치를 존중함으로써 시작됩니다. 모든 인간은 자기 자신에 대해서 그리고 자기 자신을 위해서 스스로 결정해야 합니다.[11]

콜 총리는 호네커를 바로 앞에 두고 인간 개개인의 본원적 자유와 자기결정권을 강조하며 기본권 존중의 필요를 강조했던 것이다. 콜은 독일과 유럽의 모든 사람들이 자유선거에 의해 자유롭게 스스로 결정할 수 있는 권리를 확보하도록 만드는 것이 서독 정부의 모든 독일정책, 동독정책 그리고 유럽정책의 핵심 내용이라고 분명하게 밝혔다. 특히 콜은 독일 분단 문제가 민주주의 원칙, 즉 인간 존엄과 법치국가의 원칙과 직결된다고 선언했다.

동독 인권상황에 대한 서독 정부의 규범적 견제와 선언적 비판은 동방정책을 반대하던 극우 반공주의자들의 예봉을 막고 독기를 차단하는 결과를 가져왔다. 1969년 이후 서독 정부, 즉 좌파 사민당 주도의 사민당·자민당 연정이든 우파 기민련 주도의 기민련·기사련·자민당 연정이든, 모두 동독 공산주의 지배자들의 정치 억압에 대한 규범적 비판을 포기하지 않았기에 화해협력 정치를 완강히 반대한 서독의 전투적 반공주의자들과 극우 정치세력들이 동독의 인권문제를 동독과의 화해협력에 반대하는 선동 정치와 난동 결집의 도구로 악용하는 것을 막을 수 있었다.

물론, 1970년대 좌파 사민당 주도의 내각과 1980년대 우파 기민련 주도의 내각은 동독 체제에 대한 비판에서 어조나 방식에 작은 차이가 있었다. 1970년대 야당 시절 동독 인권문제를 내세워 사민당 정부의 동방정책을 반대했기에 기민련 정치가들은 집권 후 동독 인권문제에 대한 책임감을 사민당 정부보다도 더욱 크게 질 수밖에 없었다. 1980년대 기민련의 주요 정치가들은 1970년대 사민당 주도의 내각보다 더 분명히 서방과의 결속을 강조했고 동시에 "독재와 민주주의 사이에는 중간 길이 존재하지 않는다"고 말하면서 민주주의가 아닌 '제3의 길' 내지 중립주의 방식의 독일문제 해결 구상과는 원천적으로 거리를 두었다.[12] 아울러 독일통일이 자유를 희생하면서 이루어질 수는 없다는 점과 자유와 자기결정이 독일정책의 핵심임을 사민당 정부보다 더 분명하고 더 빈번하게 언급했다.[13]

정치도구화 반대

하지만 두 당의 인권정책 차이를 과장할 수는 없다. 더 중요한 것은 1969년 이후 서독 정부의 어떤 내각 각료도 동독 공산주의 정권의 존재 자체를 부정하거나 체제 붕괴를 겨냥하는 방식 내지 정치 선전을 목적으로 동독 인권문제를 언급하지는 않았다는 사실이다. 서독 정부는 인권을 내세워 동독 체제의 근본적 전환을 강압하거나 동독 국가에 이데올로기적 파산 선고를 강변하지 않았다. 1970년대와 80년대 서독 정부의 지도자들은 그와 같은 정치적 '십자군'에 대해 항상 비판하며 경고했다.[14] 1974년 5월부터 1990년 독일통일까지 연방 외무부장관으로 서독의 동방정책과 인권정책을 대외적으로 대표한 자민당 소속의 한스-디트리히 겐셔는 1985년 연방의회 연설에서 "인권문제 해결에 필수불가결한 동독 정부의 협력을 얻고자 하는 사람이라면 체제 안정의 파괴를 노린다는 인상을 불러일으켜서는 안 된다"고 말했다.[15] 1979년 9월 당시 연방내독관계부(Ministerium für innerdeutsche Beziehung, 이하 연방내독부)장관인 사민당 소속의 에곤 프랑케(Egon Franke)는 연방의회의 인권문제 토론에서 "연방정부의 인권정책은 우리 자신의 국가 체제나 사회체제를 다른 국가들에 강요하기 위한 수단이 아니"라고 분명하게 못 박았다.[16] 심지어 의회에서 가장 보수적인 입장을 대변하며 동독에 대해서도 가장 비판적이던 기사련조차도 1985년 초 독일정책과 관련한 입장 표명에서 동독 인권문제 해결을 위한 구체적 노력을 제안한 후 다음과 같이 덧붙였다.

우리 정책의 목표는 「바르샤바조약」 국가들을 '안정시키'거나 '불안정하게 만'들거나 하는 것도 아니고, 그 국가들에 '혁명적 상황'을 불러일으키고자 하는 것도 아니며, 우리의 이 정책으로 말미암아 「바르샤바조약」 국가들의 권력자들이 그들 주민을 더욱더 심한 테러 상태로 몰아가도록 빌미를 제공하는 것도 아닙니다. 우리 정책의 목표는 그 국가들의 권력자들에게 그들 또한 그들의 주민에게 인권과 기본권을 보장해야 한다는 것을 분명하게 알리는 것입니다.[17]

다시 말해, 1970년대 사민당 정부도 1980년대 기민련 정부도 모두 동독 체제의 전복이나 고립을 겨냥하지 않았다. 그들은 모두 공격적이거나 도구적인 인권정책을 포기했다. 일찍이 사민당의 브란트 총리는 "곤경에 처한 사람들의 운명을 정치 선전의 수단으로 삼는" 것을 비판했다.[18] 사민당과 자민당의 동방정치가들과 각료들은 한결같이 "양독 관계는 특히 거친 언어로 이루어지는 정치에 아주 민감합니다. 그렇기에 우리가 다양하게 영향력을 발휘할 수 있는 가능성을 위태롭게 하지 않게 하기 위해서라도 인권문제로 동독 정부를 자극적으로 공격하는 것은 전혀 도움이 되지 않습니다"[19]고 말했다.

그리하여 인권 문제에 대해 동방정치가들이 추구한 것은 기본적으로 "조용한 외교"였다.[20] 1979년 연방의회에서 당시 야당인 기민련의 대동독 인권 공세 요구에 직면해 연방내독부장관 에곤 프랑케는 겐셔 외무부장관과 의견을 나누었다. 겐셔에게 보낸 서신에서 프랑케 장관은, 연방정부는 서독 사회에 "두 가지 일, 즉 우리가 가진 특별한 가능성을 활용하여 분단의 결과를 완화하고 사람들을 위해 조용히 일하는 것, 그러면서 동독 국가 및 당 지도부를 공개적으로 비난하는 일을 동시에 할 수는 없다는 것을 분명하게 밝혀"[21]야 한다고 주장했다. 야당 시절이던 1982년까지와는 달리 집권 후에는 기민련 정치가들 또한 사민당·자민당 정부 시절 닦아 놓은 '조용한 인권외교'를 더욱 발전시켰다. 결국 서독 정부는 동독 인권 상황에 대해 규범적이고 선언적으로 비판하더라도 그것이 냉전적 정치 선전이나 체제전복 지향적인 자극이나 공세가 되지 않도록 신중한 방식과 접근을 발전시켜 나갔다.

현실적 인권정책

이미 1963년 본의 기민련 정치가들은 "구매를 통한 동독 정치범 석방과 수용"을 위해 동독과 협상했고, 같은 해 서베를린의 사민당 정치가들은 동독과 협상해 서베를린 주민이 동독을 방문할 수 있도록 동독 정부와 「통행증 협정」을 맺었다. 협상 과정 둘 모두에서 인권은 전혀 언급되지 않았다. 동독 정치범들의 서독 도착으로 그리고 서베를린 사람들의 동베를린 방문으로 동독의 정치 자유나 인권 상황이 근본적으로 개선되지도 않았다. 아울러 유엔 인권헌장에 견주어 본다면 그것은 부족하기 짝이 없는 성과였다. 그럼에도 그 협상과 성과는 서독 정치가들에게 깊은 인상과 큰 영향을 남겼다.[22]

인도적 문제의 작은 성과를 통해 베를린장벽은 다시 숨통을 열었고 절망에 빠졌던 동독 주민들은 삶의 희망을 새롭게 품기 시작했다. 당시 브란트 서베를린 시장이 말한 대로 "한 걸음도 나아가지 않는 것보다는 작은 걸음이라도 나아가는 것이 더 나았고, 특히 센 말만 떠들썩하게 하는 것보다는 더 나았"다.[23] 가까운 시일 내에 분단 상황을 극복하지 못한다면 일단 분단으로 인한 사람들의 고통과 희생을 최소화하는 것에 매달릴 필요가 있다는 것이었다. 그리고 그것을 위해서는 동독 정권과 대결이 아닌 협상과 협력이 절대적으로 요청되었다. 이와 관련해 사민당의 헬무트 슈미트 총리는 이미 1975년 1월 '민족의 상황에 대한 보고'에서 동독 인권유린 상황을 "이곳에서 항의함으로써 제거할 수 있다고 믿는 것은 망상"이라고 비판했다.[24] 그들이 보기에 동독 인권문제는 "동독 공산주의 지배자들에 항의"해서나 그들과 "대결하면서" 해결할 수 있는 것이 아니라 오히려 그들과 "함께 대화"하고 협상해 해결할 수 있다는 것이었다.[25] 당시 사민당·자민당 연정은 동독의 인권 상황과 타협하지 않고 '끈질기게' 매달려 그 변화를 위해 노력할 것이지만 그것은 동방정책이라는 양독 간 관계 발전의 틀 내에서 가능하다는 입장이었다. '대결적 인권정책'으로는 어떤 것도 이룰 수 없음을 지난 정권에서 이미 충분히 보여주었다는 것이다. 이때 그들은 동독 인권문제 해결을 동서독 간 접촉과 협력의 출발점에서 기대하는 태도야말로 위험하다고 생각했다. 슈미트 총리는 "현재의 이 상황은 하나의 매우 긴 발전의 막바지에서나 비로소 극복될 수 있다"[26]고 반복해서 강조했다.

1980년대 콜 총리의 생각 또한 기본적으로 다르지 않았다. 이를테면 1986년 콜은 연방의회에서 인권과 관련해 동독 측에 다음 세 가지를 요구했다. 첫째, 독일을 가로지르는 경계선에서의 인도주의와 평화, 둘째, 사람들의 자유로운 이동과 여행의 자유 및 정보와 의견의 자유로운 유통, 마지막으로 "동독에 있는 우리나라 사람들"의 기본권 보장과 인권 유지였다. 그러고 난 뒤 그는 다음과 같이 덧붙였다. "오해가 생겨서는 안 되고 생길 수도 없을 것입니다. 우리는 사람들의 복리를 위해 수많은 '작은 걸음'을 걸어 나갈 용의가 있습니다."[27]

덧붙여 콜 총리는 "현실적 독일정책은 단지 대화와 조정과 협력을 통해서만 성공할 수 있다"고 밝혔다.[28] 그는 작더라도 구체적이고 실질적인 인도적 사업의 전진을 통해 분단의 고통을 경감하고, 동독 주민들에게 실제 도움이 될 수 있고 '해결 가능한' 문제에 집중하는 것이 서독 정부의 책임 있는 자세라고 믿었다. 콜 정부에 중요한 것은 동서독의 체제와 이데올로기의 근본적 차이들이 "실제적인 문제들, 특히 인도적 문제들의 해결에 방해가 될 필요는 없다"는 관점이었다.[29] 그렇기에 그들은 우선 당장 해결할 수 있는 문제에 집중하고 그 과정을 통해 신뢰를 쌓아가고 다시 그 신뢰를 바탕으로 또 다른 문제를 해결하고자 했다.[30] 이것이 서독 정부가 추진한 현실적, 실용적 인권정책의 골자였다.

물론, 동방정책의 틀 내에서 가족재결합과 상호방문 그리고 동독 주민들의 서독으로의 이주 증대 등의 진전이 있다고 해서 그것이 곧장 동독 체제의 억압 구조와 실천을 바꾸어 내는 인권개선이냐에 대해서는 논란이 없지 않았다. 서독의 기민련 정치가들은 1970년대 야당 시절뿐 아니라 집권 이후에도 "인도적 문제의 경감과 인권이 같은 것이 아님"을 강조했다. "인권은 인간이 국가에 대항해서 가지고 있는 권리"이고 "인도적 문제의 경감이란 그 길로 나아가는 크고 작은 걸음들"이라며 둘을 구분한 뒤 그들은 인도적 문제의 경감으로 인권을 대체할 수 없다고 목소리를 높였다.[31] 그렇지만 곧 그들도, 1987년 10월에 콜 총리가 말했듯이, 그런 이유로 "인도적 문제의 경감을 낮게 평가하는 것은 무책임한 일이다"는 입장을 공유했다.[32]

그리하여 1970년대 이후 통일까지 서독 정부의 대동독 인권 정책과 활동은 항상 구체적이고 현실적이었다. 그것은 체제가 아니라 사람과 관련되어 있었다. "개별 인간의 구체적이고 직접적인 곤경을 경감하거나 제거하는 것"에 초점을 맞추었다.[33] 서독 정부는 유엔 인권헌장을 기준으로 눈높이를 올려놓고 그렇지 못한 상대를 질타하며 마냥 기다린 것이 아니라 구체적인 사람들의 고통에 귀를 기울이며 끊임없이 움직였다. 서독 정부 지도자들은 좌우를 불문하고 양독 관계 개선과 접촉 및 접근의 강화가 동독 주민들의 구체적 삶에서 고통과 곤경을 줄여줄 것이고 궁극적으로는 동독 주민들의 인권과 삶의 개선과 변화에 직접 기여할 것이라는 생각을 나눴다.

인권과 평화의 관계

서독 정부 지도자들은 평화정치와 인권정책이 근저에서는 충돌하지 않는다고 생각했다. 그들은 동방정책을 통한 화해협력의 강화와 동독 인권문제 비판을 통한 개선은 긴밀히 결합하거나 상승적으로 상호작용할 수 있다고 보았다. 1980년대 중반 연방외무부장관 겐셔는 이를 압축적으로 다음과 같이 표현했다.

인권문제를 비켜간 현실적 긴장완화정책이란 존재할 수 없습니다. 또 비방이 난무하는 적대와 대결의 상황에서는 어떤 현실적 인권정책도 존재할 수 없습니다.[34]

서독 정부는 유럽의 냉전 극복과 동서독 간 협력의 전진은 다름 아닌 동독과 동유럽의 인권 증진과 긴밀히 결합되어 있음을 강조했다. 1970년대 사민당·자민당 정부도 1980년대 기민련·자민당 정부도 모두 긴장완화 정책이 평화정착뿐 아니라 동유럽에서 인권과 정의, 민주주의가 확산되는 것을 궁극 목표로 삼는다는 것을 숨기지 않았다. 아울러 서독 정부는 인권이 빠진 긴장완화와 화해협력 정치가 실제 안정적인 평화 정착과 장기적인 선린관계에도 오히려 방해가 됨을 놓치지 않았다.

1988년 서독 총리공관 장관 볼프강 쇼이블레는 동베를린을 방문해 동독 외무부장관 오스카어 피셔 앞에서 다음과 같이 서독 정부의 입장을 요약했다.

평화는 개별 인간들의 권리와 가치를 존중하는 것에서 시작합니다. …… 독일의 평화 그리고 독일을 위한 평화란 무엇보다 사람들을 위한 일, 즉 사람들의 권리와 자유를 위한 일입니다. 어떤 폭력과 총성도 평화에 기여하지 못합니다.[35]

덧붙여 서독의 정부 지도자들은 평화와 인권을 긴장관계에 빠트리지 않으려 노력했다. "평화가 없으면 인권은 존재할 수 없다"는 주장과 "인권이 없는데 무슨 평화?"라는 반문 간의 끝없는 충돌을 피하는 것이 중요했다.[36] 물론 서독 여야 정치가들 사이에서도 1970년대 후반 이 문제를 둘러싼 입장 차이와 갈등이 존재했다. 인권과 평화가 긴밀히 결합되어 있음을 서독 정치가들이 공유했다고 해서 좌파 사민당 정치가들과 우파 기민련 정치가들 사이에 그것의 결합 양상과 발현 방식을 둘러싸고 이론이나 실천에서는 작은 차이가 존재했던 것이다.

먼저 사민당 정치가들은 "평화는 인권을 위한 전제조건이다"고 강조했다. 또 "긴장완화 과정을 위기에 빠트리는 사람은 인권의 구현을 위한 가능성을 축소시켜버리는 것이다"고 경고했다.[37] 사민당 정치가들은 평화야말로 가장 중요한 문제이고 인권을 위해서도 "평화가 맨 앞에 놓여 있"어야 한다고 강조했다.[38]

반면, 기민련 정치가들은 "인권 존중 없다면 긴장완화정책이든 평화정치든 그것은 어디서도 존재하지 못한다"고 반박했다.[39] 기민련의 주요 정치가들은 1970년대 후반 내내 사민당의 동방정책을 그것이 동독과 동유럽의 인권문제를 제대로 제기하지 않았다는 이유로 "유화적 양보(Appeasement)"정책에 불과하다고 비판했다.[40] 당시 서독 보수주의 정치가들은 "인권 존중이 없는 긴장완화정책이란 폭력과 불의 앞에 굴복하는 것"이라고 간주했다.[41] 그들은 "평화란 인권의 문제"라고 요약했다.[42] 그들은 1980년대에도 "유럽에서 평화가 보장되기를 원하는 사람이라면 국경을 개방하고 인권이 일상의 실천으로 구현되도록 해야 한다"며 평화정치에서 다시금 인권문제가 전면에 나서야 함을 주장했다.[43] 즉, 인권문제가 가장 중요하게 다루어질 때에만 '진정한 긴장완화'와 '진정한 평화정치'의 조건이 확보된다는 것이 그들의 입장이었다.

이에 대해 다시 사민당 정치가들은 그들 또한 "인간 존엄과 인권 존중이 평화와 긴장완화의 본질적인 요소이자 근간"임을 항상 분명하게 밝혔다고 확인했으며 다만 긴장완화 정책이야말로 바로 동독에서 인권과 기본권이 구현되도록 만드는 "가장 효과적인 수단"이라고 주장했다.[44] 긴장완화 정책의 지속이 바로 동독과 동유럽 인권 상황의 개선을 위한 결정적 전제조건이라는 것이 사민당 정치가들의 응답이었다.[45]

이렇듯 1970년대에는 아직—그리고 부분적으로는 1980년대조차도—원칙 또는 강령상의 논쟁에서는 양 정당의 입장 차이가 존재했다. 그렇지만 현실 정치와 구체적인 실천에서 그 차이는 사라졌다. 왜냐하면 앞에서 살핀 대로, 기민련의 핵심 정치가들은 애초 맹렬히 반대하던 사민당의 동방정책을 점차 그대로 받아 집권 후에는 전면 확장했기 때문이다. 그런 의미에서 1980년대 동독 인권문제를 둘러싸고 서독 정계에서, 특히 여당인 기민련과 야당인 사민당 사이에 어떤 마찰과 소음이 없던 것은 특별히 놀랄 일이 아니다. 사민당은 항상 정부에 우리가 한 일을 그대로 하고 있을 뿐이라고 했고, 기민련 정부는 사민당이 아니라 우리가 권력을 잡았기에 더 잘하고 있다고 답했을 뿐이다. 1980년대에는 진보와 보수, 여당과 야당은 대부분—물론, 녹색당의 일부가 예외였다[46]—동독 인권 정책과 관련해 '공동의 정치 합의'가 만들어졌음을 의식했다.

정치범 구매와 석방

서독 연방정부가 1970년대 이후 추진한 '실용적 인권정책'은 항상 사람들의 구체적인 고통을 경감하는 것이었고 개별 인간의 구체적 운명을 실제적으로 다루었다.[47] 가까운 시일 내에 분단을 극복할 수 없다면 분단으로 인한 사람들의 고통을 최소화하는 것에서 인권정책이 출발해야 한다는 것이었다. 또 동독 주민의 실질적 인권개선을 지향하는 독일정책은 "항상 그리고 당장 모든 것을 얻어 낼 수 있는 것"이 아니고 "많은 노력이 필요한 작은 일들"로 점진적으로 달성할 수 있다는 것이 1970년대 이후 서독 정부의 일관된 입장이었다.[48] 서독 정부가 직간접적으로 수행한 대동독 인권개선 사업과 활동으로는 무엇보다 동독 정치범 석방 거래와 동독 주민 여행자유화 및 이주를 위한 노력을 들 수 있다.

구매를 통한 동독 정치범 석방은 이미 1963년에 시작되었다. 1963년부터 1989년 말 동독 체제 붕괴까지 서독 정부와 민간 협력기관들은 동독 교도소에 수감 중인 정치범 3만 3,755명을 거래를 통해 석방하도록 했다. 그 정치범들에는 동독 공산주의 체제에 '항의'하고 '저항'한 비판가들 뿐만 아니라 동독을 탈출하려다 실패해 교도소에 갇힌 사람들까지 포함했다. 1968년 도입된 동독 형법 213조로 동독을 탈출하려다 체포된 주민들은 2년에서 길게는 8년까지 금고형을 받았다. 그들이 동독에서 정치범으로 간주되었기에 서독에서도 그렇게 여겨졌다. 그들의 가족과 지인들은 서독 정부를 계속 압박해 '뭐라도 좀 하기를' 요구했다. 그 결과 동서독 간에는 그들을 석방하려는 협상과 거래가 활발했다.[49] 석방 대가로

서독은 동독에 전 기간에 걸쳐 총 34억 마르크 상당의 현물을 지불했다. 1964년부터 1977년까지는 정치범 1인당 4만 마르크(약 3,000만 원), 그 뒤에는 9만 5,847마르크(약 8,000만 원)로 상향조정 지불되었다.[50]

그것의 시작에 대해서는 견해가 엇갈렸다. 연방전독부의 관료로 그 과정을 지켜본 루트비히 레링어는 동독 정부가 먼저 그 방안을 제안했다고 주장했다.[51] 반면, 서독 기독교와 서베를린 시청, 그리고 심지어 연방정부가 먼저 그 안을 구상했다는 주장도 있다.[52] 최근 연구에 따르면, 그것은 서독이나 동독의 기구나 단위의 구상과 제안이 아니라 동독의 국가안전부(슈타지) 소속 소령 하인츠 폴페르트의 발의에서 시작되어 동독의 협상가이자 변호사인 볼프강 포겔과 서독 변호사 위르겐 슈탕에가 같이 만들어 낸 합작품이었다.[53] 분단국 사이의 대화부재와 긴장국면 때에는 의외의 중개인이나 협상자가 상황을 돌파할 묘안을 내기도 함을 잘 보여준 역사적 예이다.

애초 '사람과 돈'을 교환한다는 '비윤리적' 구상은 연방총리와 총리공관 그리고 연방전독부(1969년 후 연방내독부로 개칭)의 주요 고위 관리들에게 좋은 반응을 받지 못했다. 또 동독과 그와 같은 정치 거래에 나서기에는 여전히 전투적 반공주의가 너무 드셌다. 그렇지만 곧 서독 정부의 주요 책임자들, 특히 라이너 바르첼 당시 연방전독부 장관은 그것을 통해 도움이 필요한 사람들에게 손길을 내밀 수 있고 동시에 "독재의 억압 기구들을 허약하게 만들" 수 있다고 믿었다. 게다가 그 일이 성공하면 자신도 평화정치가의 명성을 얻을 수 있을 것이라고 생각했다.[54] 아데나워는 재가했고 협상은 성공했다.

서독 정부에서는 연방전독부 장관과 '전(全)독일과제 담당연방청 (Gesamtdeutsches Institut - Bundesanstalt für gesamtdeutsche Aufgaben)'의 몇몇 실무자들이 그 문제를 극비로 전담했고 서베를린 소재 민간 법률사무소의 협력을 받아 동독 정치범 명단을 확보했다. 동독 측과의 실무 협상은 서독 정부가 아니라 전담 변호사와 개신교 사회부조 기관인 디아코니 협회 (Diakonisches Werk)가 담당했다.[55] 거래를 통한 석방 대상자의 명단이 동서독 양측 전담 변호사들 사이에서 정해지면 연방내독부(연방전독부의 후신) 는 석방 대가로 지불할 비용을 디아코니 협회의 은행 계좌로 입금했다. 디아코니 협회는 제시된 조건에 따라 동독에 제공할 물품을 위탁한 회사 에서 생산하거나 해외에서 조달하는 방식으로 마련했다. 1965년부터 동독 정치범들은 석방된 후 동서독 중 자신이 직접 선택해서 거주지를 정할 수 있었는데 초기에는 적지 않은 수가 여전히 동독을 택하기도 했다. 그렇지만 머지않아 이러한 정치범들의 다수는 원에 따라 석방과 동시에 곧장 서독으로 넘겨졌다.

그 사업은 서독에서 정권 교체의 변화에도 불구하고 지속되었다. 특히 동방정책이 시작된 1970년대 초에는 거래를 위한 더 안정적이고 정기적인 틀이 만들어졌다. 그동안 중개 협상가로 참여하던 동독 변호사 포겔은 1973년 동독 정부로부터 '인도적 문제 특별위임관'이라는 공식 직책을 갖고 사통당 서기장 호네커의 전폭적인 신뢰와 후원을 받으며 그 사업을 이끌었다.

또 눈여겨보아야 할 것은 1984년과 1985년이 정치범 거래의 정점이었다는 사실이다. 〈표 4-1〉에서 보듯이 1983년에는 1,105명의 동독 정

'구매된' 동독 정치범을 서독으로 실어 나른 버스.

〈표 4-1〉 1949-1988년 사이에 동독(동베를린 포함)에서 서독(서베를린 포함)으로 넘어간 난민과 이주민 수[57]

(단위:명)

연도	난민	합법이주민	합법이주민 중 거래를 통해 석방된 정치범	합계
1949(9월 이후)	129,245	1949(9월 이후)	1949(9월 이후)	1949(9월 이후)
1950	197,788	−	−	−
1951	165,648	−	−	−
1952	182,393	−	−	−
1953	331,396	−	−	−
1954	184,198	−	−	−
1955	252,870	−	−	−
1956	279,189	−	−	−
1957	261,622	−	−	−
1958	204,092	−	−	−
1959	143,917	−	−	−
1960	199,188	−	−	−
1961	207,026	−	−	−
1962	16,741	4,615	−	21,356
1963	12,967	29,665	8	42,632
1964	11,864	30,012	880	41,876
1965	11,886	17,666	1,160	29,552
1966	8,456	15,675	400	24,131
1967	6,385	13,188	550	19,573
1968	4,902	11,134	700	16,036
1969	5,273	11,702	850	16,975
1970	5,047	12,472	900	17,519
1971	5,843	11,565	1,400	17,408
1972	5,537	11,627	730	17,164
1973	6,522	8,667	630	15,189
1974	5,324	7,928	1,100	13,252
1975	6,011	10,274	1,150	16,285
1976	5,110	10,058	1,490	15,668
1977	4,037	8,041	1,470	12,078
1978	3,846	8,271	1,480	12,117
1979	3,512	9,003	900	12,515
1980	3,988	8,775	1,010	12,763
1981	4,340	11,093	1,584	15,433
1982	4,095	9,113	1,491	13,208
1983	3,614	7,729	1,106	11,343
1984	3,651	34,982	2,236	38,633
1985	3,484	18,752	2,676	22,236
1986	4,660	19,982	1,536	24,642
1987	6,252	11,459	1,247	17,711
1988	9,718	29,033	1,083	38,751

치범들이 서독으로 넘어갈 수 있었다. 그런데 1984년에는 2,236명, 1985년 2,676명으로 그 전년도에 비해 정치범 석방 수가 두 배 이상으로 늘어났다. 1986년에는 그 수가 다시 1,536명이었다. 많이 줄지는 않았지만 상대적으로 그 전 두 해보다 적었다. 그 배경에는 무엇보다 1983년과 1984년 두 차례 서독이 동독에 각각 10억 마르크와 9억 5,000마르크의 차관을 반대급부에 대한 아무런 확약 없이 '신의'와 '선의'만 믿고 제공한 사실이 놓여 있다.[56] 이미 1980년대 중반에 이르면 동서독의 협력과 신뢰는 안정기를 넘어 상승기로 접어들었다. 그렇기에 비록 동독 정부가 서독의 재정지원에 상응하는 반대급부에 대해 공식 언급도 없고 암시도 없었지만, 서독의 물질 지원에 동독 또한 서독이 원하는 것을 내놓을 수밖에 없었다. 동독의 정치범 석방은 이미 동서독 간의 비공식 거래로서 공식 협약이나 공개 협상과 아무 관련이 없었지만 '조용한 외교'의 의미있는 성과였다. 많은 사람들이 동독의 어두운 교도소에서 나와 서독의 자유로운 공기를 만끽할 수 있기도 했지만 그런 방식으로 동독을 벗어날 수 있는 기회의 존재만으로도 동독 주민들은 삶의 새로운 가능성과 분단을 넘는 상상을 펼칠 수 있었다. 현재 삶의 개선과 권리 향유의 기회가 열리는 것 못지않게 미래 삶의 전망과 상상의 여지가 커지는 것은 분단 극복에서 매우 중요했다.

동서독 주민 왕래와 이주 확대

서독 정부는 1972년 12월 동독과의「기본조약」체결 이전에도 이미 동독 정권에 인도적 문제의 해결을 촉구해 성과를 보였다. 연금생활자의 서독 거주 가족이나 친지 방문이 그것이다. 동서독「기본조약」체결 후에는 동독 주민의 서독 방문 기회와 기간이 확대되었고 동독의 여타 주민들에게도 '긴급한 가사문제'를 근거로 서독 방문이 허용되었다. 그 결과 이미 1972년 1만 1,421명의 동독인들이 서독을 방문할 수 있었는데 그 후에는 4배로 늘어났다. 또 서독 주민의 동독 방문도 이전보다 훨씬 크게 보장되었다. 이를테면 2일에서 30일까지 동독 내지 동베를린에 체류할 수 있었던 서독 주민의 수는 1970년 125만 4,000명에서 1978년 317만

1972년 3월 31일 서베를린 시민들이 동독 포츠담 방향으로 가기 위해 동독 경찰의 검문을 받고 있다(좌).
1975년 동독 측 검문소에 늘어선 서독인 방문차량 행렬(우).

7,000명, 1979년 292만 3,000명으로 대폭 늘었다. 그 외에도 1970년대에는 매년 140만 명 규모의 서독 내지 서베를린 주민들이 동베를린 1일 여행을 다녀왔다.[58]

1979년부터 1980년대 초 '제2차 냉전'기 동안 잠시 위축되었던 기간을 지나 1984년부터 서독 정부의 노력으로 동독 여타 주민들의 서독 친지 방문도 가능해졌으며 방문일도 연간 총 30일에서 60일로 연장되었다. 게다가 동독 주민의 서독으로의 합법 이주도 1984년부터는 그 이전보다 3배 내지 4배로 증가했다.[59]

1961년 베를린장벽 이후의 동독으로부터의 탈출은 합법적인 이주와 불법적인 이주로 구분된다. 1963년 동서독 간 「통행증 협정」으로 동독의 노년층은 합법적으로 이주가 가능해졌고 법적 절차와 승인에 의해 극히 제한적이었지만 젊은 층의 동독 주민도 이주가 법적으로 가능했다. 매년 연금생활자 중심으로 1만-2만 명 정도가 동독에서 서독으로 합법적으로 이주했다. 그러나 1984년 동독 정부는 여타 주민들의 서독 이주도 승인했다. 그 결과 경제활동 인구층의 서독 이주가 급격히 늘었다. 1984년에는 약 3만 5,000명의 동독 주민들이 서독으로 합법으로 이주해 그 전해들보다 대략 3-4배가 늘었다. 이때 특기할 것은 1984년 이주자의 4분의 3은 18세에서 39세의 경제활동 인구였으며 그중에서도 3분의 1은 고졸 학력 이상이었다. 동독 주민들의 서독으로의 합법 이주도 점차 새로운 성격을 지니게 되었다. 더 많은 동독 주민들, 특히 20대-30대 청년 세대들은 서독으로의 합법 이주와 탈출에 점차 관심이 컸다. 그것은 체제의 미래가 겪을 불행을 당기면서 동시에 미리 알리는 것이었다. 더 나은 삶의 조건을 보장하는 곳으로 이주의 가능성이 열리면 현재 살고 있는 체제와 사회의 문제점과 타협하기란 점점 어려워진다. 아울러 1950년대 초기에 일부 서독 정치가들이 우려한 것처럼 체제에 불만을 품은 사람들이 떠난다고 해서 그 체제를 유지하려는 권력자들의 억압적 통치가 더 쉬워지는 것도 아니었다. 1980년대 중반 동독 사회는 점점 동요했고 동독의 청년 세대는 서독으로의 이주 신청을 놓고 고민하는 일이 잦았다.

1980년대 후반 동서독 주민의 왕래와 재결합은 급격히 늘었다.[60] 1986년 한 해 동안 379만 명의 서독인들이 동독을 방문했고, 동독에서는 약 176만 명의 연금생활자들과 '긴급한 가사문제'로 약 24만 4,000명의 동독 주민들이 서독을 방문할 수 있었다. 서독과 서베를린 사이로는 총 2,392만 명이 통행했고, 2만 4,000명의 동독 주민들이 서독으로 이주했다. 1987년 한 해 동안 550만 명의 서독인이 동독을 방문했고. 동독에서는 약 380만 명의 연금생활자들과 '긴급한 가사문제'로 약 120만 명의 동독 주민들이 서독을 방문했다. 서독과 서베를린 사이로는 총 2,400만 명이 통행했으며 1만 7,000명의 동독 주민이 서독으로 이주했다.

서독으로 합법적으로 이주하는 동독 주민의 규모가 증대하는 성과 외에도 서독 정부는 불법 탈주자들의 생명권과 관련해서도 일정한 성과를 올릴 수 있었다. 즉, 동독 정부는 동서독 경계에 비치한 자동발사기 SM-70을 1984년 전면 해체했다. 동독 정부는 서독 정부가 오랫동안 비판하며 요구했던 주요 문제를 해결하는 조치를 취했고 서독 정부는 이를 자신들의 인권정책의 주요 성과로 인식할 수 있었다.[61] 1987년 동독 정부는 사형제를 공식 폐지했고 건국 38주년을 기념해 2만 4,621명을 특별사

동독 주민의 탈주를 막기 위해 동서독 경계에 설치된 SM-70 자동소총발사기.

면 조치했다.

성과 요인과 의미

서독 정부가 '현실적', '실용적', '실제적' 인권정책을 통해 상당한 성과를 올릴 수 있었던 요인은 둘로 요약할 수 있다.[62] 첫째는 1980년대 중반 유럽안보협력회의의 후속회담이 연이어 열리며 인권 의제를 주요하게 다루던 국제 인권규범의 발전이었다. 서독 정부는 바로 이 유럽안보협력회의의 틀에서 동유럽 국가들, 특히 동독의 인권상황 개선 문제를 국제정치의 주요 주제로 다루는 데 능동적으로 참여했다. 특히 서독 정부는 동독 주민들의 자유로운 이동과 이주에 대한 요구를 제기하며 동독 권력자들에게 압박을 가했다. 그 과정에 필요한 정보와 지침을 다양한 인권단체와 협력해 마련했고 구체적인 사항을 개선할 수 있었다.

동독에서도 「헬싱키최종의정서」와 뒤이은 회담의 합의는 주민들에게도 상세히 알려졌다. 심지어 헬싱키정상회담은 30시간 동안 생중계로 보도되었고, 고등학생들의 역사와 정치 과목 수업에서도 다루어졌다.[63] 그런데 동독 지도부는 소련 지도부와는 달리 인권의제에 대해 경계를 늦추지 않았다.[64] 동독 지도부는 인권의제와 관련해 헬싱키와 뒤이은 회담에서 소련이 동독과 동유럽의 현실을 고려하지 않은 채 서방에 너무 많이 양보했다고 평가했다. 1970년대 중후반이면 동서독 간 화해협력관계가 막 진전되기 시작할 때였다. 동독 주민들은 이제 다양한 접촉과 교류를 통해 서방의 가치와 자유를 더 많이 경험할 수 있게 되었다. 동시에 동독에서는 체제비판 움직임이 다시 등장한 시점이기도 했다. 바로 그런 상황에서 동독은 「헬싱키협정」에 조인함으로써 인권존중 규정을 준수해야 할 의무를 공식 인정한 셈이었고 국제적인 구속력을 승인할 수밖에 없었다. 체코나 소련과 마찬가지로 「헬싱키최종의정서」와 뒤이은 인권회의는 동독의 체제비판 세력에게도 의지가 되는 것이었고 많은 동독 주민들에게는 자유로운 이동과 이주의 가능성에 희망을 던지는 것이었다.[65]

서독 정부는 그 점을 잘 알고 있었다. 그래서 한편으로 유럽안보협력회의 틀에서 계속 동유럽 전체를 압박하는 한편 동서독 정부 간 대화에서는 동독 지도부에게 시종 인권 준수에 대한 국제적 합의를 환기시켰다. 동독 지도부가 「헬싱키최종의정서」를 얼마나 부담스러워했는지는 1980년대 들어 동베를린의 도서관 서가에서 그 자료집이 점차 사라졌음을 통해서 잘 알 수 있다.[66] 그럼에도 동독 정부는 후속회담들이 열리는 상황에서 서독 여행에 대해 억압적인 조치를 계속 취할 수는 없었다. 동독은 유럽 차원의 인권 대화를 통한 압박 아래 주민들의 왕래와 방문 기회 보장 및 '합법' 이주의 확대를 이행했다. 동독 정권은 그것을 통해 자유로운 이동을 막는 인권억압 국가라는 오명을 벗고자 했다.

둘째는 서독의 재정지원이었다. 서독 정부와 주요 정치가들은 동독 체제를 존중하면서 다양한 방식의 경제지원과 반대급부의 교환을 궁리했다. 특히 차관 대부를 통한 재정지원과 인도적 문제의 개선을 맞바꾸는 것과 관련해서는 여러 논의들이 있었다. 이를테면, 스위스 취리히에 동서독 공동 은행을 설립해 동독 정부가 서독으로 여행할 수 있는 동독 연금생활자 나이를 5세 낮추는 조건으로 서독이 동독에 40억 마르크를 지원하는 안을 둘러싸고 1980년대 중반 내내 동서독 간 비밀협상이 진행되었다.[67] 결국 동독은 '취리히 모델'보다는 조건을 직접 달지 않은 바이에른주의 주지사 슈트라우스의 재정지원이 더 유리해 후자를 택했다. 앞에서 언급한 1983년과 1984년의 동독에 대한 서독의 재정지원은 비록 동서독 간의 상호주의적 연계에 기초하지는 않았지만, 서독의 '선의'에 동독 지배자들 또한 서독 정부가 원하는 가장 중요한 것, 즉 인도적 조치로 응답하지 않을 수 없었다.

더구나 사람들의 대규모 상호 방문과 수시 접촉은 그 자체로 자가 동력을 가지는 것이기도 했다. 동서독 간 수많은 교류협력의 영역과 틀이 확장된 상황에서 더 이상 '긴급한 가사문제'에 국한해서 동독 주민들의 서독 방문을 제한할 수 없는 상태에 이르렀다. 1980년대 후반 동독에서 서독으로의 합법 이주 신청은 날로 늘어났다. 또 동독을 '불법적'으로 탈출해 서독으로 성공적으로 넘어간 수도 끊임없이 증가해 이미 1989년 상반기에만 약 5,200명에 달했다.[68] 합법이주 허가를 받는 데 실패하거나 그와 같은 방식에 만족하지 못한 동독 주민들은 동유럽의 서독대사관으로 진입해 들어가는 사태가 이미 수차례 발생했다. 결국 1988년과 1989년 동독 정권은 점점 더 늘어나는 서독으로의 합법 이주 신청과 동유럽 국가들을 경유하는 방식의 동독 탈출 압박에 직면해 속수무책이었다.

결국 서독 정부는 인권을 둘러싼 정치 선전의 고성과 이데올로기 질타가 실제 고통과 곤경에 빠진 사람들에게 전혀 도움이 되지 못함을 꾸준히 환기시켰다. 규범적이고 선언적인 차원의 인권문제에 대한 반복적 문제제기와 그 상황에 대한 감시와 추적에도 불구하고 서독 정부는 동독 공산 정권과 화해협력관계 및 다양한 영역의 구체적인 공동사업을 꾸준히 확대하고 심화시켰다. 그것은 동독 주민들의 인도적 문제 해결과 인권 신장을 위해서라도 필수불가결한 전제였다. 대화와 협상, 양보와 조정을 통해 서독으로 들어오는 동독의 합법이주자들은 점점 늘었고 동서독 간 왕래와 방문이 대규모화되면서 사실상 분단의 장벽에 균열이 생겼다.

홀거 가족의 비극을 잊을 수는 없다. 1989년 베를린장벽 붕괴까지도 동독의 많은 주민들이 여전히 인권유린의 고통을 겪었다. 동독 정권의 억압 통치로 인해 고통과 절망에 빠진 동독 주민들에게 서독의 평화정치가들이 충분히 손을 다 내밀지 못한 것은 사실이다. 게다가 이미 1980년대 초반부터 동독에서 체제비판운동과 조직이 다시 등장했지만 서독의 기민련·자민당 연정과 야당인 사민당의 평화정치가들은 그것에 적극 조응하기는커녕 여전히 동독 공산주의 지배자들과만 대화했다. 그런 점에서 서독 정치엘리트들의 동독 인권정치가 절대적으로 긍정적인 평가만을 받기는 어렵다.[69]

서독 정부의 동독 인권 비판은 규범의 선언이었고 견제의 원칙이었다. 대결이나 불화를 조장하기 위함이 아니었다. 비판은 항상 상황에 걸맞았다. 언어는 적에 대한 비난이 아니라 친구에 대한 충고의 어조였다. 서독 정부의 '규범적 인권정책'은 동독 체제의 전복이나 고립을 겨냥하는 '대결적 인권정책'과는 근본적으로 달랐다. 규범적 인권정책은 '현

실적 인권정책'과 함께 서로 보조할 수 있다. 북한 인권을 정치 주제로 내세우는 적지 않은 정치세력과 민간단체가 대결과 규범의 차원을 혼동하고 있다. 북한에 맞서 대결과 적대를 조장하지 않으면서 인권 규범과 원칙을 옹호하고 충고할 수 있다. 국내의 일부 오해와는 달리, 서독 정부가 만든 '잘츠기터 중앙기록보존소'도 사실 동독 정권을 규탄하기 위한 정치 선전도구가 아니라 인권유린의 실제 가해자들에 대한 사전 조사용에 불과했다.[70] 그렇기에 서독 정부는 '동독인권보고서' 같은 것을 발간할 수 없었고 발간하지 않았다.

반면, 북한 인권문제 논의를 '코리아 인권'의 개념과 관점을 갖고 논하는 것은 문제의 본질을 직시하는 것이 아니다. 한국과 북한의 인권문제를 분리해서 다룰 것이 아니라 한반도 전체의 관점에서 살피는 것이 부분적으로는 필요할지 모른다. 하지만 인권문제는 항상 구체적인 사람들의 고통과 특정한 방식의 과제를 드러내는 것이기에 오히려 체제 작동과 사회 관계의 차이에 더 주목해야 한다. 동시에 인권문제의 해결을 위해서는 뭉뚱그리거나 연결시키기보다는 각 정치단위의 고유하고 복합적인 상황에 더 민감해야 한다. 북한 인권을 개선하려면 분단 상황의 개선이 필요하고 한국 사회의 인권개선도 선제 또는 병행 과제이기도 하다. 하지만 그렇다고 '북한인권' 문제를 '분단문제'로 환원할 수는 없다.

결국 인권으로 평화의 지평을 지우거나 평화를 내세워 인권의 본령을 모호하게 만드는 길 모두 극복해야 한다. 인권과 평화를 길항으로 만들지 않는 방식과 과정을 더 발견하고 발명해야 한다. 인권문제를 반공주의 선동 공세로 악용하는 정치 외눈박이들의 고성에 맞서려면 먼저 두

눈을 부릅떠야겠지만 천려일득(千慮一得)의 자세도 필요하다. 임마누엘 칸트는 『영구평화』에서 '정치적 도덕가'가 아니라 '도덕적 정치가'를 구했다. 인권개선을 위한 도덕정치를 평화정치와 결합할 줄 아는 '도덕적 정치가'의 시대가 한반도 남단에서 더 열려야 할 것이다.

제 2 부 —— 통일로 가는 길들 ——

제5장

혁명

체제개혁 분출이 통일 요구에 지다

/

"역사는 무승부를 내버려두지 않는다."

-슈테판 하임[1]

'전환 2.0'?

2019년 가을 독일의 동부 지역에서는 "우리가 인민이다(Wir sind das Volk)"라는 구호가 다시 울렸다. 그것은 1989년 가을의 동독 공산주의 체제에 맞선 혁명을 기념하기 위해서가 아니라 독일의 현 체제에 맞서는 투쟁을 조직하고 결집하기 위함이었다. '독일을 위한 대안(Alternative für Deutschland, AfD)'은 30년 전의 체제비판 구호를 자신의 것으로 만들며 현존 독일 민주주의 체제에 맞서 '전환 2.0', '혁명 2.0'이 필요하다며 극우 정치 선동에 나섰다. 2013년에 창립된 우파 포퓰리즘 정당 AfD는 이미 2017년 연방의회 선거에서 12.6%의 지지를 얻어 제3당이자 제1야당의 지위를 차지했다.[2] 당시 선거에서 동독 지역은 서독 지역에 비해 AfD 지지율이 두 배나 높았다. 동독 4개 주에서 AfD는 각기 18.6%에서 22.7%의 지지율을 기록하며 제2당으로 발돋움했고, 작센주에서는 27%를 얻어 제1당이 되었다. 2019년 9월 1일 주의회 선거에서 브란덴부르크 AfD는 23.5%, 작센주의 AfD는 27.5%, 10월 27일 주의회 선거에서 튀링겐주의 AfD는 23.4%를 각각 확보했다. 통일 직후의 '통일 위기'(위르겐 코카)가 통일 30주년을 맞아 '민주주의 위기'로 전화하고 있다.[3]

Der Osten steht auf – Vollende die Wende!

2019년 AfD의 튀링겐주 의회선거 구호로 등장한 "우리가 인민이다."

'우리 국가를 되찾자! 전환을 종결짓자!'는 AfD의 선동과 결집 구호는 인습적인 1989년 혁명 평가를 흔들었다. 물론, 30년 전 동독 체제비판을 주도한 인물들의 상당수가 AfD의 1989년 혁명 탈취에 맞서 그들의 혁명과 AfD는 어떤 연관도 없으며 둘은 목표와 지향에서 오히려 정반대의 흐름임을 강조했다.[4] 30년 전의 민주주의 혁명이 극우 포퓰리즘 세력에게 악용 내지 심지어 전유되는 일에 대다수 옛 운동가들이 어깨를 나란히했던 것이다. 하지만 그것으로 상황이 종료되지는 않았다. 1989년 혁명을 기억하고 계승하는 일이 무엇인지에 대해서는 여전히 의견이 분분하다. 1989년 가을과 겨울의 '전환', '평화혁명' 내지 '민주혁명'[5]은 동독인들에게 정치개혁, 즉 자유선거와 인권과 기본권 보장 및 법치주의를 제공했지만 애초 동독 주민들이나 체제비판가들의 불만을 충분히 해결하지는 못했다.

동독의 체제변화 과정과 독일통일이 1990년은 말할 것도 없고 30년이 지난 현재도 결코 종결된 것이 아니라는 점에 유의해야 한다. 통일후 동독 지역의 발전 지체와 불균등과 차별, 집단 자의식과 정체성 현상에 대해서는 이미 다양한 논의가 이어졌다.[6] 앞으로도 동독 지역과 주민들은 상당한 격동을 겪을 것으로 보인다.

그것과 관련해 가장 면밀히 살펴야 할 주제 중 하나는 동독 민주주의 혁명의 애초 지향과 민족문제 해결, 즉 독일통일 사이의 연속 또는 단절의 문제다. 인습적인 독일재통일 연구는 대개 1990년 10월 3일 선포된 독일통일을 1989년 11월 9일의 베를린장벽 붕괴 및 동독 민주혁명의 직접적인 결과로 간주한다. 이때 동독 민주혁명과 독일재통일은 대개 필연적인 발전 과정이거나 자연스러운 상승 경로로 전제되었다. 모든 주요 혁명들처럼, 1989년 동독의 민주혁명도 단선적이지 않았다. 1989년 가을의 동독 민주혁명은 '민족적 전환'을 겪으며 독일 민족의 자기결정에 기초한 민족재통일로 이어졌다. 그리하여 동독 주민들의 항의에서 시작된 혁명이 동독 주민들의 선택에 따라 급속한 흡수통일로 귀결되었다. 그 과정을 '당연'하고 '필연'적인 과정으로 인식하는 해석이 지배적이다.[7] '민족민주혁명'이라고 불리기도 한다.[8] 안드레아스 H. 아펠트는 동독 주민들이 1989년 11월 9일 베를린장벽 붕괴 후 자연스럽게 서독과의 통일 요구를 발현했다고 보며 체제비판운동을 주도한 단체와 인물들도 그 흐름을 비켜가지 않았다고 보았다. 아펠트가 그 과정을 순조로운 단계적 발전으로 서술하는 반면, 개러스 데일과 크리스토프 가이젤은 그 관계의 복합성에 주목했다. 그들에 따르면, 체제비판운동의 압도적 다수는 '제3의 길'을 계속 고수했으며 1990년 2월까지도 통일을 지지하지 않았고, 동독 주민들 사이에서도 통일에 대한 입장이 단일하지 않았다.[9] 아펠트보다는 데일과 가이젤의 분석이 더 설득력이 있다. 다만 독일통일로의 귀결은 혁명 과정의 느닷없는 '전환'의 결과가 아니라 이미 혁명 과정에 서독과 통일 변수는 서독으로의 대량탈출 흐름과 함께 잠복했음에도 유의할 필요가 있다. 아울러 체제비판운동이 주도한 민주혁명의 고양은 오히려 체제비판 운동가들에게 '통일반대'와 '제3의 길'에 대한 독자 전망을 제시하도록 만들었지만 그것의 역설적 결과에 주목하는 것도 필요하다.

동독 민주혁명의 배경: 서독의 존재

1989년 9월 초 동독에 '진실의 시간'이 찾아왔다.[10] '인민공화국'에서 바로 그 '인민'은 사실 체제의 희생자이면서 겉으로는 지지자인 척했고 공산주의 독재에 순응하며 진실의 가치를 던지고 위선과 기회주의를 일삼았다. 이제 그 이중적이고 모순적인 삶을 전복해 '진실'을 되찾을 때가 되었다. '진실'은 말로 터졌고 '혁명'으로 발전했다.

1989년 가을의 동독혁명에 대해서는 산더미 같은 연구서들이 쌓였다. 최근에는 동독사를 넘어 유럽적 차원이나 국제적 지평에서 동독 민주주의 혁명의 의미와 의의를 찾는 연구들이 많이 등장했다.[11] 이때 동유럽 체제 붕괴에 대한 비교사적 맥락에서 흥미로운 말은 "폴란드 10년, 헝가리 10개월, 동독 10주, 체코슬로바키아 10일"이다.[12] 동유럽 각국의 체제비판운동은 서로 깊이 연루되어 자극을 주고받으며 성장해 혁명의 발현 과정과 성격이 매우 유사했지만 실제 전개 양상은 서로 꽤 달랐다.

동독 민주혁명은 1989년 9월 4일부터 라이프치히를 중심으로 시작되었는데 10월 초부터 가속화하여 11월 9일 베를린장벽 붕괴로 이어졌다. 체제비판과 평화시위의 물결은 사통당 일당 독재를 무너뜨렸고 1990년 3월 18일 자유선거로 이어졌으며, 그 결과 동독에서는 민주정부가 들어섰다. 혁명의 시발은 1980년대 후반 라이프치히 니콜라이 교회를 중심으로 모인 체제비판 단체와 소모임이었지만 곧 동독의 모든 도시들에서는 그것과 유사한 단체와 모임들이 등장했다.[13]

동독 민주혁명은 여타 동유럽 국가들의 혁명과 마찬가지로 폭력 사용이 억제되어 평화적으로 진행되었고, 시민사회의 조직화와 정치적 주체화에 탄탄한 기반을 두었기에 공산주의 지배자들을 양보와 '원탁회의'를 통한 '협상'으로 압박할 수 있었다.[14] 심지어 체제비판 운동가 출신의 현대사가 라이너 에케르트는 1989년 동독혁명을 1950년대부터 등장한 동유럽 체제비판 혁명사의 흐름 속에서 살피기를 권했다.[15] 하지만 동독은 분단국이었기에 이미 민주혁명 과정에서 독특한 특징을 드러냈다. 동유럽 저항사나 혁명사 맥락에서는 볼 수 없는 특징과 흐름이 있다.

서독의 존재는 처음부터 1989년 동독 체제 이탈 세력에게 특별한 의미를 지녔다. 그것은 무엇보다 동독 체제를 견디지 못하는 사람들에게 새로운 삶의 기회를 제공했다. 아울러 동유럽의 여타 국가들과는 달리 동독의 체제비판 세력에게 체제개혁 과제는 서독과의 관계라는 미래 전망을 피해갈 수 없었다. 그렇기에 동유럽 여타 국가들의 경우와는 달리 동독 공산주의 체제에 대한 비순응은 두 가지 이질적인 형식으로 나타났다. 하나는 대량탈출이고 다른 하나는 대중운동이었다. 뒤의 것은 동유럽 여타 사회에서도 공통으로 나타난 형식이었지만 앞의 것은 동독의 특수한 형식이었다. 아울러 양자의 상호작용과 연관관계는 동독 민주혁명의 특질과 방향을 규정지었다. 둘은 성격이 꽤 달랐다. 역사행위자의 관점에 초점을 맞추면 둘의 차이는 더욱 부각된다. 동독을 탈출하는 대규모 움직임과 동독 체제에 맞선 대중운동은 서로 다른 성격의 흐름이었다.

먼저, 동독 체제에 비판적이었던 주민들 중 일부가 가장 먼저 취한 행위는 동독 탈출이었다. 그것은 "동독 붕괴의 서막"이었다.[16] 1989년 초 호네커는 "베를린장벽은 그 존재 이유가 사라지지 않는 한 50년이고 100년이고 계속 존속"[17]할 것이라고 버티었기에 다수의 동독 주민들은 동독에서 삶의 전망을 더는 찾을 수 없다고 보고 대량탈출로 답했다. 1989년 상반기에 이미 서독으로의 이주 신청이 12만 5,000건을 넘었다. 권력의 선의만을 기다릴 수는 없던 동독인들에게 동독을 벗어날 수 있는 기회가 찾아왔다. 그것은 동서독 국경이 아니라 동서 냉전의 철의 장막 중 하나인 곳에서 생겨났다.

1989년 봄부터 이미 민주화의 길을 앞서 걷고 있던 헝가리는 5월 오스트리아와의 국경 차단 시설을 부분적으로 제거했다.[18] 이어 6월 27일 헝가리와 오스트리아 총리는 양국 국경에 설치된 철조망을 제거하는 의식을 거행해 냉전 종말의 서막을 알렸다. 물론, 그것으로 동독 주민들이 곧장 헝가리를 거쳐 오스트리아로 입국할 수 있었던 것은 아니다. 오스트리아-헝가리의 국경 경비는 여전했기에 동독 주민들은 부다페스트와 프라하와 바르샤바의 서독 대사관으로 몰려들었다. 서독 정부는 곧 헝가리 정부와 협상을 벌여 헝가리에 10억 마르크의 경제지원을 약속했다. 이에 헝가리 정부는 9월 11일 0시를 기해서 동독 탈주자들을 위해 오스트리아 쪽 국경을 개방했다.[19] 동독 정부가 항의했지만 그 조치는 지속되어 사흘 동안 이미 1만 5,000명의 동독인들이 국경을 넘어 오스트리아로 향했다. 헝가리와 오스트리아를 거쳐 서독 바이에른 주의 도시들로 몰려든 동독 청년들이 맥주를 마시며 환호하는 장면이 연일 서방 언론을 장식했다. 1989년 9월 말까지 대략 3만 4,000명의 동독인이 헝가리를 통해 오스트리아를 거쳐 서독으로 입국했다. 또 서독 외무장관 한스-디트리히 겐셔는 동독 정부와 협상해 9월 30일 프라하 주재 서독 대사관에 머물던 4,000명이 넘는 동독 난민들도 서독 입국이 가능하도록 만들었다.[20] 그 뒤에도 그 대사관을 통해 서독으로 넘어가는 동독 난민들은 베를린장벽 붕괴 때까지 줄을 이었다. 이미 1989년 7월과 8월에 동독을 탈출하거나 공식 허가를 받아 떠난 동독 시민의 수는 합하면 이미 5만 명에 달했다. 9월에 동독을 탈출한 주민은 3만 3,255명이었고 동독 정부의 허가를 받아 동독을 떠난 주민도 1만 1,903명이었다. 10월에 동독을 탈출한 주민은 5만 7,024명으로 급증했고 동독 정부의 허가를 받아 동독을 떠난 주민도 3만 598명이었다.[21]

동독으로부터의 주민탈출은 동독 정권의 정당성과 위상을 흔들었지만 동시에 그동안 신중히 소규모 선전 작업과 조직화 활동에 몰두하던 체제비판 운동가들을 자극했다. 대량탈출은 동독 사회에 동요를 일으켰고 변화를 자극했다. 그들이 조직한 소규모 모임은 점차 대규모 시위로 변했다. '현실 사회주의'에 대한 실망은 비판으로 이어졌고 슈타지에 대한 두려움은 분노로 바뀌었다. 모임이나 집회에서 공개적으로 당을 비판하는 사람들이 많아졌으며, 심지어 사통당 당원들도 당지도부에 대해 불만을 토로하기 시작했다. 11월 초가 되면서 10만 명 이상의 당원들이 사통당을 탈당했다.

대량탈출과 저항운동

동독 주민의 대량탈출은 그 자체로 동독의 개혁이나 변혁을 노린 것도 아니고 조직적인 비판이나 집단 저항의 형식도 아니다. 그것은 더 나은 삶을 찾으려는 개인적인 선택에 불과했다. 하지만 그것은 대중적 체제비판 시위와 반드시 충돌하거나 그것을 배제하는 것은 아니었다. 둘은 모두 체제 비순응의 형식이었기 때문이다. 또 1989년 9월과 10월 체제비판운동의 급격한 고양은 대규모 동독 탈출의 영향이기도 했다. 최승완은 그 연관관계를 다음과 같이 적절히 요약했다.

물론, 탈출자들은 단지 서독으로 가고자 했을 뿐 통사당(사통당SED: 저

자) 지배 체제에 저항하거나 정권 붕괴를 목적으로 했던 것은 아니다. 그러나 대규모 동독 이탈 행렬은 불안하게 소용돌이치는 동독의 정치적 위기를 마침내 폭발시키는 기폭제 역할을 했고 동독 붕괴로 이어지는 정치적 대격변의 시발점이 됐다.[22]

대량탈출은 사회 체제와 국가 운영에도 심각한 영향을 주었다. 일부 지역과 영역에서는 동독 탈출로 인해 공백이 발생하기도 했다. 이를테면 11월 초가 되면서 라이프치히시의 시내버스와 전차 기사들이 대거 서독으로 넘어가 버리는 바람에 긴급히 군복무 대상자들 중 일부를 투입해야 했다.[23] 또 1989년 10월 1일 폴란드와 체코슬로바키아에 체류하던 동독인들이 동서독의 협의 끝에 특별열차편으로 동독을 거쳐 서독으로 갈 때 드레스덴과 라이프치히 역에서는 그 열차를 타려고 몰려든 동독 시민들과 동독 경찰이 물리적 충돌을 벌였다. 동독 주민의 대량탈출은 동독 사회를 근간에서 흔들었을 뿐 아니라 대중시위의 강도를 올리기도 했던 것이다.

더구나 역으로 체제비판운동과 저항은 대량탈출을 보조하기도 했다. 라이프치히 니콜라이 교회는 동독을 떠나려는 사람들에게 만남의 장소가 되었다. 이를테면, 9월 4일 니콜라이 교회 집회에는 동독을 떠나려는 사람들이 모여들어 "우리는 떠나고 싶다"는 구호를 외쳤다. 그날 교회에는 1,500명의 체제비판 운동가들과 시민들이 집결해 처음으로 라이프치히역까지 행진했는데 "우리는 여기 남는다"는 저항의 결의를 담은 구호와 "기센까지 자유로운 운행을 보장하라!"는 대량탈출의 구호가 함께 등장했다. 1989년 9월 라이프치히 니콜라이 교회의 평화기도회와 집회에서는 동독 탈주를 원하는 주민들과 체제비판운동단체들이 함께 뒤섞였다. 니콜라이 교회에서 열린 10월 2일 월요 촛불집회에는 2만 명의 주민들이 시위에 참가했는데, 여전히 동독을 벗어나려는 사람들의 주장과 동독을 개혁하려는 사람들의 주장이 혼재했다.[24] 그렇게 두 흐름은 일시적으로나마 상호 보조하며 동독의 혁명 상황을 이끌었다.

　　그런데 동독 탈출과 체제 저항의 흐름은 항상 긍정적으로 상호작용하기만 한 것은 아니었다. 동독 사회의 두 흐름은 기본적으로 서로 다른 지향이었다. 하나는 현실의 불만과 고통의 해결을 서독에서 찾는 것이고, 다른 하나는 동독 사회의 내적 갱신에서 찾는 것이기 때문이다. 동독을 떠나려는 사람들은 매우 과격한 방식으로 동독 체제를 거부했다. 그들은 동독 사회에서는 더 나은 삶의 전망, 즉 취업이나 경제 복리, 안전이나 자유로운 삶 등에서 어떤 변화의 전망도 보지 못했다.[25] 그들은 대개 체제의 현실만이 아니라 체제의 갱신 가능성도 부정했기에 조직적인 항의나 저항에 헌신할 이유도 없었다. 그들이 라이프치히와 드레스덴에서 일시적으로나마 시위에 나선 이유는 동독 탈출을 위해 동독 권력자들로부터 더 많은 양보를 받아내는 데 있었다.

　　반면, 동독의 체제비판 조직과 운동은 애초부터 그 지향과 목표가 체제개혁이었다. 그들에게 동독을 떠난다는 것은 상상할 수 없는 일이었다. 그런 점에서 보면, 대량탈출과 체제비판운동은 기본적으로는 서로 길항이었다. 물론, 체제비판 활동으로 인한 동독 정권의 감시와 탄압은 동독 탈출 내지 추방의 또 다른 원인이나 계기가 되기도 했다. 그렇지만 체제비판 운동가들에게 감시와 탄압 또는 그것에 대한 두려움 때문에 조국을 등지는 일은 쉽게 받아들일 수 없는 것이었다. 그것은 결국 자신의 신념과 활동이 실패했음을 인정하는 꼴이었고 함께 결의를 다진 동지들을 위기나 고립으로 내모는 것이었기 때문이다. 서독으로 탈출하거나 이주한 운동가는 동독 체제비판운동과 계속 연결되기가 쉽지 않았다. 도리스 리베르만, 롤란트 얀, 위르겐 푹스 같은 저항 투사들은 서독으로 추방된 뒤에도 동독의 체제비판운동과 긴밀히 협력했지만 오히려 그것은 예외였다. 대부분은 서독에서 더 이상 동독의 체제개혁에 무심해졌다.[26]

동독의 체제비판 운동가들이 주장한 "우리는 여기 머문다"는 구호는 서독으로 나가기를 원하는 흐름에 맞선 운동이기도 했다. 그들은 사통당 지도부를 대신해 국가와 사회 갱신의 주인으로 나섰다. 그렇기에 그것

"대량탈출 대신 개혁을." 1989년 10월 라이프치히 시위에서 나온 체제비판 구호.

———— 제5장 • 혁명

은 동독에 대한 소속감의 확인이면서 개별적으로 동독을 벗어나는 방식 대신에 집단적으로 국가의 문제를 해결하려는 사회적 의지와 결집의 표현이었다.[27] 체제비판 운동가들은 대부분 독일분단을 '히틀러 독일의 범죄의 마지막 속죄'로 수용하고 있었지 그것을 문제 삼지 않았다. 그들은 사회주의 신념과 가치를 포기하지 않았기에 서독을 대안 사회로 보지 않았고 동독의 갱신 가능성을 믿었다. 그들은 기본적으로 동독을 떠나 서독으로 이주하거나 탈출하려는 사람들을 존중하지 않았다. 그들은 대량탈출 흐름을 "건달세상 운동"이라고 조롱하기도 했다.[28] 반면, 동독 탈출 주민들은 소규모 모임에 불과한 체제비판운동에서 어떤 미래 전망도 보지 못했다. 그렇게 두 흐름은 기본적으로 대립했지만 일시적으로 결합하며 1989년 여름과 가을 번갈아 동독 사회를 근본적으로 흔들었다.

체제비판운동의 고양

1989년 가을 체제비판 운동가들은 집회의 권리를 요구하며 침묵 시위를 벌였고 시종 비폭력적 방법으로 자신들의 요구를 공개적으로 밝히며 대중의 주목을 끌었다. 초기의 폭력 진압과 공권력의 과도한 사용은 오히려 대중의 더 많은 관심과 참여 및 구금된 시위 가담자들에 대한 연대를 이끌어냈다. 비록 초기, 즉 8월과 9월에는 아직 소수의 조직 운동가들을 중심으로 시위가 전개되었지만 그들의 헌신적 노력이 없었다면 '10월혁명'은 불가능했다.[29] 9월 10일 창립된 신포럼(Neues Forum)은 네트워

1989년 9월 9일 신포럼이 창립되었다.

크를 확장하며 집회와 시위를 주도하고 점차 전국 차원에서 조직 체계를 갖추었다. 1989년 8월에는 불과 수백 명에 그쳤던 시위대의 수가 11월에는 수십만 명으로 급증했다. 그 과정에서 체제비판 조직과 신생 단체들은 결정적인 역할을 수행했다. 그들이 조직한 총공세의 날은 10월 9일이었고 중심은 다시 라이프치히였다. 물론 그 이틀 전, 즉 1989년 10월 7일은 동독 건국 40주년을 맞는 날에도 베를린과 라이프치히를 비롯해 도처에서 체제비판 시위가 열렸다. 라이프치히에서는 다시 니콜라이 교회를 중심으로 5,000명의 시민들이 시위에 참여했다. 진압 경찰은 시위대를 향해 물대포를 쏘고 210명을 체포 구금해 시민들의 분노를 자아냈다. 결국 10월 9일은 동독의 운명을 결정하는 날이 되었다.[30] 그날은 동독 국가가 몰락하는 서막이 열리는 날이었다. 10월 9일 7만 명의 시위대는 라이프치히의 시내와 중앙역을 행진하며 "우리가 인민이다"와 "비폭력"을 외치며 사실상 도시를 장악했다. 제체 개혁의 요구를 담은 플래카드가 나부꼈고 유인물이 넘쳤다. 앞의 두 구호 다음으로는 "우리는 여기 머문다"라는 구호가 압도했다. "우리는 떠나고 싶다"는 구호는 이제 사라졌다. "자유, 평등, 우애", "우리는 무뢰한이 아니다", "자유선거", "지도부 교체", "슈타지는 꺼져", "경찰들도 참여하라", "고르비, 고르비", "우리는 개혁을 원한다", "신포럼을 허가하라" 등의 구호가 넘쳤다.[31] 그날 위로부터의 명료한 지시가 없었기에 경찰은 무력 사용을 포기하고 시위대와 대화하기 시작했으며, 그것을 통해 동독 민주화 운동의 새로운 가능성, 즉 승리의 전망이 열렸다.

시위와 집회의 권리가 확보되고 활성화함에 따라 혁명은 다음 단계를 밟았다. 소수의 활동가만을 포괄하던 비공식 조직들이 점차 공적으로 활동하는 단체로 발돋움했다. 가장 성공한 단체가 바로 신포럼이었다.[32] 신포럼은 그동안 동독 정권이 주민들의 사회적 의사소통을 저지한 것을 비판하며 스스로 국가 개혁에 대한 민주적 대화를 주도하며 정치 토론의 광장이 되고자 했다. 신포럼의 창립자들은 인권과 평화와 환경 단체를 조직해 활동하던 30명의 지식인들이었다. 베르벨 볼라이, 카티야 하버만, 롤프 하인리히, 옌스 라이히, 라인하르트 슐트 등이 중심 인물이었다. 신포럼은 동독 헌법 29조에 따라 합법 단체로 등록하기를 원했지만 동독 내무부는 반국가 단체라며 등록 허가를 거부했다. 집회에서는 곧 "신포럼을 허가하라"라는 구호가 등장했다. 비록 신포럼이 체제비판운동의 중심으로 발전했지만 그 후 등장한 '민주주의 지금(Demokratie Jetzt)'도 무시할 수는 없다. 그 단체는 특히 시민권과 경제 개혁과 환경문제 해결 등을 주장하며 정치운동의 중심으로 뛰어들었다.[33]

그 밖에 언론 자유의 확대도 이 국면에서 중요한 역할을 했다. 사통당도 대중의 불만이 폭발하지 않도록 밸브를 잠시 열 필요가 있었다. 사통당은 '인민과 정부의 대화'를 통해 대중의 불만을 누그러뜨리려고 시도했지만, 체제비판 운동가들은 '포괄적인 공개 대화'를 하려면 새로운 언론정책을 도입해야 한다고 주장했다. 언론인들도 이제 그동안의 통제 정책에 환멸을 느껴 부정부패 같은 지금까지의 금기 주제를 보도하며 비판적 논평을 내보내기 시작했다. 신문사에는 독자들의 편지가 홍수를 이루었다. 점차 사실상의 언론 자유로 한 발짝 다가가고 있었다.

동독 시민사회의 발전과 시민적 행동 능력의 제고를 위한 결정적인 전진은 새로운 자유정당의 결성이었다. 사회민주주의 정당이 가장 이른 역사를 자랑한다. 동독 사회민주당은 이미 1989년 여름부터 준비되었고 기독교 인권단체와 평화단체에서 발원했는데, 주요 인물은 마르쿠스 메르켈, 슈테펜 라이헤, 마르틴 구차이트 목사 등이다.[34] 그들은 '생태주의 지향을 지닌 사회민주당'을 내세워 독일사민당의 역사에 접목했다. 아울러 신포럼의 일부와 '민주주의 지금'은 여타 시민단체와 함께 '동맹90(Bündnis90)'을 결성해 후일 서독 녹색당과 연합하게 된다.[35] 자율적인 시민단체와 자유 정당의 결성도 동독 공산주의 체제의 해체 못지않게 중요한 성과였다. 혁명은 단순히 구체제의 붕괴만이 아니라 새로운 정치세력과 사회적 주체의 결집과 조직화를 통해서 그 성과를 드러내는 것이기 때문이다. 그런 점에서 동독 체제비판운동은 상당한 성과를 냈다.

반면, 동독 지배엘리트들의 상황 인지와 대처 능력의 결여는 체제붕괴의 또 다른 축이었다. 10월 중순 오랜 통치자 에리히 호네커를 대신해 에곤 크렌츠가 새로운 서기장으로 나섰지만 여전히 상황의 심각성을 인지할 능력도 대처할 지혜도 갖지 못했다. 소련의 지지를 받지 못할 무장 진압의 정치적 위험성과 파국은 너무도 명확했기에 그들에게 남아 있는 유일한 대안은 정치개혁과 지배엘리트의 교체를 서두르고 서독으로의 이주 자유를 확대하는 것이었다.

그들은 그것마저도 실기했다. 11월 9일 밤 베를린장벽은 무너졌고, 혁명은 가파르게 상승했다. 동독 공산주의 정권의 앞날은 불투명해졌다. 다만 그 후 어떤 일이 벌어질지는 아직 누구도 몰랐다. 다시 말해, 10월과 11월 초까지 진행된 민주혁명의 일차적 성과가 동독에서 구체적으로 어떤 변화로 귀결될지 그리고 그것이 과연 (어떤) 독일통일로 이어질지는 매우 불투명했다.

통일반대와 '제3의 길'

주목할 만한 것은 11월 중순까지 동독 시위에서 독일통일 주장이 거의 등장하지 않았다는 사실이다. 그것은 단순히 시위 참여자들이 조심스러웠거나 그 문제를 의식하지 않아서가 아니었다. 이미 '서독'의 존재와 서독으로의 이주 및 탈출은 동독 주민들에게 아주 구체적이고 실제적인 현실의 대안으로 존재했다. 서독으로의 이주나 탈출 또는 서독이라는 대안적 국가 존재가 곧장 통일을 유인하지는 않았지만, 혁명 초기부터 동독인 대부분은 통일문제를 의식하지 않을 수 없었다. 게다가 앞에서 보았듯이, 동독의 민주혁명은 초기에 서독으로의 대량탈출 흐름의 자극을 받으면서 동시에 그것과 경쟁하며 등장했다. 그렇기에 체제비판 시위를 조직하고 준비한 운동가들은 더 적극적으로 동독의 독자발전 모델을 강조할 수밖에 없었다. 그것 또한 동유럽 여타 국가의 체제비판운동과의 차이점이다. 동독의 체제비판운동은 서독을 의식해 애초부터 동독이라는 국가 생존과 지속의 문제를 염두에 둘 수밖에 없었다. 그것은 우선 서독과의 통일을 반대하는 것으로 귀결했다. 오히려 서독의 유인과 실제 서독으로의 이주 움직임 때문에 체제비판 운동가들은 동독 체제를 비판하면서도 동독의 국가 생존을 적극적으로 옹호했다.

그리하여 대다수 체제비판 운동가들은 여전히 '사회주의 동독의 민주주의적 갱신'을 추구했다. 특히 아래로부터의 민주주의와 다원주의적 자유와 함께 정의와 평등과 연대의 가치에 대한 관심으로 발현되었다. 그들은 서독과의 민족통일이 그와 같은 동독의 민주주의적 갱신을 오히려 방해할 것이라고 생각했다. 이미 10월 9일 라이프치히의 집회부터 그것은 분명했다. 그날 오후 5시에서 6시 사이 평화기도회에서 미카엘 교회의 목사 게르트 크룸프홀츠는 "동독에서 사라져야 할" 것으로 "도덕적 용기 부족과 불안 및 다른 사람의 삶을 결정하려는 욕망" 등을 들면서 "우리나라에서 서독 상황을 그대로 모방하려는 유토피아"도 언급했다. 또 당일 '라이프치히 6인회 선언'에서 쿠르트 마저 교수와 페터 치머만 목사 등은 "우리는 모두 우리나라에서 사회주의를 계속 추진하기 위해 자유로운 의견교환이 필요하다"고 공표했다.[36]

그런 상황이었기에 1989년 가을 동독의 체제비판운동이 동독 권력자들과 정면 대결했을 때 통일문제는 전혀 언급되지 않았다. 동독 체제

독일통일을 주장하고 요구하는 플래카드가 동독 주민들의 시위에 등장했다.
1989년 11월 13일(좌)과 12월 11일(우) 라이프치히에서 벌어진 시위 장면이다.

비판운동은 민주화 요구와 체제개혁의 강령에 집중했다. 동독 체제비판 세력의 주요 관심은 동독의 민주주의적 개혁 및 그에 기초해 새롭게 갱신된 동독의 독자적 국가로서의 지속적 발전이었다. 혁명이 절정을 맞이한 10월 말 라이프치히에서는 '사회주의 민주주의: 그렇지만 어떻게?'라는 제목으로 구체적인 방법과 세부 강령에 대해서 토론했다. 라이프치히 대학의 19번 강의실에서 "게반트하우스 토론회"라는 이름으로 열린 그 자리에는 3,000명의 시민들이 참석해 사회주의와 민주주의 관계만이 아니라 '경제와 생태'의 상호관계를 놓고 여러 입장과 견해를 주고받았다. 통일은 주제가 되지 못했다.

그것은 조직화된 체제비판 운동가들에게만 해당하지 않았다. 한 조사에 따르면, 11월 초 시위에 참여한 사람들 중 단지 1%만이 민족통일이 그 동기였다고 답했다.[37] 아울러 당시 여론조사에 따르면,[38] 단지 동독 주민 중 16%만이 독일통일을 지지했으며, 그 비율은 12월 중순에 27%로 상승했으며, 1990년 2월 초에도 아직 40% 정도만이 통일 지지를 표명했다. 물론, 사후적 발전, 즉 1990년 3월 18일 동독 총선에서 독일통일에 대한 급속한 지지가 확인되었기에 위의 여론조사 결과를 그대로 믿을 수는 없다. 동독 주민들의 통일 반대 내지 유보가 통일 지지로 바뀌는 과정이 순식간에 이루어진 '전환'이라기보다는 1989년 11월 말부터 1990년 1월까지 서독 정부의 유인과 압력이 만들어낸 점진적 과정이라고 보는 것이 더 적절하다.[39] 게다가 다수의 동독 주민이 통일에 대한 입장을 갑자기 바꾸었다기보다는 통일을 지지하는 주민들이 통일을 반대하는 주민들보다 점점 더 크게 목소리를 내기 시작했다.

사실 베를린장벽이 무너진 뒤 동독의 행방은 오히려 혼미했다. 베를린장벽이 무너졌다고 곧장 통일 요구가 봇물처럼 터진 것이 아니었다. 여러 지향과 요구가 혼재했다. 안드레아스 아펠트는 이 시기 동독이 현실적으로 택할 수 있던 궁극적인 도정을 여섯 개로 구분했다.[40] 먼저 동독이 독립적인 국가로 존재하는 것을 전제하면, 첫째 공산주의 체제의 국가, 둘째 시장경제 체제와 자유민주주의 국가로서의 '자본주의적 동독', 셋째 경제체제는 독립적으로, 즉 사회주의적으로 유지하되 자유민주주의적 정치 체제를 수용하는 '제3의 길' 등이 있었다. 그리고 아펠트는 통일을 전제하더라도 마찬가지로 세 개의 대안적 길이 존재한다고 보았다. 첫째, 통일독일의 내정은 서독을 따르되 외정은 '제3의 길'을 추구하여 서독의 외교적 연속의 길을 포기하는 것, 둘째, 내정과 외정 모두 서독의 길을 따라 이중적 '서방 연속성'을 수용하는 것, 셋째, 내정과 외정 모두 '제3의 길'을 수용한 이중적 '서방 불연속성'의 길 등이었다. 이 구분은 당시 동독이 처한 상황에서 선택할 수 있는 길의 이상적 구분에 불과하다. 그런데 그것은 심각한 결함이 있다. 중요한 선택 가능성 하나를 원천적으로 배제했기 때문이다. 당시 동독 체제비판운동은 '제3의 길'을 뚜렷하게 내비쳤고 즉각적인 민족통일이 아닌 방식으로의 양독 간 결합을 모색했다.[41] 특히 11월 28일 헬무트 콜의 '10개조 통일강령' 발표 후에는 '제3의 길'을 주장한 정치 흐름의 대부분은 양독 간의 독특한 협력 체제, 즉 국가연합의 길을 모색하는 것으로 이어졌다.[42] 그때 국가연합은 즉각적인 국민국가로의 통일을 유보한 채 상당기간 양 독일 국가가 협력하는 한 방식이었다. 따라서 아펠트는 당시 가장 큰 관심을 모은 국가연합의 길을 제외했기에 상황을 정확히 분석하거나 반영했다고 보기 어렵다.

1989년 11월과 12월은 동독 체제비판운동의 주역들이 가장 뚜렷하게 '제3의 길'의 기치를 들고 있던 때였다. '제3의 길'을 내세운 움직임은 1989년 11월 26일의 '우리나라를 위한 호소' 선언과 그것에 대한 지지 서명 운동으로 대표되었다.[43] 그것은 콘라트 바이스, 프리드리히 숄렘머, 울리커 포페, 슈테판 하임과 크리스타 볼프 같은 동독의 대표적인 체제비판 작가와 지식인 들이었다. 그들은 자본주의 서독과 공산주의 동독 사이의 중간적 길을 대안으로 내세웠고, 서독 자본주의에 흡수되는 동독의 운명에 대항해 민주적으로 갱신된 대안적 동독에 대한 희망을 일깨웠다. 그선언은 양자택일을 제안했다. 첫 번째 길은 "우리가 동독의 독자성을 지키고, 그것을 지지하는 국가들과 이익단체들과 협력해 우리나라가 평화와 정의와 개개인의 거주 자유가 보장되는 연대적인 사회로의 발전을 추구할 수 있는" 길이고 두 번째 길은 서독의 힘에 빨려들어 동독의 가치가 사라지고 서독에 흡수되는 길이라고 소개하며 다음과 맺었다.[44]

첫 번째 길을 같이 갑시다. 우리는 유럽 국가들과 동등한 이웃으로서 연방공화국에 맞선 사회주의 대안을 발전시킬 기회를 가졌습니다. 우리는 과거에 우리가 출발한 반파시즘과 휴머니즘의 이상을 기억할 수 있을 것입니다.

이 선언에는 동독의 주요 지식인들이 참여했을 뿐만 아니라 발표 2주 만에 20만 명 이상의 지지 연대 서명을 얻었다. 일종의 동독 사회 전역을 휩쓴 캠페인으로서 1990년 1월 최종적으로는 117만 명이 지지를 밝혔다.[45] 1989년 12월 갱신된 동독의 독자적 길 그리고 그것과 연결된 동서독 간의 협력 체제 구축이 신포럼과 체제비판 단체들에서 아직은 더 많은 지지를 받고 있었다. 특히 체제비판 작가 슈테판 하임은 동서독의 통일을 반대했을 뿐 아니라 하나의 단일한 독일 문화의 공속성에 기초한 어떤 민족 관념도 부정했다. 슈테판 하임은 1984년 귄터 그라스와 잠시 토론했던 독일국가연합을 1989년 12월 9일 베를린의 한 집회에서 다시 발의했다. 이때 하임의 국가연합 구상은 귄터 그라스의 그것, 즉 연방주의 원칙에 충실한 국가연합안과는 달랐다. 하임이 강조한 것은 국가연합의 틀에서 '동독의 현실사회주의 존속'이었고 '양 독일 국가의 상호 보충'적 협력관계였다. 그는 그 국가연합 방식의 협력을 통해 양독 모두에서 '새롭고 다른 독일'이 등장하기를 기대했다. 그의 국가연합안은 1960년대와 1980년대 서독의 재야운동과 평화운동의 일부 세력이 주장한 '제3의 길'에 기초한 독일국가연합 구상과 유사했다.[46] 국가연합은 동서독의 국민국가로의 재통일을 위한 도정이 아니라 서독으로 동독이 흡수통일되는 것을 막고 동독의 독자성을 지킬 방책이며 국민국가로의 통일을 건너뛰고 곧장 유럽통합으로 건너가는 길이다.

하지만 중요한 것은, 카르스텐 팀머가 잘 지적했듯이, 그런 발의와 주장이 오히려 상황을 더욱 가속화시켰다는 점이다.[47] '우리나라를 위한 호소'는 이것이냐 저것이냐의 선택을 던졌기에 숙고나 모색의 시간을 당겨버렸다. 통일 찬성과 반대를 동독 주민에게 던져 선택을 압박한 셈이었다. '제3의 길' 주창자들은 이 캠페인을 통해 '참여민주주의'를 확산해 새로운 정치 동력으로 삼고자 했지만 결과는 정반대였다.[48] 오히려 체제비판운동을 동요시켰을 뿐만 아니라 주민들을 분열시켜 정치적 응집력을 분산시키고 통일 논의를 전면에 부각하는 결과를 낳았다. 또 그들이 통일에 대한 논의의 등장을 막고 또 필요하면 '국가연합' 구상을 내세워 서독에로의 흡수통일을 경계하면 할수록 오히려 서독과의 통일을 염두에 두는 이들을 더욱 적극적으로 주장하고 행동하도록 만들었다. 당시 동독 체제비판 단체들 내에는 '우리나라를 위한 호소'나 '제3의 길'에 대해 비판적 견해를 표명하는 이들이 적지 않았다. 이를테면, '민주주의 출발(Demokratischer Aufbruch)'과 신포럼 드레스덴 지부 등의 단체와 개인은 '우리나라를 위한 호소'에 반대했다. 그들이 보기에 이제 더는 '제3의 길' 같은 실험은 의미 없고 위험할 뿐이었다.[49]

결국, 동독을 지키려는 체제비판운동 다수의 선제적 노력이 오히려 역풍 또는 정반대의 흐름을 추동했다. 그 결과 '제3의 길'과 국가연합을 통한 동독 국가의 갱신과 지속은 곧 역사의 뒤편으로 내몰렸다. 물론 징조는 11월 중순부터 등장했다. 1989년 11월 9일 베를린장벽 붕괴 후 동독 체제비판 운동가들이 계속 동독을 갱신해 유지하려는 여러 노력에도 불구하고 동독 주민들 사이에서 통일에 대한 목소리가 커져갔다. 11월 13일 월요일 라이프치히에서는 각 교회에서 평화기도회가 열렸고 그 뒤 15만 명의 시위 군중이 도심을 행진했다. 이때 "독일, 단일한 조국"이라는 구호를 담은 플래카드가 처음으로 등장했다. 그동안 체제비판 단체들과 운동가들은 억누르고 거리를 두었던 정치 주장이 시위 군중과 시민의 관심과 주목을 끌기 시작했다. 체제비판운동의 주역과 지식인들이 '우리나라를 위한 호소'와 조직화 활동을 통해 '제3의 길' 노선을 유지하려고 했지만 거리와 시위에서는 상당히 다른 흐름이 부상하기 시작했다.

동서독의 통일문제는 이제 동독 민주화 운동과 단체들의 주장을 압도해 갔다. 상황이 어떻게 변했는지는 12월 11일의 월요 시위가 잘 보여주었다. 11월 13일의 '독일 단일한 조국' 주장은 주목을 끌기는 했지만 시위에서는 아직 주변적인 목소리에 불과했다. 심지어 11월 27일 시위에서도 주로 동독 지배자들의 부패와 권력 악용 등에 대한 분노와 체제개혁 요구가 더 두드러지게 표출되었다. "독일, 단일한 조국"의 구호가 확실히 그 전보다는 두드러졌지만 확연하지는 않았다. 1989년 11월 말과 12월 초에는 "통일, 독일, 독일"과 "통일 지금 당장" 같은 통일지지와 "통일 대신 정화하자(Reinigen statt einigen)"와 "국가 통일이 아니라 사람의 단결

1989년 12월 19일 베를린의 통일반대 시위 모습.
동독 주권 수호 및 통일과 매수 반대라고 적힌 플래카드를 들고 있다

(Einheit der Menschen, nicht der Staaten)" 같은 통일반대 구호들이 공존하면서도 서로 충돌하지는 않은 상황이었다.[50]

하지만 12월 11일에 라이프치히에서 다시 15만 명의 시민들이 시위에 참여했을 때 분위기는 한 달 전과 확연히 달랐다. "통일은 예! 사회주의 빈곤은 그만!", "독일, 단일한 조국" 등의 구호와 플래카드가 시위 군중을 압도했으며 처음으로 서독 국기가 등장하면서 분위기가 고무되었다. 거리는 이제 체제비판 운동가들의 손을 떠났고 체제비판 운동가들은 당혹감과 분노를 감추지 못했다. 그 후 열린 집회에서는 점차 "독일, 단일한 조국"과 "독일! 독일!"의 구호와 통일을 반대하는 구호가 대립하고 충돌하면서, 점차 "빨갱이들은 데모에서 꺼져!"라는 구호가 분위기를 장악해 통일반대 움직임을 고립시키거나 축출했다. 동독의 새로운 집단적 정체성을 옹호하던 체제비판운동은 이제 동독 주민을 대표하지도 못했고 거리와 광장을 주도하지도 못했다.[51] 그 대신 서독 정당이나 정치가, 특히 헬무트 콜 총리가 사실상 동독 주민들의 통일 열망을 받고 그들에게 돌려주면서 정치 상황을 결정했다.[52]

체제비판운동의 주변화

체제비판운동 단체들은 민주혁명 초기에 기층민주주의(Basisdemo-kratie) 성격과 분산성으로 인해 동독 공권력의 억압에 맞서는 데에서 장점이 있었다. 그러나 기층 민주성과 분권성은 정치적 목적을 관철하고 힘을 발휘하는 데는 약점이 있었다. 왜냐하면 그것은 강령적 요구를 통일해 특정 국면에서 정세를 주도하기 어려웠고 지도적 인물을 중심으로 내세우기도 간단치 않았기 때문이다. 체제비판운동은 명료한 강령과 단일한 지도력 대신 토론하고 합의하여 최소 공통분모를 찾는 데 전력을 기울였다. 그것 자체가 이미 급변하는 상황에 능동적으로 대응하기 쉽지 않은 조건을 만들었다. 동독의 민주주의적 갱신이라는 현실 요구를 모아 저항운동을 만들어냈지만 국가 또는 민족의 미래 전망이 정치 쟁점의 중심이 되자마자 더는 응집력 있는 운동이 되지 못했다. 아울러 1989년 9월부터 11월까지 체제비판운동의 핵심 주장이던 민주사회주의 구상과 갱신을 통한 동독의 국가 존속이라는 입장이 통일 논의가 등장하자마자 그들의 발목을 잡았다.

사실 당시 동독에서 낡은 국가기구가 해체되는 데 비해 새롭게 형성되고 있는 시민사회의 힘은 아직 약했다. 한 정치공동체의 자기 갱신은 복잡하고 다양한 절차와 과정이 필요할 뿐 아니라 이견과 갈등을 조정할 능력과 시간도 필요한 법이다. 문제는 당시 시민사회가 아직 그럴 능력을 갖추거나 시간을 확보하기도 전에 예기치 않은 역사의 선택 국면들이 닥쳤다는 사실이다.[53]

서독 정부와 동독 주민 간의 상호작용으로 통일 과정이 결정되는 동안 동독의 체제비판 단체들은 점차 주변으로 내몰렸다. 1989/90년 겨울 동독의 체제비판운동이 여전히 '민주사회주의'에 매달려 '제3의 길'을 모색하는 동안 동독 주민들은 점차 상황을 더욱 밀고 나갈 준비가 되어 있었다. 동독 주민들의 다수가 점차 체제비판운동의 애초 주역들과는 달리 급속히 서독과의 통일로 '전환' 내지 '결핍'한 이유는 두 가지로 정리할 수 있다.

먼저, 오랫동안 라디오와 텔레비전 방송에서 접하고 방문과 교류를 통해 직접 경험한 서독의 풍요와 복지 이미지는 동독 주민들에게 막강한 흡인력을 행사했다. 이전부터도 서독의 물질적 풍요를 동독 주민들은 잘 알고 있었지만 베를린장벽 붕괴 직후에 직접 서독을 다녀온 동독 주민들은 특히 그것에 매료되어 점차 소비 욕구에 더 눈을 뜨게 되었다.[54] 동서독 간 소비재의 현격한 격차는 시장경제과 계획경제의 근본적 차이를 실감하게 했다. 서독의 자유와 복지 및 풍요에 동참할 수 있으리라는 막연한 기대는 동독 주민들로 하여금 점점 더 체제비판가들의 '갱신된 동독' 구상을 뛰어넘어 새로운 민족적 대안으로 기울게 했다. 사실 동독 주민들이 '소비혁명'에 몰입할수록 동독의 지식인들은 오히려 그것에 더욱 경계심을 가질 수밖에 없었다. 체제비판운동에 헌신하고 '제3의 길'을 지지했던 대다수 지식인들은 동독 주민들의 소비 욕구에 오히려 경각심을 가졌다.[55] 둘의 사이는 이제 더욱 벌어졌다.

두 번째는 다수의 동독 주민들에게는 통일이 동독 체제의 갱신과 극복의 가장 확실한 길로 보였기 때문이다.[56] 체제비판 운동가들이 주장하던 '제3의 길'은 여전히 모호해 보였고 당시 동독 정부의 '개혁공산주의'와 구분하기 어려웠다. '우리나라를 위한 선언'에 에곤 크렌츠를 비롯한 일부 권력자들이 동참한 것은 상황을 더욱 불편하게 만들었다. 동독 주민들에게는 서독과의 통일이 애초의 요구인 동독 공산주의 체제의 극복을 잇는 명료한 방법이었다. 데일이 평가했듯이, 통일을 지지한 동독

주민들에게는 독일통일이 동독혁명을 완성하는 도구였다.[57]

1990년 1월과 2월 동안 상당수의 체제비판 운동가들은 뒤늦게 '국가연합'안을 되살려 급속한 통일을 막고 이국가상태(Zweistaatlichkeit)를 상당 기간 동안 유지해 보려고 노력했다. 그런데 당시 국면에서 '국가연합'안은 이제 더는 통일의 길이 아니라 통일반대 구호로밖에 보이지 않았다. 아울러 체제비판 세력은 난감하게도 그런 구상으로는 오히려 한스 모드로 정부와 동일한 '반통일 세력'으로 간주될 수밖에 없는 처지에 놓였다. 결국 1990년 2월 말 신포럼조차도 내부의 격렬한 논쟁 끝에 '제3의 길'과 동독 유지 노선을 포기하고 통일 흐름에 동참하기 시작했다. 물론, 당시 신포럼에는 일찍부터 통일을 지지하던 일부 활동가들은 이미 빠져나간 뒤였다.

그 상황에서 3월 18일 동독의 최초이자 최후 자유선거는 동독 민주혁명의 최종점을 위한 결정과 다름없었다. 체제비판 운동가들은 선거에 대비하기 위해 나름 정당의 전열을 정비했지만 이미 분화와 분열 및 혼선을 감추지 못했다. 게다가 그들은 모두 민주주의 선거 정치와 정당 문화에 익숙하지 않음이 그대로 드러났다. 서독의 선거 전문가들과 노련한 정치가들의 도움이 불가피했다. 서독의 물량 공세와 정치 전문가들의 힘은 압도적이었고 동독의 신출내기 정치가들은 자신의 주장을 매력적으로 표현하는 데 서툴렀다. 본격적인 선거운동에 접어들자 서독 정당들의 요청 또는 지시대로 움직여 성공하거나 그렇지 않으면 정치 아마추어리즘과 시민운동적 아비투스를 유지하며 좌절을 맛볼 일만 남았다.

선거전 초기에는 사회민주당이 우위를 점했지만 곧 독일동맹

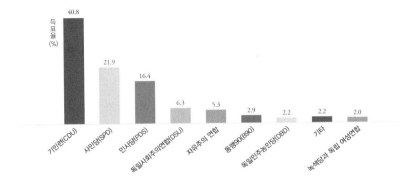

1990년 3월 18일 동독 선거 결과.

자료 : 타게스사우(Tagesschau) 홈페이지

(Allianz für Deutschland: 기민련, 독일사회주의연합, 민주주의 출발의 선거연합)으로 결집한 콜의 정치동반자들이 세력을 확대했다. 48%의 지지로 독일동맹이 선거에 승리함으로써 동독의 국가 생존은 위기에 빠졌다. 선거 결과는 급속한 통일에 대한 동독 주민들의 정치적 승인이었다. 사민당과 동맹90이 내건 더 완만하며 사회국가적인 제도를 더 갖춘 통일로의 길은 묻혔다. 이제 '제3의 길'을 통해 동독을 갱신하고 이국가상태를 일정하게 유지하려던 체제비판 운동가들의 다수는 역사의 뒤안길로 내몰렸다.

　　3월 선거 후 통일 과정에서 동독의 체제비판 운동가들 다수는 단지 주변적 비판가로서만 등장할 뿐이다. 이를테면, 경제와 화폐통합을 위한 협상은 로타어 데메지에르 정부와 본의 각료·관료들에 의해 진행되었을 뿐이다. 아울러 뒤이은 통일조약을 둘러싼 논의 과정에도 동독 시민사회의 대표자는 참여하지 못했다. 단지 그들은 장외에서 시위를 통해 동

동독의 3월 선거는 동독의 최초이자 최후의 자유선거였다.
선거에서 승리한 독일동맹의 당수 로타어 데메지에르 동독 총리.

독의 역사적 성취를 옹호하며 양보를 얻어내기 위해 안간힘을 써야만 했다. 동독의 민주혁명을 이끈 체제비판 단체와 운동가들은 통일독일에서 새로운 비판적 시민사회의 일부로 이전되었다. 그들은 서독에 기반을 둔 기성 정당과 시민사회의 일부로 편입되어 통합 속 독자성 유지라는 새로운 난관을 겪으면서 정치적 사회화의 새로운 길을 걷게 되었다. 물론 그것은 간단치 않았다.

'제3의 길'과 동독 국가의 존속에 기초한 국가연합이라는 또 다른 대안적 발전의 길이 독일문제 해결의 대안으로서의 의미가 사라진 것은 결국 동독에서 체제개혁의 안정적 주체가 시급히 마련되지 못한 결과였다. 그러나 그 근저에는 애초 서독으로의 탈출과 이주를 원하던 동독 주민 일부의 강한 열망 그리고 서독 사회와 경제의 풍요에 매료되어 급히 서독 수준의 풍요와 소비를 원하던 동독 주민들의 지향이 깔려 있었다. 동독 주민들이 보기에는 체제비판운동이 아니라 서독의 기성 질서와 그 질서의 구현자인 서독 정치가들이 더 신뢰할 만한 동반자였다. 게다가 원래 '통일'의 한 변이나 과정으로 간주되는 국가연합 구상이 1990년 1월과 2월에는 사실상 '시대착오적인 반(反)통일 주장'으로 전락한 담론의 조건도 깔려 있었다. 동독 주민들 다수가 더는 동독의 미래 전망이 아니라 서독의 현재에 더 매료되는 상황에서 동독의 독자 발전과 국가 존속에 기초한 국가연합이라는 독-독 간 결합의 특수한 형식은 반통일 구호로 간주되었을 뿐이다. 동독의 체제비판 운동가들에게 운신의 폭은 더 남아 있지 않았다.

동독 민주혁명과 독일통일의 관계

1990년 10월 3일 독일통일의 환희가 동독 민주혁명의 찬연한 성취였음을 부정할 수는 없다. 독일통일로 동독의 민주혁명이 요구하던 시민적 자유와 민주적 권리가 보장되었다. 기본법은 의회제로 동독 지역 주민들에게 정치적 주권 행사와 참여 기회를 보장했고, 사회보장 제도는 빈곤으로의 추락을 방지해 주었다. 아울러 자유로운 결사와 조직 활동은 동독 주민들에게 사회경제적 이익의 주장의 기회와 여건을 보장했다. 그런 점에서 서독 기본법의 수용을 통한 독일통일은 동독 민주혁명의 상승적 발전이자 계승으로 간주될 수 있다.

　　여타 동유럽 국가의 1989년 혁명과는 달리 동독의 민주혁명은 주민의 대량탈출로 촉발되었다. 대량탈출과 체제비판운동은 상호작용하면서 동독 체제 붕괴의 민주혁명을 추동했지만 동시에 서로 다른 이질적인 지향으로서 대립하기도 했다. 1989년 10월과 11월 체제비판 단체들이 거리 시위와 단체·정당의 조직 활동을 주도했을 때에는 통일문제보다는 체제개혁과 갱신이 요구와 주장의 중심에 섰다. 하지만 12월 초 체제비판운동이 '제3의 길'을 내세워 서독과의 통일을 유보 또는 우회하려고 나서자 동독 주민들 다수와 체제비판운동의 일부는 더 이상 동독 국가의 존속에 미련을 두지 않고 서독과의 통일로 체제개혁을 완성하고자 했다. 동독 주민 다수가 서독의 정치지도부의 통일공세에 조응하며 서독의 물질적 풍요와 새로운 삶의 더 많은 기회 획득으로 관심을 돌리면서 체제비판운동은 정치의 주변부로 내몰렸다. 동독 체제비판운동은 탈중심성과 기층 민주주의적 성격으로 인해 결정적인 국면에서 더는 동독의 미래 전망을 제시하지 못했고 주민들로부터 더는 대안 세력으로 존중받지 못했다. 민주혁명은 독일통일로 발전했지만 그것의 중심 주체는 애초 민주혁명의 주역이 아니었다. 혁명 과정에서 급속한 통일로 방향 전환을 주도한 것은 민주혁명에서 정치화된 평범한 동독 주민들이었다. 물론, 동독 주민들의 압도적 다수는 아니었지만 어쨌든 1989년 12월부터 거리 시위의 분위기나 1990년 3월 선거 결과는 모두 다수의 동독 주민들이 원하는 것은 급속한 통일임을 분명히 드러냈다. 민주혁명은 통일로 방향을 전환하면서 민주혁명의 주역이 내세운 '제3의 길'은 역사 속으로 사라졌다.

혁명 초기에 동독 체제비판 단체들이 요구한 것은 서독 체제의 이식이 아니었다. 비록 그들이 내세운 '제3의 길'이나 '민주사회주의' 등이 모호했고 결국 대중의 지지를 얻는 데 실패했지만, 그들은 바로 그것을 통해 독자적인 힘으로 정치적 사회화를 이루어냈고 공산주의 억압 체제의 붕괴를 위한 정치 동원을 성공적으로 이끌었다. '자유민주주의(또는 자본주의)'와 '공산주의' 사이의 대결과 선택의 문제만으로는 당시 동독 체제비판운동의 성격을 충분히 가늠할 수 없다. 냉전기 공산주의 분단국인 동독에서 어쩌면 '민주사회주의'류의 이념적 대안 구상과 '제3의 길'을 통한 저항은 민주혁명의 가장 효과적인 동력이거나 심지어 유일한 평화혁명의 매개일 수도 있다.

한편, 1989/90년 겨울 동독의 다수 체제비판 운동가들이 제시한 '제3의 길'에 기초한 동독 국가의 독자 발전 구상과 국가연합 구상은 역사에서 실패한 길이었지만 적지 않은 동독인들의 원천적인 집단 지향이었다. 비록 특정 시점과 국면에서 동독 주민들의 다수가 그 길을 선택하지 않았지만, 현재의 불만과 현실의 거부는 과거의 '가지 않은 길'에 대한 관심으로 연결되기 쉽다. 그들은 이미 '기성 체제'에 전면 도전해 성공한 경험을 가진 집단이고 그 경험은 정치적 사회화의 근간이자 기억과 전승의 보고다. 게다가 과거의 독자 발전을 지향한 경험과 '제3의 길' 모색에 대한 기억은 현재 동독의 집단정체성이 정치화하는 계기로 잠복되어 있을지도 모른다. 정치적 사회화의 집단 경험은 불만과 실망과 연결되면 언제든 휘발성을 갖는다. 아마도 역사는 다시 무승부로 향하고 있다.

희망과 기대의 좌절은 체제비판 운동가들만의 것이 아니다. 통일

과정에서 동독 주민들이 가졌던 기대와 희망은 단지 부분적으로만 채워졌고 통일 직후부터 동독 주민들 상당수가 통일의 결과에 냉정한 태도를 보이기 시작했음에도 주목해야 한다. 그것은 물질적 풍요와 실질적 평등을 향유함과 동시에 더 많은 연대와 상호 존중의 가치 및 자율적 주권의 행사를 표현하는 것이다. 그런데 그것 또한 1989년 가을 동독 민주혁명의 주역들이 '갱신된 동독'을 꿈꾸며 거리를 메웠던 열망이었다. 1989년 가을의 민주혁명은 1990년 10월 3일 독일통일로 '완성'된 것도 아니고 '종점'에 달했던 것은 더욱 아니다. 그런데 바로 그 점에서 1989년 민주혁명의 역동적 함의와 역사적 의미는 인습적으로 이해되는 것보다 더 크고 깊다.

미국의 자유주의 역사가 토니 주트는 1989년 당시 동유럽 주민들에게서 "공산주의의 반대는 자본주의가 아니라 유럽"이었다고 당시의 상황을 요약했다.[58] 그가 말한 '유럽'은 초민족적 공동체의 실체를 의미하는 것이라기보다는 복리와 사회안전망을 갖추고 자유를 보장하면서도 평등과 연대 지향적인 독특한 유럽적—미국식과는 구분되는—'삶의 방식'이었다. 그렇기에 그들의 지향과 희망은 통일 후 냉혹한 현실에 부닥쳐 새로운 굴절과 고유한 자기정체성으로 결집되었다. '역사의 종언'이나 '자유민주주의의 승리' 신화는 애초부터 이들의 욕구와 지향을 포괄할 수 없었다.

동독의 민주혁명에 견주어 북한의 '자유민주주의'식 변화를 예단하며 냉전 이데올로기로 북한 붕괴를 초드는 것은 그 자체로 낡은 냉전 대결의 선동이기도 하지만 동독과 동유럽 공산주의 체제의 붕괴 과정에 대한 단견이다. 또 북한 지배 체제가 무너지면 곧장 독자적인 대안 추구도 없이 남측에 '흡수'될 것이라는 생각은 거의 공상에 가깝다. 어떤 개혁과 변화도 체제 내부에서 시작되어야 한다. 외부에서 필요한 것은 정치 선전과 이데올로기 압박이 아니라 더 많은 자유와 민주주의, 안전과 신뢰, 평등과 복리를 통해 유인하고 자극하고 내적 변화를 돕고 외적 교란 요소를 줄이는 것뿐이다.

우리가 상대하는 사회의 변화 또한 우리 사회의 체제 개선 능력과 의지가 낳는 매력과 포용에 달렸다. 한국 사회의 더 많은 정치 스펙트럼은 북한 사회의 변화 가능성을 더 여는 것이기도 하다. 더구나 30년 전과는 달리 중국과 베트남 등의 존재는 북한의 선택지를 훨씬 더 넓혔을 뿐 아니라 정치 상상력의 깊이도 키웠다. 그들이 스스로 '제4의 길'이나 '제5의 길'을 찾고자 할 때 한반도에는 더 많은 평화 과정과 더 큰 분단 극복의 기회가 찾아올 수도 있다.

제6장

공세

총리가 통일열차를 몰다

/

우리는 최선의 것을 원하다가 중요한 것을 잃어버립니다.
그것이 독일인의 민족성입니다.
—오토 폰 비스마르크, 1877[1]

콜의 덕목

2017년 6월 16일 통일총리 헬무트 콜이 사망했다. 향년 87세였다. 콜의 장례식은 프랑스 스트라스부르에서 거행되었다. 유럽연합 차원의 첫 장례식이었다. 콜은 '독일의 유럽인이면서 유럽의 독일인'으로 불리고 싶었기에 나쁘지 않아 보였다. 하지만 1990년 독일통일의 업적으로 역사책에 기록된 인물을 위해 정작 독일 땅에서는 국가 차원의 어떤 공식 행사가 없었다. 게다가 독일 국장이 아니다 보니 독일 고위 정치가들은 상주가 아니라 문상객에 불과했다. 장례와 관련된 모든 일은 콜의 부인 마이케 콜-리히터가 결정했다.[2]

2001년 첫 부인 하넬로레와 사별한 뒤 콜은 그 전부터 연인 관계였던 마이케와 2008년 결혼했다. 콜은 1930년생, 마이케는 1964년생이다. 경제학박사인 마이케는 콜이 총리였을 때 총리실의 경제 분야 직원으로 일했다. 마이케에게 콜은 우상이었다. 마이케는 1999년 콜이 정치자금 부정 수수로 추락해 기민련으로부터 버림을 받았을 때에도 그에게 존경과 애정을 보였다. 이 경우는 권력형 성범죄와는 무관하니 잠시 긴장을 풀자. 마이케는 늙고 병든 콜을 돌보며 헌신했다. 그렇지만 마이케는 콜

콜의 장례식에서 추도사를 하는 앙겔라 메르켈.

의 주변에 장벽을 세워 콜의 옛 친구와 동지들의 미움을 샀다. 심지어 마이케는 콜이 아들들을 만나는 것도 막았고 콜의 장례식에 그들을 초대하지도 않았다. 마이케는 콜이 남긴 유증 자료도 여전히 독점 보관하며 그것을 연방기록원이나 기민련 기록원으로 이관하는 것을 거부하고 있다. 마이케는 콜의 아들들과 설전을 주고받으며 계속 분란을 지속하고 콜의 대필 작가와도 법정 분쟁을 이어갔다. 마이케의 삶이 사별한 남편의 유지를 지키기 위한 한 여성의 외로운 투쟁인지 아니면 역사적 거물의 정치 유산을 독점하려는 악녀의 탄생인지 더 지켜봐야 할 듯하다.

어쨌든 독일통일과 유럽통합의 상징 인물이 가족사에는 큰 불화를 남겼다. 사후에도 그렇지만 콜은 생애 내내 인격으로 감화를 주지는 못했다. 그는 16년간 총리직을 역임했지만 독일통일이 아니었다면 1990년 이미 정치적으로 몰락했을 것이다. 1998년 권좌에서 내려온 뒤 겪은 정치자금 스캔들이나 재혼 후의 가족 분쟁이 아니더라도 콜은 자주 밉상이었다. 그는 빌리 브란트처럼 카리스마 넘치기에는 너무 옹졸했고 이기적이었다. 그는 전임자 헬무트 슈미트 전 총리처럼 만사에 통찰력을 보인 현인이기에는 늘 감정적이었고 눌변이었다. 그는 유럽의 여느 고위 정치가들처럼 고상한 척하는 엘리트가 되기에는 거칠고 근천스러웠다. 그렇기에 콜은 정치무대에 등장한 순간부터 줄곧 무시되었다. 193센티미터와 150킬로그램에 달하는 큰 몸은 그의 지적 둔중함을 증명하는 것으로 여겨지기도 했다.

하지만 그런 경시가 오히려 콜의 출세를 도왔다. 사실 콜은 시골 출신 특유의 소박함과 뚝심으로 독일 국민에게는 '평범한 우리 중 한 사람'이라는 이미지를 만들었다. 콜은 그런 특성으로 권력이나 국가에 대한 오랜 신화를 순식간에 무너뜨렸고 이데올로기에 물든 정치를 인간화해버렸다. 하지만 정치가로서 콜이 지닌 장점과 덕목은 무엇보다 권력의지와 현실감각이었다. 그는 서른아홉에 이미 라인란트팔츠주의 주지사로 등극했고 마흔넷에 이미 노회한 정치가들을 제치고 기민련의 당수를 차지했다. 그는 권력을 쟁취하고 유지하기 위해서 실용주의를 입에 달았다. 그는 좌파를 경멸했지만 좌파로부터 배우기를 주저하지 않았다. 서독 보수 정치가들 중 브란트의 동방정책을 가장 빨리 받아들여 자신의 것으로 만든 이가 콜이었던 것은 우연이 아니었다. 프랑스 신문 《르몽드》는 콜에게서 당통을 보았다.[3] 혁명의 위기를 맞아 당통이 "대담함, 대담함, 또 대담함"을 돌파구로 제시했던 것처럼 콜은 정치적 기로에서 항상 '대담'하게 행동했다.

"역사의 외투가 스쳐 지나가면 정치가들은 그 소맷자락이라도 움

켜잡아야 한다." 헬무트 콜이 인용한 비스마르크의 경구였다. 콜은 행동이 필요한 시기에 단호하게 행동했다. 위대한 정치가는 적절한 시간에 적절한 장소에서 적절한 행동을 하여 역사를 만든다. 중간치이자 '촌놈'에 불과했던 콜의 최대 장점은 바로 그것이었다.

1989년 10월 말 독일정책의 '전환'

1989년 여름 동독 체제가 붕괴 국면으로 들어서기 전까지 콜 총리와 참모들은 어떤 통일 구상이나 민족 강령을 갖고 있지 않았다. 심지어 1989년 가을 동유럽 체제가 급속한 붕괴 위기에 직면하고 동독 주민들의 대량탈출이 시작되었을 때조차 콜은 성급히 통일 전망을 제시하기보다는 신중히 관망했다. 1989년 10월 11일 콜 총리는 소련의 최고 권력자 고르바초프와의 전화 통화에서 서독 정부는 "동독의 발전이 통제 불능의 상태에 빠지지 않"고 "동독이 고르바초프의 노선을 따르"기를 희망하며 "동독 주민들이 동독에 그대로 머물"기를 바란다고 말했다.[4] 콜은 당시 서독 정부는 동독 내정에 개입하지 않을 것이며 오히려 동독의 안정을 바란다고 거듭 밝혔다. 그것이 단지 외교 수사가 아님은 또 다른 콜의 언급을 통해서도 확인할 수 있다. 10월 17일 콜은 기민련 연방의회 의원단 앞에서 다음과 같이 관망 입장을 밝혔다.

여러분에게 분명히 말하겠습니다. 나는 우리가 저쪽 사람들에게 '당신들이 이러저러한 것을 한다면 우리가 이러저러한 것을 해주겠다'고 말하는 것에 반대합니다. 왜냐하면 그것은 그쪽에서 완전히 잘못 이해될 것이기 때문입니다. 정치개혁 결정은 동독에서 이루어져야 합니다. 여기서 우리가 어떤 처방이나 방안을 제시할 수는 없습니다.[5]

당시 콜 정부에 중요한 것은 동독 내정 개입이나 민족통일 토론이 아니라 동독의 정치 발전이 폭력 상황이나 물리적 충돌로 치닫지 않도록 그것을 통제하며 조정 가능한 길로 이끄는 것이었다. 그렇기에 10월 18일 호네커의 실권으로 동독 사통당의 새 총서기가 된 에곤 크렌츠가 여전히 사통당의 권력 독점과 지도권을 포기하지 않고 "교조적 성격"을 담은 입장을 발표했을 때에도 콜과 참모들은 동독의 새 실권자와 대화하고 협력할 준비가 되어 있었다.[6] 물론 콜 총리는 당시 동독에 대한 경제지원을 정치개혁과 연계함으로써 동독 체제의 평화적 전환을 촉진할 수 있을 것이라고 생각했다. 그렇지만 아직 콜은 구체적 요구사항을 내걸고 동독 정부를 압박하는 길로 접어들지 않았다.[7]

'전환(Wende)'은 10월 말에 왔다. 동독의 정치 상황과 국제정치 조건은 점점 더 사통당에 불리해졌다. 동독의 주요 도시에서는 점차 반정부 시위가 격화되었고 소련의 고르바초프 또한 사통당 지도부에 개혁을 압박했다. 콜 총리와 서독의 정부 당국자들은 동독 측과 비공식 대화를 통해 동독 정세를 정확히 알 수 있었고 제 운신의 폭을 인지할 수 있었다. 특히 1989년 10월 24일 동독의 중개협상자 알렉산더 샬크-골로트코프스키는 총리공관장관 루돌프 자이터스와 연방내무장관 볼프강 쇼이블레와 각각 나눈 비공식 의견 교환에서 동독의 심각한 경제 위기를 상세히 알리며 서독이 동독에 재정지원과 경제원조를 제공한다면 동독 또한 보상할 것이라고 전했다.[8] 동독이 서독 외에는 어떤 곳으로부터도 경제지원을 받을 수 없고 동독이 서독의 경제지원에 대해 다양한 반대급부를 염두에 두고 있다는 사실은 서독의 정부 당국자로 하여금 동독에 '내정 개입'할 수 있는 기회를 제공했다.[9]

콜과 그의 핵심 참모들은 민활히 행동했다. 이어진 동서독 간 접촉과 대화에서 그들은 동독 내정에 개입하기 시작했고 동독의 체제전환을 제 일로 삼기 시작했다. 10월 26일 콜 총리는 사통당 총서기 크렌츠와 전화 통화에서 동독의 체제개혁 조치를 요구했다.[10] 그 통화를 옆에서 지켜본 동독 협상자 샬크-골로트코프스키는 "내가 보기에는 11월 9일이 아니라 그것이 결정적 상황이었다. 그것이 전환이었다"고 회고했다.[11] 그때까지 계속 동독 상황을 주의 깊게 관찰하던 서독 정부가 이제 처음으로 동독 정부에 여행자유를 위한 조치, 정치범 석방과 서독 대사관에 들어온 동독 난민에 대한 해결책 강구 등을 구체적으로 요구하기 시작한 것이다. "이때부터 서독 연방정부는 동독을 공동으로 통치했다"고 샬크-골로트코프스키는 덧붙였다.

당시 콜 총리는 정세 탐문을 통해 동독의 새 정치지도부가 개혁의 지도 부족하고 권력기반도 약하다는 사실을 잘 알고 있었다. 동독 내에서 연일 시위가 확산되었다. 11월 4일 동베를린 알렉산더 광장의 50만 대중 집회는 사통당 지배의 종언을 예시했다. 고르바초프 또한 이미 10월 말 콜과의 전화 통화에서 크렌츠의 뒤를 돌봐 줄 생각이 없음을 내비쳤다.[12]

1989년 11월 20일 서독의 총리공관 장관 루돌프 자이터스가 동베를린에서 서기장 에곤 크렌츠를 만나다.

서독 정부는 주저할 이유가 없었다. 11월 6일 쇼이블레 연방내무장관은 샬크-골로트코프스키에게 사동당의 권력 독점을 포기하는 내용을 담은 동독의 헌법 개정을 '권했고', 동독에 대한 서독의 재정적 지원을 자유선거와 비판 야당의 인정 등의 정치적 자유에 종속시켰다.[13] '경제지원 대 정치개혁'이라는 '상호주의'적 연계(Junktim)가 처음으로 언급되었다. 그 연계는 그날 저녁 콜이 쇼이블레와 자이터스와 함께 의견을 나누면서 서독 정부의 새로운 독일정책의 핵심 요소로 확인되었다.[14] 다음 날 자이터스는 콜 총리의 지시에 따라 샬크-골로트코프스키에게 전화로 동독이 서독의 경제지원을 원한다면 체제비판 세력의 허용과 자유선거에 대한 동의를 공개적으로 밝혀야 한다고 전달했다.[15] 이제 서독 정부는 사실상 동독 지도부에 '지시'하기 시작했다.

이어 11월 8일 연방의회에서 '분단 독일의 민족 상황에 대한 보고'
연설에서 콜 총리는 그동안 내밀하게 진행하던 서독 정부의 독일정책 전
환을 공개했다.[16] 먼저 그 연설은 '경제지원과 정치개혁'의 상호주의적 연
계를 부각시켰다. 연방정부는 동독에 대해 "완전히 새로운 차원의 경제지
원"을 할 의향이 있음을 밝히면서, 그러나 그것은 사통당 권력독점의 포
기, 자율적인 정당의 허용, 자유선거의 '책임 있는' 보장을 조건으로 해서
만 가능하다고 강조했다. 연방정부의 관심사는 이제 '개혁된, 더 나은 동
독'이 아니라 동독 정치 체제와 사회 질서의 '근본적' 변화였다. 아울러
연설에서 콜 총리가 1982년 집권 후 처음으로 '재통일'이란 용어를 사용
한 사실도 중요하다.[17] 콜은 '이국가상태의 극복' 또는 '재통일'을 연방정
부의 궁극 목표라고 알리기 시작했다. 물론, 동독에 체제전환을 요구하며
동독을 사실상 관리하기 시작하고 '재통일'이란 용어를 사용하기 시작했
다고 그것이 곧장 통일을 실질적으로 대비하거나 통일 공세를 펴기 시작
했다는 말은 아니다. 통일문제와 관련해서 서독 정부는 아직 조심스러울
수밖에 없었다.

10개조 통일강령 제안의 배경

서독 정부는 1989년 11월 9일 베를린장벽 붕괴 이전에 이미 독일
정책의 전환을 개시했지만 동서독 국경 개방이 동서독 관계와 서독 정부

의 독일정책에 끼친 영향은 작지 않았다. 11월 9일 이후 동서독 간의 비공식 대화와 연방정부의 공식 선언에서 콜과 참모들은 계속 동독의 헌법 개정과 정치개혁의 구체적 내용과 일정까지 제시하며 동독 정치지도부를 압박했다. 이를테면 서독 정부는 11월 15일 동독에 사통당의 권력독점을 명시한 동독 헌법 제1조의 폐기를 공식 선언하라고 요구했으며 자유선거의 경우에 지방선거는 1990년에 제1조를 제외한 현재의 헌법하에서 치르더라도 1991년 인민회의 선거는 새로운 수정 헌법에 따라 치러야 한다고 못 박았다.[18] 당시 야당이던 사민당과 녹색당의 상당수 정치가들은 베를린장벽 붕괴 후에도 동독이 개혁을 통해 여전히 독자적으로 정치적 길을 걸어갈 수 있고 가야 할 것이라고 주장했다.[19] 이에 반해 콜 정부는 동독 사회주의의 갱신에 전혀 관심을 갖지 않았고 동독 사회주의 체제의 해체를 노골적으로 요구했다. 콜은 11월 16일 「동독 정세에 대한 설명」이란 연설에서 다음과 같이 동독 경제체제의 근본 전환을 언급했다.

> 우리는 누구에게도 우리 생각을 강요하지 않습니다. 그러나 누구도 사회주의가 실패했음을 부정할 수 없을 것입니다. 동독 사람들은 자신들에게 노동의 정당한 대가를 보장해 주는 사회경제체제를 가질 권리가 있습니다. 계획경제는 후견감독제입니다. 시장경제는 판단의 자유, 사적 자기결정 및 복리의 기회를 의미합니다.[20]

베를린장벽 붕괴 후 콜 정부는 여전히 동독 정치지도부를 대화와 협상의 동반자로 인정했지만 이미 콜 정부가 겨냥한 정치 동반자는 '동독

시민들'이었다. 콜 총리를 비롯한 서독의 핵심 정부당국자들은 동독 국가
의 주권이 아니라 동독 주민들의 자기결정권을 강조했다. 앞의 연설에서
콜은 다음과 같이 말했다.

> 예나 지금이나 자유야말로 독일문제의 핵심입니다. 그것은 무엇보다
> 동독의 우리나라 사람들이 그들이 미래에 가고자 하는 길을 스스로
> 결정할 수 있어야만 한다는 것을 의미합니다. 이때 그들은 어떤 지침
> 도—그것이 어떤 측에서 오는 것이든—받을 필요가 없습니다. 그들
> 이 무엇을 원하는지는 그들 자신이 제일 잘 알 것입니다. 이는 독일 통
> 일, 즉 재통일문제에도 적용됩니다.[21]

그 후 동서독 간 대화에서 통일문제가 나오면 서독의 정부당국자
들은 항상 자기결정권을 내세웠다. 총리공관장관 자이터스는 11월 20일
동독 정치지도부와의 대화에서 통일문제가 정치의제로 등장하는 것을
두려워하는 상대에게 '동독 주민들의 자기결정권'을 언급하며 서독 정부
의 생각이 그들과 다름을 분명하게 드러냈다.[22] 그러나 그것이 곧장 서독
정부가 독일통일을 위한 구체적 계획과 구상에 몰입했다는 것을 의미하
는 것은 아니다. 서독 정부, 특히 총리실은 통일문제가 곧 정치 의제가 될
것이라고 보았지만 아직도 정세를 관망하고 있었을 뿐이다.

1989년 11월 중순 민주혁명의 제2국면에서 상당수 동독 주민들은
통일을 요구하는 목소리를 높이고 있었다. 반면, 지식인이나 운동가 중심
의 체제비판운동 그룹은 '제3의 길' 같은 동독의 독자적 발전 노선을 내

세우며 서독과의 통일을 반대하고 견제했다. 국가와 민족의 전망을 둘러싸고 동독 내부의 균열과 불화가 드러나고 있었다. 통일이냐 현상유지냐의 문제에 더해 사회경제적 미래 전망과 관련해 여러 대안들이 논의되기 시작했던 것이다.[23] 아울러 동독의 민족 열망에 조응하며 서독 내 극우 세력의 동원 조짐도 일었고 또 다른 한편으로는 동독 주민들의 통일 열망을 냉소하며 동유럽 체제의 붕괴를 '유럽통합'의 계기로 삼으려는 서독 좌파의 탈민족적 전망이 본격적으로 등장하던 시점이었다. 또 언론과 일부 지식인들 사이에서는 이미 국가연합에 대한 논의가 시작되었다.[24]

위기 국면에서 상황을 가속화하는 쪽은 때로 강자가 아니라 약자다. 당시 동독 정치지도부가 바로 그랬다. 점점 불리해지는 상황을 타개하기 위해 동독 정치지도부는 공세로 전환했다. 11월 13일 새 동독 총리로 등장한 한스 모드로는 크렌츠와는 달리 개혁에 진지한 관심을 가졌지만 동독 국가의 존재를 전제로 했다. 11월 17일 모드로 총리는 동서독 간 "조약공동체" 결성을 제안했다.[25] 그는 동독 내적으로는 기존 체제를 개혁해 사회주의 시장경제 체제를 확립하고자 했다. 그렇게 하려면 서독의 통일공세를 미리 차단할 필요가 있었다. 조약공동체는 "통일에 대한 비현실적이며 위험한 억측"을 대신해 동서독 간 질적으로 더 전진된 상호협력에 기반을 둔 공존 체제를 의미했다. 모드로는 동독의 인민회의와 서독 연방의회의 각 분과위원회가 협력하고 거기에 덧붙여 양독 간 조약공동체의 토대 위에서 활동할 의회위원회 구성을 제안했다. 아울러 같은 날 「유럽공동체의 국가원수와 정부 수반에게 보내는 각서」에서 독일의 이국가상태를 전제로 한 전 유럽적 발전 전망을 강조했다.[26]

    모드로의 공세는 작지 않은 성과를 누렸다. 그런데 흥미로운 것은 동독 지도부의 국가 유지 노력이 그 역의 결과를 이끌었다는 사실이다. 콜과 참모들은 모드로 제안이 "콜 정부를 마치 생각도 없고 행동할 줄도 모르는 것으로 보이게 할" 것이라며 그것을 "아주 민감하게" 받아들였다.[27] 콜의 참모들은 다시금 정세를 정확히 탐문하기 시작했다. 외국 정상들의 독일통일에 대한 입장과 동독 주민들의 분위기를 면밀히 관찰한 뒤 독일통일의 기회가 다가오고 있음을 인지했고 대책을 강구할 필요를 느꼈다. 그런 면에서 모드로의 반통일 공세는 콜의 뒤이은 통일강령 제안의 촉발제였다.

    모드로의 제안으로 다급해진 콜 총리로 하여금 더 서둘러 통일 공세로 내몬 것은 소련의 외교관들이었다. 소련 공산당 총서기 고르바초프는 "역사가 결정할 것이"라며 자신이 직접 역사를 만드는 일에 주저하고 그저 관망하는 입장을 견지했지만[28] 소련의 대표적 독일전문가인 공산당 중앙위원회 국제부 부장 발렌틴 팔린과 그의 동료 니콜라이 포르투갈로프는 소련이 독일 국가연합을 제안하며 조건으로 중립화를 내거는 것이 소련의 이익과 동독의 생존을 보장하는 길이라고 믿었다.[29] 1989년 11월 21일 본에서 포르투갈로프는 콜의 핵심 참모인 호르스트 텔칙을 만나 「비공식 의견서(Non-Paper)」를 건네며 서독 측 입장을 타진했다.[30] 그 만남과 대화 내용은 고르바초프와 사전 협의되지 않았고 전적으로 팔린의 주도로 이루어졌다. 그럼에도 텔칙의 입장에서는 고르바초프를 비롯한 소련 정치지도부가 이미 독일통일을 대비하고 있으며 특히 독일 국가연합 구상을 군사동맹해체와 연결시켜 독일을 흔들려고 한다고 인식할 수밖

1989년 11월 28일 연방의회에서 10개조 통일강령을 발표하는 콜.

에 없었다.[31]

　텔칙은 콜 총리와 총리공관의 핵심 참모들을 채근해 소련보다 먼저 그리고 소련과는 다른 종류의 국가연합을 통일의 모델로 제시할 것을 강권했다. 11월 23일부터 25일까지 콜과 핵심 참모들은 집중적으로 통일안을 토론하고 작성하고 수정했다.[32] 11월 25일과 26일 콜 총리는 최종적으로 '10개조 통일강령'을 완성해 28일 연방의회에서 발표했다. 드디어 총리의 시간이 찾아왔다.

10개조 통일강령에 대한 다섯 가지 평가

　콜의 10개조 통일강령은 동독 주민들에 대한 구체적이고 신속한 지원(1조)과 모든 부문에서 동서독 간 협력 강화(2조)를 출발로 삼아 동독 정치사회 체제의 전환(3조)을 전제로 모드로 총리가 제안한 조약공동체를 수용하는 것(4조)을 전반부의 주요 내용으로 담았다. 뒷부분에서 콜은 미래의 통일독일이 유럽 평화와 안보 및 자결권과 인권의 규범과 원칙을 따를 것임을 천명하며(6조) 구체적으로는 동독을 비롯한 동유럽 국가들에 유럽공동체(EC)를 개방할 것(7조)과 유럽안보협력회의(KSZE)-프로세스의 발전(8조) 및 군축과 군수통제 논의의 진전(9조)을 약속했다. 마지막으로 10조에서 콜은 독일이 유럽 주변국들의 이익을 고려하며 그들과 평화 공존을 이루면서 동시에 독일인들의 자유로운 자기결정권에 기초해 연방국가로의 통일을 달성해갈 것임을 선언했다.

그런데 동독 지원과 동독 체제의 전환을 명시한 전반부와 독일통일의 외교적, 국제적 차원의 문제를 언급한 후반부를 잇는 고리이자 강령 전체의 핵심은 제5조에서 밝힌 동서독 간 '국가연합적 구조'의 발전이었다. 다시 말해 10개조 통일강령은 연방국가로의 완전 통일 전에 국가연합이라는 중간단계를 설정한 것인데 당시 콜은 5년 또는 심지어 10년의 양독 간 국가연합 단계가 필요하리라고 보았다.[33] 국가연합 단계에서는 아직 동독이라는 국가가 여전히 존재해야 하겠지만 그것은 자유선거로 구성되는 민주정부가 통치하는 것이기에 일정 기간 국가연합 단계는 가능하고 필요한 것으로 보았다. 그 핵심 쟁점을 염두에 두면 콜의 통일 구상을 다음 다섯 가지로 평가할 수 있다.

첫째, 10개조 통일강령의 기조는 연방정부의 오랜 독일정책의 기본 입장과 1989년 10월 말 이후 새롭게 시도한 방향 전환의 결절점이었다. 그것은 한편으로 연방정부가 지난 시기 수미일관하게 밝힌 "외교정책과 안보정책 및 독일정책의 연장"[34] 속에 놓여 있었다. 유럽공동체로의 편입과 대서양 동맹 강화 및 군사동맹의 유지를 통한 서방 결속의 지속, 유럽안보협력회의 틀 내에서의 전 유럽 정치의 발전 그리고 자기결정권의 강조 등은 연속의 성격을 잘 보여주었다. 다른 한편 콜의 통일강령은 10월 말 이후의 정책 전환과 동독에 대한 정치 공세를 다시금 분명한 형식으로 드러낸 것이었다. 10개조 통일강령은 제3조에서 동독에 대한 "경제적 지원과 근본적인 정치경제적 체제전환"을 직접 연계했고 제10조에서 자기결정권과 통일요구를 직접 결합했으며, 제5조와 10조에서 "재통일" 또는 "재통일된"이라는 용어를 사용함으로써 모드로가 제시한 조약공동체가 통일로 귀결되어야 함을 강조했다. 통일요구를 명시함으로써 연방정부는 이제 외교상의 모험을 감행했고 독일 내적으로는 동독 주민들의 정치 지지를 놓고 모드로 정부와의 경쟁관계에 본격적으로 뛰어들었다.[35] 그렇기에 10개조 통일강령은 연방정부의 오랜 독일정책 노선의 단순한 연속이나 재탕이 아니라 그것에 기초해 새로운 통일공세를 강화하고 심지어 모험적 성격을 내비친 것으로 볼 수 있다.[36]

둘째, 10개조 통일강령은 콜 총리의 내정적 동기와 필요를 명확히 드러냈다. 분단국에서 민족통일 논의가 권력 유지와 연결된 내정 요인과 무관하게 진행되기를 상상하기는 어렵다. 당시 콜과 참모들은 동독에 대한 통일 공세를 통해 서독 내 정치주도권을 되찾기를 원했다. "마술적 수"[37]인 10을 택한 것도 그렇고 11월 28일 연설 직전까지 일부 언론인들과 연방대통령을 제외하면 비밀에 부쳤던 일 모두 충격과 선전 효과를 극대화하기 위한 장치였다. 권력정치적인 내정의 고려가 과도해 보인 것은 무엇보다도 '제11조'가 빠진 것, 다시 말해 폴란드 국경 문제를 언급하지 않았기 때문이다. 이미 11월 24일 콜의 지시에 따라 10개조 통일강령을 준비하면서 그의 참모들은 오데르-나이세 국경의 인정을 통일강령에 포함할 것을 논의했다. 그들은 '예상할 수 있는 콜의 반응'을 염두에 두고 그것을 빼버렸다.[38] 사실 콜 또한 그 국경이 수정될 수 있다고 생각하지는 않았다. 다만 그것을 자신이 먼저 언급함으로써 생길 곤경을 피해가고자 했다. 그 문제와 관련해 특히 민감한 유권자 집단, 즉 옛 동부 독일 지역의 이주민들과 그 후손을 고려하지 않을 수 없었다. 콜의 "비열하고 이중적인 게임"[39]이 외교상의 긴장과 저항을 불러일으켰음은 당연했다.[40] 하지만 콜은 점차 현실적 실용주의에 따르는 모습을 보였고 그와 같이 다소 뒤늦게 폴란드 서부 국경을 인정함으로써 오히려 양보와 수용의 태도를 과시하며 정치적 이득을 챙길 수 있었었다.

셋째, 10개조 강령의 핵심 내용은 철저히 동독 및 소련 정치지도부의 독일정책 구상과의 대결 속에서 나온 것이었다. 먼저 콜의 강령은 동독 정부의 조약공동체안을 수용하고 흡수하면서도 그것이 노리는 이국가상태의 지속을 부정했다. 또 서독 정부의 핵심 정치가들은 소련 정치지도부가 유사한 통일안으로 선수를 치며 국제정치의 주도권을 장악하는 것을 두려워했다. 소련 지도부가 독일통일을 둘러싼 국제 논의를 자신의 관점과 이익에 기초해 끌고 가기 위해 제기한 요구와 쟁점을 사전에 유사한 제안을 통해 선점하거나 봉쇄할 필요가 있었다. 1989년 12월 중순 콜은 미국 국무장관 제임스 베이커에게 "자신이 10개조 통일강령을 제시하지 않았다면 어느 날 잠에서 깨어 일어났을 때 자신과 미국 대통령은 고르바초프에게서 나온 유사한 통일안에 직면해 있었"을 것이라고 말했다.[41] 그 안은 당연히 서독이 나토에서 빠져나와야 한다고 조건을 내걸었을 것이라고 덧붙였다.

텔칙이 국가연합을 10개조 강령 초안에 삽입하고자 했고 일부 참모들의 반대[42]를 무릅쓰고 그것을 관철시킨 것 또한 바로 이른바 소련에서 준비 중이라고 믿었던 가상 통일안을 염두에 두었기 때문이다. 총리공관의 핵심 참모들은 공세적이면서도 실용적인 접근법으로 정치적 대적자의 가상 통일 구상을 자기 것으로 만들어 그 변주를 빚었다. 그들은 상대편이 이미 제안한 적이 있고 그 결과 이데올로기적으로 채색된 국가연합안에 주저하며 물러나지 않고 오히려 그것을 자신들의 통일 구상의 핵심으로 삼았다.

넷째, 콜과 그의 참모들이 국가연합을 자기화한 방식은 전술적으로 교묘했다. 정치 대결의 상대방이 이미 발전시켜 놓은 구상을 기본적으로 수용하면서도 핵심 문제에서는 거리를 두는 방식이었다. 먼저 용어 사용의 문제다. 콜은 10개조 강령에서 연방국가에 이르는 중간단계의 정체를 '국가연합'이 아니라 '국가연합적 구조(konföderative Strukturen)'라고 표현했다. 1950년대 후반부터 1960년대 내내 국가연합은 동독의 통일안이었기에 '국가연합'이란 용어가 연상시키는 기존의 함의와 암시로부터 영향을 받지 않고 그것과 거리를 두기 위해 '국가연합' 개념을 의식적으로 피했다.[43] 그리하여 콜의 개념 이해에 따르면 '국가연합적 구조'는 '국가연합'과는 달리 "양국이 서로 다른 블록에 속하고 있지만 이행기에 협력하는 것"[44]을 의미했다. 콜의 국가연합적 전망에 따르면 중요한 것은 당장 이루어질 양독 관계의 내적 발전뿐이었다. 국가연합의 틀에서 두 개의 독립적인 독일 국가가 국제법적 주체로서 안보정치와 외교정치상의 해결책을 찾는다는 생각은 애초부터 배제되었다. 콜은 독일통일을 위한 유럽 안보 및 외교 문제의 해결과 양독 관계의 국가연합적 결속 및 협력관계의 질적 전환을 서로 분리함으로써 오랫동안 대부분의 국가연합 주창자들이 가졌던 기본 입장, 즉 독일 중립이나 블록 해체를 국가연합의 전제로 보는 생각에 쐐기를 박았다. 콜은 서방과의 결속을 해체하는 중립주의를 '독일에 대한 위협'으로 간주했을 뿐이었다.[45]

그렇기에 10개조 강령에 '동맹문제'를 포함시키지 않은 것은 중립주의를 위한 정치협상의 여지를 남겨두기 위해서가 아니라 철저히 전술을 고려했기 때문이었다. 오히려 콜은 군사동맹 문제가 필요 이상의 관심을 받음으로써 소련 정치지도부로 하여금 "급제동을 걸게끔 빌미를 제공하"지 않을까 우려했다.[46] 통일독일의 군사동맹 문제를 완전히 뒤로 돌림으로써 서독 정부는 나토에 머물며 분단 상황을 지속할 것이냐 아니면 블록 해체를 조건으로 통일로 나아갈 것이냐 하는 곤란한 양자택일 상황으로 내몰리지 않아도 되었다.

게다가 콜 정부는 그 간단치 않은 안전보장 문제에 대해 과거와는 달리 새로운 방식으로 접근하는 것이 가능했는데 10개조 통일강령은 그 것을 이미 잘 담고 있었다. 즉, 유럽공동체의 동유럽 확대를 통해 인습적인 블록 체제 인식의 틀을 상대화하고 군사안보 과잉 중심의 원칙을 깨는 것이었다. 동독이 유럽공동체의 회원국이 된다면 이미 유럽안보를 둘러싼 이해관계의 기본 구조가 변할 수 있는 토대가 마련되는 셈이었다.[47] 이와 같이 한편으로 군사동맹 문제와 양독 간 협력관계의 문제를 분리하고 유럽공동체의 동유럽으로의 확대를 통해 유럽안보를 둘러싼 인습적인 대결을 상대화하고 새로운 전망을 제시함으로써 콜은 지금까지와는 전혀 다른 종류의 새로운 국가연합안을 제출했다..

마지막으로 1989년 11월 말 서독 연방총리 콜의 국가연합 통일안과 1950년대 후반과 1960년대 사통당 당수 발터 울브리히트의 국가연합 통일안 사이에는 하나의 공통점이 있다. 콜 총리는 앞 시기 사통당의 국가연합안과 의식적으로 거리를 두었지만 정치 전략의 측면에서 보면 오히려 그것을 그대로 따랐다. 1950년대 후반과 1960년대의 울브리히트와 마찬가지로[48] 1989년 11월 말 콜 총리 또한 국가연합의 전망을 제시하면서도 사실은 그것의 기본전제가 되는 원칙, 즉 서로 다른 체제의 공존 원칙을 부정하고 상대 국가의 체제를 자기 체제를 준거로 해서 근본적으로 변형하고자 했다. 콜 총리는 애초부터 다양성의 존중이나 서로 다른 체제의 인정 같은 연방주의 정치원리에 관심이 전혀 없었고 동독의 체제개혁을 통한 독자 발전의 가능성을 인정하지도 않았다. 그럼에도 콜이 국가연합을 연방국가로의 중간단계로 제시한 이유는 예측 불가능한 동독 정치 상황을 고려하고 동독 붕괴의 부담을 직접 그대로 떠맡지 않으면서도 양독 내에서 그리고 국제적으로 연방국가로의 독일통일을 잘 설득할 수 있을 것으로 보았기 때문이다.[49] 결국 동독의 급속한 체제전환과 직접 연결된 양독 간 국가연합적 발전은 동독에 서독으로의 흡수통일 외의 다른 가능성을 남기지 않는 것이었다. 그렇게 본다면 콜의 국가연합안 또한 울브리히트의 국가연합안이 그랬듯이 단순한 정치 선전 그 이상의 것이었다. 그런데 이전에 울브리히트가 상대 국가 서독에서 '국가연합의 동반자'를 찾을 수 없었던 것과는 달리 이제 콜에게는 동독의 거리에서 체제전환 및 독일통일을 외치는 동독 주민이라는 강력한 '동반자'가 존재했다. 1989/90년 겨울 콜이 계속 자신의 10개조 통일안을 유지할지 아니면 그것을 폐기하고 보폭을 당길지는 기본적으로 콜의 정치 '동반자'인 동독 주민들이 지닌 통일의지의 방향에 달려 있었다.

급속한 통일로의 궤도 수정

1989년 12월 3일 콜 총리는 미국 대통령 부시에게 통일이 2년 내에 이루어진다면 그것은 '경제적 모험(wirtschaftliches Abenteuer)'이 될 것이며 동서독 간 경제 격차가 너무 크기 때문에 먼저 동서독의 경제 상황이 어느 정도 균형을 이루어야 한다고 말했다.[50] 그런데 두 달 뒤인 1990년 2월 3일 다보스(Davos) 세계경제포럼에서 만난 모드로 동독 총리가 재정 지원을 거듭 요청했을 때 콜은 냉담한 태도를 보였을 뿐이었다.[51] 그 대신 콜은 이미 '경제적 모험', 즉 '통화연합'과 급속한 통일로의 새로운 공세에 뛰어 들었다.

콜의 그 방향 전환에 결정적 자극을 준 것은 다시금 동독 시민들이었다. 탁월한 냉전사가 빌프리트 로트가 잘 지적했듯이, 콜은 당시 동독 주민들에 의해 "자신이 원래 생각했던 것보다 더 나아가도록 내몰렸다."[52] 여기서 중요한 것은 여전히 지속되고 있던 동독 정세의 불안정 및 그것에 기초해 증대하고 있던 동독 주민들의 통일 욕구 자체만이 아니라 무엇보다 콜이 그것을 직접 체험할 수 있었다는 사실이다. 1989년 12월 19일 드레스덴의 프라우엔 교회 앞 집회에 모인 동독 주민들이 "독일, 독일!", "헬무트, 헬무트"라고 외쳤을 때 그것은 콜에게 '결정적 체험'이었다. 또 그로부터 사흘 뒤, 즉 12월 22일 베를린의 브란덴부르크 문을 다시 개방하며 국민과 함께 환호한 것은 콜에게 믿기지 않은 "기적"이자 "생애 가장 행복한 날 중 하나"였다.[53]

물론 주관적 체험과 정서적 인지가 곧 역사 발전의 속도와 형식을 결정하는 것은 아니었다.[54] 콜이 드레스덴에서 환호하던 동독 주민들을 뒤로하고 본으로 돌아온 뒤에도 당장은 정책 전환의 기미가 보이지 않았다. 오히려 콜은 총리공관장관 자이터스에게 조약공동체를 준비하기 위한 실무 모임을 만들라고 지시했다.[55] 1990년 1월 8일 총리공관의 차관급 비서관 회의에서 자이터스는 동독의 모드로 내각과 협력을 지속하는 것이 불가피하다고 말했다.[56] 그는 서독 정부의 정책은 시종일관 동독 주민들에게 동독에서 미래의 전망을 다시 갖게 하도록 노력하는 것이었으며 그렇기에 동독과의 접촉 및 협상 관계는 예정대로 그대로 지속되어야 한다고 지시했다. 이미 콜은 드레스덴을 방문할 때 체제비판 단체들과도 만나 대화하고 협의하기 시작했지만[57] 여전히 모드로 정부를 대화와 협상의 동반자로 인정했다.

그리하여 1990년 1월 중순까지 콜 정부는 1989년 12월 19일 드레스덴에서 동독 정부와 합의한 사항들을 지켰다. 조약공동체에 대한 준비 및 경제, 우편, 환경, 교통, 문화, 관광, 지역 간 협력, 사법공조, 재산문제, 학문과 기술 등의 영역에서 공동위원회 설립 준비가 그것이었다.[58] 총리공관과 연방내독부의 핵심 관리들은 1990년 첫 2주 동안 조약공동체의 준비에 몰두했다. 이를테면, 총리공관 독일정책부에서 마련한 조약 초안은 정부 기능 전반의 영역에서 동서독 간 협력을 위한 외적인 틀을 만들고 그것을 위해 필요한 공동의 정부위원회에 조정위원회의 성격을 부여하는 내용을 담고 있었다.[59] 물론, 그 초안은 동독의 국가적 존재가 지속되지 않을 것을 전제했다는 점에서 동독 정부가 그 얼마 뒤, 즉 1월 17일 완성해 25일 자이터스에게 건넨 조약공동체안과는 근본적으로 성격이 달

1989년 12월 22일 브란덴부르크 문을 개방하는 행사에 참석한 동서독 정치가들.

랐다.[60] 그렇지만 그 초안은 조약 당사자를 명확히 확정하지 않은 채 중립적으로 내버려 두었는데 그것은 곧 총리공관의 공보담당국인 '그룹 52'로부터 비판을 받았다.[61] 1월 18일 그 초안을 둘러싸고 더 토론하기로 했으나 그에 앞서 모든 일정을 원점으로 돌리는 중대한 결정이 내려졌다.

1월 15일 저녁 총리공관에서 열린 핵심 참모들과의 회의에서 콜 총리는 드레스덴에서 동독 측에 약속한 선거 전 조약공동체 체결을 지키지 않는 것이 좋겠다고 말했다. 동독의 혼란 상황을 고려하면 빠른 시일 내에 동독의 정치권력 교체를 겨냥하는 것이 가장 중요하다는 판단이었다. 뒤이어 1월 16일 기민련·기사련과 자민당의 주요 정치가들이 참석한 연정회의 또한 동독의 모드로 정부와 조약공동체를 둘러싸고 더는 협상하지 말고 일단 인민회의 선거 결과를 기다릴 것을 결정했다. 이로써 조약공동체를 만들기 위한 서독 정부의 활동은 모두 중단되었다. 1월 18일자 서독 정부의 선언 그리고 1월 25일 동베를린에서 열린 자이터스 장관과 모드로 총리의 대화를 통해 콜 총리는 조약공동체 협정은 인민회의 선거 이전에는 체결할 수 없을 것이라고 공식적으로 선언했다.[62]

서독 정부가 모드로 정부를 조약공동체의 동반자로 인정하지 않겠다고 결정한 이유는 일차적으로 보면 물론 동독의 내부 붕괴 및 동독 시민들의 동독 지도부에 대한 불신의 증대 탓이다. 12월 말부터 1월 중순으로 접어들면서 동독 정치구조의 붕괴 현상은 더욱 커져갔다. 국가안보청(Amt für Nationale Sicherheit, AfNS)의 해체를 둘러싸고 모드로 정부와 체제비판운동 사이에 갈등이 심해졌다. 경제 상황도 더욱 어려워졌고 시민들의 동요도 뚜렷했으며 동독 이탈의 물결은 잦아들지 않았다. 정치 신뢰

회복과 체제 위기 극복 능력을 보여주지 못한 동독 정치지도부와 함께 민족의 미래를 두고 계속 협상하는 것이 무의미해 보였다. 서독 정부가 동독의 모드로 정부를 조약공동체의 동반자로 인정하지 않았다고 해서 곧장 그 정부의 붕괴를 노린 것은 아니었다. 서독 정부는 독일민족의 미래 전망과 관련된 주요 결정을 선거 뒤로 미룸으로써 다가오는 동독의 자유선거에서 자신들에게 유리한 정치 지형이 만들어지기를 원했을 뿐이다. 그리하여 동독 정부와는 조약공동체 협상문제를 제외하면 여전히 협력 관계를 유지했다. 완전한 관계 단절이나 무시 등은 동독의 안정적 체제 전환을 위해서도 무책임한 일이었다. 물론, 서독 정부는 동독 정부가 요청한 150억 마르크의 재정지원 요구에 전혀 응하지 않았다. 콜과 핵심 참모들이 보기에 중요한 것은 낡은 동독 경제 체제를 살리기 위해 노력하는 것이 아니라 동독 체제의 전면 전환과 동독을 떠나려는 주민들에게 당장 전망을 제시하는 것이었다.[63]

다시금 먼저 치고 나간 것은 동독 정부였다. 국가 존속의 위기에 직면해 동독 정부는 이제 인민회의 선거를 1990년 3월 18일로 당겼고 원탁회의(Runder Tisch)를 '국가적 책임을 지는 이행 정부'로 통합하는 조치를 취했다. 덧붙여 모드로 총리는 1월 30일 고르바초프와 협의를 거친 후 2월 1일 '독일, 통일 조국을 위하여'란 이름을 단 새로운 민족문제 해결책을 제안했다.[64] 그 모드로 통일안은 독–독 간 국가연합을 살려보려는 마지막 시도였다. 당시 동독 내 개혁사회주의자들과 사통당·민사당의 대다수 정치가들은 여전히 독일 중립화와 유럽통합 전망에 의거해 독일의 이 국가상태를 유지하고자 했다. 반면, 모드로 총리는 대다수 동독 주민들이 독일통일을 원하는 현실을 잘 알고 있었다.[65] 그렇기에 모드로는 조약공동체 체결, 동서독 간 공동기구와 위원회를 가진 국가연합 구성, 국가연합 권력기구에로 동서독 주권의 양도, 그리고 베를린을 수도로 하는 단일한 독일 국가 건설로 이어지는 단계적 통일 방안을 제시했다. 그 모드로 방안이 동독 주민 일부에서 긍정적인 반향을 일으킨 것은 사실이다.[66] 그것은 이미 진행 중인 통일 속도를 늦추며 이른바 '의미 있는' 동독의 가치와 발전 '성과'를 유지하도록 하는 것을 목표로 삼았기 때문이다. 그러나 내용을 세밀히 보면, 그 통일안은 별로 새로울 것이 없었다. 특히 통일독일의 군사적 중립을 내걸었기에 애초부터 연방정부의 관심과 존중의 대상이 되지 못했다. 그래서 2월 1일 기자회견장에서 모드로는 서독 정부를 향해 중립은 통일의 전제조건이 아니라 협상할 수 있는 대화의 한 주제라고 양보의 제스처를 보여주었다. 그렇지만 서독 정부는 3월 선거 이전에 모드로 정부와 협정을 맺는 것 자체를 거부했다.[67]

결국 이번에도 동독 정부는 자신들이 의도한 것과는 정반대의 결과를 이끌었다. 모드로 정부는 새로운 통일안을 수립해 통일 속도를 늦추고 통일 과정에서 동독의 가치와 '성과'를 보전하고자 했지만 오히려 연방정부는 이 새로운 공세에 '급박한 활동'으로 응수하며 상황을 더욱 가속화했다.[68] 콜 총리는 다시 역사 흐름의 전면에 서기를 원했다. 먼저 콜의 기민련은 동독의 정치적 동반자로 '독일동맹(Allianz für Deutschland)'을 결성하도록 촉구하고 지원했다.[69] 서독 기민련의 채근으로 2월 5일 그동안 분립했던 여러 정치 조직들, 즉 동독-기민련(Ost-CDU), 민주주의 출발(Demokratischer Aufbruch), 독일사회연합(Deutsche Soziale Union) 등은 다가오는 3월 선거에서 '독일동맹'으로 결속해 참여하기를 결정했다. 콜은 동독 선거에서 활약할 중요한 발판을 갖게 되었다.[70]

　　동시에 더 중요한 결정이 내려졌다. 2월 7일 내각의 결의로 총리의 주관 아래 '독일 통일 내각회의'가 구성되었다. 그 틀 내에서 통화연합, 경제개혁, 노동 및 사회 조직의 동화, 법적 동화 그리고 국가의 구조 및 안보 정치와 관련된 여러 연구단이 만들어졌다. 이어 2월 9일 연방정부는 조약공동체에 대한 대안으로 통화연합의 조속한 달성을 위한 제안을 발표했다.[71] 전문가들은 서독 마르크(DM)가 급하게 동독으로 도입되면 심각한 문제가 많이 발생한다고 지적했지만 콜 총리는 '경제적 이성'이 아니라 정치적 이익과 정략적 고려에 충실해 동독 주민들의 요구, "서독 마르크가 우리에게 오지 않으면 우리가 그곳으로 갈 것이다"에 따랐다. 이 "경제개혁을 동반한 통화연합" 제안을 통해 콜은 이제 1989년 11월 말 발표한 원래의 통일 구상과 최종적으로 결별했다.

　　단호한 행동이 뒤따랐다. 모드로 총리를 위시한 동독 정부 대표단이 2월 12일에서 14일 사이 서독의 수도 본을 방문했을 때 연방정부는 마치 동독에 무조건 항복을 요구하는 것처럼 행동했다.[72] 동독의 재정지원 요청을 가차 없이 묵살했다. 콜이 보기에 이 정부 간 회합은 단지 하나의 목적, 즉 "저 너머의 유권자들에게 그들이 누구로부터 도움과 전망을 기대할 수 있을지를 분명하게 보여주는 것"에 기여해야 했다.[73] 물론 그것은 오로지 본의 권력자뿐이었다. 동독 정부 대표들은 '통화연합' 준비를 위한 공동의 전문가위원회 구성을 위한 협정에서 순전히 형식적이고 실무적인 차원에서 동반자였지 그 이상은 아무것도 아니었다.

1990년 2월 13일 본에서 공동 기자회견을 하는 콜과 모드로.

　2월 중순, 여전히 일부 좌파 정치가들과 지식인들은 국가연합을
주창하고 있었지만 독일 사람들 대부분에게 독-독 국가연합이란 단계는
이미 현실 정치의 발전 속도와 강도에 의해 더는 의미가 없는 것으로 보
였다.[74] 정치 논쟁의 쟁점은 이미 현실로 다가온 통일을 기본법 23조에 따
라 이룰 것인지 아니면 146조에 따를 것인지의 문제였다.[75] 2월 19일 모
드로 총리는 원탁회의 석상에서 동서독은 연방국가로의 조속한 통일에
합의했다고 밝혔다. 2월 20일 동서독 간 통화위원회의 첫 회의가 열렸다.
하지만 문제는 선거였다. 3월 18일 동독에서 이루어진 처음이자 마지막
자유선거에서 동독 주민들은 급속한 통일의 결정을 정치적으로 승인했
다. 사민당이 이길 것이라는 선거 전의 예측을 뒤집고 콜이 지지한 '독일
동맹'이 48%의 지지를 얻었다. 콜은 이 '압도적 승리'를 통해 독일통일 열
차의 운전대를 완전히 장악했고 빠른 속도로 내달렸다. 그 후에도 저항과

마찰이 사라지지는 않았지만 적어도 국가연합이란 간이역은 궤도 속에서 완전히 사라졌다.

통일총리 콜

독일통일의 가장 중요한 추진력이 동독 주민들이었다는 사실에 이견을 달기는 어렵다. 그러나 그것으로 곧장 콜이 11월 말 통일강령을 발표했을 때 그 강령은 이미 통일을 요구하는 동독 주민들에 의해 추월되었다는 평가는[76] 받아들이기 쉽지 않다. 11월 중순부터 점차 동서독 모두에서 통일 논의를 시작했을 때 아직 통일 과정과 기간 및 방식 모두가 불투명했기 때문이다. 모드로를 비롯한 동독의 집권자들은 조약공동체를 통해 동서독 간 긴밀한 협력관계는 진전시키되 통일은 피해 가려 했고, 체제비판운동의 지식인과 운동가 들은 동독에서 '제3의 길'을 살리기 위해서는 서독과 통일이 되어서는 안 된다고 보았다. 한편 서독의 좌파 야당 내 이국가주의자들은 개혁된 사회주의 동독의 존속과 이국가상태의 유지에 기초해 국민국가적 통일을 건너뛰고 곧장 유럽통합으로 들어서고자 했다. 아울러 소련에서도 곧 그들 나름의 공세적 독일통일안이 나올 것이라는―실제는 전혀 그렇지 않았지만―우려가 있었다.

1989년 11월 말 콜 총리는 이 불투명한 혼재의 국면에서 10개조 통일강령을 제시함으로써 모든 통일 논의를 흡수, 압도했다. 동독 주민들에게 체제개혁의 청사진만이 아니라 통일 전망을 분명하게 제시함으로써 서독으로의 대량탈출을 부분적으로 억제할 수 있었고 동독 내부의 혼란과 불안을 잠재울 수 있었다. 10개조 통일강령의 또 다른 강점은 그것이 민족통일의 단계적 발전 과정을 일차적 과제로 잘 제시함과 동시에 유럽통합의 전망을 놓치지 않았다는 것이다. 그럼으로써 콜의 통일강령은 독일 내 국민국가로의 재통일에 대한 여러 회의론자들의 다양한 주장을 제압할 수 있었다. 비록 몇몇 문제로 외교적인 갈등이 없지 않았지만 콜은 이 10개조 통일강령으로 급변하는 정세를 잘 조정하고 스스로 맨 앞에 서서 향도할 수 있었다. 서독의 작가 마르틴 발저는 통일 직후 "1989년 누구도 헬무트 콜보다 더 나은 제안을 하지 못했다. 누구도!"라고 당시의 상황을 요약했다.[77]

물론 당시 콜과 유사한 국가연합 또는 그보다 '더 나은 안'을 제안한 세력이 없지 않았다. 사실 콜이 10개조 강령을 선언하기 전부터 국가연합은 정치과 여론 사회의 주요 토론 주제로 등장했다. 콜의 통일강령 발표 후에는 국가연합 방식의 통일이냐 아니냐가 아니라 어떤 형식과 내용의 국가연합이냐가 문제인 듯 보였다. 대부분의 국가연합안과는 달리 콜의 10개조 통일강령은 동서독의 국가연합적 발전과 안보 및 외교 문제를 완전히 분리함으로써 군사동맹 문제를 둘러싼 쟁점이 통일 논의의 전면에 등장하지 않도록 만들었다. 아울러 동서독 사이의 국가연합적 협력과 동독 체제의 근본적 변화를 연계함으로써 '제3의 길' 같은 정치적 대안에 쐐기를 박았다.

게다가 1990년 1월 중순 콜이 급속한 흡수통일의 전망을 제시했을 때 이미 국가연합안은 통일안이라기보다는 통일을 반대하며 독일민족의 이익에 반하는 비애국적인 것으로 간주되었다. 애초 통일의 한 방식으로 대부분의 정치세력이 공유했던 국가연합안이 시간이 지남에 따라 오히려 반(反)통일 구호로 현상했던 것이다. 국민국가로의 재통일에 반대하는 서독의 탈민족주의자들이나 흡수통일로 동독 사회가 나름 발전시킨 가치와 업적이 사라질 것을 우려한 일부 동독 정치가들이야 여전히 국가연합안을 붙들고 있었지만 그들과 무관하게 이미 통일 열차는 빠른 속도로 내달렸다. 국가연합이라는 간이역은 들러보지도 못한 채 점차 시야와 기억 속에서 사라졌다.

요컨대 콜은 애초에는 그 나름의 독특한 국가연합안을 통일의 길로 제시함으로써 여타의 통일 논의들을 압도하더니 곧 정세 변화에 기민하게 대응해 다시 그것을 폐기함으로써 이번에는 대안적인 여러 국가연합안들을 시대착오적인 것으로 만드는 데 성공했다. 1989/90년 누구도 헬무트 콜만큼 당시 상황을 정확히('주의 깊게') 파악하지도 못했고 누구도 그처럼 탄력적으로('실용적으로') 정세에 대응하지도 못했으며, 또 누구도 그처럼 그렇게 '권력지향적'으로 행동하지도 않았다.[78] 누구도! 그렇게 그는 통일총리가 되었다.

_____

냉정하게 말하면, 콜은 동독 주민들의 물질 욕망을 자극해 자신의 정치 이익과 일치시키는 데 성공했지만 결코 그들이 처음으로 드러낸 도덕적 신념의 의미를 받아들이거나 사회적 결속의 전망을 일깨우지는 못했다. 그렇기에 1990년 1월 중순의 급속한 통일로의 '대담'하고 '모험'적인 방향 선회가 마냥 상찬받을 일만은 아니다. 하지만 역사에 외투를 챙겨 나서게 하지는 못할망정 외투를 걸친 역사가 스쳐 지나가는데도 그 소맷자락을 낚아채지 못하는 수많은 정치가들과 비교하면 그는 분명 '거인'이었다. 21세기에는 아마도 개인사적 미담은 말할 것도 없고 지혜와 용기, 정의와 절제를 다 갖춘 정치가를 만나기가 더욱 어려울 것이다. 다만 정치가들이 권력을 노리고 유지하려면 부디 현실의 요구와 시대의 필요에 민감해야 하고 때로 대담하게 결정하고 행동해야 한다는 교훈은 남는다. 평화정치를 위해서는 더욱 그렇다.

제7장

대안

우회로를 들었지만 묻히다

/

좋은 의미의 독일적인 것은 탈독일적인 것이다. ……
비독일적인 것으로 돌아서는 것이야말로 우리 민족이 유용하다는 징표였다.

-프리드리히 니체, 1879[1]

국가를 사랑하지 않는 대통령

1952년 노벨문학상을 받은 프랑스 작가 프랑수아 모리아크는 1966년 "저는 독일을 사랑합니다. 독일을 너무 사랑하기에 그것이 둘이니 기뻐요"라고 말했다. 독일인들은 망연했다. 1년 뒤 서독 주간지 《슈피겔(Der Spiegel)》의 기자가 따지자 모리아크는 '농담'이라며 달랬다.² 드골을 찬양한 보수주의자 모리아크는 독일 음악과 문학에 경탄하면서도 독일 민족주의에 대한 두려움을 끝내 숨기지 않았다.

양차 세계대전과 홀로코스트를 경험했던 이웃 유럽인들의 공포와 우려는 독일인의 국가관과 민족관에도 영향을 끼쳤다. "저는 국가를 사랑하지 않습니다. 제 아내를 사랑하지요!"³ 1969년 사회민주당 출신으로는 처음 연방대통령으로 당선된 구스타프 하이네만은 "연방공화국(서독 국가)을 사랑하느냐"는 기자의 질문에 그렇게 대답했다. 그는 '농담'이 아니라 진심이었다. 그 뒤에도 서독 사회에서는 '간단치 않은 조국'에 대한 불편함이 다양하게 표현되었다. 국기를 게양하며 엄숙하거나 국가를 제창하며 비장해하는 의례는 의심스럽거나 우스꽝스러운 일에 불과했다. 아내든 남편이든 멋진 애인이든 오래되면 사랑하기가 쉽지 않은데 폭력을

1969년 대통령 취임선서를 하는 구스타프 하이네만.

독점한 채 겁주고 폼만 잡는 국가 따위를 어떻게 사랑할 수 있을까? 서독
의 비판적 지식인들과 젊은 세대에게 국가는 사랑이나 충성의 대상이 아
니라 비판과 변혁의 과제였다. 국가가 '민족'을 내세워 가공할 범죄를 저
질러 놓고는 그것에 대해선 침묵하면서 다시 민족의 영광이나 국가의 위
용을 자랑할 수는 없는 노릇이었다.

결국 1970년대와 80년대 서독 주류 사회와 상당수 주민들은 민족
은커녕 국가에 대한 애정도 자기 검열했다. 한편으로 그들은 나치즘과 홀
로코스트를 비판적으로 응시하며 민족사를 성찰했다. 혈통이나 전통은
위험한 것으로 경계하고 문화나 역사도 조심스럽게 살피고 따져야 할 것
이지 오만하게 민족 존속의 근거니 집단 자부심의 원천이니 하며 내세울

수는 없었다. 그들이 보기에, 독일분단은 홀로코스트의 징벌로서 받아들여야지 독일이 다시 민족이나 통일을 내세울 수는 없었다.

게다가 서독의 비판적 자유주의자들과 사민당과 녹색당의 정치가들은 분단국가인 서독 사회에 이미 서독정체성, 즉 서독사람이라는 집단의식이 민족정체성, 즉 독일민족의식을 능가했음을 발견했다. 또 서독인들은 평화정치를 통해 동독인들과 자주 만나면 만날수록 '민족동질성'이 아니라 오히려 '서로가 얼마나 다른 사람들'인지를 더욱 확인했다. 민족동질성은 '신화'였고 두 국가 주민의 차이는 현실이었다. 그 결과 서독 좌파들은 독일에는 '하나의 민족에 두 개의 분단국가'가 존재하는 '분단 민족'이 아니라 이미 두 개의 새로운 민족, 즉 '2민족'이 형성되었음을 받아들였다. 그런 상황에서 1989/90년을 맞이한 서독 좌파들은 민족의 재발견과 국민국가로의 재통일을 쉽사리 받아들이지 못했다.

1980년대 서독 좌파의 민족인식

1980년대 동서독 관계는 1970년대 동방정책의 성과를 바탕으로 더욱 안정적으로 발전했다. 하지만 민족 재결합의 전망과 관련해서는 합의는커녕 토론이나 숙고조차 보기 드물었다. 양국 정치지도부는 통일 논의가 동서독 관계의 발전에 장애가 된다는 믿음을 유지했다. 그런 상황에서 좌파 야당인 사민당과 녹색당뿐 아니라 학계와 언론계 및 문화 부문에 포진한 좌파 자유주의와 급진좌파 지식인 다수는 독일에서 이제 두 개의 서로 다른 국가가 존재한다는 사실, 즉 이국가상태(Zweistaatlichkeit)의 확정을 주장했다. 그들은 동서독이 국민국가로의 재통일을 국가 목표나 정치 강령으로 유지할 이유가 더는 없다고 보았다. 사민당 내 일부 정치가들, 특히 빌리 브란트 전 총리 같은 이들이 여전히 단일한 독일민족의 존재를 인정하고 독일문제가 아직 해결되지 않았다는 입장을 유지하고 있었다. 하지만 그들 또한 '재통일'이란 용어의 사용을 피하며 비스마르크가 달성한 방식의 국민국가 재탄생은 가능성이 없다고 주장했으며 가까운 장래에 통일문제가 정치 쟁점이 될 것이라고 믿지 않았다.[4]

녹색당 정치가들과 좌파 지식인 다수는 두 개의 독일 국가 존재에 관한 입장을 두 개의 민족 형성 주장으로 발전시켰다. 그들은 이미 1970년대부터 확인된 양독의 '이민족화(Bi-Nationalisierung)' 테제에 근거해 독일통일은 역사적으로 낡은 주장이며 비현실적이라고 보았으며 초민족적(supranational) 유럽 구상에 더 매달렸다. 서독 탈민족론은 1970년대 이래 동서독 주민 사이의 현실적 삶과 가치 및 지향의 차이를 확인하고 분석하는 것에 근거했다. 그것은 1979년부터 1980년대 초반까지 서독 여론 사회에서 격렬한 '민족정체성' 논쟁을 겪으면서 동서독 주민을 묶는 단일한 독일민족의 존재와 지속을 부정하는 것으로 나아갔다.[5]

대표적 비판 역사가 한스 몸젠은 민족사의 연속과 독일 전체를 포괄하는 민족의식을 강조하는 새로운 '재민족화' 경향이 서독 주민, 특히 청년 세대의 비판적 역사상과 조응하지 못한 낡은 집착임을 강조했고 서독과 동독 모두에서 이미 비스마르크식의 국민국가 전통은 끝났다고 지적했다.[6] 한스 몸젠은 분단 독일에서 공통의 언어와 문화 전통에 기초한 민족 결속과 민족의식의 강조란 인위적이고 강제적으로 민족정체성을 창조하려는 허황된 시도에 불과하다고 보았다. 그는 '독일민족' 담론이 현실에서 진행되는 '이민족화' 경향에 맞지 않을 뿐 아니라 초국적(transnational) 유럽통합 과정의 현실에도 조응하지 못해 시대착오적인 교란 요소가 될 것이라고 진단했다.

요컨대 1980년대 서독 좌파의 탈민족론은 단일한 독일민족정체성과는 구분되는 서독정체성을 전제했다. 서독의 다수 좌파들은 전쟁과 홀로코스트 같은 민족사의 파국에 대한 비판적 역사의식을 매개로 보편적 가치의 구현으로서 초민족적 유럽통합의 실현을 강조했다. 비판적 사회학자 위르겐 하버마스는 그것을 '헌법애국주의'라는 개념으로 체계화해 자유주의 좌파 여론사회의 정치 지향 토대로 삼으려 했다. 급진 좌파와 녹색당의 주요 정치가들은 독일분단을 나치 독재와 홀로코스트의 '정당한 징벌'로 여겼다.[7] 그들은 독일과 유럽의 평화정착은 독일분단을 국민국가 재통일의 방식으로 극복하는 데 있는 것이 아니라 오히려 독일분단, 즉 독일의 이국가상태에 기초해서 유럽을 통합하고 블록을 해체하는 것이라고 간주했다.

민족좌파와 국가연합론

물론 좌파 정당과 자유주의 좌파 공론장에서도 민족문제 해결을 가장 중요한 정치 과제로 삼은 집단이 없지 않았다. 1980년 내내 서독에서 독일통일 문제를 가장 적극적으로 제기한 대표적 정치세력으로는 녹색당과 평화운동 내 일부 '민족좌파(Nationale Linke)' 그룹을 빼놓을 수 없다.[8] 1960년대 후반 학생운동과 1970년대 모택동주의 정치그룹을 거친 일부 신좌파 세력들, 특히 녹색당의 서베를린 지부 역할을 했던 대안리스트(Alternative Liste) 내 베를린 및 독일정책 연구그룹(Arbeitsgruppe Berlin - und Deutschlandpolitik)과 쾰른의 좌파독일토론 발의 그룹(Initiativkreis Linke Deutschlanddiskussion)은 유럽 평화는 독일문제의 해결을 통해서만 이루어질 수 있다(그 역이 아니라!)고 보았다. 민족좌파는 독일중립화나 유럽평화체제의 건설을 매개로 동서독이 국가연합을 결성하는 것이 통일의 길임을 설득하고자 노력했다. 민족문제를 우파의 수중에 떨어지도록 하지 말고 오히려 사회 해방과 연계해 사회주의 통일독일을 달성하자고 주장한 그들의 외침에 탈민족 지향의 대다수 좌파 세력들이 귀를 기울이지 않은 것은 당연했다. 특히 민족좌파들이 점차 자신들과 유사한 주장과 강령을 들고 나온 (극)우파 민족혁명 세력과 보수주의 지식인들과 연대했을 때 그들은 오히려 시대착오적이고 위험한 '민족주의자'라는 의구심만 더 쌓았다.

서독 좌파 정당과 공론장에서 소수파에 불과한 민족좌파들의 통일구상은 좌파 내에서 주목받지 못하고 이단적 견해로 간주되었다. 흥미롭게도 1980년대 후반 동서독 관계가 질적 변화의 조짐을 보여주기 시작했을 때 일부 좌우 정치가들은 민족좌파들의 국가연합 통일안에 주목하기 시작했다. 먼저, 콜 총리의 외교안보 보좌관 호르스트 텔칙은 이미 1988년 민족좌파의 국가연합론을 흥미롭게 관찰하고 있었다.[9] 게다가 1989년

11월 하순 총리실에서 '10개조 통일강령'을 준비할 때 그 민족좌파의 국가연합론은 잠재적 매력 때문에 극복 대상으로 의식되었다.

　1988년 사민당과 녹색당에서도 국가연합안에 대해—물론 아직 약했지만—관심이 새로 생겼다. 브란트 전 총리는 양독 관계가 '국가연합적 발전'으로 이어질 수 있을 것이라고 언급했다.[10] 사민당 당원인 저명작가 귄터 그라스와 녹색당 연방의원단 대변인이었던 안트예 폴머는 1990년 총선을 겨냥해 두 좌파 야당이 국가연합 방식의 통일을 공동의 선거강령으로 내걸고 민족문제 해결에 나서기를 촉구하는 대규모 좌파 토론회를 1989년 하반기에 개최하도록 준비하자는 데 의견을 모았다.[11] 그 민족문제 대토론회 전에 동유럽 해체와 베를린장벽 붕괴가 느닷없이 닥쳤다. 그렇기에 서독 좌파 정치세력은 의미 있는 합의나 준비는커녕 충분한 토론도 없이 동독 체제 붕괴와 분단 상황의 급변을 맞이하게 되었다.

　그럼에도 서독의 보수·자유주의 정부 지도자들과는 달리 좌파들이 1989년의 '전환'을 완전히 빈손으로 맞이한 것은 아니었다. 오히려 서독 좌파들은 1980년대 다양하게 숙고한 한편의 유럽공동안보 구상 그리고 다른 한편의 국가연합안을 이미 보유하고 있었다. 문제는 그들이 새로운 상황을 맞이해 얼마나 기민하게 제 주장과 요구로 정치 주도권을 장악하느냐 하는 것이었다.

1989/90년 '통일되지 않은' 사민당

1989년 11월 11일 사민당 최고위원회의 특별회의에서 연방의원단 부대표 헤르타 도이블러-그멜린은 통일문제와 관련한 사민당의 혼선을 "독일정책에서 사민당이 갖고 있는 유일한 합의는 서로 통일되어 있지 않다는 사실"[12] 자체라고 요약했다. 11월 9일 베를린장벽이 무너진 뒤 이미 당내 일부 정치가들은 사민당이 선수를 치고 나가 통일 논의를 주도해야 한다는 입장을 표명했다. 이를테면 사민당 연방의원단 부대표 호르스트 엠케는 11월 20일 '달성 가능한 통일의 구현'이라는 제목으로 유럽평화질서 구상을 포함한 독일통일 방안을 당 지도부에 제출했다.[13] 그는 동서독의 독일인들에게는 세 가지 선택권이 있다고 전제했다. 첫 번째는 분단이라는 현상 유지였다. 두 번째로는 '독일 국가연합의 전 단계'로 동서독 간 공동위원회 또는 유사 기구의 구성이었다. 이때 동독이 유럽공동체 회원국이 될 수 있다고 언급했다. 마지막으로 독일국가연합이고 이는 "연방국가로 계속 발전할 수 있다"고 주장했다. 그의 구상에 따르면, 독일 연방국가는 유럽공동체의 회원국이 되어야 하지만 나토 회원국일 수는 없다. 그것은 단지 하나의 유럽평화질서 내에서만 가능한 것이었다. 그 구성은 사민당 지도부에서 토론되었지만 수용되지 못했다.

결국, 1989년 11월 28일 콜의 '10개조 통일강령' 발표 직후 그것에 대한 사민당 주요 정치가들의 대응과 평가는 "통일되지 않은 채 통일로"[14] 휩쓸려 들어가는 사민당의 상황을 예시했다. 사민당 당수이자 연방의원단 대표인 한스-요헨 포겔과 연방의회 외교위원회 위원장 카르스텐

포크트는 콜의 강령을 '전폭 지지'한다고 밝혔고 빌리 브란트도 '아주 정확한' 판단이라고 박수를 쳐주었다.[15] 반면, 당내 '이(二)국가주의자'들은 콜의 통일정책에 대한 지지를 내용적으로나 전술적인 이유로나 모두 '용납 불가'하다고 비판했으며 사민당이 통일 논의에서 고유한 정책과 독자적 전망을 제시해야 한다고 강조했다.[16] 그들이 10개조 통일강령의 문제점과 결함을 부각한 것은 당연했다. 그들은 주요 서방 열강과 사전 의견 교환 및 조율이 없었던 점, 폴란드 서부 국경의 변경 불가능을 언급하지 않은 점, 군축 문제를 제대로 다루지 않은 점, 그리고 동독을 후견 감독하려는 점 등을 초들었다. 결국, 이와 같은 내부의 이견 때문에 사민당 연방의원단은 연방정부가 10개조 통일강령을 표결에 부쳤을 때 기권했다.

10개조 통일강령의 핵심인 국가연합과 관련해서도 사민당의 핵심 정치가들은 기본적으로 '통일된' 입장을 갖지 못했다. 사민당 내 일부 지도적 정치가들은 양독 간 국가연합을 국민국가 통일의 전 단계로 보았지만, 당내 다른 세력들은 그것을 독일과 유럽의 동시적 병행 통합의 계기로 간주했다. 그런데 흥미로운 것은 서로 다른 전망에도 그들 모두 — 각기 나름의 구상에 따라 — 일단은 '독일국가연합' 자체를 지지할 수 있었다는 점이다.

그렇기에 사민당 지도부 또한 10개조 통일강령 발표 직전에 이미 독자적인 국가연합안에 제한적으로 합의할 수 있었고 그것을 발표했다. 사민당 당대표 한스-요헨 포겔은 콜의 10개조 강령 발표에 앞서 제시한 자신의 '5개조 구상'이 10개조 강령과 '대동소이'하다고 말하며 "콜이 자신의 노선에 따른" 것이라고 으스댔다.[17] 하지만 그것은 10개조 통일강령의 위세에 눌려 여론의 주목을 받는 데 실패했다. 곧 포겔은 자신의 통일 구상이 서독의 후견 감독을 부정하는 것이고 자신이 생각하는 독일국가연합은 단지 유럽평화체제의 틀에서만 가능하다고 강조하면서 콜과의 차이점을 부각시켰다. 포겔은 연설에서 동독 사람들의 자기결정권을 강조하며 서독의 흡수통일에 반대하는 입장을 밝혔다. 그렇지만 상황은 나아지지 않았다. 동서독 주민들이 보기에 사민당은 도대체 무엇을 원하는지 분명하지 않았다.

베를린 선언에서 선거 패배로

사민당 지도부는 수세에서 벗어나고자 했다. 그들은 더 체계적으로 자신들의 통일 구상을 정리해 1989년 12월 10일 '베를린 선언'이란 이름으로 발표했다. 그 선언은 에곤 바르가 주도해 작성했지만 내부 이견과 진통을 겪으면서 어렵게 탄생했다. 선언은 유럽 통합과 독일통일을 달성하기 위해 양독 간 협력관계의 질적 발전이 "「기본조약」을 토대로 해서 조약공동체와 국가연합이라는 세부적 협정 형식을 통해 그리고 최종적으로는 연방국가적 통일"로 귀결되어야 한다고 주장했다.[18] 통일에 이르는 발전단계의 측면에서 보면 그 선언은 기본적으로 10개조 통일강령과 차이가 거의 없었다. 특히 베를린 선언 또한 "최종적으로는 연방국가적 통일"이란 언급을 통해 국민국가 방식의 통일을 최종 목표로 분명히 밝힘으로써 독일의 이국가상태를 전제하며 유럽통합을 통해 독일통일을 우회하려던 당 안팎의 탈민족 지향의 정치가들과는 거리를 두었다.

물론, 그것에 이르는 방식과 과정과 관련해서 베를린 선언은 10개조 통일강령과의 차이점을 드러내기 위해 애를 썼다. 이를테면, 사민당 지도부는 베를린 선언에서 '독일국가연합' 단계를 설정하며 이를 10개조 통일강령의 지향과는 달리 동독의 후견 감독을 위한 것이 아니라고 강조했다.

> 그와 같은 국가연합은 현재 양 독일의 불완전한 국가들에 사는 사람들의 통일 욕구를 제도적으로 표현할 수 있는 실현 가능한 유일한 헌법질서다. 그것은 다수파 획득에 의한 일방주의 또는 후견 감독을 피하도록 해주며 양 주권국가로 하여금 현존 동맹조약 체제와 경제공동체에서 유럽 평화질서와 유럽합중국 탄생에 기여하도록 해줄 것이다. 그렇기에 그것은 동맹체제가 그대로 유지되고 있는 시점에서도 이미 가능하다.[19]

사민당 지도부가 베를린 선언에서 국가연합을 내세운 핵심적인 이유는 서독 정치가들이 동독 상황을 좌지우지하는 상황을 피하고 동독 주민의 자유로운 결정과 자치권을 존중하기 위해서였다. 동독이 자신의 체제를 스스로 결정하면서 동서독이 함께 유럽공동안보체제와 유럽통합을 촉진할 수 있을 것이라는 생각이었다. 하지만 사민당 지도부는 동독 주민이 급속한 통일을 결정하는 경우에도 그것을 존중하겠다고 밝혔다. 결국, 베를린 선언이 이미 연방국가 형태로의 '급속한 통일' 가능성을 완전히 열어두었다는 점에서 10개조 강령과 구별되는 대안적 정치구상으로서의 성격을 갖기가 어려웠다.

통일독일의 안보체제 문제와 관련해서도 베를린 선언은 사민당의 고유한 성격과 정치적 이점을 만들어내기가 쉽지 않았다. 현존 군사동맹 체제를 하나의 전 유럽적 안보체제로 대체해야 한다는 사민당의 오랜 신념은 그 선언에 그대로 담겼다. 바로 이 점에서 베를린 선언은 콜의 통일안과 가장 큰 차이가 났다. 그렇지만 베를린 선언은 유럽평화질서의 새로운 건설을 독일국가연합의 과제로 전제하지 않았다. 선언은 그것을 통일로 귀결될 양독 간 관계의 단계적 발전과 완전히 분리해 다루었다. 그런데 안보와 외교 문제와 독-독 간 관계의 발전을 분리해 국가연합을 전적으로 후자에만 연계한 것은 이미 10개조 통일강령이 선보인 방법이었다. 사민당 지도부는 콜 총리와는 달리 유럽공동안보체제를 통일독일이 갖추어야 할 안보 과제로 제시했지만 그것을 장기 과제 또는 사실상 선택 사항으로 뒤로 돌려버렸다. 결국, 콜과 마찬가지로 사민당이 생각하는 독일국가연합은 다만 "경제, 사회정책, 환경, 교통, 에너지, 우편 및 전신전화 제도와 문화 영역"에서 이루어지는 것으로 한정되었다.[20]

물론, 베를린 선언은 콜의 통일강령이 놓친 두 개의 다른 주요 문제를 잘 챙겼다. 폴란드 서부 국경의 인정과 군축의 구체화 요구가 그것이다. 베를린 선언은 10개조 통일강령의 이 두 결함을 강도 높게 부각함으로써 부분적으로 정치적 이점을 살릴 수 있었다. 하지만 그것만으로는 콜의 통일공세 그늘에서 벗어나 독자 위치를 확보하거나 정치 우위를 장악할 수 없었다. 그렇더라도 베를린 선언을 통해 사민당은 이국가상태를

사민당 내에서도 독일통일 과정과 결과에 대한 의견이 엇갈렸다.
1990년 10월 25일 사민당 대회에서 총리후보로서 연설하는 오스카어 라퐁텐(위)과
1989년 12월 18일 베를린 당대회에서 박수치는 빌리 브란트(아래).

당연시했던 기왕의 입장으로부터 완전히 탈피해 변화하는 정세에 적응하는 것처럼 보였다. 다만 사민당 내 탈민족 지향의 정치가들에게는 베를린 선언조차도 지나치게 '민족적'인 것으로 보였다.

베를린 선언으로 외형적으로나마 통일문제에 내적 통일을 이룬 것처럼 보였던 사민당 지도부는 12월 18일에서 20일 사이 베를린에서 열린 당강령대회에서 다시 '통일되지 못한' 모습을 보였다. 한편으로 빌리 브란트와 당의 핵심지도부는 국가연합의 길이 독일통일의 가장 적합한 방식이라고 믿었고 급속한 민족통일과 그것이 대립하지 않는다고 보았다.[21] 그런 한 그들은 콜의 통일정책에 대해 반대할 마땅한 이유가 없었다. 다른 한편 새롭게 부상하고 있던 당의 기대주 오스카어 라퐁텐을 비롯한 더 젊은 세대 또는 당내 좌파 진영은 여전히 국민국가 방식의 재통일에 주저하며 전 유럽적 통합을 대안으로 제시했고 동서독 간 국경 개방 후 발생한 새로운 사회문제를 부각하며 콜 정부를 공격했다.[22] 1990년 초반 이래 통일독일이 나토 회원국이 될지의 문제에서도 그와 같은 당내의 '비통일'적 상황은 지속되었다.[23]

1989년 12월 중순 베를린 당대회에서 대의원들은 민족 지향의 당명예대표 브란트와 탈민족적인 유럽통합 지향의 차기 사민당 총리후보자 라퐁텐 양자의 연설에 같은 정도로 환호하며 박수를 보냈다. 서로 다른 내용과 방향을 가리켰음에도 말이다. 그 에피소드를 통해 확인할 수 있는 것은 통일문제를 둘러싼 사민당의 결속이라기보다는 당시 예기치 않은 통일 국면에서 대다수 사민당 당원들이 가졌던 불안과 혼란이었다. 이제 남은 기회는 서독 사민당이 지지하고 후원하는 동독 사민당의 선거

승리였다. 브란트는 동독 전역을 돌며 동독 사민당에 대한 지지를 호소했다. 하지만 1990년 3월 18일 동독 최초의 자유선거에서 동독 주민들은 원래의 선거 예상과는 달리 동독 사민당에 단지 21.9%의 지지만을 보여주었을 뿐이었다. 동독 주민들은 선거에서 콜의 통일 노선을 지지하며 급속한 흡수통일을 승인했다.

상황이 그렇게 냉혹함에도 불구하고 사민당의 차기 총리후보로 등장한 라퐁텐은 여전히 이전의 입장을 유지하며 통일열차에 합승하지 못했다. 독일통일과 유럽통합의 동시적 병행 발전이나 유럽공동안보체제 같은 주장은 이미 진행 중인 독일에서 국민국가 재탄생 그리고 그것을 통한 유럽통합의 기반 확보에 밀려 나가떨어질 수밖에 없었다. 결국 사민당은 통일 국면에 탄력적으로 대응하지 못한 대가를 그해 12월 초 연방의회 총선에서의 '역사적 참패'를 통해 지불하게 된다. 사민당은 33.46%의 지지로 전후 최악의 선거 결과를 경험했다.

녹색당의 통일 거부와 참패

콜의 통일공세는 사민당과는 달리 녹색당을 흔들지는 못했다. 1989/90년 겨울 녹색당의 대다수 정치가들은 독일정책의 여러 측면에 대해 서로 다른 생각을 가졌음에도 동독의 국가적 존속과 독일통일 거부 입장을 공유하고 있었기 때문이다. 국가연합을 통한 독일통일을 주장했던 민족중립주의(Nationalneutralismus)를 내세운 일부를 제외하면 당내 주요 조류는 이국가상태의 지속에 동의했다. 녹색당 연방의원단은 1989년 11월 30일 자 결의안에서 연방정부의 통일공세에 대한 반대 입장을 밝혔고, 오히려 연방정부에 아무 조건 없는 동독에 대한 시급한 경제지원과 동독 국가 주권의 인정 및 단독대표원칙의 포기를 통한 동서독 협력관계의 심화 등을 요구했다. 아울러 녹색당은 그 새로운 관계의 발전이 독일통일이 아니라 유럽통합에 기여할 수 있도록 해야 한다고 덧붙였다.

하지만 해가 바뀌면서 녹색당도 동독의 정치 상황과 국제정세의 변화에 어떻게든 조응해야 했다. 페트라 켈리와 게르트 바스티안 중심의 '시민권과 인권' 그룹과 당내 좌파들은 이국가상태 원칙과 결별하기가 여전히 어려웠다. 반면 '현실주의자들(Realos)'과 '출발 그룹(Aufbruch-Gruppe)'은 1990년 1월 점차 통일 '분위기'에 발맞추기 시작했고 서로 협력해 이를 당 내에서 관철시켰다.[25] 결국 1990년 2월 7일 녹색당 연방의원단은 다수파 결의를 통해 이국가상태 원칙을 최종 포기했다.

1990년 1월과 2월 초까지 그 정책 전환 과정에서 녹색당에는 두 개의 국가연합안이 민족문제 해결 방안으로 제출되었다. 먼저 소수 정파로 머물렀던 민족중립주의자들, 즉 롤프 슈톨츠와 롤란트 포크트는 그 새 국면에서 '하나의 다른 녹색 독일정책을 위한 방안'을 발표했다.[26] 그것은 1980년대 평화운동과 녹색당 내 민족좌파가 제안했던 중립주의를 전제로 한 독일통일강령을 그대로 재현했을 뿐이었다. 게다가 그들은 1980년대 전반기와는 달리 이 시기에는 당내에서 영향력이 거의 없었던 탓에 그 통일안은 반향을 일으키지 못했다. 반면, 당시 녹색당 연방의원단 대변인이었던 안트예 폴머 중심의 '출발 그룹'이 제시한 '양독 간 생태국가

연합'은 녹색당의 입장과 고민을 잘
보여주었다.[27] 그들은 '생태국가연합'
을 통해 성급한 통일 추구와 경직된
이국가상태의 옹호 사이에서 중도적
길을 개척하고자 했다. 그들은 국가
연합이 민족 간 결속을 현실화하면서
도 양 독일의 국가 존속과 자치를 보
장할 것이라고 믿었다. 국가연합만이
동독이 '서독의 시칠리아'가 되지 않

1990년 12월 총선의 녹색당 선전물.
"모두가 독일에 대해 이야기하지만,
우리는 날씨에 대해 이야기한다."

고 독자적 발전을 가능케 할 것이라고 주장했다.

> 동독의 혁명은 산업사회에서 새롭게 제기된 생태적 문제제기를 인정
> 하고 처음부터 사회적 갱신의 구상을 통합하는 사실상의 새로운 사회
> 적 출발이 될 수 있을 것이다. 무엇보다 이와 같은 유일무이한 기회 때
> 문에 서독에 맞서 동독의 국가적 자치를 보장하고 강화하는 노력, 즉
> 생태국가연합을 구성하도록 노력하는 것이 필요하다.[28]

그 제안은 제목 그대로 '경계를 초월한 생태 문제'를 전면에 내걸
었지만 사실 대안적인 생태정치 구상을 보여주었다기보다는 '골리앗 서
독'에 대항해 '다윗 동독'을 지키려는 생각이 더 컸다. '확장을 통한 부유
함'보다는 '다양성을 통한 부유함'에 의거해 독일 양측은 서로를 풍요롭
게 할 수 있을 것이라고 강조되었다. 아울러 '생태국가연합' 강령은 연방

주의 정치 원리와 삶의 원칙에 조응해 '국민국가적 이기주의를 극복하며 지역의 자치를 보장하는 통합 유럽'을 지향했다. 하지만 그 제안이 녹색당의 공식 강령이 되지는 못했다. 이미 12월 중순부터 녹색당 내 '현실주의자들'은 국가연합이란 "단지 통일의 한 방식으로만 생각할 수 있는" 것이지 "사실상의 이국가상태를 위한 형식적인 쇰쇄"가 될 수는 없다고 주장했다.[29] 그리하여 그들을 중심으로 2월 초 녹색당의 연방의원단이 급속한 국민국가적 통일의 길에 순응하면서 녹색당에서도 국가연합론은 점차 잦아들었다.[30] 동독의 국가적 존재가 위기에 빠지면서 동독의 존속에 기초해 논의되던 유럽통합 지향의 탈국민국가적 독일국가연합안이 설 자리가 없어졌다. 1990년 3월 중순 동독의 자유선거로 통일의 방향이 급속한 흡수통일로 정해진 후에 녹색당 정치가들은 건설적 비판과 대안을 제시하지 못한 채 점점 더 정치무대에서 보이지 않는 존재가 되었다. 1990년 12월 2일 통일독일 첫 총선에서 녹색당은 서독 지역에서 5% 장벽을 통과하지 못해 연방의회에 진출하지 못함으로써 정치적 오판의 대가를 비싸게 치렀다.

서독 지식인들의 흡수통일 비판

1989년 11월부터 1990년 3월 18일까지 동독의 자유선거로 통일의 과정과 방식이 사실상 결정될 때까지 콜 총리의 통일강령과 정책 전환을 가장 격렬히 비판한 이들은 단연 서독의 좌파 지식인들이었다. 그들

1990년 2월 24일 사민당 당대회에서 의견을 나누는 귄터 그라스와 오스카어 라퐁텐.

은 동독 체제의 갱신과 존속에 기초한 국가연합 방식의 민족재결합을 대안으로 내세웠다. 콜이 10개조 통일강령에서 독일 연방국가라는 국민국가로의 재통일 전 단계로 이행기 국가연합을 제시한 것에 비해 비판 지식인들은 대부분 국가연합을 그 자체로 독일민족 재결합의 형식으로 보았다. 그렇기에 그들에게 중요한 것은 서독 정치가들이 동독으로 하여금 스스로 그들 나름의 고유한 민주주의적 발전의 길을 찾아나가도록 돕는 것이지 서독 체제를 동독에 이식하는 것이 아니었다. 역사가이자 작가인 골로 만과 작가 귄터 그라스, 언론인 페터 벤더 등의 자유주의 좌파 지식인들은 발터 얀카와 스테판 하임 등 동독의 비판적 지식인들이 동독의 독자발전을 지키고자 하는 운동[31]에 지지를 보내며 급속한 흡수통일에 대한 비판을 강화했다.[32] 특히 그라스는 당시 독일 여론 사회에서 콜의 통일안을 가장 강력히 성토하고 반대하는 인물로 등장했다. 다른 비판적 지식인들이 주로 콜의 통일 정책이 지닌 문제점을 원칙적으로 비판하는 데 한정했지만 그라스의 대응은 더 포괄적이고 근원적이었으며 뚜렷한 대안 구상과 연결되었다는 점에서 구분된다.

그라스는 먼저 콜의 10개조 통일강령을 동독 주민의 자유를 위한 투쟁과 민주혁명을 뒷전으로 돌려놓는 '야바위'라고 몰아붙였다.[33] 그라스가 보기에 콜의 통일안은 동독의 내적 발전을 방해하고 이미 시대착오에 다름없는 국민국가로의 재통일을 위한 기만책에 불과했다. 그것에 반대해 그라스가 내세운 대안적 국가연합안은 서로 다른 체제와 삶의 방식을 존중하는 연방주의 원칙에 충실한 것이었다.[34] 그라스는 독일 역사에 내재한 문화적 다양성의 전통을 거듭 환기시켰고 유럽적 틀에서 국민국가 상태의 극복이 현실 정치 과제이자 일정으로 다가오고 있다고 강조하며 독-독 간 국가연합을 국민국가 재통일의 이행기 과정이 아니라 유럽 통합의 한 매개로 내세웠다.[35]

특히 그라스가 독일에서 하나의 거대한 중앙통합국가(Einheitsstaat)가 새로 들어서는 것을 반대한 결정적 이유는 나치즘의 기억과 유산 때문이었다. 그런데 이 문제와 관련해서 보면 그라스는 당시 다른 좌파 지식인들과도 상당히 다른 입장을 선보인 셈이다. 이를테면 하버마스가 당시 급속한 흡수통일을 비판하면서 염두에 두었던 것은 그라스와 마찬가지로 새로운 민족주의가 등장할 위험이 있다는 사실을 지적함과 동시에, 동서독 전체 주민의 민주적 의사 형성, 광범위한 의견수렴 및 충분한 토론을 통한 결정에 기초해 새로운 헌법적 합의를 만들어 나갈 필요가 있음을 제기하는 것이었다. 그렇기에 하버마스에 따르면 동서독은 통일을 위해 국

가연합이라는 우회로를 통한 장기간에 걸친 상호접근 과정이 필요했다.[36]

그라스는 거기서 한 걸음 더 나아가 전후 다양한 조류의 연방주의 지향의 정치가들이 제기한 비판을 계승했다.[37] 즉, 그라스는 나치즘의 인종주의적 파괴와 팽창주의적 파국을 초래한 것은 무엇보다 나치 국가의 반(反)연방주의적 중앙통합국가 질서 탓이란 연방주의자들의 진단을 받아들였다. 아우슈비츠를 기억한다면 독일인들은 재통일과 같은 방식의 권력집중 자체를 막고 그것과는 전혀 다른 종류의 국가형식으로 민족재결합을 이루어야 한다는 것이 그라스의 결론이었다. 다시 말해, 그라스는 다른 좌파 지식인들이나 정치가들처럼 아래로부터의 민주적 의견수렴이나 동독 주민의 의사 존중 등의 이유만이 아니라 이미 중앙통합적 국민국가의 재형성 자체가 나치즘이란 민족사의 비극을 되풀이하는 것으로 보았기에 콜의 통일정책을 시종 격렬히 비판했다.

1990년 1월 중순 콜 총리가 급속한 통일로 방향을 전환하며 국가연합의 이행기를 포기하자 곧 그라스는 콜의 비판가에서 더 나아가 독일통일반대자로 간주되었다. 엄밀히 보면, 그라스는 독일분단 극복의 필요와 민족재결합 자체를 반대한 것은 아니고 새로운 중앙통합국가로 독일이 다시금 권력국가로 확장되는 것을 반대했다.[38] 그라스가 보기에는, 독-독 간 국가연합 자체가 이미 독일 '문화민족'이 확보할 수 있는 적당한 통일형식이었다. 그런 한에서 그것은 통합적 연방국가로 발전하기 위한 과도기나 이행기가 아니어야 했다. 그라스는 국가연합에서도 화폐연합과 국적단일화가 가능하다고 보았으며 그것을 통해 양독 주민의 통일욕구에 조응할 수 있다고 생각했다. 아울러 갱신된 민주적 동독과 국가연합을 체결하면 서독 또한 더욱 민주주의적이고 사회주의적인 혁신에 이를 수 있을 것이라고 보았다. 그렇기에 그라스는 국가연합이 연방국가로 귀결되어야 할지의 문제에 대해서 당연히 부정적이었고 8,000만 명의 인구를 가진 중앙통합국가보다는 독일국가연합이 미래의 단일 유럽에 더 쉽게 통합될 수 있다고 전망했다.

당시 좌파 정치가들이나 지식인들 내에서 이와 같은 연방주의 정치원리가 쉽게 공유되기는 어려웠다. 그렇지만 그라스는 국가연합을 연방국가로의 이행기쯤으로 보지 않고 고유의 정치적 의미와 전망을 잘 드러냈다. 그렇기에 그라스의 국가연합론은 콜 총리의 국민국가를 전제한 이행기로서의 국가연합론 및 그의 뒤이은 흡수통일 전략에 대한 명료한 대안이 될 수 있었다. 그러나 나치의 범죄사를 급속한 흡수통일에 대한 반대의 출발로 삼은 것에 대해서는 비판적 지식인 내에서도 이견이 없지 않았다.[39] 홀로코스트를 국민국가로의 재통일반대 근거로 도구화하는 것은 오히려 과거 나치즘에 대한 비판적 대결을 방해할 위험이 있고 통일을 통한 '정상국가'로의 발전 가능성을 원천봉쇄하는 것이었기 때문이다.

게다가 그라스의 제안과 주장과는 무관하게 1990년 1월 말이면 이미 국가연합안은 독일 양측에서 더 이상 분단극복의 전망으로 인식되지 못했고 오히려 통일을 지연하거나 방해하는 '반통일론'으로 간주되었다. 동독 주민의 급속한 통일열망에 조응해 콜 총리는 독일 내부적으로나 국제정치에서 곧 급속한 흡수통일 노선을 전면화하였다. 1990년 3월 18일 자유선거에서 동독 주민은 콜의 정치적 동반자인 '독일을 위한 연합'에 48%의 지지율을 보임으로써 정치적으로 좌파적 통일 대안에 등을 돌렸다. 좌파 정치가들과 지식인들은 10월 3일 통일까지 계속 여론 사회의 주변부로 내몰려 불평만 일삼는 이들로 전락했다.

역사의 패자를 기억하며

정치적 패배자의 진혼곡을 듣는 것은 신나는 일이 아니다. 우울한 음조를 헤집고 역사의 의의와 건설적 의미를 찾는 일은 버겁다. 그렇지만 특정 시기 대중의 지지를 얻지 못했다고 해서 그들이 제기한 비판과 대안을 무시하고 역사를 승자의 일방통행로로 다루는 것은 공정하지 못하다.

먼저 서독 좌파 정치가들과 비판적 지식인 다수는 1980년대 이래 민족정체성이나 민족주의 동원에 기초한 통일 논의를 견제했다. 아울러 그들은 유럽통합 또는 유럽공동안보체제라는 대안적 구상을 통해 독일문제 해결이 초민족적 통합 유럽의 전망 속에 놓여 있어야 한다고 주장했다. 그들의 비판적 민족관과 초민족적 전망은 결과적으로 주변국들에 통일독일에 대한 두려움을 희석시키는 데 공헌했을 뿐만 아니라 1989/90년 서독 정치지도부의 통일 구상과 정책 실천에도 영향을 미쳤다. 콜은 자신의 10개조 통일강령에서 독일통일과 유럽통합의 상호관계를 적극적으로 다루지 않을 수 없었고 4대 열강을 비롯한 유럽 주변국들과의 화해와 조정에 심혈을 기울여야 했다. 다른 한편 1980년대 좌파 내 소수파에 속했던 '민족좌파'들 또한 그들 나름의 국가연합안을 통해 1989/90년 겨울 통일 논의의 기반을 마련했던 점도 기억할 필요가 있다. 위의 두 흐름은 서로 역방향이었지만 두 방향 모두에서 주저하며 현실적 실용주의에 매몰되었던 집권 보수 정치가들보다 좌파 정치세력이 오히려 상황에 더 민감하고 탄력적으로 대응할 수도 있었음을 함축한다.

하지만 1989/90년 통일 국면에서 콜 총리와는 달리 서독 좌파들은 당시 정세를 정확히 파악하지도 못했고 정세변화에 탄력적 또는 실용적으로 대응하지도 못했다. 사민당의 주요 정치가들은 통일 문제에 대해 단일한 입장을 갖고 정치무대에 나서지 못했다. 브란트 전 총리 같은 민족 지향의 일부 정치가들은 상황을 재빨리 간파했지만 대부분의 좌파 정치가들과 비판적 지식인들은 독일문제의 해결과 유럽통합이라는 두 차원이 같은 동력과 속도로 내닫지 못할 때에도 여전히 양 차원의 동시적, 상승적 발전이라는 자신들의 원칙적 구상에 파묻혔다. 결국 그들은 '적절한' 시기에 '적절한' 현실적 대응책을 제시하는 데 실패했다. 물론 사민당은 1989년 12월 중순 베를린 선언을 통해 다소 현실적인 독일통일안에 다가섰다고 볼 수도 있다. 하지만, 사민당은 내부의 탈민족적 지향을 지닌 정치가들의 고집으로 현실 정치의 발전에 조응하는 책임 있는 세력으로 정치무대에 등장하지 못했다. 녹색당 또한 그들 나름의 '생태국가연합' 같은 숙고가 없지는 않았지만 시종 통일의 흐름에 수동적으로 끌려다니기만 했다.

결국 민주화의 전진과 확대에 기초한 동독의 자가발전에 의지했던 좌파 지식인들의 국가연합론은 동독의 국가적 존재 자체가 의문시되면서 '반통일론'으로 비쳤을 뿐이었다. 귄터 그라스가 줄기차게 매달렸던 연방주의적 정치 원리의 환기나 '아우슈비츠를 기억하자'라는 경고는 좌파 내에서조차 충분한 공감을 얻지 못했을 뿐 아니라 많은 동서독 주민의 환호 속에 빠른 속도로 내달리는 통일열차를 제어하기에는 공허했다.

서독 좌파 지식인과 정치가 들의 착오는 서독과는 달리 동독에서는 분단 시기 내내 동독정체성이 형성되지 못했고 오히려 독일민족의식과 통일 갈망이 강했음을 보지 못한 것이다. 성급한 두 개의 민족 테제 주장이 지닌 한계였다. 하지만 그들이 정확히 포착한 것은 서독에서는 실제로 분단국 서독정체성이 독일민족정체성보다 더 강했다는 사실이다. 서독 주민은 통일 후에도 동독 사회나 주민들에게 어떤 적극적인 관심도 없었다. 그들의 무관심과 냉소는 동독인의 불만과 대항 의식을 낳았다. 통일 후에 오히려 동독정체성이 등장하는 기괴한 일이 발생했던 것이다. 그런 점에서 서독 좌파들의 진단과 우려는 단순히 역사의 에피소드가 아니었다.

1990년 통일 직후부터 급속하고도 일방적인 흡수통일의 후유증과 문제점에 대한 비판은 잦아들지 않고 있다. 1990년 1월 말 이후 짧은 몇 년 동안 콜 정부가 동독 체제를 근본적으로 전환하고 서독 체제를 그곳에 이식하는 과정은 지나치게 패권적이고 일방적이었다. 그 결과 그것은 숱한 동독 주민의 인간적 희생과 고통 및 실망과 열패감을 낳았다. 새삼 1989/90년 통일국면에서 서독 좌파들이 한결같이 강조했던 것, 즉 '골리앗 서독'이 '다윗 동독'을 일방적으로 '후견 감독'하려 해서는 안 된다는 경고를 기억할 필요가 있다. 이 말은 다시금 당시에는 다소간 불가피해 보였던 급속한 흡수통일의 역사적 진행을 '반(反)사실적인 가정'에 근거해 무조건 흠내고자 하는 것은 아니다. 1989/90년 독일통일의 격렬한 비판가 하버마스의 말을 그대로 따른다면 "만일 다른 대안을 택하였더라면 결과가 모든 점에서 훨씬 더 좋았을 것이라고 주장하고 싶은 생각은 결코 없다."[40] 단지 흡수통일이라 하더라도 그 방식과 과정에 따라 여러 갈래 길이 존재할 수 있다는 점을 인정해야 할 것이다. 즉, 콜 총리를 비롯한 서독 정치지도부가 수행한 방식의 그 통일과정은 어쨌든 당시 서독 좌파 정치가들과 지식인들의 우려대로 모든 분야에서 일방적 체제 이식이었다. 콜 주도의 독일통일을 비판적으로 성찰하는 것이 1990년 이후 동독에서 이루어진 정치적 자유와 시장경제의 정착이 지닌 의의를 부정하는 것으로 귀결될 필요는 없다. 다만 그 의의를 전제하더라도 한두 차례 선거를 통해서는 잘 드러나지 않는 동독 주민들의 다양한 민주적 요구와 지향을 더 발현케 하고 통일과정에 반영하는 것이 절실히 필요했다는 점을 환기할 필요가 있다.

　더구나 서독 좌파들이 그렇게나 매달렸던 비판과 성찰의 국가관이 아니었다면 독일은 유럽 주변국의 우려를 끝내 넘어서지 못했을 것이다. 과거사 정리를 통한 자국사에 대한 비판의식과 민주주의 정치문화를 통한 탈권위적 국가 이해는 통일과정의 배음으로 독일인들의 민족 함성을 조용히 뒤따랐다. 그것은 역사의 주요 국면에서 묻힌 소리였지만 통일 후 곧 평화의 기음으로 전환된다. 1990년대 통일독일이 가장 적극적으로 매달린 것 중 하나는 나치의 범죄사에 대한 역사적 정리 작업이었고 주변국과의 상호이해 증진이었다. 그렇게 통일독일은 '제4제국'이 아님을 증명했고 유럽의 주변국들은 그것을 인정했다.

한반도 남쪽과 북쪽에서도 분단국 정체성과 민족의식이 혼재하고 있다. 2019년 북한(조선)의 김정은 국무위원장은 신년사를 통해 '우리 국가 제일주의'를 천명했고, 한국의 일부 세대와 주민 집단에서는 이미 수년째 '대한민국' 정체성이 뚜렷이 성장하고 있다. 인습적인 방식으로 통일을 내세워 인위적 민족정체성을 강제할 일은 아니다. 아울러 접촉과 교류가 민족동질성을 강화한다는 주장도 망상에 가깝다. 동서독의 교류협력만이 아니라 지난 시기 남북한의 접촉과 대화도 분단국가 간 동질성 강화만큼 이질성과 소원감을 초래함을 확인해주었다. 같은 언어와 전통문화 결속을 통한 연결만으로는 민족정체성을 창출하지 못한다. 그렇다고 성급히 두 개의 민족론을 깃발로 들 일은 아니다. 한국 사회 일부에서 대한민국 정체성이 세졌다고 해서 민족정체성이 완전히 사라진다고 보장할 수도 없지만 무엇보다 북한(조선)에서 유사한 분단국 정체성이 형성되었다고 보기는 어렵다. 한국과 북한 주민들 각각의 집단 결속 정도와 심도의 차이 내지 불균형이 관건이다. 한반도 이민족론은 아직 섣부르지만, '이국가상태'는 현실로 더 적극 인정하는 것이 바람직하다. 다만 양국을 하나의 '분단체제'로 묶어 설명하기에는 각자의 독자성과 역동성이 너무 커졌다. 난데가 알고 보니 고향이듯, 분단이 알고 보니 이국가라는 고유의 시대였을 수 있다. 이국가 상태 내지 시기의 평화적 관리와 이국가 간 협력관계 제도화의 틀이 한반도 국가연합일 수도 있다. 물론, 주장과 당위가 아니라 관찰과 분석이 먼저다. 한국 사회의 집단 지향은 점점 다원적으로 변하고 다방향으로 흐른다. 북한 정치지도자가 '우리 민족'을 내세우든 '우리 국가'를 강조하든 북한 주민들이 그대로 따라갈 가능성도 크지 않다. 두 공동체 주민 모두의 지향과 태도, 풍속과 감정을 더 세밀히 살펴야 할 때다. 민족이든 국가든 둘 다 구성원들의 삶과 지향의 다원적 결을 서로 찾고 잇는 의지공동체다. 그것은 매일매일 사회구성원들이 서로의 차이를 인정하면서도 새롭게 소통하고 연결하는 작업이다.

제8장

외교

설득과 유인으로 독일문제를 해결하다

/

독일은 원래 무력으로 추진했던 지위를 평화적 방법으로 얻었다.
원하든 원치 않든 독일은 유럽의 핵심 열강이다
–마르틴 볼프, 2014[1]

대처의 몰락

독일통일은 한 명의 여성 정치가를 역사의 뒤꼍으로 쫓았고 다른 한 명의 여성을 정치무대에 올렸다. 두 여성은 모두 하층 출신이고 부모가 빚은 빛이나 집안이 얽은 줄을 보지 못했다. 둘은 대학에서 각기 물리와 화학을 공부하며 자연의 비밀을 찾았지만 운명은 그들을 권력의 세계로 몰았다. 둘은 모두 보수 정당에 속했지만 '권력의 소녀'를 기대하던 중년 남성들의 성곽을 무너뜨리며 몸을 세웠고 정점에 올랐다. 둘은 민족의 어머니니 국모니 하는 '여성성'과도 거리가 너무 멀었다. 둘은 각각 11년과 16년 이상 총리를 역임해 한 세대 남자 아이들에게 "남자도 총리를 할 수 있어요?", "남자가 지도자가 되려면 뭘 해야 하죠?"라고 묻게끔 만들었다.

1980년대 영국 총리였던 마거릿 대처와 2020년 현재 16년째 집권 중인 앙겔라 메르켈은 머리스타일과 외양만큼 보수 정치의 양극을 찍었다. 대처는 신자유주의의 기수로 노동자에게는 노조를, 아이에게는 우유를 빼앗아 '요람에서 무덤까지' 영국 사회를 시장과 경쟁으로 채웠다. 메르켈은 노동자의 최저임금을 올렸고 탈핵을 관철했으며 200만 명에 달하는 난민을 받아들였다. 둘은 서로 다른 정책과 권력 행사를 통해 보수정치만이 아니라 여성 정치가 유형의 스펙트럼을 넓혔다.

　　독일통일이 아니었다면 메르켈은 정치가로 입신하지 못했을 뿐 아니라 1991년 통일독일의 초대 환경부장관이 되지도 못했을 것이다. 콜 총리는 동독 출신이자 37세의 젊은 여성을 내각에 올릴 필요가 있었다. 반면, 대처 총리는 1989년 가을부터 1990년 초여름까지 독일통일을 반대하거나 방해했다. 대처는 1990년 상반기 유럽 정치무대에서 외톨이였고 통일독일의 나토 잔류를 명분으로 뒤늦게나마 독일통일 열차에 합승했다. 조세 문제를 비롯한 내정 요인도 있었지만 독일통일과 유럽통합에서 영국 외교의 실패는 '철의 여인' 대처가 1990년 11월 28일 실각하는 데 더 결정적인 원인이었다. 유럽 보수정치에서 여성 지도자가 교체되는 기점은 독일통일이었다. 누구도 의도하지 않았고 아무도 예측하지 못했다.

열강의 대응

　　독일통일은 독일인들만 아니라 유럽인들, 권력자들만이 아니라 위임자들의 삶의 기반을 모두 바꾸었다. 1945년 2월 얄타회담 이후 만들어진 유럽의 지정학적 조건이 변했다. 장벽과 경계가 사라지면 수요와 필요만 자유롭게 흐르는 것이 아니라 전망과 기회가 열리고 상상과 지향이 오른다. 유럽 지역 주민들 스스로 낡은 의심과 편견, 불안과 공포를 다스리는 태도와 방식을 익혀야 하겠지만 먼저 정치지도자들이 그 길을 보여줄 때였다. 독일분단 극복은 유럽의 냉전해체와 직결되고 유럽통합의 근간을 새로 짜는 과정이었기 때문이다. 독일통일의 외적 형식, 즉 안보동맹, 평화질서, 국경인정, 군대감축, 협력관계, 경제지원, 유럽통합 등을 둘러싼 정치지도자들 사이의 동의와 지지, 이견과 갈등, 설득과 유인, 압박과 고립, 타협과 조정, 유보와 미결 등의 과정은 흔치 않은 '외교'[2]의 난장이었다. 미래에다 걸어둔 포괄적 세계질서 구상이나 과거에서 출발한 열강 사이의 권력균형론이 뒤섞였지만 혼란과 주저, 고집과 단견, 기회주의와 전망 부재도 끼어들었다. 1945년 얄타와 포츠담에서와는 달리 1990년의 독일통일 외교무대는 미래의 이상적 질서를 과신하지 않되 포기하지는 않고 망상적 신의가 아니라 현실의 권리와 이익의 조정에 집중하면서 모두가 승자가 되는 길을 찾았다.[3]

먼저, 서독 정부의 통일외교에서 인상적인 것은 1989년 여름부터 동독 정세만이 아니라 4대 열강이 독일통일에 대해 어떤 태도를 보일지를 정밀히 분석하고 관찰했다는 사실이다. 콜과 참모들은 정세 분석과 탐문에 기초해 신중하되 단호히 통일 전략을 만들고 관철했다. 동독 지도부는 말할 것도 없고 소련과 영국 및 프랑스의 정치지도자들은 콜의 통일공세에 당혹했을 뿐만 아니라 정확히 다른 국가의 지도자들이 어떤 생각을 갖고 있으며 어떤 변화의 여지가 있는지를 세밀히 파악하지 못했다. 반면 콜의 총리실은 외국 정상들의 참모와 외교관들과 수시로 만나고 정황을 탐문해 정확한 정보를 축적했다. 이를테면, 콜의 안보보좌관 텔칙은 이미 11월 17일 콜에게 전달한 보고서에서 독일통일이 국제정치의 쟁점이 될 경우 "미국은 긍정적, 프랑스는 유보적, 영국은 앞의 국가들에 비해 분명히 부정적"일 것이라고 알렸다.[4] 동시에 소련도 통일에 반대하지만 독일인의 자결권에 반대하지 않기에 협상할 여지가 있다고 평가했다. 그 후의 상황 전개는 그것과 크게 다르지 않았다. 전략은 전망에서 출발하지만 실천은 정보에 기초한다. 그런 점에서 이미 서독 정부는 준비가 가장 잘 되어 있었다. 특히 화려한 경력을 가진 직업외교관들로 가득한 서독 외무부가 아니라 외교는 낯설지만 탁월한 현실 분석과 능동적 돌파 의지를 지닌 총리실이 주역이었다. 총리실과 외무부는 서로 정보를 충분히 주고받지 않았을 뿐 아니라 주요 결정을 두고는 상의했지만 방향을 놓고 자주 경쟁했고 더러 충돌했다. 서로 당이 달라서였고 연말 총선을 의식하지 않을 수 없었다.

　　콜의 10개조 통일강령에 대해서는 미국을 제외하면 애초 프랑스와 영국은 소련 못지않게 부정적이었다.[5] 이유는 내용 때문만이 아니었다. 외국 정상들은 콜이 언급한 '국가연합적 구조'와 '연방' 또는 통일 과정보다도 '독일인의 독자 행동'을 먼저 문제 삼았다. 미테랑과 대처 그리고 고르바초프는 콜이 10개조 통일강령에 대해 사전에 자신들과 협의하기는커녕 미리 알려주지도 않았다는 사실을 그냥 넘길 수 없었다. 반면, 콜은 앞서 국내에서나 국제적으로 수차례 독일민족의 자결권을 언급했고 이제 그것을 실천에 옮겼을 뿐이었다. 상황 변화는 새 행동을 요구했고 새 행동은 정당화와 설득이 필요했다. 정치가들에게 전화기와 비행기가 필요한 이유를 콜과 겐셔는 유감없이 보여주었다. 콜과 총리실은 연신 외국 정상들 및 참모들과 통화했고, 겐셔 외무장관은 급히 유럽 주요 도시들을 날아다녔다.[6]

초기의 충격이 가시자 열강들의 실제 대응은 텔칙의 예상과 다르지 않았다. 미국 대통령 조지 부시는 이미 11월 29일 콜과 전화 통화에서 지지를 알렸다.[7] 미국은 통일독일이 중립이 아니라 나토에 머무는 조건이라면 콜 총리 주도의 통일정책을 지지할 것임을 처음부터 명확히 밝혔다. 프랑스의 미테랑 대통령과 외무장관 롤랑 두마도 11월 29일 공식 입장 표명에서는 "독일정치가들의 재통일 노력은 원칙적으로는 정당하다"고 말했다.[8] 하지만 미테랑은 11월 30일 이미 한국 대통령 노태우와 대화했을 때, 서독 외무장관을 접견했을 때, 그리고 12월 5일 키예프에서 고르바초프와 만났을 때 독일의 단독 행동에 대해 불만과 불편을 숨기지 않았다.[9] 또 미테랑은 스트라스부르에서 먼저 유럽공동체(EC)가 정세를 다루고 방향을 정한 뒤에나 동서독 관계의 문제를 논의할 수 있다고 정리했다. 미테랑은 '유럽통합이 먼저고 독일통일은 다음'이라는 입장을 가졌다.

하지만 곧 동독 상황이 심상치 않아 독일통일이 불가피해짐을 알아차린 뒤에 미테랑은 '독일통일과 유럽통합의 동시 발전'을 들고 나왔다. 그는 마차를 끄는 두 마리 말은 서로 속도를 맞추어 달려야 한다고 비유했다. 미테랑은 영국과 소련의 독일통일반대에도 잠시 어깨를 걸었다. 심지어 그는 1989년 12월 20일 동독을 방문해 콜을 화나게 만들었다. 애초 미테랑은 고르바초프에게 함께 동독에 가서 독일통일을 끄는 말의 다리를 잡아 속도를 늦추기를 원했다. 여의치 않자 미테랑은 라이프치히 대학의 연설에서 독일통일을 전제하면서도 유럽통합과 독일통일의 병행 발전을 계속 강조했다.[10]

1989년 말과 1990년 초 이제 미테랑의 태도는 더욱 분명했다. 한

독일통일을 적극 반대한 영국 총리 마거릿 대처, 그리고 헬무트 콜.

편으로 그는 1989년 12월 31일에 발표한 1990년 신년사를 통해 '유럽국가연합'을 다시 제안했지만,[11] 다른 한편으로 1990년 1월 4일 콜에게 "유럽의 어떤 국가도 독일통일을 방해하지 못한다"며 서독 정부의 통일정책에 대한 지지를 밝혔다.[12]

지금이야 유럽국가들 각료나 정치가들 중 여성도 적지 않고 이주민 출신도 눈에 띄지만 1990년 독일통일 외교는 유럽 백인남성 원로들의 정치무대였다. 독일통일을 논의하는 유럽 정상과 외상의 회의, 특히 미국과 소련, 영국과 프랑스 4대 열강의 주요 정치가 중 가장 완강히 독일통일을 반대한 인물이 유일한 '여성' 총리 대처였던 것은 우연이었지만 사연은 없지 않았다. 먼저, 대처는 콜이 '너무도 독일적'이라 마냥 싫었다.[13] 어린 시절 나치 공군의 폭격에 대한 트라우마와 유대인이 많이 사는 선거구 출신이라 대처는 독일을 항상 위험하고 믿을 수 없는 국가로 여겼다. 독일에 대한 반감과 불신이 깊이 박혔다. 대처에게 독일문제는 항상 '독일 위협'이었다. 대처는 국내외 정치가들과의 회의에서 자주 1937년 기준의 유럽 지도를 꺼내 독일이 유럽에서 얼마나 위험했는지 그리고 앞으로도 얼마나 위험할지를 장시간 설명했다. 대처는 통일독일과 프랑스가 유럽 통합의 두 주역이 되는 것도 원하지 않았고 독일통일과 유럽통합으로 미국의 가장 중요한 유럽 동반자가 영국이 아니라 독일이 되는 것도 받아들일 수 없었다.

사실 대처는 독일통일과 관련해서 영국 정치가들 사이에서도 골 칫거리가 되었다. 더글러스 허드 외무장관을 비롯한 각료들과 참모 및 유럽정치 자문가들은 대부분 대처에게 독일통일을 지지하며 영국의 발언권을 높이라고 요청했다. 하지만 대처는 독일통일이 유럽의 세력균형을 흔들고 소련과 동유럽의 민주화를 방해할 것이라고 우려했다.[14] 이를테면, 콜이 10개조 통일강령뿐만 아니라 1990년 초에도 여전히 오데르-나이세 국경을 확언하지 않은 것은 대처에게 더할 나위 없는 통일반대의 근거였다. 대처가 보기에는 동유럽의 민주화가 가장 중요하고 앞선 과제였다. 독일통일은 그것을 방해하거나 침몰시킬 암초로 간주되었다.[15] 대처는 미래에서 온 듯 행세했지만 홀로 과거를 살았다. 대처는 1938-39년에 살고 있는 것처럼 보였다.[16] 혹은 1945년 상반기의 처칠처럼 행동했다. 과거가 어디였든 간에 그는 현재, 즉 1990년으로 돌아오기가 매우 어려웠다. 독일통일과 유럽통합을 지지하며 영국의 권리를 높이고 이익을 챙겨야 한다는 여타 영국 정치가들의 고언은 '철의 여인'에게 통하지 않았다. 1990년 1월 말까지 대처는 독일통일을 막기 위해 연합전선을 찾았다. 미테랑만이 아니라 고르바초프에게도 손을 뻗어 독일통일을 저지할 '삼각

동맹'을 제안했다. 심지어 대처는 이탈리아와 아일랜드, 스페인과 포르투갈을 끌어들여 독일통일을 막고자 시도했다.[17] 1990년 1월 말과 2월 초 미테랑은 물론이고 고르바초프조차 독일통일을 원칙적으로 수용하자 대처가 할 수 있는 일은 그 속도를 최대한 늦추는 것이었다. 1990년 초여름까지 대처는 독일통일 속도와 과정에 대한 불편함을 간직했지만 대처를 존중하는 유럽 정치가는 없었다.

　　콜 총리는 '그 여자'(콜은 사석에서 대처를 자주 그렇게 불렀다)의 독일통일 반대를 미국의 지지와 독·불 친교로 극복했다. 미국은 조건을 걸되 콜의 통일 공세와 강령에 일찍부터 동의했다. 군사동맹은 국가 종속이나 정치 의존을 직접 의미하지는 않는다. 이미 부시 대통령은 1989년 9월에 "독일통일을 두려워하지 않는다"고 공개적으로 밝혔다.[18] 서독 정부는 미국 정부, 특히 부시 대통령의 통일지지 입장을 잘 알고 있었다. 콜은 10개조 통일강령을 발표하기 전에 부시와도 사전에 협의하지 않았다. 콜이 연방의회에서 발표하기 전에 다른 국가 정상들보다 부시에게 좀 더 일찍 알려주었을 뿐이다. 그것으로 세계열강에 '예를 갖추었다.' 콜은 사전 조율이나 내용 협의 없이 통일강령을 독자 결정하고 사전 정보 제공도 없이 공개 발표하는 것이 주권 국가의 당연한 태도라고 보았다. 콜은 통일과 관련해서 독일인의 선택과 결정이 가장 중요하다고 여겼다. 부시 행정부의 일부 정치가들, 특히 제임스 베이커 국무장관은 콜의 독자 행동과 통일 공세가 당혹스러웠고 10개조 통일강령이 나토 귀속과 국경 문제를 다루지 않아 불편했다. 하지만 부시 대통령은 11월 29일 콜과 통화해 그 통일강령을 지지한다고 말했다. 대처가 10개조 통일강령에서 통일독일의 나토 존속과 오데르-나이세 국경 보장이 빠진 것을 통일반대의 빌미로 삼았다면, 부시 대통령은 그것을 독일통일을 지지하며 보충할 과제로 삼았을 뿐이었다. 모자라면 채우고 다르면 협의하면 될 일이었다. 그러자고 오랫동안 동맹했다. 미국과 서독의 경우, 오랜 군사동맹 관계가 정치 종속의 긴장이 아니라 상호 신뢰의 상승으로 이어졌다.

부시 대통령은 12월 2일 몰타에서 열린 미소 정상회담에서 소련의 분위기를 탐지했다. 그 직후, 즉 12월 4일 브뤼셀에서 열린 나토 정상회담에서 부시는 '4대 원칙'을 통해 콜의 통일안을 북돋우고 채웠다.

> 첫째, 결과를 미리 정하지 않은 채 자기결정이 보장되어야 한다. 둘째, 확대 중인 유럽공동체와 나토에 독일이 계속 귀속되면서 통일되어야 하고, 연합국 열강의 권리와 책임이 적절한 방식으로 반영되어야 한다. 셋째, 유럽의 전반적 안정을 위해 평화적이고 점진적으로 단계적 과정을 통해 통일이 한 걸음씩 나아가며 달성되어야 한다. 넷째, 「헬싱키최종의정서」의 원칙에 따라 국경문제를 다루어야 하고 협상은 모든 당사자가 참여함으로써 진행되도록 해야 한다.[19]

콜은 미국의 독일통일 조건을 환영했다. 첫째와 셋째는 이미 자신이 주장한 것이었다. 비록 그 회의에서 이탈리아와 영국이 '자기결정'에 이의를 제기했지만 반향을 일으키지 못했다. 부시의 통일지지 선언은 콜의 통일 공세에 날개를 달았다. 둘째와 넷째, 즉 통일독일의 나토 귀속 원칙과 오데르-나이세 국경에 대해 콜도 의견이 다르지 않았다. 다만 콜은 결정 방식과 절차를 미루고 있었을 뿐이었다. 부시가 나서 그 문제를 언급했기에 콜은 향후 협상에서 더 많은 행위 여지와 교섭 역량을 가졌다고 보았다.

1990년 1월 4일 미테랑 대통령은 대서양 연안 라세(Latché)의 별장으로 콜을 초대했다. 둘은 거추장스러운 공식 의전을 던지고 편하게 얘기를 나누었다. 편하면 얘기가 길다. 둘은 충분히 의견을 주고받기도 했지만 무엇보다 사적인 신뢰를 높이 쌓았다. 미테랑이 가장 중요하게 생각한 유럽통합 전망에 대해서 콜은 명료히 답했다. 콜은 독일통일과 함께 유럽통합도 적극 추진하며 통일독일은 프랑스와 함께 유럽통합의 중추가 될 것이라고 보장했다. 당시도 미테랑은 유럽통합과 독일통일의 동시 추진이 가장 바람직하다고 보았다. 하지만 미테랑은 독일통일이 유럽통합의 장애가 아니라 동력이 된다면 그것을 반대할 이유가 전혀 없었다. 둘은 힘이 다른 두 말을 계속 조정해야 할 마부가 아니라 두 궤로를 동시에 달리는 통합열차의 기관사가 되기로 했다. 독일이 먼저 동력을 전달할 뿐이라고 여겨졌다. 둘의 약속은 그 뒤에도 지켜졌다.

독일통일을 막는 장벽의 외벽은 소련에 있었다. 베를린장벽의 경우처럼, 내벽을 통과해도 외벽을 뚫기는 쉽지 않아 보였다. 소련 지도부는 서독 정부의 통일 공세에 대해 우려와 반대를 숨기지 않았다.[20] 고르바초프는 콜의 통일강령을 '압박'이라고 표현하며 "현 유럽의 안정을 위기에 빠트리는 일"이라고 규정했다. 그는 1990년 1월 중순까지도 공식 의견 표명이나 외국 정치가들과의 대화에서 콜의 통일 공세와 강령이 지금까지의 상호 합의를 위반하는 일로 여겨 수용할 수 없다고 말했다. 사전 협의

없이 일방적으로 행동한다든지 오데르-나이세 국경이 빠진 것이라든지 하는 등의 비판 외에도 소련 지도부가 특히 유의한 대목은 콜이 동독 체제의 근본적 변화를 요구한 것이었다. 고르바초프는 독일인의 자결권을 부정하지 않았지만 두 개의 독일 국가가 존재하는 것이 유럽의 안정에 기여함을 부각했다. 소련 외무장관 셰바르드나제는 1989년 12월 19일 브뤼셀에서 열린 유럽의회 정치분과회의에서 "자결권은 국가에 대한 것이지 '인민'에 대한" 것이 아니라고 주장하며 동독의 존재를 부정하는 통일전망을 비판했다.[21] 소련 정치지도부는 통일에 대한 독일인의 자결권을 인정하되 동독의 국가 지속을 전제하는 모순적 태도를 한동안 유지했다.

흥미로운 것은 이미 고르바초프의 일부 참모들은 정세 변화에 조응해 소련도 서독과 미국처럼 독일통일과 관련한 대안을 마련하고 역공세에 나서야 한다고 주장했지만 고르바초프는 주저하며 관망했다는 사실이다. 고르바초프는 "숨어서 지켜보고 대결을 회피하며 기다리는" 정치 스타일을 버리지 않았다. 심지어 그는 동독 사통당의 새 당수가 된 그레고어 기지에게도 콜의 공세에 맞장 뜨지 말라고 충고했다. 외무장관 셰바르드나제는 고르바초프를 "현대판 파비우스 막시무스 쿤크타토르"라고 불렀다.[22] 고르바초프는 "역사가 결정할 것이"라며 기다렸다.

1990년 1월 말 소련 정치지도부는 동독이 국가로 계속 유지될 수 없음을 알았다. 고르바초프는 1월 25일 핵심 참모들과 회합에서 독일통일이 역사의 도정에 들어섰음을 인정했지만 어떤 대안이나 전략도 따로 마련하지 못했다.[23] 고르바초프는 1990년 초에 잠시 나토와 바르샤바조약기구를 동시에 해체하고 유럽공동안보체제를 만들자고 제안했지만,

동유럽 국가 전체가 붕괴하는 현실에서 때늦었다.

고르바초프에게는 독일 문제보다 리투아니아를 비롯한 발틱 국가의 독립과 경제와 재정 위기가 더 시급했다.[24] 그러나 그것만으로는 고르바초프의 독일통일 관련 전략 부재와 관망을 충분히 설명할 수 없다. 이미 고르바초프는 1989년 6월 12-13일 서독 방문 시 콜에게서 소련이 요청할 경우 즉각 경제지원을 해줄 수 있다고 확약을 받았다. 1990년 초 고르바초프는 독일통일을 기회로 서방 국가들로부터 소련에 긴급히 필요한 재정지원을 즉각 받을 수 있다고 보았다. 마찬가지로 흥미로운 것은 서독 정부도 소련의 경제 시급성과 물자 필요를 재빠르게 인지하고 고르바초프의 요청에 적극 그리고 즉각 대응했다는 사실이다. 그리하여 1990년 2월 10일 콜 총리는 소련 공식 방문에서 고르바초프에게서 독일인의 자주적 결정을 존중할 것이라는 확인을 받았다. 고르바초프는 여전히—더 정확히는 뒤늦게—독일중립화 또는 중부 유럽 지역에서의 소련과 미국 군대의 동시 철수 등을 독일통일과 연계하고자 했지만, 기본적으로는 독일인의 자결권과 선택 자유를 존중한다고 밝혔다. 소련과 서독 정치지도부는 5월 말까지도 통일독일의 나토 소속 여부를 놓고 씨름을 벌였다.[25] 하지만 2월 10일 콜 총리에게 고르바초프가 독일인의 자결권을 인정한 것은 이미 '돌파'였다.[26] 본으로 돌아온 뒤 콜의 오른팔 텔칙은 "통일의 열쇠는 이제 더 이상 모스크바에 있지 않다. 연방총리가 그것을 가져왔다. 얼마나 빨리 통일이 이루어질지는 전적으로 우리 손에 달려 있다"고 으스댔다.[27] 텔칙은 또 한 번 상황을 정확히 읽었다.

2+4=1

1990년대 전반 몇 달 동안 콜은 정말 바빴다. 1월부터 7월 중순까지 외국 정상들과 외무장관들을 수시로 만났다. 1월 4일에는 프랑스의 대서양 연안에서 미테랑, 2월 10일에는 크렘린에서 고르바초프, 2월 24일에는 캠프 데이비드에서 부시, 3월 30일에는 런던에서 대처, 4월 25일에서는 엘리제궁에서 다시 미테랑을 만나 독일통일을 상의했다. 콜은 4월 28일에는 더블린에서 유럽공동체 특별정상회의, 7월 10일에는 휴스턴에서 G7 정상회의에 참석했고 7월 16일 캅카스에서 고르바초프를 만나 담판했다.[28] 콜과 겐셔는 4국 정상과 외무장관들과 직접 만나는 것 외에도 전화와 서신을 통해 수시로 의견을 조율했다. 바빴지만 흥겨웠다. 전쟁을 준비하거나 적대를 유발하는 일이 아니라 평화를 만드는 일이기에 스트레스도 덜했다.

1990년 2월부터 9월까지 독일통일의 외적 조건과 형식을 둘러싼 주요 결정들이 연이어 이루어졌다. 평화협정은 그동안 변화한 국제정치 현실과 구조를 반영하지 못하기에 애초부터 협상 형식으로 맞지 않았다. 1945년 종전 시점에나 어울릴 평화협정 형식으로 독일문제 해결의 방식을 정하는 것은 시대착오적이었다. 나토와 바르샤바의 존재, 유럽공동체와 유럽안보협력회의의 역할, 동서독 사이의 「기본조약」 및 서독과 소련 및 동유럽 국가들 사이의 여러 협정들을 반영해야 했다. 4대 열강과 함께 2개의 독일국가가 함께 통일의 외적 형식을 논의해야 했다. 동시에 그것을 '6자 회담'이라고 하지 않은 이유는 4대 열강이 독일에 대한 권리를 갖고 있음을 따로 인정했기 때문이지만, '4+2 회담'이 아니라 '2+4 회담'이라고 불린 이유는 서독과 동독의 결정이 우선임을 강조하기 위해서였다. '2+4 회담' 형식은 애초 미국의 제안이었지만 서독 정부는 즉각 받아들였고 회담이 개최되도록 바쁘게 움직였다.

　2월 14일 오타와에서 열린 나토와 바르샤바조약기구 소속의 23개국 대표 회의는 독일통일의 외교 문제를 논의할 기본 틀로 '2+4 회담'을 확정지었다. 1990년 2월 24일과 25일 캠프 데이비드에서 콜 총리와 부시 대통령은 통일독일이 나토 회원국으로 유지되어야 한다고 천명했다.[29] 통일독일이 나토에 잔류하고 미군이 독일에 계속 주둔하는 것에 부시와 콜은 의견이 다르지 않았다. 통일독일의 동부, 즉 통일 후 동독 지역에 나토 지휘권 아래에 있는 독일군의 주둔 여부를 둘러싸고는 이견이 있었다. 하지만 그것은 기본적으로 미국과 서독의 차이는 아니었다. 서독 외무장관 겐셔와 미국 국무부는 잠시 소련의 안보 우려를 고려해 통일 후에도 동독 지역에는 나토 소속 군대가 주둔하지 않는 것을 고려했지만 콜과 부시는 받아들이지 않았다. 콜은 겐셔의 독자 안보 구상과 활동을 제어했고 미국은 서독의 입장이 명료하다면 서방 국가들의 연대를 통해 소련을 충분히 설득하거나 유인할 수 있다고 보았다.

　1990년 4월 28일 더블린의 유럽공동체 특별정상회의는 독일통일의 지지에 합의했고 그것을 선언했다. 12개국 유럽 정상들은 독일통일이 유럽통합, 즉 유럽공동체의 발전에 도움이 되리라는 데 동의했다. 대처는 여전히 못마땅했지만 따로 반대를 표명하지는 않았다. 서유럽 국가들의 지지로 독일은 이제 소련과 폴란드만 상대하면 되었다. 유럽 정치무대에서 1990년 4월은 그 전과 확연히 달랐다. 이제 독일통일은 유럽통합 맥락에서 진행되는 것으로 인지되었다. 통일로(路)에는 서쪽에서 순한 온풍이 계속 불었다.

'2+4 회담'은 개최 장소와 일자, 주제와 쟁점을 놓고 실랑이가 없지 않았다. 하지만 실제 주요 쟁점에 대한 협의와 조정은 회의장에서 이루어지기보다는 별개의 정상회담와 외무장관 회담 등을 통해 계속 진행되었다. 제1차 2+4 회담이 5월 5일 본에서 열려 통일독일의 국경선 문제, 유럽안보구조 개혁, 베를린 문제, 4대 전승국과 독일의 최종 관계의 국제법 문제 등에 대해 논의를 시작했다.[30] 이견은 역시 통일독일의 안보동맹 귀속 문제였다. 6월 22일 동베를린에서 열린 제2차 회의에서도 소련은 통일독일이 나토와 바르샤바조약기구에 동시에 가입하는 방안을 들고 나

1990년 5월 5일 본에서 열린 제1차 2+4 회담. 사진 왼쪽부터 베이커, 셰바르드나제, 겐셔, 두마, 메켈, 허드.

왔다. 서방 열강과 독일은 받아들일 수 없었다. 부시 대통령과 콜 총리는 7월 초 나토 정상회담에서 따로 만나 소련으로 하여금 통일독일의 완전한 나토 잔류를 받아들이도록 유인할 방도를 찾았다. 그들은 소련의 유럽 공동안보구조 방안을 무력화하기 위해 기존의 유럽안보협력회의를 강화해 군비감축과 갈등방지센터 등의 설립을 제안해 통과시켰다. 7월 17일 파리에서 열린 '2+4 회담'의 제3차 회의에는 폴란드가 참여해 오데르-나이세 국경문제를 매듭지었고, 동독 주재 소련군의 철수 비용과 군대 규모 등의 문제를 해결했다. 1990년 7월 16일 소련의 캅카스 휴양지에서 고르바초프는 콜 총리와 서독 정치가들에게 독일은 통일로 주권을 완전히 회복하고 통일독일의 나토 귀속도 승인할 수 있다고 말했다. 심지어 고르바초프는 서독 지도부의 예상을 뛰어넘어 서독군이 동독 지역에 주둔해도 좋다고 했다. 다만 소련군이 4년 동안의 이행기에 철수한 뒤에 나토 명령권을 동독 지역으로 확대할 수 있다고 덧붙였다. 그는 사실상 통일독일의 군대가 나토에 잔류하는 것을 인정했다. 통일독일의 군대 규모도 서독이 제시한 37만 명을 수용한다고 밝혔다. 콜은 그것에 대해 50억 마르크(31억 달러, 3조 6,500억 원)의 차관 제공을 약속했다. 콜의 외교 성공이었다. 서독 정부의 외교력이 발군이었다고 높이는 대신 독일마르크의 힘이 셌다고 가볍게 말하기 쉽다. 하지만 돈을 갖고도 힘만 따르거나 폼만 잡는 일이 다반사라 돈으로라도 권리를 챙겼다면 흠은 아니다. 문제는 고르바초프의 단견이었다. 소련의 이익을 위해서나 동독과 동유럽 사회의 안정적이고 완만한 체제전환을 위해서도 고르바초프는 더 이성적으로 조정할 수 있었다. 고르바초프는 소련의 시급한 물자 부족과 재정 부족 해결에만

오데르–나이세 국경문제를 매듭지은 제3차 2+4 회담(위).
1990년 7월 15일 캅카스에서 콜과 고르바초프와 겐셔(아래).

 Auswärtiges Amt

**Vertrag vom 12. September 1990 über die
abschließende Regelung in bezug auf Deutschland**

„2+4-Vertrag"

**mit Erklärung vom 01. Oktober 1990 zur Aussetzung der
Wirksamkeit der Vier-Mächte-Rechte und
-Verantwortlichkeiten**

- Urschrift des Vertrags
- Deutsche Ratifikationsurkunde
- Amerikanische Ratifikationsurkunde
- Britische Ratifikationsurkunde
- Französische Ratifikationsurkunde
- Sowjetische Ratifikationsurkunde
- Urschrift der Erklärung

Quelle:
Politisches Archiv des Auswärtigen Amts, MULT - 781

1990년 9월 12일 모스크바에서 체결된 「2+4 조약」과 조약문의 표지.

코를 박아 유럽안보구조를 둘러싼 씨름에서 너무 일찍 샅바를 놓았다.

1990년 9월 12일 모스크바에서 열린 '2+4 회담' 제4차 회의는 '독일문제의 최종 결정에 관한 조약'인 「2+4 조약」이 체결되었다. 기왕의 합의들이 담겼다. 조약 7조의 규정으로 독일은 국내외 모든 문제에서 주권을 온전히 되찾았다. 독일 양국은 조약을 통해 오데르-나이세 국경을 최종 인정했다. 동독(독일민주공화국)은 10월 3일까지 「바르샤바조약」과 코메콘에서 탈퇴하고 연방공화국에 편입했다. 2 더하기 4가 1이 되었다. 11월 9일 통일독일은 소련과 「우호와 선린 및 협력을 위한 조약」을 따로 체결했다.

우호 합의와 공동 선언과는 별도로 냉전 수행의 수단은 손쉽게 사라지지 않았다. 미국과 소련, 동서 유럽은 독일통일과 유럽냉전 해체에도 불구하고 수많은 살상무기를 남겼다. 냉전의 유산으로 남은 것은 베를린 장벽의 잔해만이 아니었다. 무너진 장벽의 뒤에는 인간 살상과 문명 파괴의 도구들이 고스란했다. 그것을 줄이고 없애려면 다시 협상의 진통과 조정의 과정이 필요했다. 1990년 11월 20일 「유럽재래병력조약」에 따라 나토는 1994년까지 탱크 2,100대, 소련은 1만 2,000대를 폐기해야 했다.[31] 유럽안보협력회의를 대체할 새로운 기구를 설립하기로 결정했다. 재래식 무기 감축과는 달리 전략무기 감축을 둘러싸고는 다시 미국과 소련 사이에 이견이 있었다. 곡절이 좀 있었지만, 1991년 7월 30일과 31일 모스크바에서 고르바초프와 부시는 핵탄두와 미사일과 폭격기를 줄이는 「전략무기감축조약」을 체결했다.

1991년 8월 19일 고르바초프에 반대하는 군사 쿠데타가 엉성하게 일어났다. 보리스 옐친과 러시아 의회 의원들은 쿠데타에 맞서 저항 조직을 구성해 물리쳤다. 8월 말 소련공산당이 해체되기 시작했고 고르바초프도 위신이 떨어졌다. 고르바초프는 12월 25일 대통령직을 사임했다. 소련도 해체되었다. 소련 해체는 고르바초프에게는 불행이었지만 소련의 지배 아래 있던 여러 지역의 인민들에게는 새로운 삶의 기회였다. 독일통일의 외교에서 가장 중요한 인물이었던 고르바초프의 권력 상실은 독일통일의 화려함에 묻혔지만 그의 공헌은 작지 않았다.

다만 고르바초프가 더 일찍 그리고 더 명료히 나토와 바르샤바를 대체할 유럽공동안보구조를 제안했다면 나토의 동유럽 확대는 막을 수 있었을 것이다. 적어도 1989년 겨울에는 아직 고르바초프에게 그것으로 지금보다는 더 나은 유럽안보체제를 만들 수 있는 기회가 있었다. 그가 내정 요인에 매달리고 제국 유지에 관심을 두는 동안 유럽의 또 다른 평화정착의 길, 즉 소련까지 포괄한 유럽공동안보구조 창출의 기회를 놓친 것은 그 후 역사발전의 관점, 즉 유럽연합과 러시아 간 갈등의 맥락에서 보면 여전히 아쉽다. 여기서도 역사는 이제 연장전으로 이어질 후반전에 다시 돌입하고 있는지 모른다. 통일독일은 러시아의 상대 선수 중 하나가 아니라 심판이 될 필요를 느끼는 것이 그나마 다행이다.

폴란드와 독일통일

독일통일의 외교사 서술에서 폴란드가 빠질 수는 없다. 하지만

1990년 독일통일 연구들은 국내외를 막론하고 독일통일과 폴란드의 관계를 주변으로 밀거나 주석처럼 처리한다.[32] 독일 학자들과 영미권의 역사가들이 저술한 독일통일 외교사를 그대로 따르면 폴란드를 무시하는 인습은 유포되고 관성은 확산된다. 4대 열강의 시각이나 독일사의 맥락만이 아니라 폴란드의 관점에서도 독일통일을 볼 필요가 있다.[33] 사실 폴란드에 독일통일의 '결과'는 나쁘지 않았다. 독일통일 후 주요 정치가 개인의 곡절을 떠나고 장기적인 관점의 불안 요소를 잠시 제쳐 두면 독일통일은 4대 열강과 유럽 중소국 모두에 아주 만족스럽거나 꽤 수용할 만했다. 폴란드도 핵심 요구였던 오데르-나이세 국경을 보장받았기에 '결과'에 만족했다.

역사 이해는 결과 확인이 아니다. 폴란드가 독일통일 '과정'에서 정당하게 대우받지 못했음을 기억할 필요가 있다. 독일통일 외교사가 협상 형식인 '2+4'와 그것의 합의 결과에 주로 집중하니 그 형식 자체가 사실 '2+4(+1-1)'였음을 놓친다. 폴란드도 협상 탁자에 앉을 수 있기를 바랐지만 그렇지 못했다. 폴란드의 서부 국경은 국가 안전 또는 주민의 삶과 직결되기에 폴란드는 독일통일 외교를 둘러싼 '게임의 당사자'였다. 폴란드는 통일 외교 협상 탁자에 앉기를 원했다. 네덜란드와 이탈리아가 독일통일 외교 협상에 참여하기를 원하며 모든 나토 회원국을 협상 회의에 초대할 것을 요구한 것과 그것은 다른 차원이었다. 하지만 폴란드는 독일과 베를린에 권리를 가진 4대 전승국이 아니라는 이유와 서독의 완강한 반대로 참여하지 못했다. '평화협정'의 방식이 아니라 '2+4 회담'의 형식을 통해 독일통일의 외교와 안보 문제를 해결하기로 한 이상 '전승국'이냐 아니냐의 문제는 결정적이지 않았다. 강자의 논리로 현실 문제에서 가장 중요한 당사자가 배제되었다.

　　폴란드는 나치 독일의 가장 큰 희생과 고통의 대상국이었고 동시에 통일 과정에서 국경을 둘러싸고 여전히 논란의 불씨가 남아 있었다. 통일독일에 대한 두려움이 가장 큰 나라도 폴란드였다. 게다가 독일통일이 유럽통합의 전진을 위한 발판을 마련하는 일이었기에 소련만이 아니라 동유럽 국가의 대표로 폴란드를 포함할 필요가 있었다. 유럽냉전 해체의 주역인 동유럽의 신생 정부가 독일통일의 외교 협상에서 빠진 것은 유럽통합의 상호 존중의 원칙에도 충분히 조응하지 않았다. 폴란드인의 입장에서 보면, '2+4 회담'에 폴란드가 빠진 것은 이해할 수 없는 처사였다. '2+4 회담' 형식이 결정되기 전에 폴란드 마조비에츠키 총리는 자국의 참여를 강력히 요청하며 그것을 거부하는 서독 정부를 압박했다. 폴란드 언론도 같은 의견이었다. 1990년 2월 16일 자《트리부나(*Trybuna*)》는 콜이 폴란드의 '2+4 회담' 참여를 막는 것을 비판하며 폴란드가 독일 현대사와 얼마나 깊은 연관이 있는지를 환기시켰다.

　　독일의 폴란드 침공으로 제2차 세계대전이 개시되었다. 그 전쟁으로 독일이 분단되었다. 그 전쟁에서 우리나라가 가장 큰 고통을 겪었다. …… 통일에서 헤게모니 역할을 수행할 연방정부에서 국경문제는 여전히 모호하고 불명확하다.[34]

　　폴란드는 독일통일 과정과 형식을 독일과 폴란드 간 화해 여부를 시험할 수 있는 과정으로 보았다. 폴란드인들은 자국의 회담 참여 요구를 거부하는 콜 총리에 대해 불신과 의심을 쉽사리 거두지 못했다.[35] 결국, 서독의 반대와 소련의 무심과 서방 열강의 냉정에 가로막혀 폴란드의 참여 요구는 관철되지 못했다. 다만, 독일의 국경문제를 다룰 회의를 할 때 폴란드가 잠시 참여하는 방안이 타협책으로 마련되었다. 폴란드의 정치 지도자들은 실망했지만 국제정치 현실을 수용할 수밖에 없었다.

폴란드의 관점에서 독일통일을 보면, 동독 민주혁명 발발에 끼친 폴란드의 역할과 영향부터 초들 수 있다. 폴란드야말로 베를린장벽 붕괴와 독일통일 과정을 촉발한 1989년 동유럽 공산주의 해체의 발원지였다. 1989년 폴란드에서 등장한 '원탁회의'는 동독 민주화 과정에서 중요한 역할을 했다. 영향을 넘어 연관도 만만치 않았다. 폴란드와 동독 비판운동가들 사이에는 접촉과 교류가 이어졌다.[36] 1989년 가을 폴란드인들은 바르샤바의 서독 대사관으로 몰려든 동독 탈주자들을 도왔고 동독의 체제비판운동을 지지했다. 동독 체제비판 운동가들 중 일부는 연대노조 운동에 고무받아 "폴란드어를 배우자"고도 말했다. 폴란드 연대노조는 독일인을 겨냥한 반감이나 복수 심리와도 무관했고 공산당의 반서독 선전에도 넘어가지 않았다. 1989년 초에 이미 '협상혁명'을 통해 민주화의 길을 잡은 폴란드는 동독의 체제 변화를 긍정적으로 평가했다. 1989년 9월 아직 폴란드에서 신생 민주정부가 들어서기 전부터 폴란드의 개혁가들은 서독을 방문해 콜 총리와 대화했다. 당시 대화 주제는 폴란드의 경제 상황 개선이었다. 독일통일이나 오데르-나이세 국경은 당연히 언급되지 않았다. 요컨대, 서독은 폴란드의 개혁을 지지했고, 동독은 폴란드의 민주화를 따랐다. 폴란드는 동독에서는 체제 변화를, 서독으로부터는 경제 지원을 원했다.[37] 다만 폴란드인들은 독일분단을 폴란드 안보의 전제로 여겼기에 독일통일을 염두에 둔 변화를 예상하지 못했다. 1987년과 1989년 폴란드 여론조사에 따르면, 독일이 곧 통일될 것이라고 답한 비율은 각각 4%와 22%에 불과했다.

사실 폴란드의 체제비판운동은 통일이 되더라도 독일이 아니라 소련이야말로 폴란드의 안보에 위협이 된다고 생각하기도 했다.[38] 하지만 1989년 말 독일에서 통일 요구가 거세고 독일통일이 국제정치의 핵심 주제가 되자 폴란드인들은 기대도 없지 않았지만 우려하는 분위기가 더 컸다. 폴란드 여론은 그 문제 대해 견해가 완전히 일치하지는 않았다. 이를테면, 1989년 12월 '유럽에서의 독일문제'라는 토론회에서 폴란드 의회 (Sejm) 의원 야누스 오니스츠키비츠는 "독일통일 과정은 유럽통일 과정이기도 하다. 그런 맥락에서 그것을 환영하고 희망을 가질 수 있다"고 주장하며 독일재통일을 둘러싼 국제논의에 "폴란드의 목소리가 경청되고 존중"되도록 해야 하며 "그 논의에 폴란드가 참여하"는 것이 중요하다고 밝혔다. 하지만 폴란드인 다수는 독일통일에 비판적이었다. 여론조사에 따르면, 1990년 2월에 급속한 독일통일에 반대하는 주민은 40.7%였고 독일통일을 먼 미래의 일로 본 주민은 34.4%인 데 반해 급속한 독일통일을 지지한 비율은 6.6%에 불과했다.[39]

1989년 가을 민주혁명이 지나고 독일인이 '통일'을 외치자 타데우시 마조비에츠키 총리 주도의 신생 민주정부는 독일 측에 국경보장 선언과 협정을 요구했다. 미국과 영국과 프랑스도 콜 정부에 폴란드와의 국경

문제에 대해 명료한 입장을 밝히라고 요구했다. 하지만 콜은 그것에 대해 통일 후 정부와 의회의 일이라고 미루었다. 겐셔 외무장관은 이미 수차례 오데르-나이세 국경에 어떤 변화도 생기지 않을 것이라고 보장했다. 하지만 콜이 10개조 강령 발표부터 1990년대 전반기 내내 명료히 입장을 밝히지 않은 것은 정치 책략 때문이었다. 콜은 1990년 말에 치러질 연방의회 선거를 염두에 두었다. 그는 독일통일 전에 폴란드와의 국경문제를 확정지을 생각이 없었다. 보수적인 유권자들 사이에는 아직 오데르-나이세 국경 확정에 민감한 이들이 있었다. 하지만 1990년에는 1944/45년에 폴란드 지역에서 강제 추방된 독일인들의 영향력이 크지 않았다. 그럼에도 콜은 3-4%의 선거 지지율 상승을 의식해 오데르-나이세 국경의 공식 인정을 미루었다.[40]

그것은 폴란드에서 격렬한 비판을 이끌었다. 폴란드 정부는 이미 1990년 초부터 국경문제가 독일통일 전에 해결되어야 한다고 맞섰다. 1990년 2월 21일 폴란드 외무장관 크시슈토프 스쿠비셰프스키는 프랑스와 소련, 영국과 미국의 대사들을 초대해서 폴란드의 정부 입장을 공식 전달했다. 특히 마조비에츠키 총리는 영국의 대처 총리에게 큰 기대를 걸었다. 1990년 6월에도 마조비에츠키 총리는 대처 총리에게 보내는 서한에서 "독일통일이 현재와 미래의 주변국의 안보, 특히 영토 안전과 국경 유지를 망가뜨릴" 것이라고 우려했으며 독일통일로 오데르-나이세 국경에 결코 애매한 결정이 내려져서도 안 된다고 강조했다.[41]

폴란드의 비판과 열강의 요구가 거세자 콜 총리는 1990년 3월 8일 향후 구성될 통일독일 정부와 폴란드 정부 사이의 협정을 통해 국경문제를 확정하고 양국 주민의 화해를 북돋우겠다고 발표했다. 동서독 정부와 폴란드 정부는 오데르-나이세 국경 인정과 양국 간 조약 체결의 시점에 대해 계속 실랑이를 벌이다 타협점을 찾았다. 1990년 9월 12일 체결된 「2+4 조약」의 1조 2항에서 통일독일과 폴란드공화국은 그들 사이의 현존 국경을 국제법적 구속을 갖는 조약을 통해 확인한다고 밝혔다. 1990년 11월 14일 통일독일의 외무장관 겐셔와 폴란드 외무장관 스쿠비셰프스키는 바르샤바에서 「국경조약」을 체결했다. 1991년 말까지 양국 의회는 그것을 비준해 1992년 1월 16일부터 발효하도록 했다. 그 조약에 기초해 1991년 6월 17일 양국은 「선린과 우호 협력 협정」을 더 체결했다. 콜 총리는 통일 후에 폴란드가 유럽연합에 가입하도록 도왔다. 양국은 정부 간 협의와 협력 기구만이 아니라 시민사회 간의 접촉과 주민 간 우호 증진을

1991년 6월 17일 통일독일과 폴란드의 우호협정 체결 장면. 협정서에 서명 중인 양국 총리 헬무트 콜과 크리스토프 비엘레츠키.

위해 노력했다. 1991년 4월 양국 주민의 왕래에 비자를 면제했고 국경은 완전히 열렸다. 폴란드에서도 독일에 대한 반감이 점차 줄었다. 독일통일의 결과는 폴란드인들에게도 새로운 삶의 기회를 제공했지만 그 과정의 갈등과 논란은 불필요했거나 훨씬 더 줄일 수 있었다.

독일문제 해결

"대륙을 지배하기에는 너무 약하고 대륙에 편입되기에는 너무 강했다." 1955년 독일역사가 루트비히 데히오가 독일사의 지정학적 곤경을 설명한 말이다. 1990년 독일은 처음으로 유럽 대륙에 적당한 형식으로 편입되었고 적절한 방식으로 이끌기 시작했다. 독일은 처음으로 강약을 조절하는 법을 배우기 시작했다. 그런 학습 과정을 통해 독일은 오랜 '독일문제'를 해결했다.

독일통일을 위한 국제정세가 마냥 좋지만은 않았다. 국제냉전은 균열이 뚜렷했지만 열강과 주변국은 모두 고유의 이익과 전망을 가져 방해와 개입을 당연시했다. 하지만 상황을 개선하려는 역사행위자들의 정확한 관찰과 탐색, 신중하거나 단호한 행동과 결정의 연쇄가 더 중요했다. 서독 정치가들은 미국과 소련, 영국과 프랑스 등의 강대국들이 독일통일에 어떤 태도를 보일지를 정밀히 관찰했고 행동반경을 조금씩 넓히고 자기결정권을 높였다.

서독 정부가 추진한 통일외교의 전제는 독일통일을 위한 유럽안보·외교 문제의 해결과 양독 관계의 발전을 분리하는 것이었다. 뒤의 것을 통해 콜은 독일인의 자결권을 부각할 수 있었고 그것을 지렛대로 통일독일의 안보 동맹과 외교 문제를 해결했다. 다만 과제의 분리가 처리의 선후를 의미하지는 않았다. 콜 총리는 두 차원을 동시에 추진하되 양독 국가의 자주적 통일 추진이 4대 열강과 주변국들의 개입에 영향을 받지 않고 오히려 그 역이 될 수 있기를 원했다. 1989년 11월 28일 콜의 통일 공세로부터 1990년 11월과 1991년 6월 각각 소련과 폴란드와 우호조약을 체결할 때까지 독일은 신중과 모험의 줄타기 외교를 이어갔다. 모든 주장과 결정을 다 긍정적으로 보기는 어렵다. 그럼에도 콜 정부는 독일 역사상 처음으로 열강과 접경 중소국 모두와 친교를 맺고 우호를 유지하는 독일 국가를 만들었다. 서독 정부는 매우 짧은 시기에 여러 나라의 주장과 요구를 조정하고 독일의 이익과 권리를 관철하며 통일을 지지하도록 만들었다. 아울러 독일은 자국의 통일을 통해 주변국의 이익을 가져다주었고 동서 유럽의 관계에 새로운 자유의 숨결을 불어넣었다. 물론 그것이 나토의 동유럽으로의 확대를 낳음으로써 러시아와 유럽의 관계가 어떻게 진행될지는 여전히 혼미하다. 그래도 독일통일 외교는 흔치 않은 성공이었다.

한반도 주변 열강의 전략과 입장을 상수로 보고 한반도 주민들의 행위 여지와 자기결정권을 스스로 제약하는 모든 단견과 전망 부재의 태도는 역사의 하수구로 버릴 때다. 남북은 주변 열강의 한반도 관련 정책이나 통일문제에 대한 입장이 고정적이라고 볼 이유가 전혀 없다. 전후 유럽에서는 독일문제가 분단으로 해결되었다고 간주되었다. 게다가 독일은 패전국이자 전범국으로서 주권의 제약을 많이 받았다. 그런 독일도 '자결권'을 내세워 민족문제 해결의 주도권을 열강에 넘기지 않았다. 상황이 움직이면 외교와 안보 관련한 선택지는 더 많이 열린다. 그럴 때는 어떤 열강이나 주변국도 정책과 방향을 확정짓지 못한다. 한반도의 외교를 지정학의 운명으로 설명하고 예단할 일도 아니지만 이상주의로 동아시아 질서를 구상하는 일에 갇힐 일도 아니다. 정치공동체가 직면한 국제정치의 현실을 고려하되 구성원의 더 많은 자유와 안전, 이익과 권리를 옹호하고 확대하는 길을 계속 찾는 것이 외교다. 20세기 전반의 민족해방 투쟁의 맥락이 아니더라도 주권과 자기결정권 및 자주는 평화의 전제였다. 안보 때문에 동맹에 귀속될 때도 있지만 평화를 위해 자기결정권을 부각할 때도 있다. 오스트리아와 핀란드가 중립화 외교로 탈냉전의 주권을 발현시켰다면 독일은 조정과 타협의 통일 외교를 통해 주권 옹호를 더욱 발전시켰다. 둘 모두 한반도 평화외교를 위한 숙고의 자료다.

제 3 부

더 나은 길을 찾아서

제9장

통합

통일이 새로운 분열을 낳는다면?

/

네가 멀리서 이 산봉우리들을 / 바라보면, 봉우리들은
황금과 보랏빛으로 치장한 / 제왕처럼 당당하게 빛난다.

그러나 가까이에서 보면 / 장려함은 사라진다.
다른 모든 속세의 고결함이 그러하듯 / 빛의 효과가 너를 속인 것이다.
－하인리히 하이네[1]

1990년 10월 3일 하넬로레

1990년 10월 3일은 수요일이었다. 그날 저녁 베를린 중심지 옛 제국의회 의사당 앞에서 동서독의 통일을 선포하고 축하하는 기념식이 열렸다. 바이츠제커 대통령은 통일을 선포했다. "자유로운 자결권에 기초해 우리는 독일의 자유와 통일을 완성합니다. 우리는 유럽 통합을 통해 세계 평화에 기여하고자 합니다. 그 과제를 이행하면서 우리는 신과 인류 앞에서 책임을 통감합니다." 종소리가 퍼지고, 베토벤이 울렸다. 폭죽이 올랐고 감동이 일었다. 세계 전역에 생중계되었다. 한 시대의 종언과 새 시대의 개막을 보려는 사람들로 넘쳤다. 특히 한반도 남단의 주민들은 얼굴의 모든 곳이 움찔거렸다. "우리 또한 그러하리라!", "우리도 그들처럼!"

30년 전 그날의 사진과 영상을 다시 보면 행사장 연단의 정중앙에 한 여성이 보인다. 라퐁텐과 빌리 브란트와 겐셔, 콜과 바이츠제커의 사이에 콜의 부인 하넬로레 콜이 미소를 띠고 있다. 하넬로레에게도 그 순간은 벅찼다.[2] 그가 '가정을 지키고 아이들을 돌봐' 남편이 정치에 전념할 수 있도록 했다는 식의 얘기는 억지 미담에 불과하다. 하넬로레는 이기적인 남편을 만나 힘들었다. 바쁜 남편을 마냥 기다렸고, 남편을 겨냥한 정

1990년 10월 3일 독일통일 기념식 연단에 선 하넬로레 콜.
이날 하넬로레가 꿈꾸던 통일독일의 모습은 현실이 되었을까.

치 공격이 때로 자신에게 인신 비방으로 쏟아지는 것을 감당해야 했다. 그럼에도 하넬로레는 '그 어려운 시기'에 '산처럼 자신을 지켜준' 남자를 만난 것에 고마워했다. 둘은 1948년 서독 라인강 자락 루트비히스하펜의 학교 축제에서 만나 12년의 연애 끝에 1960년 결혼했다. 첫 만남 당시 콜은 18살, 하넬로레는 15살이었다. 하넬로레가 "어려운 시기"라고 말했던 이유는 강간 피해와 척추 부상 때문이었다. 1945년 전쟁이 끝날 무렵 하넬로레는 동독 지역인 라이프치히 근교에서 어머니와 함께 소련군에게 의해 집단 성폭행을 당했다. 심지어 소련군들은 성폭력 뒤에 그 모녀를 창밖으로 '시멘트 부대 자락처럼' 내던져 버렸다. 당시 열두 살이었던 하넬로레는 정신적 상처도 심했지만 척추를 심하게 다쳐 평생 고생했다. 하넬로레는 1960년대부터 페니실린 알레르기로 고통을 받았다. 척추 치료제가 초래한 부작용이었다. 1993년 의사의 약 처방 오류로 다시 햇빛 알레르기 증상이 심해져 격심한 통증을 겪으며 밤에만 잠시 움직이는 생활을 지속했다. 그녀는 2001년 7월 4일 밤 11시경 약물 과다 복용으로 스스로 삶의 고통을 끝냈다. 한때 산처럼 든든했던 남편 콜은 곁에 없었다. 그는 베를린에서 다른 일로 여전히 바빴다.

1990년 독일통일은 1949년 독일분단의 극복이기도 했지만 1933년 등장한 나치즘 과거사의 극복이기도 했다. 그것은 또한 1945년 종전을 전후한 혼란과 무책임, 서로 다른 방향에서 오가는 폭력과 추방에도 종지부를 찍는 의미가 있었다. 독일통일을 위한 평화협상은 남성 정치가들의 작품이었다. 독일통일을 선포하고 자축하는 중노년 남성 정치가들의 무리에서 하넬로레는 남다른 감회를 가졌다. 통일총리의 부인으로서만이 아니라 1945년 성폭력의 희생자로서 그는 통일독일에서는 이제 더는 '자유'와 '자결권'과 '평화'가 유린되는 일이 없기를 빌었다. 전쟁이나 물리적 충돌이 없어야 함은 말할 것도 없고 폭력과 적대가 예방되고 신뢰와 존중이 필요했다. 형식상의 권리 외에도 실질적인 향유와 주민 집단 간의 관계에서 이성적 갈등 조정과 상호 존중이 필수적이었다. 독일통일은 여러 차원에서 그런 결과를 낳지 못했다. 사회적 소수자의 관점을 가지면 독일통일에 대한 찬가를 따라 부를 수 없었다.

'흡수통일'

독일통일은 '흡수'통일이었다. 독일과 한국에서 흡수통일이 아니라고 말하는 이들이 적지 않다. 독일통일은 서독이 동독을 강제 '병합'하는 방식으로 이루어진 것이 아니다. 동독 주민의 지지를 받은 대표자들이 서독 정치가들과 정치협상을 통해 '통일'이 이루어졌다. 동독이 서독의 정치와 행정 제도에 맞추어 서독에 '가입'했다. 폭력이나 물리적 충돌, 사회 혼란이나 주민 이탈이 없었다는 점에서 통일 과정은 '민주'적이었고 '평화'적이었다. 그 점은 정치적 의미가 크고 역사적 의의가 깊다.

하지만 한 사건에 대한 역사 평가나 규정은 형식적이고 외면적인 차원을 넘어야 한다. 그 사건이 외면상 합법적이고 평화적이었고, 다수 주민의 동의를 얻었다고 해서 그것으로 사건의 성격이 곧장 규정될 수는 없다. 사건은 과정과 영향을 낳고 그 속에서 사건의 의미는 더 복합적으로 해석될 수밖에 없다. 형식적으로는 동등한 자격을 갖고 자유로운 의사를 발현해 이루어진 협상의 결과도 실질적으로는 심각한 불균형과 불평등, 차이와 균열을 초래하는 경우가 적지 않다. 독일통일도 그랬다. 독일통일은 한 체제와 사회가 해체되고 급변하면서 이루어진 '체제이식'의 형식을 띠었다. 두 체제와 사회가 '통합'된 것이 아니라, 한 체제와 사회에 다른 체제와 사회가 '편입'되었다. 그런 점에서 그것은 주류 사회와 비주류 소수자 사회의 관계와 유사하다. 통일로 이질적인 두 사회가 서로 근접하고 소통하며 통합한 것이 아니었고, 기성 중심 사회와 주류 체제에 상대적으로 작은 지역의 일부 사회가 오랜 질서와 가치를 버리고 복속되었다. 동독과 서독의 체제통합은 바로 그런 '흡수통일'의 맥락과 특성에서 봐야 이해가 가능하다.

1990년 3월 18일 자유선거를 통해 구성된 동독 정부와 서독 정부는 1990년 5월 18일 「통화·경제·사회 통합에 관한 동서독 조약」을 체결해 경제와 화폐 등의 문제에 대해 합의했다. 그 결과로 전문가들의 우려와 야당의 반대에도 1990년 7월 1일 동서독의 일대일 화폐통합이 이루어졌다. 동독인들은 서독 화폐로 일시적으로나마 소비 욕구를 충족시켰다. 동독은 준비도 부족한 상태에서 서독의 정치 체제와 행정 제도의 이식을 받아들여야 했다. 1990년 8월 31일 동서독 정부는 협상 8주 만에 「통일조약」을 체결했다. 서독 기본법 23조에 의거해 동독이 독일연방공화국(서독)에 '가입'하는 절차를 통해 동서독이 통일하기로 결정되었다. 9조 6항의 1,000페이지 분량의 「통일조약」은 동독의 독일연방공화국 가입 규정과 기본법 개정, 동독 지역의 행정 조직 개편 등을 담았다. 서독 행정제도에 맞게 동독의 14개 군은 5개 주로 재편되었고, 신탁청을 통한 동독 자산의 대규모 사유화로 동독 국영 기업과 공장은 대부분 서독 자본에 귀속되었다. 그 밖에 사회의 모든 부문에서 서독 기준과 요구에 따라 동독 사회는 전면 개편되었다.[3]

화폐통합과 체제이식은 동독 경제를 부흥시키거나 생활수준을 올리지 못했다. 오히려 동독 지역은 경제가 침체되고 실업이 늘어났다. 사회 긴장과 불만이 증대했다. 1990년 10월 3일 통일선언 이후 동서독 지역의 차이와 균열은 '통일 위기'라고 불릴 정도로 심각한 문제가 되었고 해결 전망은 보이지 않았다. 동독 지역 주민들은 박탈감과 실질적 격차를 경험하며 급속한 통일의 후유증에 대한 대가를 한 세대에 걸쳐 계속 치러야 했다. 동독과 서독은 정치·경제 통합과는 달리 사회문화 통합은 더뎠고 사실상 이루어지지 못했다. 심각한 물리적 충돌이 존재하지 않고 조직화된 적대적 갈등으로 발현되지 않은 것이 그나마 다행이었다. 그런데 독일통일 30주년을 맞이하는 현재 동독의 상황은 다시 불안하며 동서독의 사회적 거리감은 더욱 커졌다.

동독과 서독의 차이

통일 후 많은 시간이 흘러도 동서독 간 경제 격차는 충분히 줄어들지 않았다. 동독 지역의 노동자 평균 근로소득은 서독 지역보다 900유로(125만 원) 정도가 적다. 동일 직종 임금 수준이나 가처분소득 및 노동생

산성 등 각종 경제지표는 대체로 서독의 70-80% 수준에 그친다. 실업률을 보면, 2009년 서독 지역이 6.9%였고 최근에는 경기가 워낙 좋아 2018년에는 4.8%인데, 동독 지역은 2009년에 13%, 2018년에는 6.9%였다. 독일통일 20주년이던 2009년을 전후한 때보다 최근 상황이 더 나아진 것은 사실이다. 이를테면, 동독 지역의 주들에서 빈곤으로 인해 삶의 위기를 겪는 주민의 비율은 2008년 19.85%였는데 2018년 17.8%로 좀 줄었다. 반면 서독 지역의 경우 빈곤 위기를 겪는 주민의 비율은 12.9%에서 15.3%로 늘었다. 통계를 읽는 방법도 서로 다르다. 이 같은 지표의 차이를 두고 동독의 상황이 많이 나아졌다고 보는 이들은 30년째 같은 주장을 되풀이한다. '나아지고 있다'는 말은 매년 하는 것이다. 반면, 동독 지역 주민들 대부분은 일시적인 외적 지표의 개선이 사실상 별 의미 없음을 잘 알고 있다. 금세 다시 흔들리고 격차가 또 벌어질 것이 분명하기 때문이다. 진실은 그 중간에 있긴 하다. 상황이 좀 나아지긴 했지만, 격차는 여전하다고 봐야 한다.[4] 최근에 약간 회복 추세지만 동독 지역은 출산율도 서독 지역에 비해 25%가 낮은 적도 있다. 출산율 저하 외에도 동독 청년들이 서독 지역으로 이동하면서 동독 인구는 계속 줄었다. 동독 지역 인구는 1990년에 1,700만 명이었는데, 1990년대 후반과 2000년대 초반에는 1,450만 명으로 줄었다. 특히 여성 인구가 줄어 한때 그 비율이 남성에 비해 80%를 조금 넘는 수준까지 떨어지기도 했다. 물론 최근 3-4년 동안의 통계를 보면 동독 인구의 감소는 이제 그치고 있음을 확인할 수 있다. 서독에서 동독으로의 이주 흐름이 그 감소를 상쇄하고 있기 때문이다. 서독에서 동독으로의 이주도 동독의 일부 주요 도시에 국한되는 현상이라, 동독의 작은 도시나 마을의 상황은 여전히 심각하다.

경제와 삶의 수준과 관련한 객관적인 지표 외에도 주민들의 주관적인 태도와 인지에도 동서독 간에서는 차이가 존재한다. 동독 주민들의 주관적 박탈감은 매우 높다. 그들 중 상당수는 여전히 '2등 시민'으로 간주된다고 느끼고 있다. 2019년 1월 22일 독일 일간지 《프랑크푸르트 알게마이네 차이퉁(Frankfurter Allgemeine Zeitung, FAZ)》이 알렌스바흐(Allensbach)라는 권위 있는 여론조사기관에 의뢰해 조사한 발표에 따르면[5], 민주주의와 시장경제에 대한 신뢰도 동서독 주민들 사이에서 차이가 현격하다. 그 조사에 따르면, 동독 주민의 42%만이 독일의 현 민주주의가 가장 좋은 국가 정치 체제라고 인정했고, 서독 주민의 경우는 77%가 그렇다고 인정했다. 또 사회적 시장경제에 대해서도 서독 주민의 48%는 그것보다 더 나은 경제제도는 없다고 인정했는데, 같은 대답을 한 동독 주민의 비율은 30%에 그쳤다. 게다가 2019년 7월에 발표된 여론조사에 따르면, 동독 지역 주민들의 74%가 동서독 간 주민 삶의 조건이 매우 다르다고 평가했고, 서독 지역 주민들의 43%도 그렇게 평가했다. 동독 지역 주민들은 2012년의 조사에서도 유사한 결과를 보였다.[6]

객관적 경제 지표와 주관적 인지와 감정에서 동서독의 차이는 여전하다. 그 근본 이유는 통일 당시 동독을 흡수통일하면서 탈산업화하고 차별했기 때문이다. 흡수통일 과정에서 서독 출신 지배엘리트들이 저질러 놓은 동독 경제 재생력의 근본적 파괴와 사회문화적 배제와 차별은 하루아침에 해결되지 않기 때문이다.

통일 경험의 차이와 '이행사회' 동독

사회문화 통합은 정치·경제 제도 통합의 결과이거나 동반 과정이 전혀 아니다. 사회문화는 사회적 실천과 집단적 상호작용, 경험세계와 일상문화, 재사회화와 기억전승의 영역이다. 그것은 정치행정 제도와 경제체제의 영향을 받지만 유사하거나 동일한 체제와 제도에서도 이질적인이거나 통합 거부의 저항과 집단 결집이 생겨나는 일은 허다하다.

통일 후 동서독 사회문화 통합은 성공적이지 못했다. 상황이 그렇게 된 것은 독일통일 후 동서독 사회문화 통합의 전제가 애초에 잘못되었기 때문이다. 서독 출신 정치엘리트들은 통일 후 정치제도와 경제체제의 통합처럼 사회문화 영역의 동서독 통합도 제도와 법이 토대를 닦고 교육과 언론이 보조하면 금방 달성될 것이라고 보았다. 동독 지역에 학교교육이나 시민교육을 통해 동독에 민주주의 가치를 도입하고 다원주의 사회문화가 자리를 잡으면 통합은 순조로울 것이라고 보았다. 설사 통일 후 동독 지역의 탈산업화와 실업으로 인해 동서독 간 경제적 격차가 일정 기간 지속되어도 사회문화 통합은 동일한 민주주의 가치와 규범과 유사한 삶의 방식에 의거해 수월하게 달성될 수 있으리라고 보았던 것이다.

또 동서독 통합의 문제와 결함을 인지하는 방식도 상당 기간 잘못되었다. 통일 후 동서독 사회가 평화롭게 잘 '통합'되었지만 '약간의 문제가 있었다'는 식으로 이해된 것이다. 그것은 동독과 서독 사회와 주민이 유사한 정도의 '통일 충격'과 영향이 있었다는 것을 전제한다. 사실과 다르다. 아울러 통일 후 동독 사회가 경험한 충격과 동독과 서독의 사회문화적 격리를 통일의 '후유증'이라고 말하는 것도 적절하지 못하다.

독일통일은 처음부터 줄곧 동서독 사회에 비대칭적이고 불균형한 변화를 초래했다. 통일 후 서독 사회와 주민이 겪은 변화는 약했다. 대부분의 서독 지역 주민들은 통일 자체에 무심했고 동독 주민들의 고통이나 열패감을 이해할 수 없었다. 서독인들은 원래 살던 대로 살면서 가끔 동독 지역에 출장가거나 여행하면 되었다. 통일로 인해 서독인이 감당해야 하는 구조의 변화나 일상의 충격은 거의 없었다. 서독인들은 동독 지역의 낙후성을 직접 보고 동독 주민들과 거리를 두는 삶을 유지했다. 자신의 삶이 크게 변하지 않았는데 타인의 삶의 충격을 온전히 느끼기란 쉽지 않다. 서독 지역 주민들 다수에게 통일은 삶의 단절이거나 도전도 전혀 아니었다. 그들의 삶은 연속되었고 큰 변화는 없었다. 일부 주민에게 직장이나 문화 지향 내지 가족 관계와 관련해서 새로운 기회와 경험공간이었지만 대다수 서독인에게 동독과 동독인은 여전히 낯설거나 못사는 먼 이웃 같았다.

반면 통일 후 동독 사회는 '이행사회'였다. 동독의 정치 제도와 경제 체제만이 아니라 40년 동안 학습하고 공유하던 삶의 방식이 근본적으로 무너졌고 새로운 가치와 규범을 배워야 했다. 20대와 30대 주민도 쉽지 않았지만 40대 이상의 장년층은 그 학습 과정을 따라가기가 버거웠다. 동독인들은 서독 체제에 기초한 '통일 사회'를 스스로 만들어야 했는데 하중은 너무 무거웠고 혼란은 감당하기 어려웠다. '이행'은 동독 주민들에게 근본적인 변화를 의미했다. 변화의 속도는 빨랐고 변화의 심도는 가팔랐고, 변화의 차원은 전방위적이었다. 동독 주민들은 한편으로 변화에 조응하고 그것을 수용하기도 했다. 하지만 동독 주민들이 도저히 감내할 수 없거나 거부할 수밖에 없는 변화도 상당했다.

1990년대 전반기 동독 주민들이 겪은 사회변화와 일상문화의 충격에 대한 연구가 현재 한창 진행 중이다. 5년 전 베를린 소재 독일역사박물관에서는 독일통일 25주년을 기념하며 처음으로 이 주제를 세상에 끌어올렸다.[7] 그때 독일역사박물관과 협력해 그 기획전시를 마련한 포츠담 현대사 연구소는 통일 후 동독을 '이행사회'로 규정하며 몇 개의 핵심 주제를 소개했다.

첫째, 언어 변화다. 서독인과는 달리 동독인은 언어 세계에 심각한 변화를 경험했다. 동독의 공식 용어뿐 아니라 일상 언어의 많은 부분이 사라졌다. 또 통일 과정에서 새로운 용어와 개념이 등장했고 동독인은 그것을 습득해야 했다. 서독 용어와 표현이 동독 사회에 유입되어 동독 언어와 경쟁했다. 서독 언어가 이기는 경우도 있고 동독 언어가 이기는 경우도 있고 두 언어가 공존하는 경우도 있다. 중요한 것은 서독인과는 달리 동독인만이 그런 언어 세계의 변화에 노출되었다는 사실이다.

둘째, 언론 매체 환경의 변화였다. 통일 후 동독 지역에서는 새로운 신문과 잡지의 발간과 방송 창립의 붐이 일었다. 동독인은 다원주의 여론 사회와 다양한 정보의 홍수를 처음으로 경험했다. 서독인에게는 이미 익숙하고 당연했지만 공산주의 기관지만 접하던 동독인에게는 가장 신선한 자유의 경험이었다. 한편, 서독 신문과 방송은 동독인의 삶의 위기와 차별에 관심이 전혀 없었다. 서독 언론의 오만하고 일방적인 태도는 동독인에게 주류 언론에 대항할 '동독 언론'에 대한 관심을 높였다. 지금도 여전히 동독에서는 주로 '동독 신문'이 읽힌다.

셋째, 서독마르크 유입으로 인한 소비 열풍과 소유권 인식이었다. 동독 주민들은 통일 후 신형 슈퍼마켓에 비치된 온갖 상품들의 풍요에 놀랐다. 서독 자본주의의 물질적 풍요는 백화점의 고가 물품만이 아니라 작은 슈퍼마켓에서도 확인이 되었다. 잠시의 소비 열풍 후 동독 주민들의 상당수는 그 풍요를 충분히 누릴 수 없었다. 마찬가지로 흥미로운 것은 통일 후 동독에서는 열쇠와 잠금 기구 및 진입 금지 장치 생산의 붐이 일었다는 사실이다. 소유권에 대한 인식이 달라졌음을 보여주는 예이다. 또 동독에 재산을 남기고 서독으로 떠난 사람들이 다시 돌아와 소유권을 청구하는 것에 대한 공포도 크게 일었다. 서독인이 부동산 소유권을 제기하는 경우에 맞서 자신들의 재산을 보호하는 거대한 시민운동이 동독에서 일었다. 그들에게 통일은 재산 강탈의 위험이었을 뿐이다.

넷째, 동독 지역은 노동 세계가 급변했다. 동독 지역은 급격한 탈산업화로 실업의 위기가 만연했다. 처음으로 겪는 경쟁과 생존투쟁도 힘들었지만 서독 경영인과 관리인이 주도한 노동규율의 변화도 감당하기 어려웠다.

마지막으로 동독인들 중 일부 주민들은 동독 공산주의 독재의 추악한 과거사와 직면해야 했다. 동독의 정보기관이었던 슈타지는 정직원도 9만 명에 달했지만 직원도 아니면서 이웃이나 직장 동료 심지어 가족을 관찰해서 정기적으로 보고서를 작성하며 동독 감시 체제를 도운 망원들이 18만 명에 달했다. 슈타지의 감시 체제가 적나라하게 밝혀지면서 친교 관계의 근간인 믿음과 신뢰, 의존과 유대가 산산조각 났다. 대체로 감

슈퍼마켓에서 물자의 풍요로움에 놀라는 통일독일의 동독 출신 주민(위).
동독 슈타지 문서고아래).

시 당사자와 피해자의 충격이 컸지만 가해자의 가족과 친구들도 믿었던 가족과 동료가 타인의 삶을 오랫동안 밀고한 사실에 직면해 난감해했으며 회복에 상당한 시간과 노력이 필요했다.

통일 후 동독의 '이행사회'가 겪은 변화와 충격, 유산과 대응들은 서독 사회에서는 낯설다. 이런 불균등과 인식의 차이가 통일 후 동서독의 통합을 불가능하게 만들었다. 통일은 인습적으로 생각하는 것보다 더 큰 삶의 변화와 도전을 낳았다. 서독 사회와 주민들은 그 자체로 큰 변화를 겪지는 않았지만 엄청난 충격과 혼란을 겪는 주민들을 이웃으로 맞이했다. 다만 서독인들 다수가 그것에 아무런 관심을 두지 않았다. 그런 상황에서 동서독의 사회문화 통합이 성공할 가능성은 없었다.

오스탈기와 동독정체성

통일 후 동독 지역 주민들은 경제적 차별과 사회적 배제 및 서독인들의 무관심에 직면해서 대응 전략을 발전시켰다. 그것은 그들의 고유한 집단적 결속과 자기 긍정의 의미부여였다. 오스탈기와 동독정체성이 발전했다.[8] 오스탈기(Ostalgie)라는 개념은 오스텐(Osten: 동쪽, 동독)과 노스탈기(Nostalgie: 노스탤지어)의 조어로 '동독에 대한 노스탤지어'를 뜻한다. 이 용어는 곧 독일 통일 후 정체성 상실을 경험한 동독 주민들이 새롭게 찾아나서는 심적 태도와 문화적 지향을 지시하는 개념으로 이미 1990년대 중반부터 빠르게 확산되었다. 오스탈기는 급속한 독일통일과 체제이식과정에서 생겨난 동독 지역의 부정적 영향으로 다시 '좋았던 옛 시절'에 대한 기억의 함축적 표현으로 즐겨 사용되었다. 오스탈기는 단순히 과거 체제에 대한 긍정적인 기억과 집착을 넘어 동독 주민들이 주체적으로 의미를 부여하는 여러 가치나 삶의 방식에 대한 다양한 기억 형식과 내용을 지시하기도 한다.

독일통일 후 10여 년간 동독 지역에서 생겨난 다수 동독 주민들의 집단적 정체성은 의사-민족적 경험, 기억, 이야기공동체적 성격을 띤다. 현실에 존재하는 정치 경제적 상황에 대한 직접적인 해석 또는 미래 전망과 연관되기보다는 이미 몰락한 동독 국가와 사회에서의 집단적 경험과 기억에 의거해 '좋았던 옛 것'과 그 문화적 요소의 전유와 확인 및 전승에 근거한 것이다. 심지어 동독은 그 국가가 사라진 뒤에 비로소 탄생하고 있다고 말할 정도였다. 그것은, 동독 지역 주민들이 그동안 구 동독 지배정당의 오랜 정치적 억압으로부터 벗어나 자유로운 소통과 교호의 과정에서 독자적인 '경험과 담화의 공동체'를 만들어갈 조건을 가졌고 실제 그것을 형성하고 있다는 의미로 이해할 수 있다.

오스탈기는 동독 주민들이 구 동독 자체 또는 구 동독의 특정 삶의 영역에 대해 갖는 긍정적 평가나 이상화로 정의내릴 수 있다. 이에 반해 문화적 정체성으로서의 동독정체성은 동서독 간 고정 이미지 내지 타자상을 매개로 해서 경계 짓기를 통해 집단적 자기상을 강화하는 것에서 출발한다. 동독정체성은 바로 그 '경계정체성'을 통해 만들어지는 집단적 자기인식과 자기규정이다. 직접적인 접촉과 언론 매체를 통해 반복적으로 생산되는 타자상은 타집단과 자집단의 차이를 거듭 주목하게 만든다.

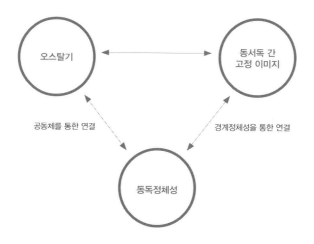

<표 9–1> 오스탈기, 동서독 간 고정 이미지와 동독정체성.

이때 개체나 소집단의 문화적 자기긍정의 기제인 오스탈기 또한 역사와 문화에 대한 공동의 경험과 기억에 의지해 '기억공동체'를 강화한다. 그 두 차원의 결합에서 바로 집단적인 동독정체성이 형성되는 것이다. 타집 단과 자집단의 차이에 대한 인식과 해석 못지않게 공동의 기억은 집단적 정체성 형성에서 결정적인 역할을 수행한다. 이 집단적 동독정체성은, 그 것이 긍정적 기억으로 구성되는 한, 다시 역으로 오스탈기의 일부이면서 그 배경이 된다.

　오스탈기가 여타 탈사회주의 국가의 노스탤지어와 다른 점은 그 것이 구 동독에 대한 긍정적 기억을 담고 있지만 기본적으로 동독 지역 주민들이 서독 주도의 현 독일 정치공동체에 대항해 경계의식을 갖고 형

　　　　　　　　　　　　　　　 ──────── 제3부・더 나은 길을 찾아서

성한 지역적 자기인지의 성격을 지녔다는 점이다. 그것은 과거 '시간'에 대한 이상적 기억화 작업 못지않게 현실 '공간'의 구분과 경계 설정에 기반을 둔 지역적 정체성과 결합되었다. 그런 의미에서 오스탈기는 동독정체성의 형성 동력이자 계기로 작용했다.

오스탈기는 구 동독 소재의 영화나 동독인을 주제로 한 소설의 성세(聲勢), 구 동독 시절의 팝음악이나 유행가, 동독 관련 인터넷사이트 등에서 주로 확인할 수 있다. 그 외에도 이를테면 에리히 호네커의 대역이 등장하는 오스탈기-파티·오스탈기-쇼·청소년들의 록음악 축제·동독 시절 텔레비전 프로그램·옷·신호등의 사람 모습 관련 상품들, 특히 구 동독 시절 상표의 물품들, 이를테면 담배 에프젝스(f6)와 카비넷·론도(Rondo) 커피·클럽-콜라·로트캡션(Rotköppchen) 샴페인같이 구 동독 시기에 소비했던 식료품과 기호품들, T-셔츠나 가방 등의 물품에서 동독 지역 주민들의 일상문화와 생활세계에서는 오스탈기를 보여주는 현상을 쉽게 확인할 수 있다.

특히 음식물과 기호품류의 '동독제품(Ostprodukte)'은 '잃어버린 고향(조국)'을 대체하며, 연속성과 자존을 보장해 주며, 새로운 기억과 경험 공동체의 생성을 가능케 해주었다는 점에서 결정적으로 중요하다. 음식물은 인간으로서의 구체적인 삶과 관련되고 기호품은 기억과 감정과 연관된 것이라는 의미에서 그 둘은 결정적으로 중요하다. 그런데 여기서 말하는 '동독제품'은 자연제품이 아니라 가공된 상품으로 식탁이나 부엌으로 전달된 것을 말한다. 그렇기에 과일이나 채소, 고기나 어류는 모두 제외된다. 신토불이식의 자연산이 아니라 동독인들이 '가공한 상품'이어야 진정한 의미를 지닌다.

동독제품은 대다수 동독 지역 주민들에게 단순한 복고적 기호의 차원을 넘어 동독에 대한 긍정적 기억의 창출("모든 게 다 나쁘지는 않았어!")과 현재적 공유를 통한 집단적 소통과 자의식의 강화를 보조했다. 담배 West의 광고 '서쪽 맛을 봐(Test-the-West)'에 대항해 "난 유벨을 피워, 베스트(서쪽)는 이미 맛을 봤거든. 유벨이 우리를 위한 담배지!(Ich rauche Juwel, weil ich den Westen schon getest habe, Juwel eine für uns!)"같은 대응의 광고 문구에서도 동독제품에 대한 자의식과 고집을 인식할 수 있다. 이때 동독 지역 주민들은 동독제품의 '순도'와 '진실성'을 자랑스러워했고 '우리 것'에 대한 집착을 보였다. 동독 산인 론도 커피는 1990년대 초 100−200톤 정도에서 1998년 5,000톤으로 판매가 급증했고, 여타 동독산 커피들도 크게 인기를 누렸다.

게다가 동독제품은 실제 사용과 기호의 차원을 넘어 그것에 대한 '이야기'와 '기억'의 전유와 확산을 통해 더 퍼져나갔고, 심지어 젊은 세대에게도 적극적으로 공유되었다. 동독의 청(소)년 세대 또한 어린 시절에 대한 향수나 가족적 지역적 일체감과 결속의 강화를 위해 동독제품의 구매와 사용을 당연한 것으로 받아들였다.

동독의 고유한 '경험'과 '기억'에 '이야기'의 전달과 관련해서라면 언론의 역할도 무시할 수 없다. 그런데 동독 지역 주민들은 정보 취득과 소통을 위한 매체로 서독인들이 만드는 전국일간지나 주간지가 아니라 주로 '동독 신문'을 구독한다. 이를테면 《튀링겐주신문(TLZ)》,《오스트튀링겐신문(OTZ)》,《중부독일신문(MDZ)》, 심지어 구 동독 지배정당인 사

동독인 소통의 매개로 자리 잡은 주간지 《수퍼일루》의 창간 30주년 기념호.

통당의 당중앙기관지였던 좌파일간지 《신독일(*Neues Deutschland*)》도 '사회주의신문'으로서의 성격 못지않게 지방지적 성격 또한 강하게 갖고 있다. 서독 지역에서 발간되는 신문류의 구독률은 매우 낮다. 이를테면, 동독 지역에서 가장 인기 있는 주간 잡지는 단연 《수퍼일루(*SUPERillu*)》다. 가족용을 표방하는 이 주간지는 1990년 여름 독일통일 직전 동베를린에서 창간된 잡지로서 동독인의 관심과 정서를 대변하고 있다. 이 주간지는 동독인의 일상생활과 동독 역사와 기억문화에 지면의 상당 부분을 할애하면서 동독인들 소통의 매개가 되고 있다. 서독에서 이 잡지의 독자는 당연히 드물고 심지어 이름을 알고 있는 이도 흔치 않다.

동독 주민들이 통일 후 보인 고집과 정체성은 '이행사회'에서의 정서적인 집단적 대응이면서 동시에 이성적인 자존 전략이다. 아울러 통일을 행위가 아니라 과정으로 본다면, 그것 자체도 이미 통일 과정의 일부에 속한다. 1990년대 이후 통일독일의 동부 지역에서 등장한 오스탈기와 동독정체성은 독특한 문화적 현상으로서 얼핏 보면 '내적통일'의 장애로 보이는 것이 사실이다. 그러나 그것은 그 본질에 있어 오히려 통일 후의 여러 사회적 위기와 개인적 차원의 생애사적 곡절 속에서 자기위로와 자기 확인을 통한 사회 통합의 한 매개 과정이다. 그것은 하나의 동질적 의식과 지향 및 단일한 집단정체성(독일민족정체성)의 강화와 충돌하며 오히려 그것을 거슬러 간다. 하지만 그것 자체로는 통일 국가 내 사회의 이질성을 촉진하거나 분열적으로 기능하지 않았다. 왜냐하면 그것이 동독의 억압 체제를 변호하거나 사회주의 체제 시절의 폐쇄적이고 권위적인 정치문화와 가치를 정당화하는 것도 아니며, 현존 민주주의 체제에 도전하거나 서독인에 대한 배타성이나 적대성을 조장하는 것과도 무관했기 때문이다.

하지만 2015년부터 상황은 변했다. 동독인들의 소외는 나아지지 않았는데 2015년 아랍과 동유럽 등지에서 110만 명의 난민들이 독일로 들어왔다. 동독 주민들은 자신들도 사회적 소수자임에도 제대로 존중받지 못하고 충분한 자원을 분배받지 못한다고 생각하고 있었는데 갑자기 강력한 경쟁 집단이 등장한 것으로 인지했다. 그들은 특히 아랍 지역에서 건너온 이슬람 난민에 대해서 적대적인 태도를 노골화했다. 문화적 결속이자 집단적 자기긍정의 기제였던 동독정체성이 정치화되기 시작했다.

'동독 3세대'

동독인이 독자적인 집단정체성을 가졌더라도 젊은 세대는 좀 다르리라고 여겨졌다. 그런데 흥미롭게도 젊은 세대 중 일부도 크게 다르지 않았음이 확인되었다. 그것이 '동독 3세대'론이다. '동독 3세대' 개념은 청소년 시절 1989-90년 동독 체제 붕괴를 경험한 이들의 집단적 정체성을 표현하는 말이다. 1975년부터 1985년 사이에 출생한 동독인들은 청소년 시절 삶의 근본적 전환을 경험하고 중첩된 세계 속에서 자신을 스스로 형성했다. 구조변화와 실업과 (서독으로의) 이주와 사회이동과 독재 유산 속에서 '자유'의 의미를 익히고 자본주의하에서의 생존 투쟁을 배워야 했다. 그들은 단일한 삶의 방식과 이력을 보이지는 않았지만 어린 시절 습득한 가치와 규범의 붕괴와 새로운 삶의 조건 속에서 스스로 고투하며 새로운 삶의 방식을 찾아가야 했다. 그들은 그 경험과 기억을 공유하고자 했다. 그들은 조부모인 동독 1세대(건국세대, Aufbaugeneration)와 동독에서 태어나고 자라며 사회화한 동독 2세대(부모세대)와 구분되는 세대다. 전쟁아이들(Kriegskinder)과 동독아이들(DDR-Kinder)과 구분되는 전환기아이들(Wendekinder)인 셈이다.[9]

그들의 일부는 '제3세대 동독'이라는 네트워크를 결성했다. '제3세대'는 애초 사회학적 구성물이었지만 이제 집단적 자기인식이자 규정으로 발전했다. 2010년부터 '3세대 동독(Dritte Generation Ostdeutschland)'이라는 시민단체 네트워크가 등장했기 때문이다. 2009/10년 독일통일 20년을 맞이해 공론장에서 앞선 세대의 남성이나 서독 출신이 주도하는 '통일담론'에서 자신들의 경험이 빠진 상태에서 상투적인 논의나 편견만이 유포되는 것을 비판하며 동독 청소년으로서 '전환'을 경험한 자신들(약 240만 명)의 삶에 목소리를 부여하자는 운동이 확산되었다. 2010년 6월 1일 발기인 모임에 이어 2011년 7월 1차 총회를 개최하였다. 그 모임에는 처음 130여 명이 참여한 뒤 곧 2,000여 명의 회원으로 확산되었다.

2012년 『3세대 동독(Dritte Generation Ostdeutschland)』을 발간하며 전국적 관심을 불러일으켰다. 미카엘 하커를 비롯한 30여 명이 버스 투어와 각종 소모임 행사와 토론회를 주도했다. 동독 거주 '3세대'만이 아니라 서독 지역 거주 동독 출신들도 참여했다. 그동안 '눈에 띄지 않던 3세대'의 경험을 모으고 소통하고 드러내고 협력하며 연대하며 집단적으로 정체성을 모색했다. 최근 내부 갈등과 분열이 시작되어 일부 회원들은 2013년 여름 '협회전망 3(Perspektive hoch drei)'을 창립해 독자적으로 활동하기도 했다.

'제3세대' 네트워크의 목표는 동독 지역 정치·사회 문제에 참여해 발언하고, '전환기 아이들' 내지 동독 청년들이 삶의 전망을 개척하도록 고무·격려하는 것이었다. 특히 동독 지역 청년들의 목소리를 전달하고 동독과 전환의 역사를 새롭게 이해하도록 보조하고자 했다. 주류 언론의 동독에 대한 담론을 편견이나 인습적 견해로부터 해방시키고자 노력했다. 그것을 통해 그들은 독일과 유럽 사회를 함께 만들어나가는 것을 목표로 삼았다.

한편으로 그들은 동년배 서독인들과의 근본적 차이를 확인했지만 다른 한편으로는 앞 세대 동독 주민들과 자신들의 삶이 상당히 다르다고 생각했다. 1989년 전환 경험은 동독 청소년들에게 가장 깊은 낙인을 남겼다. 그들은 체제 전환을 온몸으로 경험하며 완전히 새로운 삶을 모색해야 하는 도전에 직면했기 때문이다. 전환과 통일 후 삶의 방향을 완전히 상실했고, 부모세대의 불안과 실업과 자존감 상실을 지켜보며 가족의 트라우마를 짊어지고 가족의 실질적 주체로 등장했다. 그들은 좌절한 부모를 위로 내지 대변하거나 비극적 가족사를 감당 내지 해결해야 하기도 했다. 그들은 개인적 가족적 트라우마와 그 극복 과정을 이야기하고 공유하고 소통함으로써 집단적 자기를 발견했고 자의식를 형성할 수 있었다.

아울러 그들은 그것을 통해 동독(인)과 통일 심지어 유럽의 체제전환 충격과 방향 상실을 극복하려면 새로운 토론이 필요하다고 강조했다. 동독 사회와 동독인의 자의식을 퇴행적으로 보지 않도록 하며 해당 주체가 건설적 방향을 직접 모색하며 공론장에 직접 뛰어들어 변화를 자극했던 것이다.

차별과 할당제 논의

동서독 통합을 어렵게 만든 것은 동독 출신에 대한 사회적 차별이다. 경제적·구조적 차이와 불평등 못지않게 사회문화적 지위와 위신의 차별과 불평등은 통합의 걸림돌이었다. 먼저 통일독일의 모든 부문에서 지도적 지위에 있는 동독출신 인물들은 현격히 부족했다. 서독 출신 엘리트들이 정치와 경제, 사회와 교육, 미디어와 문화 등 모든 부문에서 압도적이었다. 지도적 지위의 동독 출신은 소수였다. 동독은 인구 비율에 비해서도 현격히 과소대표되었다. 2005년부터 독일 총리로 재임하고 있는 앙겔라 메르켈은 그 불균형을 가리는 착시 현상을 불러일으킨다. 이를테면, 독일 대기업 500개 중 서독에 본사를 두고 있는 곳이 478개에 달하고, 나머지 22개만 동독 지역에 있다. 또 현재 독일 최고법원인 연방헌법재판소의 재판관 16명 가운데 여성이 56%에 달하지만 동독 출신은 한 명뿐이다. 동독 출신 여성 이네스 해르텔이 헌법재판소 재판관이 된 것도 2020년 7월이었다. 너무 늦었다. 1972년에 태어난 해르텔은 동독 출신이지만 통일 후 서독의 대표적 대학도시 괴팅겐에서 법학을 공부했고 계속 그곳에서 활약했다. 그렇더라도 통일 전 동독에서 태어나고 자란 사람으로서는 처음으로 최고 법관의 지위에 오르게 된 것은 큰 의미가 있는 것으로 받아들여졌다. 그것 자체가 여전히 큰 뉴스거리다. 독일 전역의 국립대학 총장 중 동독 출신은 한 명도 없다. 이와 같은 동독인 차별은 부지기수다. 심지어 텔레비전 토크쇼에 초대받는 인물들에 대한 통계 조사에 따르면, 그들 중 동독 출신은 8.3%에 불과했다. 독일 신문과 방송의 책임자가 동독 출신인 경우도 매우 드물다.

1990년대부터 줄곧 동독 출신을 위한 할당제 도입을 둘러싸고 논의가 진행되었다. 동독인 할당제는 여성 할당제와 같은 방식의 동독과 서독 출신의 균등한 권리 향유를 통해 동서독의 사회문화 통합을 촉진하려는 제안이었다. 특히 독일통일 25년이 지나고 30년이 다가오는데도 상황이 개선되지 않자 동독인 할당제를 둘러싸고 2018년과 2019년에는 학자들과 정치가들 사이에서 격렬한 논쟁이 오갔다. 이를테면, 대표적인 동독 출신 지식인이자 교육철학자인 프라우케 힐데브란트는 2019년 동독 주민의 비율이 독일 전체의 17%이니 정치와 행정, 기업과 문화 등의 사회 전 부문에서 17%는 동독인들이 차지해야 한다고 주장했다. 그는 독일통일 30주년이 되었음에도 현재 주요 지위에서 동독인은 대략 1.7%에 불과하다고 평가했다. 2019년 연방의회에서 동독 지역에서 제1당이나 제2당의 지위를 누리는 좌파당은 연방정부 기구도 할당해서 동독 지역으로 옮기기를 제안했지만 모두 기각되었다. 물론, 2019년과 2020년 최근에는 연방정부나 다수의 정치가들도 서독인의 과잉대표와 동독인의 과소대표 문제를 인정했다. 동독인 할당제는 받아들여지지 않았다. 이유는 통일 후에 태어난 젊은 세대의 경우에는 동독 출신들도 점차 지도적 지위나 상층 직장으로 진입하기가 수월하기 때문이었다. 과연 그 문제가 시간과 세대가 지나면 나아질지는 더 지켜봐야 한다.

통합 실패와 전망

통일독일의 사회문화 통합 전망은 여전히 밝지 않다. 비관적 전망에 대한 과잉해석을 잠시 유보하면 다음 세 가지 사실에 주목할 수 있다.[10] 첫째, 이제 독일의 정치지도자들과 다수의 주민들은 '경제적', '내적', '사회적' 통일의 '완성'은 1990년의 대다수 행위자들이나 관찰자들이 생각했던 것보다, 그리고 2000년에 많은 사람들이 생각했던 것보다 훨씬 더 오래 걸릴 것이라고 보고 있다. 2008년 연방총리 메르켈도 "많은 영역에서 동서독 간 기회의 평등이 이루어지기까지는 아마도 40년이 걸릴 것"이라고 말했다. 사회문화 통합은 정치와 경제 제도의 통합과는 전혀 다른 시계가 필요하다. 오히려 조급하게 매달리면 정치선동에 이용되기 십상이다.

둘째, 사회문화 통합의 그 내용이 무엇일지 더 정밀히 따져봐야 한다. 독일에서도 '통일의 완성'의 내용이 무엇이 될 것이고 되어야 하는지가 새롭게 논의되고 있다. 사회문화 통합은 삶의 획일화나 균질화가 아니다. 아울러 동서독 간 생활상태의 '균일화' 내지 '평등'도 유토피아에 불과하다고 간주되어야 한다. 사회통합을 불평등 극복과 공정사회 달성으로 혼동할 수는 없다. 독일헌법인 기본법 72조 2항에서 언급된 "대등한 생활상태의 달성(Herstellung gleichwertiger Lebensverhältnisse)"에서 그 '대등함(Gleichwertigkeit)'이 곧장 지역들 사이의 균등분배, 조정(Angleichung)이나 평준화(Ausgleich)를 의미할 수도 없다. 여기서 '대등함'이 획일화나 균질화가 아니라면 도대체 무엇을 의미하는 것인지에 대해서는 더 논의가 필요하다. 요체는 사회적 삶의 상태의 대등함이라기보다는 삶의 기회와 접근의 자유에 장애나 배제가 없음에 초점을 맞추는 것이다. 그런 관점에서 사회문화 통합의 실제적 의미를 살펴야 한다. 마지막으로 동서독 간 차이 못지않게 동독과 서독의 내부 차이도 중요하다. 이를테면 인구밀도, 경제력, 취업률, 수입, 공공설비 등에서 동독 지역 내부, 즉 예나나 드레스덴과 바우첸이나 슈텐달 같은 지역의 구조적 차이와 삶의 수준 차이도 분명하다. 서독과 서독인에 대한 태도에서도 차이가 있다. 아울러 서독 지역의 경우도 자를란트나 브레머하펜의 '빈촌' 존재도 무시할 수 없다. 무차별적으로 '서독과 서독인' 또는 '동독과 동독인' 들 간의 통합 여부를 말하기도 어렵다. 더구나 그것이 세대나 젠더와 연관되면 사회문화 통합 상황은 더욱 복잡하다. 그런데 이 새로운 변수와 요인으로 인한 복합성을 근거로 이제 동독과 서독 간 사회통합이 아무 문제가 아니라고 말하는 것은 더 위험하다. 동서독 간의 엄연한 격차와 거리감과 동서독 간 사회문화 통합의 한계를 상대화하는 논의는 정치적으로 공정하지 못하고 학문적으로도 진지하지 못하다.

앞에서 언급했듯이, 동서독 간 사회경제적 차이와 불균등 발전은 크게 개선되지 못했다. 이런 사회경제적 조건을 배경으로 동독 지역 주민들의 집단적 정체성은 강고하다. 2019년 7월에 발표된 여론조사에 따르면, 동독 지역 주민들의 47%가 자신을 동독인이라고 여기는 반면 44%만이 독일인이라고 인식한다. 서독 지역 주민들의 경우, 서독인 정체성을 가진 비율은 단지 22%였고 71%가 독일인 정체성을 갖고 있다. 동독인들의 동독정체성이 아직 매우 강하고, 독일인 정체성을 앞서고 있다.[11] 그것이 극우적 정치정체성으로 발전하는 조짐이 일어났다. 그것을 짧은 시간에 극복하기는 어려울 것으로 보인다.

1991년 9월 17일 호이에르스베르다

동독 주민의 관점에서 독일통일을 보는 것 못지않게 중요한 것은 인종적 소수자의 관점이다. 사실 이 주제는 독일계 백인 남성 중심의 독일 사학계는 물론이고 국제 역사학계에서도 아직 충분히 다루지 못했다. 독일통일에 대한 거대 성공 서사와 약간의 비판 담론을 넘어 독일통일이 이주민과 난민 등의 사회적 소수자에게 어떤 영향을 미쳤는지가 더 본격적으로 연구되어야 한다.[12]

기실 통일독일에서 가장 급박하고 중요했던 정치 이슈는 동서독의 차이나 동독인들의 소외 문제가 아니라 외국인에 대한 적대 행위와 폭력 가해였다. 정치가와 언론인은 그 문제를 다시 통일 후의 일시적 일탈이나 에피소드쯤으로 다룬다. 하지만 그것은 역사의 피해와 희생에 대한 망각과 무시의 형식일 뿐이다. 1991년 여름 독일은 외국인을 노린 적대 행위와 폭력 사건이 빈발했다. 특히 1991년 9월 17일부터 23일 사이에 동독 지역 작센주의 호이에르스베르다의 폭력은 그나마 유지되던 안전의 경계를 무너뜨렸다. 폴란드 국경에 가까운 호이에르스베르다에서 네오나치들은 외국인 계약노동자들과 동유럽 난민들의 숙소에 불을 지르고 위협하며 돌을 던졌다. 폭력은 특별한 원인이 없어도 혐오를 숙주로 해서 순식간에 경계를 넘어 증폭됨을 알려주는 사건이었다. 9월 17일 몇 명의 네오나치들이 호이에르스베르다의 시장에서 베트남 출신 상인들을 골리고 때렸다. 이유는? 그냥, '심심'해서였다. 베트남인들은 숙소로 도망갈 수밖에 없었고, 네오나치들은 숫자가 늘어났고 그들의 숙소로 몰려가

1989년 5월 작센주 켐니츠 지방선거에서 투표하는 외국인 노동자의 모습(좌)과 1991년 호이에르스베르다에서 모잠비크 출신 계약노동자가 깨진 유리창으로 폭력 사태를 관망하는 장면(우).

난동을 부렸다. 숙소에는 160명 남짓의 베트남과 모잠비크 출신 계약노동자들이 거주했다. 그들은 동독 국영회사와 계약을 맺어 동독으로 왔고 계약기간은 아직 몇 달이나 남았다. 다만 동독 국가는 무너졌고 회사는 사라졌기에 그들의 계약서는 휴지가 되었다. 그렇더라도 그들이 당장 쫓겨나거나 폭력의 대상이 될 이유는 전혀 없었다.

충격적인 것은 조직화된 네오나치들만이 아니라 인근 주민들의 지지와 경찰의 방관이었다. 그들 또한 "외국인은 꺼져라"는 네오나치의 구호에 호응했다. 대략 500명의 인근 주민들이 네오나치의 폭력과 구호에 박수를 치며 환호한 사실은 충격이었다. 아울러 경찰은 피해자들 보호하지 못했거나 하지 않았다. 사실 경찰에게는 그 계약노동자들을 본국으로 돌려보내는 일이 더 중요해 보였다. 사건 직후 대부분의 외국인 노동자와 난민은 곧 본국으로 쫓겨났다. 당시 무책임한 우파 정치가들과 선정적인 보수 언론은 외국인 노동자들의 폭력 피해에 대해 걱정하고 대책을 요청하기보다 외국인에 대한 독일 주류 시민들의 불안을 이해한다고 말했으며 노골적으로 외국인 노동자와 난민 들에 대한 공포를 조장하기도 했다. 특히 집권 여당 기민련 정치가들은 난민 수용에 대한 반대를 노골적으로 주장하면서 난민과 외국인 노동자에 대한 테러를 방관했다.

1992년 한 해 동독의 북쪽인 메클렌부르크포어포메른주만 보더라도 외국인을 겨냥한 극우 테러 사건이 207건이나 발생했다. 그들은 길거리에서 외국인에게 물리적 공격을 가하는 것 외에도 동독 정부와 계약을 맺고 건너온 외국인 노동자들의 숙소에 50에서 200명씩 몰려와 방화와 투석을 일삼았다. 서독 지역은 동독보다 빈번하거나 노골적이지 않았다. 하지만 통일 전에 비해 통일 직후 서독의 일부 지역에서도 네오나치들은 난민 숙소에 대해 물리적 테러를 자행했다.[13] 경찰이 수수방관하는 일이 잦았다. 베를린, 심지어 서베를린에서도 유사한 일이 발생했다. 네오나치들이 서베를린에서 "외국인 꺼져", "터키놈들 꺼져" 구호를 외쳐대며 공포를 조장했다. 이주의 가족사 배경을 지닌 외국계 독일인들은 순식간에 배타적이고 공격적인 독일 민족주의 감정의 물결에 위기와 불안을 겪었다. 정치와 언론이 그 문제를 별 일 아닌 것으로 다루었고 심지어 독일계 비판 세력이나 좌파도 그 문제에 둔감했다.[14] 이주민 출신 독일인들은 스스로 자기 보호와 연대를 조직하기 시작했다. 독일통일은 공동체 주민 모두에게 자유와 평화를 제공하지 못했다. 새로운 갈등과 위기의 시작이었다.

통일은 그 자체로 '대박'도 아니지만 곧장 '번영'을 열지 못한다. 콜 총리도 통일 전에는 동독 주민들에게 '화려한 풍경'을 약속했지만 현실은 정반대였다. 특히 경제적 격차야 구조적 문제이니 단기간에 해결할 수 없다고 해도 사회문화와 일상경험에서 접하는 차별과 무시는 감당하기 어렵다. '통합'의 의미를 다시 논의해야 한다. 통합이냐 갈등이냐고 물으면 통합을 선택하는 것이 일반적이지만 획일화와 억압이냐, 공생과 다원성의 존중이냐고 물으면 후자를 택하게 된다. 동서독 사회가 통일 후 한 국가나 사회로 공존하려면 정치와 행정 및 사회 제도를 어느 정도 일치시키고 조정하며 차이를 줄이는 것은 필요했다.

하지만 가치와 규범을 넘어 지향과 풍속, 경험과 기억을 '통합'할 수는 없다. 아울러 서로 다른 삶의 오랜 근거를 부정할 수도 없다. 서로 다른 사회들은 적대와 배제를 줄이기 위해서는 동질화나 획일화가 아니라 병행과 공존으로 지낼 수도 있다. 서로 다른 삶의 방식과 가치와 지향을 갖고 존중하며 살더라도 양 사회의 주민들은 서로 만나고 함께 일하고 소통하고 협력할 수 있다. 이때 중요한 것은 서로 다름 자체가 아니라 그 다름이 삶의 기회와 가능성을 박탈하지 않는 구체적 현실 그리고 그 기회와 가능성이 구조적으로 정당하게 열려 있다고 인정되고 수용되는 인지문화다.

사회문화 통합이 경제와 정치 제도 통합과 다른 것은 그것이 구조나 관계에서 끝나지 않고 일상문화와 경험세계와 인지방식에 결부된다는 점이다. 통합의 주체인 여러 사회 집단들 중 다수 개인들이 삶의 기회가 박탈되거나 제한된다고 느끼며 정의롭지 못하고 공정하지 못하다고 생각하면 그 사회는 집단적 결속과 연대를 갖기 어렵다. 탈북자와 한국 사회의 관계든 한국과 북한 주민의 접촉과 교류에서든 섣불리 '통합'을 말할 수 없다. 통합 개념을 '화합(accommodation)'이나 '포용(inclusion)'으로 대체하거나 확장해서 이해할 필요가 있다.[15]

통일 후 동서독 사회는 단순히 서로 이질적인 두 사회의 균등한 통합 과정이 아니었다. 한쪽은 다른 한쪽에 편입하며 모든 것을 뒤집고 새로 출발하며 도전과 실험에 직면했고, 다른 한쪽은 전혀 그럴 필요가 없었다. 심지어 대다수 서독 사람들은 경험세계와 일상문화에서 특별한 변화를 겪지 않았다. 통일독일의 동서독 통합은 기본적으로 주류 다수 사회와 소수자 집단의 관계 문제로 보는 것이 더 적절하다. 그런데 문제를 그렇게 보면, 또 다른 소수자 집단들, 이를테면 인종과 문화가 다른 이주민 출신 사회구성원들, 특히 여성 이주자들의 통일 경험 또한 특별한 의미를 지닌다. 양복 입은 중노년 남성들이 '통일'과 '번영'을 말할 때 어딘가에는 항상 폭력과 배제의 기억과 경험을 지닌 사회적 소수자들이 뒤돌아 서 있다. 비록 1990년 10월 3일 2차 대전 말의 폭력 피해자 하넬로레는 총리부인으로서 잠시 미소를 띠며 남성으로 구성된 평화정치가들 옆에서 모두의 안전과 공생을 기원했지만. 한반도의 우리야말로 독일의 '통일 위기'와 '민주주의 위기'를 정면으로 바라보고 묻혀 있는 사회 소수자의 통일 경험과 기억을 더 헤집어 살펴야 할 것이다. 그래야 우리도 인습적인 '통합' 논의에 갇혀 분단 극복 과정에서 생길 새로운 종류의 갈등과 균열을 놓치는 우를 범하지 않을 수 있다.

제10장

연합

국가연합의 백화제방을 열자!

/

"국가연합, 그것 말고 더 무엇이 있단 말인가?"
— 노르베르트 코스테데와 헬무트 비겐탈, 1989년 12월 19일[1]

연루

　　독일통일도 30년이 지났지만 6·15 남북공동선언도 20년이 흘렀다. 2000년 6월 15일 남측의 김대중 대통령과 북측의 김정일 국방위원장은 남북공동선언 제2항에서 "남과 북은 나라의 통일을 위한 남측의 연합 제안과 북측의 낮은 단계의 연방 제안이 서로 공통성이 있다고 인정하고, 앞으로 이 방향에서 통일을 지향시켜 나가기로" 했다. 6·15 공동선언은 남북 정상이 직접 만나 합의한 첫 사건이었고 동시에 남북이 유사한 통일 강령을 가졌음을 확인했다는 점에서 의미가 컸다.

　　국가연합과 연방국가는 모두 연방주의에 기초한 정치체 결합 형식이다. 그것은 중앙집권적 통합국가와는 반대로 연합 또는 연방을 구성하는 단위 정치체의 다원성과 자율성을 보장한다. 2000년 6월 중순 평양에서 마주 앉은 남북의 두 정상은 일방의 체제 흡수 방식이 아니라 서로 체제를 인정하고 존중하며 협력관계를 평화적으로 발전시켜 점진적으로 통일의 길로 들어서자고 입을 맞추었다. 연방주의가 평화의 시간을 감는 태엽이 되고 통일의 간이역이 되는 듯했다. 그 후 20년 발조는 엉켰고 열차는 멈췄다. 수리는 가능할까?

남과 북의 정치지도자들이 내건 통일안은 모두 독일과 관련이 있다. 먼저, 김대중은 야당 지도자로서 1993년 상반기 영국에 체류하면서 독일과 유럽의 학자들과 집중적으로 토론했다. 김대중은 이미 1991년 「남북기본합의서」 체결 직후에도 '남북연합단계'를 염두에 두었다. 하지만 통일독일 관찰은 결정적인 자극이었다. 김대중은 영국 체류 시에 독일을 세 차례 방문해 흡수통일의 문제점을 직접 듣고 보았다. 그는 독일식 흡수통일에 대한 문제들, 즉 막대한 통일비용과 동독 경제의 파탄을 보며 성급하고 일방적인 통일을 극복할 방안으로 '남북연합'의 이행기를 제안했다.[2] 그는 1994년 1월 아시아태평양평화재단을 설립하면서 전문가들과 함께 '남북연합'을 중심 내용으로 한 '3단계 통일방안'을 발표했다.[3] 1단계는 남북연합, 2단계는 남과 북의 지역자치정부로 구성된 연방제, 3단계는 중앙집권 혹은 연방제적 구조를 가진 완전통일이었다. 3단계에 따로 남북의 화해협력 발전기를 설정하지 않고 곧장 '남북연합'을 1단계로 설정한 부분은 매우 인상적이다. 그것은 북한의 '연방제' 통일론과 조응하기 위해서이기도 하지만 '연합'의 의미를 부각하기 위해서이기도 했다. 특히 김대중은 남북연합의 '제도'를 통해서 더 "적극적으로 평화공존을 이루고, 평화교류를 촉진하며, 통일의 단계로 나아가기 위한 과정 자체를 평화롭게 관리"할 요량이었다.[4] 1990년대 초 독일이 서독의 일방적 체제 이식과 급속한 통일과정으로 심각한 문제를 드러낸 과정을 제대로 관찰하고 충분히 숙고했기에 김대중은 흡수통일의 대안으로 남북연합의 이행기를 체계화할 수 있었다.

　　한편, 북한이 '연방제'를 통일의 길로 제안한 것은 이미 1960년

8월 15일이었다.[5] 김일성을 자극한 사람은 니키타 흐루쇼프 소련공산당 서기장이었다. 그는 1960년 6월 모스크바에서 김일성을 만나 동독 정부의 국가연합 통일안[6]을 참조할 것을 권했다.[7] 그것은 정치 압박도 아니었고 실제 도움도 아니었다. 권고였다. 하지만 여기도 전사(前史)가 없지 않다. 북한, 즉 조선민주주의인민공화국 최고인민회의 상임위원장 최용건은 1959년 4월 18일부터 24일까지 동독을 공식 방문했다. 그때 그는 동독의 국가연합안을 "전폭 지지"한다고 밝혔다.[8] 친교를 위한 허언만은 아니었다. 동독 외무부의 자료를 보면, 동베를린 주재 북한대사관은 동독이 국가연합을 통일의 길로 제안한 1957년부터 동독 외무부를 통해 국가연합과 관련한 자료를 모았다. 그들은 그것에 대해 동독 외교관들과 토론하

1984년 6월 1일 동베를린의 사통당 당원들에게 인사하는 김일성과 호네커.

며 학습했다. "독일민주공화국과 조선민주주의인민공화국 사이에는 특히 대사관을 통해 협의를 위한 만남이 이어지고 있다. 통일 문제와 관련해 상당량의 자료들을 교환하고 있다. …… 물론, 현재 그 협력으로 득을 보는 것은 전적으로 조선민주주의인민공화국 측이다."[9] 이미 흐루쇼프의 '권고' 전부터 북한은 동독의 국가연합안에 대해 학습 또는 최소한 충분히 숙지했다고 볼 수 있다. 그 결과 1960년 8월 15일 김일성 주석이 북한에서 처음으로 연방제 통일안을 발표했을 때 동독 외무부 분석가들은 그것이 동독의 국가연합안보다 "더 세밀하고 더 정확하다"고 높이 평가했다.[10] 평양의 정치지도자들은 당시 동독의 국가연합안을 연구했지만 당시 한국의 정세 불안을 반영하고 북한 나름의 경제 발전에 대한 자신감도 가진 채 독자적인 통일안을 발전시켰다.[11] 그것은 단순히 동독 국가연합안의 모방이 아니었다.

혼란이 있었다. 연방주의 사상과 제도에 익숙하지 않은 북한 지도자들은 상당 기간 동안 자신들이 주장한 연방(federation)을 외국어로는 '국가연합(confederation)'이라고 말했다. 그들은 1970년대 전반에야 연방제를 1국가 2체제로 이해하며 연방과 연합을 구분했다. 그렇더라도 기원과 배경 그리고 초기 강령을 놓고 보면, 북한의 연방제는 국가연합과 유사했다. 그렇기에 20년 전 남과 북의 통일안 합의는 자연스러운 일이었다.

남과 북의 정치지도자가 국가연합 방식의 통일에 합의했음에도 그 후 국가연합 논의는 큰 진전이 없었다. 남북관계가 '가다 서다'를 반복해서이기도 하지만 학계나 정치권의 관심이 부족했기 때문이기도 하다. 반면, 흥미롭게도 정작 흡수통일로 귀결된 독일에서는 국가연합 통일안이 넘쳤다.[12] 1949년부터 1990년까지 분단 독일에서 정부 정책과 강령으로 국가연합이 공식 등장한 시기는 두 번이었다. 1956년 말부터 1966년까지 동독은 국가연합안을 공식 통일정책으로 선전했고, 1989년 11월 28일 서독의 헬무트 콜 총리는 10개조 통일강령에서 국가연합을 연방국가로의 통일로 가는 이행기로 제안했다. 파장은 컸다. 1950년대 후반 1960년대 서독 사회와 1989년 11월부터 1990년 2월까지 '전환'기 독일은 국가연합의 쌍백운동을 겪었다.

발원

한국의 일부 극우나 보수 세력의 주장과는 달리, 국가연합 통일안은 공산주의 또는 마르크스주의와 아무 관련이 없다. 오히려 '사회구성'과 '역사발전' 및 민주집중에 익숙한 공산주의 사상은 연방주의를 낡거나 위험한 것으로 간주했다. 연방주의는 중앙정부의 권력집중을 거부하고 더 작은 단위의 정치공동체의 자율과 결정권을 높인다. 공산주의 또는 파시즘 체제는 간혹 외면적으로 지역 단위의 행정과 지방 정부를 갖출 수 있지만 개별 정치 단위의 자유와 삶의 다양성을 존중하지 않기에 연방주의와 접속되기 쉽지 않다. 서독은 나치즘 시기 권력의 중앙집중을 극복하기 위해 주별 단위에 기초한 국가 건설 방식을 택했고 민주 제도와 국가 운영의 원칙에서도 연방주의를 세웠다. 반면, 동독 정부는 1952년 여름 주를 해체하고 모든 정치기구와 행정제도를 중앙권력에 통합했다.[13] 그

프리츠 섀퍼.

렇기에 동독 정치가들이 통일강령과 전략을 연방주의에서 길어올리기는 애초부터 무리였다. 발원지는 서독이었고, 더 정확히는 바이에른 지역 출신의 정치가와 학자였다. 1958년 10월 18일 베를린에서 열린 민족전선 민족평의회의 연설에서 동독 실권자인 발터 울브리히트는 자신들이 제안하는 통일안인 국가연합으로의 "자극이 본(Bonn)의 부엌에서 왔다"고 밝혔다. 그것은 프리츠 섀퍼 서독 재무장관이 1955년 6월과 1956년 10월에 동베를린을 비공식 방문해서 동독 정치가들과 국가연합 방식의 독일 통일 논의의 가능성을 탐문한 것을 말한다. 그것은 서독 정부의 공식 입장과는 무관했다. 섀퍼 장관 또한 바이에른주의 여타 정치가들의 국가연합 논의에 영향을 받아 개인 자격으로 탐문했을 뿐이었다.[14]

뮌헨을 주의 수도로 한 바이에른은 독일 연방주의 사상과 정치의 근거지였다. 1946년에서 1949년 사이에 바이에른 지역의 일부 정치가들과 주민들은 바이에른 지역만 따로 떼서 주권을 가진 독립국가로 건국하고 여타 독일 지역의 국가들 또는 오스트리아와 함께 국가연합을 형성하자는 구상에 골몰했다. 특히 바이에른당(Bayernpartei)은 바이에른 독립국가를 원하는 이들의 구심이었다. 기사련을 비롯한 다수의 보수 정치가들도 바이에른의 국가 주권과 국가연합 방식의 독일 국가 건설을 지지했다. 1946년부터 1949년까지 연방공화국 국가 건설과정에서 등장한 국가연합 주장과 토론이 그 후 분단 독일의 국가연합 통일강령으로 발전했다.

1949년 독일분단을 전후해 가장 먼저 국가연합을 통한 통일을 주장한 인물은 대표적인 중립주의 주창자인 울리히 노악이었다.[15] 뷔르츠부르크 대학의 역사학 교수이자 기사련 당원인 노악은 자신이 나서 결성한 중립주의 조직인 나우하이머 그룹(Nauheimer Kreis)의 내부 토론에서 독일이 중립화되면 평화가 보장되므로 국가연합 방식으로 통일을 추진할 것을 제안했다. 노악이 주장한 중립화는 독일의 영구 비무장 중립을 의미했다. 이때 그는 소련의 안전과 경제적 이익

울리히 노악과 나우하이머
그룹의 로고.

제10장·연합

을 적극적으로 고려해야 한다고 말했으며, 동서 진영 상호간 이익을 조정하는 것에서 경제교류가 매개적 역할을 수행할 수 있다고 강조했다. 그의 독일통일 구상은 기본적으로 서방의 자유주의적 정치 체제에 입각해 있었다. 다만 그는 외교나 안보 문제에서 독일을 중립국가로 만들 것을 제안했으며 통일의 외적 형식 문제 외에 사회경제적으로 '제3의 길'을 추구한 것은 아니었다.

그는 1949년 8월 26일과 같은 해 11월 18일에서 20일 사이에 동독을 방문해 그곳의 정치지도자들 앞에서 연설할 기회를 가졌다. 그는 '탈군사적 독–독 연방(Föderation)'과 '중립 연방'과 '연방제적 연방국가(föderativer Bundesstaat)'라는 용어를 사용하며 동서독이 비무장 중립주의에 기반을 둔 연방주의적 질서에 합의해 새로운 독일 건설을 제안했다. 그는 '연방'이나 '연방국가'라는 말을 사용했지만 내용적으로는 국가연합을 지시했다. 그는 사실상 독자성을 지닌 두 독일 국가들 간의 느슨한 연합체를 구상했다. 그는 연방의 중앙 기구는 경찰력조차도 따로 보유하지 않은 채 국가 간 조정의 기구여야 했고 양 독일 국가는 그와 같은 연합적 틀 내에서 갈등이나 대결이 아니라 '평화적 경쟁'을 할 수 있을 것이며 그 속에서 동서독 체제는 상호 조정과 동화의 과정을 거칠 수 있을 것이라고 주장했다.

동독 지도부는 이를 받아들이지 않았고 오히려 노악을 오히려 '미 제국주의의 객관적 간첩'이라고 비판했다. 동독 지도부가 보기에 평화 세력과 전쟁 세력 간에 '중립'이란 있을 수 없기에 노악의 중립주의는 위험한 것으로 보았다. 다른 한편, 서독 정치엘리트들에게도 노악은 '동독의 가장 위험한 트로이 목마'에 불과했다.

　　중립주의적 국가연합을 통한 동서독 분단의 극복 구상은 1954년
에 바이에른에서 다시 등장했다. 이번에는 바이에른당이라는 보수적 지
역정당의 핵심 이론가인 헤르만 에첼이 주창자였다. 바이에른당의 부대
표이자 서독 연방의회 의원으로 활동하기도 한 에첼은 이미 1948/49년
전후 독일 국가재건의 모델로 '국가연합'을 주창했다. 그에게 연방주의는
철학적 근본이념, 즉 삶의 다양성 존중과 자유 이념의 근간이었다. 그는
연방주의를 단순히 정치질서의 문제를 넘어 '사회적·윤리적 원리'이자
'정신적·혁명적 원칙'이면서 '진정한 민주주의'의 정치사상적 토대로 인

헤르만 에첼.

식했다. 그는 독일 근대 국가의 중앙집중주의를 비판하며 나치즘의 근원을 프로이센주의로 보았는데, 그것의 핵심을 지역의 자율성과 다양성을 파괴한 중앙집권국가의 통합성으로 간주했다. 그렇기에 그는 진정한 연방주의는 연방국가가 아니라 국가연합뿐이라고 강조했다.

1948/49년 서독 국가 건설 과정에서 국가연합적 연방주의가 관철되지 못한 것에 실망한 에첼은 바이에른당을 나와 서독 아데나워 총리의 서방통합정책에 대해 완강한 투쟁을 전개했다. 이때 특징적인 것은 에첼은 미국과 소련 중심의 대립적인 양 블록 체제 내에서 분단국가를 건설하는 것을 무엇보다 두 개의 '중앙 통합주의 체제로의 강제적 편입'으로 해석했다는 점이다. 다시 말해, 에첼이 보기에 냉전과 분단은 이데올로기나 사회경제적 입장의 차이와 대결의 문제가 아니라 양 체제 모두에서 중앙 통합적 정치 및 권력 지향적 요소의 강화 그리고 그로 인한 대결적 '공격 체제' 형성의 문제였다. 에첼은 '독일클럽 1954'라는 정치토론 단체를 창립했고《독일 정치와 국제정치 학보》라는 비판 잡지를 만들어 이끌었다.

1954년 에첼은 분단 독일이 양 사회경제체제를 그대로 유지한 채 국가연합적 협력체제로 결합할 것을 주장하며 통일 방안을 제시했다. 이때 중요한 것은 처음으로 그 '전체 독일의 연방제적 구성'을 평화협정 내지 유럽공동안보체제의 문제와 연결시켰다는 것이다. 그는 5단계 통일안을 발표했다.

- 동서독 간 관계 정상화
- 점령군 철수 및 동서독의 블록 이탈과 평화협정 시까지 일시적

중립화

- 국가연합적 협력을 가능케 할(하지만 연방국가적 틀이 아닌) 제한적인 권능과 기능을 지닌 양독 간 협의 기구 설치
- 통일독일의 내외적 지위에 대한 협의와 준비, 즉 통일독일의 내적 구조와 통일독일의 국제적 지위 및 유럽안보체제에로의 편입에 대한 양국과 4대강국 간 협의
- 평화협정 체결과 자유선거 및 유럽안보협약에로의 독일 귀속 및 독일 내부의 연방제적 구성을 담은 헌법제정 준비

에첼에 따르면 국가연합은 이행기적 성격을 띠는 것이지만 그렇다고 해서 연방국가를 위한 준비단계는 아니었다. 오히려 에첼이 국가연합적 협력을 '이행기'라고 말한 이유는 전 독일이 '진정으로 연방제적인 건설'을 위해서 '지속적으로' 노력해야 함을 강조하기 위해서였다. 그의 국가연합안은 연방국가로의 과도기가 아니었다는 점에서 그 뒤에도 특별한 위상을 지닌다.

반면, 에첼의 국가연합안을 수용한 또 다른 중립주의자 빌헬름 엘페스는 1955년부터 연방국가로의 발전을 위한 과도기로서 국가연합을 통일안으로 제시했다. 이미 1954년 엘페스는 에첼의 제안을 통해 연방주의 방식의 독일문제 해결책을 자신의 것을 삼았다. 그 뒤 자신이 당대표로 있던 중립주의 지향의 정당인 '독일인동맹' 내에서 국가연합을 내용으로 하는 '연방제 통일안'을 발전시켰다. 1955년 12월 3일 엘페스는 '하나의 연방제 독일'을 주창했다. 그는 서로 이질적인 경제체제의 존재는 통

빌헬름 엘페스.

일에 전혀 방해가 되지 않는다고 강조했다. 1956년 1월에 '독일인동맹' 최고회의는 중립주의에 기초한 연방제 독일 통일안을 심의하고 결의했다. 1956년 9월 중순 동독-기민련의 제8차 당대회에 초청연사로 참가한 엘페스는 연설에서 '독일국가연합'을 통일의 길로 제시하며 이를 동독의 정치가들이 토론해 통일 정책으로 끌어올려 줄 것을 제안했다. 엘페스의 '연방제적 국가연합'은 연방국가로의 통일을 위한 과도기라는 의미에서 에첼의 국가연합안과는 차이가 있다. 특히 엘페스는 자유선거를 통한 하나의 공동 독일의회와 전 독일적 정부를 가진 '임시 연방'을 구상했으며 26개의 독일국가(주)들이 함께 국가연합으로 결합할 것을 제안했다.

그 세 중립주의자들의 초기 국가연합안은 서독에서 적극적으로 토론되거나 수용되지 못했다. 아울러 동독의 정치지도부 또한 그들과 접촉하기는 했지만 곧 비판적 거리를 유지했다. 그렇지만 그 뒤의 역사 과정에 보여주듯이, 그들의 앞선 발의와 제안은 동독 지도부가 1956년 말 국가연합 사상을 수용하여 자신들의 민족정책의 정수로 서독 정부에 제안하는 데 중요한 자극을 주었다. 아울러 그 뒤 독일통일까지의 수많은 국가연합안의 원조로서 다양한 변이의 출발이었다.

유형

동독의 국가연합 제안에 서독 정부는 전혀 긍정적인 반응을 보이지 않았다. 그렇지만 서독의 일부 정치가들과 지식인들 및 여러 조류의 사회 세력은 동독의 국가연합안에 자극받아 그들 나름의 국가연합안을 발전시켰다.[16] 그들은 서독 정부가 동독이 던진 '공을 받아 되치기'를 원했다. 아울러 1970년대 후반부터 등장한 평화운동의 안에서 국가연합안은 일부 좌파와 우파의 민족 지향의 정치가들과 운동가들에게 큰 관심의 대상이었다. 1957년부터 1980년대 후반까지 서독 정치와 사회에 등장한 국가연합 통일안은 대략 30개가 된다. 각 시기별 발전 과정과 맥락을 넘어 국가연합안의 내용과 성격을 중심으로 나누면 대략 세 가지 조류로 구분할 수 있다. 이때 정치선전으로서의 국가연합안, 즉 1957년부터 1966년까지 동독 사통당의 국가연합 강령은 제외한다.

첫째, 연방주의적 정치원리와 탈민족적 지향을 지닌 국가연합론이다. 1950년대의 노악과 에첼의 국가연합안, 1960년대 후반과 1980년 후반 적극적으로 민족문제 해결에 개입한 작가 귄터 그라스의 국가연합 구상 그리고 1989/90년 녹색당의 생태국가연합론이 그것이다. 그 연방주의자들은 권력 지향적인 중앙통합적 국민국가보다는 탈민족적 소국가론 내지 연방주의 정치 원칙에 충실한 국가연합을 구상했다. 그들이 모색했던 분단 극복의 구상은 인간 삶의 원천적 다양성을 존중하며 지방과 하위 정치단위의 정치적·문화적 자치권에 기초한 국가연합이었다. 그들은 중앙 통합적 국민국가로의 통일에 반대했고 독–독 간 국가연합을 유럽통합의 틀에서 사유했다. 그렇기에 통일(더 정확히는 분단 갈등 극복) 모델로서 국가연합은 독일 연방국가의 중간단계가 아니라 유럽 국가연합의 과정이자 매개로 인식했다. 이때 그들의 국가연합은 이미 일종의 독일 내 '평화국가'였고 유럽의 '평화체제'였다. 비록 1990년 초 급속한 흡수통일의 우세 국면에서 그것은 '반통일 구호'로 전락해 현실적 의미를 상실했지만 그 자체로는 평화를 중심으로 분단 극복을 사유한 독특한 방식이었다. 국가연합 구상에 원천적으로 내재된 연방주의에서 평화의 정신을 찾아 확장한 분단 해결책이었기 때문이다.

둘째, '제3의 길' 내지 중립주의 강령과 긴밀히 결합한 국가연합론이다. 1950년대부터 1980년대까지 적지 않은 수의 독일 중립주의자들은 국가연합안을 옹호했다. 사실 위의 첫 번째 흐름도 중립주의와 완전히 무관하지는 않다. 다만 여기서는 '제3의 길'이나 중립주의가 국가연합안의 가장 핵심적인 지위를 지닌 경우를 말한다. 이를테면, 1950년대 빌헬름 엘페스, 1960년대 볼프 셍케, 1980년대 롤프 슈톨츠와 페터 브란트 같은 중립주의자들은 다양한 중립주의 국가연합안을 선보였다,

특히 1980년대 초 국제냉전의 새로운 격화 과정에서 서독의 비판적 시민사회는 대중적 평화운동의 고양을 겪었다. 녹색당은 평화운동의 과정에서 급격히 성장할 수 있었다. 사민당의 일부와 녹색당 내에서는 민족문제에 대해 다시 토론하는 흐름이 등장했다. 특히 1960년대 후반 급진적 청년 봉기를 경험한 세대 중 일부는 민족문제를 우파의 수중에 떨어지도록 하지 말자고 주장하며 사회해방과 연계한 통일정책을 구상하기 시작했다. 발원은 전설적 학생운동가 루디 두치케(Rudi Dutschke)였지만, 1979년 말 그의 사후 서베를린의 녹색당 지부에 해당하는 대안리스트 내 '베를린 및 독일정책 연구그룹(Arbeitsgruppe Berlin- und Deutschlandpolitik)' 과 쾰른의 '좌파독일토론 발의그룹(Initiativkreis Linke Deutschlanddiskussion, LDD)'을 중심으로 일군의 민족좌파 세력들이 평화문제를 궁극적으로 해결하려면 독일통일에 대해서도 대안을 가져야 한다고 주장했다.

먼저, 롤프 슈톨츠가 주도한 쾰른의 LDD는 마오쩌둥 사상을 수용해 사회해방과 민족해방을 결합할 필요를 강조했다. 그들은 독일중립화와 유럽평화체제 건설을 동시에 주장하며 국가연합 방식의 통일을 통해 동서 진영의 양 체제로부터 벗어나 독일은 '특수한 길'을 추구해야 한다고 나섰다. 그들은 분단 독일을 사실상 '점령 상태'로 보며 민족해방적 '제 3의 길'을 통해서만 사회해방도 동시에 가능함을 설파했다. LDD는 소련식 공산주의와 미국식 자본주의뿐만 아니라 서구 민주주의 모델도 비판

했으며 기층 민주주의적이면서 탈국가 지향적이고 평의회 사회주의적인 길을 대안으로 제시했고, 이때 국가연합이 그 매개 역할을 수행할 수 있다고 보았다. 그런 점에서 보면 LDD의 국가연합안은 1960년대 셀케의 구상과 매우 흡사했다.

한편, 서베를린의 '베를린 및 독일정책 연구그룹'을 이끌던 페터 브란트와 헤르베르트 암몬도 1980년대 내내 수차례 유사한 국가연합안을 발표했다. 그들은 '양독 내에서 내부 변혁을 먼저 달성한 뒤에 통일을 추구'하고자 하는 경향과 '통일을 먼저 이루어내고 그 후 해방 과정을 달성'하자는 흐름을 모두 비판하며 동맹이탈과 국가연합을 전략적 해결책으로 제시했다. 양독이 군사동맹을 이탈한 뒤 국가연합을 이루어내면 양독 주민들이 현실과 단절하는 데 용이할 것이며 광범한 사회 세력을 단결시켜 궁극적 사회 해방을 달성하는 데도 유리할 것이라고 보았던 것이다.

그들은 동서독이 새로운 질적 협상의 첫 번째 단계에서 군사동맹을 벗어나는 것이 급선무고, 그다음 단계에서 양 독일 국가가 '독일공동체'를 결성할 수 있을 것이라고 보았다. 그들은 이 국가연합의 기구로 전독일 의원평의회와 전 독일조정국을 구상했다. 이 국가연합 협정과 기구를 통해 양독은 1972년의 「기본조약」을 대체해 동서독 주민들의 자유로운 이동을 점진적으로 실현할 수 있다고 보았다. 그리고 그들은 그 독-독 간 접근의 세 번째 단계로 경제적 변혁을 염두에 두었다. 이 단계에서는 아직 양 독일 국가가 각각 서유럽의 유럽공동체나 동유럽의 코메콘(COMECON)에서 벗어날 이유가 없었다. 그들은 마지막 단계에서 양독 국가와 '독일공동체'는 전승국과 평화협정 및 「베를린협정」을 체결하며 오데르-나이세 국경을 확정함과 동시에 독일의 통일을 완성할 수 있을 것이라고 보았다.

그들은 국가연합의 틀을 통한 독-독 간 결합의 문제와 유럽평화체제의 형성 문제를 적절히 구분한 뒤 다시 연결시켰다. 이때 그들은 '독일 공동체'가 '아래로부터의 대중운동'없이는 실현가능성이 없는 것으로 보았다. 그들 또한 여타 국가연합 주창자들과 마찬가지로 분단 문제 해결이 사회해방운동 과정과 긴밀히 결합해야 함을 강조했던 것이다. 그러나 서베를린의 국가연합 주창자들은 쾰른의 LDD와는 달리 동서독의 지배질서에 대항하는 전투적 '제3의 길'을 옹호하지는 않았다. 게다가 그들은 '전통적인 현실 정치적 기준을 무시하지 않아야' 함을 강조해서 서로 다른 사회적 정치적 세력과도 연대해야 함에 주목했다. 그렇기에 그들은 한편으로는 군사동맹 탈퇴와 국가연합을 주창하는 우파 민족주의 그룹과도 협력할 의향이 있었고, 다른 한편으로는 주요 현실 정치세력인 사민당과도 연대할 수 있다고 보았다. 그들은 LDD 그룹과는 달리 1970년대 사민당의 동방정책에 대해서도 비판만이 아니라 긍정적으로도 평가했고 냉전의 위기 국면이 다시 닥쳤기에 서독 내에서 '새로운 다수파'의 결집을 통해 집권 전략을 구상할 줄 알아야 한다고 주장했다. 이때 그들이 염두에 두었던 것은 사민당과 녹색당의 협력을 통한 연정이었다. 그 현실 정치적 협력과 연정의 근간은 생태적·사회적 요구 실현과 함께 독일통일을 지향하는 새로운 동방정책의 구현이었다. 이때 그들은 독일인의 자기결정권에 의거한 국가연합이 그 새로운 독일정책의 연결 고리가 될 수 있을 것이라고 보았다.

아울러 1989/90년 겨울 사민당을 비롯한 서독의 좌파들과 동독 반체제 그룹 일부도 군사동맹 체제로부터의 이탈 또는 유럽공동안보체제에 기반을 둔 국가연합론을 주장했다. 그들 중 일부는 국가연합을 통해 외교, 군사뿐 아니라 사회경제적으로도 '제3의 길'의 대안을 추구하기도 했다. 또 셴케와 슈톨츠 및 페터 브란트에게서 보듯, 국가연합론은 사회혁명과 대중운동과 긴밀히 결합되어 사유되었다. 첫 번째 유형의 국가연합안과는 달리 그들의 독일국가연합은 국민국가 재탄생의 전 단계였다. 그 국가연합안은 현실적 가능성과는 별도로 냉전 체제의 균열 내지 극복을 전면적으로 문제 삼았다는 점에서 다시금 평화체제 논의를 비켜가지 않았다. 오히려 유럽냉전 체제의 해체를 독일통일의 핵심 전제로 간주한 것이다. 그런데 완고한 냉전적 군사동맹 체제의 극복과 구분되는 독-독 간 협력의 독자적인 역동성을 더 적극적으로 다루지 못한 것은 결정적 한계로 유의해야 할 대목이다. 아울러 1980년대 서베를린의 국가연합 주창자들이 여타 중립주의적 국가연합 주창자들과는 달리 분단 양국의 체제 '변혁'을 지향하면서도 현실주의적 관점의 정치 지혜와 전술을 강조하며 '중도'적 정치연합(사민당과 녹색당의 연정)의 길로 국가연합을 추구한 것은 한국적 맥락에서도 매우 흥미롭다.

　　마지막으로는 '실용적 관점'의 국가연합론이다. 1950년대 후반부터 등장한 사민당 지도자 헤르베르트 베너의 '독일경제공동체'안과 1980년대 양독의 중간협상인들 사이에서 논의되었던 '취리히 모델'과 '국가대항전'이 그것이다. 그것은 주로 양독 간 경제 내지 재정적 협력에 초점을

1978년 12월 사민당 당대회에서 연설하는 베너.

맞추었고 그것의 고유한 동력을 통해 통일과 평화의 동시적 점진적 발전의 길을 찾았다. 그것은 위의 중립주의와 결합한 국가연합안과는 달리 군사동맹이나 평화체제의 문제를 우선 뒤로 돌리고 경제협력의 심화와 진전에 의거한 양독 간 발전의 성과에 기초해 국가연합적 체제를 발전시키는 것을 말한다.

　이를테면, 베너는 사민당 내에서 누구보다도 먼저 독-독 간 대화와 협상에 무게중심을 두었다. 그는 공산주의로부터의 전향 전력으로 인해 동독 사통당과 가장 격렬히 비방을 주고받았다. 하지만 베너는 울브리히트의 국가연합안에 대해 처음부터 전향적으로 관심을 보인 드문 사민당 정치가였다. 그는 이미 1957/58년 동독의 국가연합안에 대해 관심을 보였다. 1958년 2월 베너는 독자적으로 '독일경제공동체'를 통일안으로 제시했다. 사민당의 외교정책을 책임지고 있던 베너는 1960년대 내내 그리고 심지어 1979년에도 같은 통일안을 반복 제안하며 빌리 브란트와 에곤 바르의 동방정책과는 구분되는 독자적 평화·통일 정책을 선보였다.

베너가 제시한 '독일경제공동체'는 4단계를 염두에 두었다. 독-독 간 교류를 원활히 진행하기 위한 화폐결산제도 도입, 공통의 이익에 기여할 양독 공통 투자펀드 조성, 화폐통일, 마지막으로 국제적 긴장완화를 배경으로 한 국가통일이 그것이다. 특히 그는 마지막 단계에서 독일에서의 외국군 철수와 군축 및 중립화를 염두에 두었다. 그도 중립화를 주장하긴 했지만 그것은 가장 마지막 단계의 주제로 보았던 것이다. 여기서 주목할 것은 독일문제의 해결에 대해 그는 항상 독-독 간 협력을 가장 중요한 계기이자 동력으로 보았다는 사실이다. 그는 일찍부터 동독의 국가적 실체를 사실상 인정하기를 가장 강력히 주장했으며, 동독에서의 자유선거나 정당 활동의 자유 등은 언급하지 않은 예외적 인물이었다. 아울러 베너는 서독에서 가장 일찍 인도주의적 문제 해결의 중요성을 간파했고 경제교류가 독-독 간 관계 개선과 통일에 미칠 장기적 영향에 주목했다.

베너는 자신이 제안한 '독일경제공동체'의 발전을 '독일연방'이라고 불렀다. 그는 동독의 국가연합안이 문제가 있다고 해서 국가연합 토론을 중단할 수는 없다고 보았다. 그는 두 체제가 상당 기간 병존하면서 협력 체제를 발전시키는 방식의 통일 논의를 '독일경제공동체'안으로 끌어올렸다. 그는 주로 경제협력을 중심으로 한 독-독 간 신뢰와 협력을 강화하고 그것을 제도적으로 확립하는 '독일연방'이 독일 국민국가로의 이행기임을 밝혔다. 그는 중립화를 전제하고 서독 체제의 변혁을 목표로 한 동독의 국가연합안과는 다른 종류의 점진적 실용적 접근의 국가연합안의 초석을 놓았다. 아울러 베너의 '독일경제공동체' 내지 '독일연방'은 브란트의 '작은 걸음의 정책'과 비교해서 보면, '작은 걸음과 동시에 큰 걸음' 정책이었다.

실용적 국가연합의 핵심은 안보 동맹과 평화 체제의 문제를 유보하거나 제한적으로 또는 신중히 다루면서 양독 간 발전과 협력관계 진전의 역동성에 더 눈을 돌렸다는 사실이다. 그런 점에서 보면, 1989년 11월 28일 헬무트 콜의 10개조 통일강령도 현실적이고 실용적 국가연합 통일안에 해당한다고 볼 수 있다. 왜냐하면, 그것은 통일독일의 외교, 안보의 성격이나 지위 문제와 양독 간 경제협력에 기초한 '국가연합적 구조'의 발전을 분리시켜 후자에 집중했기 때문이다. 비록 콜이 1990년 1월 중순 급속한 흡수통일로 방향을 선회했지만 모든 좌파적 통일안을 제압했던 것은 흔들리는 분단 현실과 역동적인 정치 상황에 조응했기 때문이다. 좋든 싫든, 콜이 결정적 국면에서 성공한 비밀은 국가연합을 탄력적으로 활용했다는 사실에 있다. 그것은 역설적으로 국가연합이 지닌 본래의 다양성과 유동성을 그대로 드러냈다.

전망

성공하지 못한 역사 경로에 관심을 두는 이유는 망각되고 묻힌 지향과 구상에 새로운 희망의 불을 지피기 위해서이다. 하지만 그것을 떠나서도 분단 독일에서 국가연합은 동서독 정치가들과 평화행위자들에게 '공통의 사유공간'이자 '협력관계의 기대지평'으로 존재했다는 사실을 확인하는 것은 중요하다. 그것은 평화정치를 자극했고 교류 협력이 한 발짝 더 나아가도록 추동했다. 분단 상황이 급격히 흔들리자 오랫동안 민족통일을 거부했던 녹색당 정치가들조차 국가연합 구상으로 기울었다.

　　　분단 시기 내내 동서독은 협정을 숱하게 맺었지만 통일에 대해서는 합의는커녕 어떤 논의도 진행하지 않았다. 애초 동독은 1950년대와 60년대 내내 서독을 향해 통일안을 줄기차게 쏟아냈다. 하지만 1968년부터 동독 정부는 새 헌법을 발표해 통일강령을 지웠다. 심지어 동독 공산주의 지도자들은 1970년부터 동독과 서독이 두 개의 서로 다른 민족임을 알렸다. 그들이 보기에, 동독은 오스트리아와 통일할 이유가 없는 것과 마찬가지로 서독과도 통일할 이유가 없었다. 그만큼 체제 안정과 권력 유지가 급했다. 1970/80년대 서독의 평화정치가들은 동독이 내부 결속과 독자 발전에 나선 현실을 고려해야 했고 통일 논의가 선린 교류와 협력관계를 방해하지 않을까 우려했다. 동방정책이 개시되고 베를린장벽이 붕괴할 때까지 서독 정부는 통일 논의를 완전히 접었다. 동서독 모두에 '분단'은 곧장 적대의 원인이 아니었을 뿐 아니라 '(구조적) 폭력'은 더더욱 아니었다. 오히려 분단 '관리'의 실패 '행위'들이 긴장의 원인이었기에 분단을 이성적으로 조정하며 '유지'하는 것이 평화였다. 과장된 몸짓의 통일 주장이나 비현실적 통일강령은 오히려 평화를 교란하는 것으로 간주되었다. 나치 제국의 범죄와 국제정치의 복잡함은 독일에서 통일 논의 자체를 제약했기에 국가연합 통일안도 정책 구상으로 더 발전하지 못했다.

물론, 그런 분단의 평화적 관리와 협력관계의 발전이 —흔한 오해와는 달리— 또 무슨 '평화체제'였던 것은 아니었다. 그것은 '체제'니 하는 갑갑한 규정을 떠난 채 이루어진 역동적인 동서독 간 평화정치의 발전이었고 밀도 높은 협력관계의 제도화였다. 그런데 평화정치와 협력관계의 제도화에 기초한 그런 분단 '관리'가 결국에는 통일 '준비'였다는 사실은 당시에 아무도 몰랐다. 평화정치의 질적 발전과 확산이 결국 통일의 '비밀'이었다. '역설'이었으니 행운이라 불러도 된다.

한반도가 독일과 같은 행운을 가지리라고 누가 보장하겠는가? 의도치 않은 역설에 기대어 우리도 평화정치의 발전에만 매달리면 분단을 극복할 비밀 열쇠를 챙길 수 있으리라고 단정 지을 수는 없다. 기왕의 남북 간 통일 합의를 던져 버릴 이유가 없다. 다만 분단을 평화적으로 관리하는 데 번번이 실패하면서 통일을 외칠 때의 허무함은 그새 우리 모두의 것이 되었다. 평화 무능력을 몽환적 통일 축제로 가리는 일도 지겹다. 국가연합 논의를 더 발전시켜야 한다.

국가연합은 매우 유동적이고 탄력적인 성격을 지녔다. 연방국가와 국가연합의 질적 차이가 없지는 않지만 확정적이거나 고정적이지 않다. 연합(내지 연방) 기구가 독자 주권을 가지느냐 아니냐의 문제나 연방(내지 연합)이 헌법에 의해 구성되느냐 조약(협정)에 의해 만들어지느냐의 문제는 국가연합과 연방국가를 나누는 기준이다. 하지만 역사와 현실은 그 경계의 엄격성을 거부한다.[17] 국가연합은 국제법적 규정에 따라서 한정되는 것이 아니라 정치적 의지의 표현으로 발전한다. 국가연합은 평화의 길이면서 통일 모색의 장이다. 국가연합은 분단극복의 방안이지만 동시에 평화질서 구상을 포함할 수 있다. 국가연합의 첫 단계는 아니더라도 중간 과정이나 마지막 국면 어디쯤에서는 군사 대결과 안보동맹 문제의 해결책도 찾아야 하기 때문이다. 국가연합과 평화체제 논의는 구분하되 결합 가능하다. 분단 독일의 경험에서 드러났듯이, 국가연합은 여러 방식으로 평화(체제) 형성의 문제를 포함할 수 있기 때문이다.

게다가 행위 주체의 관점에서는 국가연합 추진을 사회 변혁 세력에만 한정지을 이유도 없다. 전통적인 사회혁명의 관점으로 통일과 평화를 사유하면, 그나마 어렵게 이루어낸 '작은 걸음'들의 역진과 파열을 막을 방도가 없다. 평화 행위와 의지가 사방팔방에서 올 수 있음을 놓치지 말아야 한다. 인권의 유린자도 사회혁명가도 평화를 위해서라면 잠시 만날 수 있다. 분단 양국의 다양한 세력들이 저마다의 이유와 근거로 '국가연합적' 결속에 나서도록 사유나 실천에서 적극 보조해야 한다. 이를테면, 남북한의 경제엘리트나 문화 종사자 또는 지방자치체 정치가들은 고유한 관심과 이익 때문에 남북한 협력의 틀을 안정적이고 불가역적으로 만들고자 하는 동기가 있다. 남북한 사이의 실용적이면서 합의 가능한 안정적 협력의 틀이라면 그것을 굳이 국가연합이라고 부르지 않을 이유가 없다. 다시 말해 남북한 간 협력관계의 제도화를 '국가연합적 구조', '국가연합의 입구', 심지어 '낮은 단계의 국가연합'이나 '국가연합의 한 형식'으로 미리 불러도 된다. 국가연합이란 이름 대신 '운명공동체', '책임공동체' 등의 이름도 활용 가능하다. 우리에게 필요한 것은 국가연합을 정적이고 완성된 체제로 보지 않고 실용적이고 현실적인 협력의 안정적 틀을 만드는 정치 과정의 산물이자 그런 의지의 결집으로 보는 관점이다.

분단 독일에서 국가연합안이 실현되지 못한 결정적인 이유는 동서독의 불균형이었다. 동독은 모든 면에서 서독에 비해 너무 약했다. 극심한 분단의 불균형은 국가연합의 정치상상력을 제약했고 평화정치가들의 운신의 폭을 좁혔다. 동독의 국가 생존은 40년 내내 불안했고 동서독 간 정치와 경제의 질적 격차는 좁혀지지 않았다. 그것은 서로 다른 두 체제의 공존 및 대등한 협력관계라는 국가연합안의 사유 확장과 실천 적용을 막았다. 하지만 다시 행위 주체의 관점에서 보면, 국가연합 주창자들에게서 실용적이고 실제적인 접근이 부족했던 것에도 주목해야 한다. 독-독 간 관계 발전의 심화와 냉전 해체 또는 평화체제 형성의 상호 관련성에 대해 정태적 분석에 갇힌 측면이 없지 않았다. 그런 점에서 한반도는 독일과 다른 방식으로 국가연합 논의의 지평을 더욱 확장할 필요가 있다. 핵무장을 둘러싼 미국과 북한의 오랜 적대나 중국과 미국의 새로운 갈등 등에 직면해 당장 한반도 양국 간의 협력을 넘어서는 평화체제가 한반도 내 두 정치공동체의 협력과 긴밀히 결합해 보조를 맞춰 진행될 가능성은 높아 보이지 않는다. 오히려 한반도 두 공동체 간 관계의 질적 발전과 여타 외교와 안보 문제를 더 분리해 앞의 것이 지닌 독자적 의미와 역동성을 최대한 살리는 것이 중요해 보인다.

그런데 이미 앞 장에서도 보았듯이, 1980년대 후반 동서독의 관계는 이미 사실상 국가연합의 전 단계라고 볼 수 있을 정도로 발전했다. 1987년과 1988년 소련과 동서독 양쪽에서 모두 새롭게 국가연합에 대한 관심이 고조된 것은 그와 같은 현실의 발전을 반영하는 것이었다. 국가연합을 국제법적으로 명료하고 확정적인 상태로 보며 '망상'하면 그것은 너무 멀거나 불가능해 보인다. 하지만 분단 양국 간 현실적 협력관계의 확대와 심화라는 차원에서 정치 행위 주체들의 의지와 결단의 문제로 본다면, 그것은 '작은 걸음'들이 '그다음' 단계로 나아가게 하는 좌표가 될 수 있다. 1989/90년 '전환' 시기 독일에서 국가연합 논의가 성세를 맞이한 것은 그동안의 현실 발전이 낳은 자연스러운 결과이기도 했다. 그런 면에서 보면, 강령이나 구상이 오히려 이미 발전한 현실을 뒤따라오는 형국이었다. 그것도 일종의 역설이었다. 물론, 그 역설도 그냥 오지는 않았다. 분단 시기 내내 국가연합이 정치적 좌와 우를 막론하고 도처에서 논의되었다는 사실은 다시금 중요하다.

국가연합이 한반도 평화와 통일 논의의 북극성이 되면 좋겠다. 선 자리에 따라 모양과 위치가 달라 보인다면 더욱 좋고 오히려 권할 일이다. 다양함을 통한 풍성함이야말로 연방주의의 정신이다. 국가연합이 남북 간의 공통의 사유공간이자 기대지평이 되고 나아가 실제 정치실험의 대상이 되길 기대하자. 그러려면 한반도 남단의 평화정치가들과 평화행위자들이 그 공간의 진입로를 활짝 열어야 한다. 국가연합으로의 모든 통로와 계단을 잘게 나누고 입구도 출구도 크게 열어 누구나 넘나들 수 있도록 해야 한다. 그렇게 국가연합의 백화제방과 백가쟁명을 열어 북측 행위자들을 맞이할 필요가 있다. 다양성과 기민함, 인내와 절제야말로 경직된 상대와 함께 평화를 만드는 방법이다. 국가연합, 그것 말고 더 무엇이 있단 말인가?

책머리에

1   안톤 파블로비치 체호프, 박현섭 옮김, 『체호프 단편선』(민음사, 2002), pp. 7-12.

1장

1   키에르케고르, 강성위 옮김, 『불안의 개념/죽음에 이르는 병』(동서문화사, 2020), p. 173. 하지만 한국어 번역은 아르네 그렌, 하선규 옮김, 『불안과 함께 살아가기』(도서출판 b, 2016), p. 24를 따랐다.

2   이안 부루마, 신보영 옮김, 『0년. 현대의 탄생, 1945년의 세계사』(글항아리, 2016). 패전 직후 독일과 관련한 유사한 규정 "0시(Stunde Null)"에 대해서는 Christoph Kleßmann, 1945-welthistorische Zäsur und "Stunde Null", Version: 1.0, in: Docupedia-Zeitgeschichte, 15.10.2010, URL: http://docupedia.de/zg/1945(2020.08.01.)을 참조하라. 1945년의 혼재 상황과 "0시"의 경험사에 대한 최근 연구는 Martin Sabrow, "Die 'Stunde Null' als Zeiterfahrung", *Aus Politik und Zeitgeschichte* 70, 4-5/2020, pp. 31-38을 참조하라.

3   유럽이 아니라 지구적 차원에서 1945년이 지닌 큰 의미에 대해서는 Gabriele Metzler, "1945 als globale Zäsur", *Aus Politik und Zeitgeschichte* 70, 4-5/2020, pp. 10-16을 참조하라. 1945년 종전의 이면에 대한 간단한 개요로는 이동기, 『현대사 몽타주』(돌베개, 2018), pp. 39-54.

4   이동기, 「몰락에서 평화로. 전후 유럽냉전사(1945-75)」, 신욱희·권헌익 편, 『글로벌 냉전과 동아시아』(서울대학교출판문화원, 2019), pp. 5-8; 빌프리트 로트, 「국가와 권력관계의 변화」, 이리에 아키라 엮음, 이동기·조행복·전지현 옮김, 『하버드-C.H.베크 세계사: 1945 이후 서로 의존하는 세계』(민음사, 2018), pp. 23-30; Martin H. Geyer, "Die Nachkriegszeit als Gewaltzeit. Ausnahmezustände nach dem Ende des Zweiten Weltkrieges", *Aus Politik und Zeitgeschichte* 70, 4-5/2020, pp. 39-46.

5   이동기, 「몰락에서 평화로. 전후 유럽냉전사(1945-75)」, pp. 5-8.

6   Keith Lowe, *Der wilde Kontinent. Europa in den Jahren der Anarchie 1943-1950*(Stuttgart, 2010).

7   얄타회담이 냉전 자체를 낳았다든지 또는 냉전을 불가피한 것으로 만들었다는 주장에 대한 반박은 Wilfried Loth, *Die Teilung der Welt. Geschichte des Kalten Krieges 1941-1955*(München, 1980); 세르히 플로히, 허승철 옮김, 『얄타: 8일간의 외교전쟁』(역사비평사, 2020)을 참조하라.

8   세르히 플로히, 『얄타: 8일간의 외교전쟁』, pp. 38-41, pp. 710-713.

9   포츠담 회담의 '3거두'는 전쟁 배상과 오데르-나이세 국경과 동유럽 지역의 독일인 강제
    추방 등에 대해서도 합의를 보았다. Wolfgang Benz, *Wie es zu Deutschlands Teilung kam. Vom
    Zusammenbruch zur Gründung der beiden deutschen Staaten 1945-1949*(München, 2018),
    pp. 69-105; Wolfgang Benz, *Potsdam 1945. Besatzungsherrschaft und Neuaufbau im Vier-Zonen-
    Deutschland*(München, 1994).

10 Wolfgang Benz, *Wie es zu Deutschlands Teilung kam*, pp. 69-70.

11 Wolfgang Benz, *Wie es zu Deutschlands Teilung kam*, pp. 70-71; 블라디슬라프 주보크, 김남섭 옮김,
    『실패한 제국 1: 냉전 시대 소련의 역사』(아카넷, 2016), pp. 88-89.

12 오스트리아와 독일의 단순 비교는 불가능하다. 둘의 연루가 더 중요했다. 한편으로, 독일문제
    해결 방법이 점점 꼬이고 국제냉전이 더 뚜렷해지면서 오스트리아는 더 나은 조정의 여지와 합
    의의 기회를 가졌다. 반면, 소련이 오스트리아 중립화를 독일 중립화를 위한 압박 카드로 활용
    하면서 여전히 '병합 위기'가 존재했다. 오스트리아와 독일의 연계를 풀고 오스트리아 국가협
    정이 성공적으로 체결된 데에는 오스트리아 정치지도자들이 단일 국가를 유지하고 중립을 달
    성하기 위해 적극 노력했기 때문이다. 그들은 오스트리아의 주권을 지키면서 냉전의 소용돌이
    에 빠지지 않기 위해 정당 소속, 특히 좌우의 경계를 넘는 합의문화를 발전시켰다. 보수 정당인
    오스트리아 인민당 소속의 율리우스 라브와 레오폴트 피글, 그리고 사민당 소속의 아돌프 셰르
    프와 브루노 크라이스키 등 서로 다른 정치 신념을 가진 정치지도자들이 연정을 구성해 단일
    한 국가 발전의 전망을 찾고 협력했다. 또 서방측 관찰자들이 더러 말했듯이, "오스트리아는 소
    련의 적이 아니었다." 오스트리아 정치가들은 독일문제 해결과 오스트리아 국가협정을 연결하
    지 말도록 소련 측과 따로 양자회담을 추진하며 설득했다. 그렇게 그들은 운신의 폭을 넓혔고
    행위 여지를 활용했다. 서방측이 오스트리아 문제를 독일문제에 비해 심각히 다루지 않은 것
    도 오스트리아 정치가들에게 득이었다. 하지만 오스트리아 정치가들이 소련과 양자 회담을 진
    행할 때 서방 열강은 의심을 거두지 않았으며 협상 성공을 전혀 낙관하지 않았다. 그런 면에
    서 오스트리아의 중립 외교는 탁월한 수완이었다. 오스트리아 정치가들은 국제 냉전을 운명의
    조건으로 여겨 행동의 전제로 삼지 않았고 극복 과제로 삼아 10년 동안 곰비임비 목표를 향해
    나아갔다. Gerald Stourzh, *Um Einheit und Freiheit: Staatsvertrag, Neutralität und das Ende der Ost-
    West-Besetzung Österreichs 1945-1955*(Wien, 2005); Rolf Steininger, *Der Staatsvertrag. Österreich im
    Schatten von deutscher Frage und Kaltem Krieg*(Wien, 2009), pp. 127-150.

13 이동기, 「몰락에서 평화로. 전후 유럽냉전사(1945-75)」, pp. 24-26; Arnold Supplan and
    Wolfgang(ed.), *"Peaceful Coexistence" or "Iron Curtain". Austria, Neutrality and Eastern Europe in the
    Cold War and Detente, 1955-1989*(Wien, 2009)을 참조하라.

14 Wolfgang Benz, *Wie es zu Deutschlands Teilung kam*, p. 228.

15 Andreas Hillgruber, *Alliierte Pläne für eine 'Neutralisierung' Deutschlands 1945-1955*(Opladen,
    1987), pp. 7-16; Axel Frohn, *Neutralisierung als Alternative zur Westintegation. Die*

Deutschlandpolitik der Vereinigten Staaten von Amerika 1945-1949(Frankfurt a. M., 1985)를 참조하라.

16 Klaus Larres, "Neutralisierung oder Westintegration? Churchill, Adenauer, die USA und der 17. Juni 1953", *Deutschland Archiv*, 27(1994) 6, p. 578; Klaus Larres, *Politik der Illusionen: Churchill, Eisenhower und die deutsche Frage*(Göttingen, 1995); Mariane Howarth, "Der Juni-Aufstand und die Deutschlandpolitik der Westallierten", *Aus Politik und Zeitgeschichte*, B23/2003, p. 19; 빌프리트 로트,「국가와 권력관계의 변화」, pp. 86-87; A. Kai-Uwe Lange, *George Frost Kennan und der Kalte Krieg: Eine Analyse der Kennanschen Variant der Containment Policy*(Hamburg, 2001), p. 205.

17 독일에서 1945년부터 1950년대 중반까지 등장한 중립(화) 구상에 대해서는 Dong-Ki Lee, *Option oder Illusion?*, pp. 29-35; Dirk Mellies, *Trojanisches Pferde der DDR? Das neutralistisch-pazifistische Netzwerk der frühen Bundesrepublik un die Deutsche Volkszeitung, 1953-1973*(Frankfurt a.M., 2007), pp. 105-118; Rainer Zitelmann, *Adenauers Gegner. Streiter für die Einheit*(Erlangen, 1991); Rainer Drohse, *Der Dritte Weg. Neutralitätsbestrebungen in Westdeutschland zwischen 1945 und 1955*(Hamburg, 1974); Alexander Gallus, *Die Neutralisten. Verfechter eines vereinten Deutschland zwischen Ost und West 1945-1990*(Düsseldorf, 2001); Alexander Gallus, "Für ein vereintes Deutschland zwischen Ost und West: Neutralistischer Protest in der Bundesrepublik", Dominik Geppert und Udo Wengst(Hg.), *Neutralität-Chance oder Chimäre? Konzepte des Dritten Weges für Deutschland und die Welt 1945-1990*(München, 2005), pp. 97-101.

18 전후 소련의 독일정책에 대해서는 Wilfried Loth, *Die Sowjetunion und die deutsche Frage. Studien zur sowjetischen Deutschlandpolitik von Stalin bis Chruschtschow*(Göttingen, 2007); Wilfried Loth, *Stalins ungeliebtes Kind. Warum Moskau die DDR nicht wollte*(Berlin, 1994)가 가장 유용하다.

19 Wolfgang Benz, *Wie es zu Deutschlands Teilung kam*, pp. 283-306.

20 독일과 관련한 냉전사의 가장 첨예한 논쟁 주제는 「스탈린 각서」의 진정성 여부였다. 그것에 대해서는 이동기,「독일냉전사 연구의 관점과 주제들」,《역사비평》111, 2015.05, pp. 266-268; Bernd Bonwetsch, "Die Stalin-Note 1952-kein Ende der Debatte", *Jahrbuch für Historische Kommunismusforschung*. 2008, pp. 106-113; Jürgen Jarusky(Hg.), *Die Stalinnote vom 10. März 1952. Neue Quellen und Analysen*(München, 2002); Wilfried Loth, "Das Ende der Legende. Hermann Graml und die Stalin-Note. Eine Entgegnung", *Vierteljahreshefte für Zeitgeschichte(VfZ)*, 50(2002), pp. 653-664; Jochen P. Laufer, "Die Stalin-Note vom 10. März 1953 im Lichte neuer Quellen", *VfZ*, 52(2004), pp. 99-118; Wilfried Loth, *Die Sowjetunion und die deutsche Frage. Studien zur sowjetischen Deutschlandpolitik*, pp. 101-174; Peter Ruggenthaler(Hg.) *Stalins großer Bluff: Die Geschichte der Stalin-Note in Dokumenten der sowjetischen Führung*(München, 2007).

21 이와 관련해서는 '내부냉전(Kalter Bürgerkrieg)'의 개념이 유용하다. Bernd Stöver, *Der Kalte Krieg. Geschichte eines radikalen Zeitalters 1947-1991*(München, 2007), pp. 227-237; Markus

M. Paik, "Antikommunistische Mobilisierung und konservative Revolte. William S. Schlamm, Winfried Martini und der 'Kalte Bürgerkrieg' in der westdeutschen Publizistik der späten 1950er Jahre", Thomas Lindenberger(Hg.), *Massenmedien im Kalten Krieg, Akteure, Bilder, Resonanzen*(Köln. 2005), pp. 113-119. 간단한 개요는, 베른트 슈퇴버, 최승완 옮김, 『냉전이란 무엇인가. 극단의 시대 1945-1991』(역사비평사, 2008), pp. 119-124을 참조하라.

22 Alexander Stephan und Jochen Vogt(Hg.), *America on my mind:Zur Amerikanisierung der deutschen Kultur seit 1945*(München, 2006); Angelika Linke und Jakob Tanner(Hg.) *Attraktion und Abwehr:die Amerikanisierung der Alltagskultur in Europe*(Köln, 2006); Uta G. Poiger, *Jazz,rock and rebels:cold war politics and American culture in a divided Germany*(Berkeley, 2000) 등을 참조하라.

23 1950년대와 60년대 동독의 민족/통일정책에 대해서는 Michael Lemke, *Die Berlinkrise 1958 bis 1963. Interessen und Handlungsspielräume der SED im Ost-West-Konflikt*(Berlin, 1995); Michael Lemke, *Einheit oder Sozialismus? Die Deutschlandpolitik der SED 1949-1961*(Köln, 2001). 동독 사에서 1956년의 정치적 (비)중요성을 둘러싸고는 견해가 충돌한다. Siegfried Prokop, *1956-DDR am Scheideweg. Opposition und neue Konzepte der Intelligenz*(Berlin, 2006); Mary Fullbrook, "'Entstalinisierung' in der DDR. Die Bedeutung(slosigkeit) des Jahres 1956", *Deutschland Archiv* 39(2006). 1, pp. 35-42; Hope H. Harrison, "Ulbricht und der XX. Parteitag der KPdSU. Die Verhinderung politischer Korrekturen in der DDR, 1956-1958", *Deutschland Archiv* 39(2006), 1. pp. 43-53; Hope M. Harrison, *Driving the Soviets up the Wall: Soviet-East German Relations, 1953-1961*(Princeton, 2003).

24 호네커의 서독 방문에 대해서는 Heinrich Potthoff, *Die 'Koalition der Vernunft' Deutschlandpolitik in den 80er Jahren*(München, 1995), pp. 30-33. pp. 664-661; Detlef Nakath und Gerd-Rüdiger Stephan, *Von Hubertusstock nach Bonn. Eine dokumentierte Geschichte der deutsch-deutschen Beziehungen auf höchster Ebene 1980-1987*(Berlin, 1995), pp. 30-32.

25 게다가 양독 간 경제교류의 발전 양상의 시기구분을 둘러싸고도 다양한 분석이 나와 있다. 데 틀레프 나카트(Detlef Nakath)는 1945년부터 1990년까지 양독 간 경제교류의 과정을 여섯 국 면으로 구분한다. 1945/46-1949년 초기 국면, 1949-1960/61년의 위기 국면, 1961년 베를린 장벽 건설부터 1967년의 교역 침체와 새 협정의 모색기, 1968년 12월부터 1972년 말까지 내 독 교역의 증폭시기, 1972년부터 1983/84의 내독 간 교역의 정상화 시기, 1984년부터 1990 년 통일까지 동독의 경제 위기와 지불불능상황으로 인한 교역의 정체기. 반면, 외르크 뢰슬러 (Jörg Roesler)는 1945년부터 1949년까지 시기를 1948년 중반 통화개혁을 기점으로 두 시기 로 구분했을 뿐 아니라 1960년대도 1963년을 전후해서 확연히 구분되는 시기로 나눴다. 뢰 슬러는 1964년부터 1971년까지의 양독 간 교역 증대가 그 후 1970년대의 정치 접근의 촉진 제가 되었음을 특별히 강조했다. 반면, 그는 1982년부터 1989년까지의 시기를 협상정치의 발 전을 기반으로 해서 양독 간 경제협력이 질적 발전을 달성한 단계로 간주했다. Detlef Nakath, *Deutsch-deutsche Grundlagen. Zur Geschichte der politischen und wirtschaftlichen Beziehungen zwischen*

der DDR und der Bundesrepublik in den Jahren von 1969 bis 1982(Schkeuditz, 2002), pp. 328-333; Jörg Roesler, "Fortschritt und Rueckschritte in den Wirtschaftsbeziehungen zwischen beiden deutschen Staaten 1945 bis 1989-eine Betrachtung in Zeitperioden", Jürgen Hofmann und Detlef Nakath(Hg.), *Konflikt–Konfrontation–Kooperation. Deutsch-deutsche Beziehungen in vierzig Jahren Zweistaatlichkeit*(Scheukeuditz, 1998), pp. 69-83. 한편, 동서독의 일차사료를 분석한 페터 페슬러는 1954년에서 1958년 시기의 양독 간 교역의 발전을 강조하며 정치 정세와 경제 관계의 직접적인 조응을 확인할 수 없다고 주장했다. Peter E. Fäßler, Durch den *'Eisernen Vorhang'. Die deutsch-deutschen Wirtschaftsbeziehungen 1949-1969*(Köln, 2006).

26   Jörg Roesler, "Fortschritt und Rueckschritte in den Wirtschaftsbeziehungen zwischen beiden deutschen Staaten 1945 bis 1989-eine Betrachtung in Zeitperioden", p. 85.

27   빌프리트 로트, 앞의 글, p. 37; 이동기, 『현대사 몽타주』, pp. 195-208.

28   냉전에서 공포와 불안, 신뢰 형성의 문제가 어떤 역할을 하는지에 대해서는 Wilfried Loth, "Angst und Vertrauensbildung", Jost Dülffer und Wilfried Loth(Hg.), *Dimensionen internationaler Geschichte*(München, 2012), pp. 29-46; Bernd Greiner, Christian Th. Müller und Dirk Walter(Hg.), *Angst im Kalten Krieg*(Hamburg, 2009) ; Reinhild Kreis, "Arbeit am Beziehungsstatus. Vertrauen und Misstrauen in den außenpolitischen Beziehungen der Bundesrepublik Deutschland", Reinhild Kreis(Hg.), *Diplomatie mit Gefühl. Vertrauen, Misstrauen und die Außenpolitik der Bundesrepublik Deutschland*(München, 2015), pp. 7-16, 특히 pp. 9-12를 참조하라.

29   서두에 인용한 키르케고르의 말에서 '불안'은 앙스트(Angst, anxiety)다. 키르케고르에게 불안과 공포는 다르다. 철학자 하선규에 따르면, 불안은 대상이 없다고 할 만큼 극히 불명료한 상태의 두려움이고, 공포(Furcht, fear)는 특정한 사물이나 사태에 대한 두려움이다. 정치와 외교, 특히 냉전에서 둘은 구분하기 어렵다. 냉전은 불명료한 가상 대결 상태의 두려움과 특정 국가나 (핵) 전쟁 위협에 대한 구체적 두려움이 뒤섞인 상황을 낳기 때문이다. 그것에 침몰하지 않고 '올바른 방식'으로 대면하는 것이 관건이라는 점은 어디서든 유효하다. 아르네 그뤤, 하선규 옮김, 『불안과 함께 살아가기』(b, 2016).

2장

1   Fourth Inaugural Address(speech file 1570), January 20, 1945, p. 4. Franklin D. Roosevelt, Master Speech File, 1898-1945, Box 85 Series "The Four Freedoms" and FDR in World War II, Franklin D. Roosevelt Presidential Library & Museum,(http://www.fdrlibrary.marist.edu/_resources/images/msf/msfb0207)(2020.08.01.)

2   동서독 경계 지대의 그린벨트에 대해서는 고유경, 「경계는 분리하고, 자연은 연결한다! : '생태학

적 기억의 장소'로서 독일 그뤼네스반트」, 《역사교육》 145, 2018.03, pp. 143-169를 참조하라.

3　A24의 역사에 대해서는 Axel Doßmann, *Begrenzte Mobilität. Eine Kulturgeschichte der Autobahnen in der DDR*(Essen, 2003); Sylvia Necker, "Die Transitautobahn A24 zwischen Hamburg und Berlin. Eine deutsch-deutsche Bau- und Beziehungsgeschichte", https://www.bpb.de/geschichte/ zeitgeschichte/deutschlandarchiv/147750/transitautobahn-hamburgberlin?p=all(2020.08.01) 을 참조하라. 사료는 Hans-Jürgen Mielke, *Die Autobahn Berlin-Hamburg. Politik und Geschichte erfahren*(Halle, 2017)을 참조하라. 이하 서술은 위의 자료들을 참조했다.

4　슈타지와 동독 경찰의 관점과 인식에 대해서는 Axel Doßmann, "Transit. Die Autobahn im Blick von Polizei und Staatssicherheit", Karin Hartewig und Alf Lüdtke(Hg.), *Die DDR im Bild. Zum Gebrauch der Fotographie im anderen deutschen Staat*(Göttingen, 2004), pp. 107-124를 참조하라.

5　인터숍은 동독 정부가 1962년부터 서독이나 서방측 방문객을 위해 베를린 접경지나 동서독 접경지나 휴게소에 만든 쇼핑점이다. 1974년부터는 동독 주민들도 서독 마르크화나 외국 화폐로 물건을 살 수 있었다. 1989년에 동독 전역에 470개의 점포가 존재했다. https://www.ndr.de/ geschichte/Intershop-Die-Gier-der-DDR-nach-D-Mark,intershop101.html(2020.08.01.).

6　Axel Doßmann, "Die Transitautobahn", Martin Sabrow(Hg.), *Erinnerungsorte der DDR*(Bonn, 2010), pp. 267-277.

7　Werner Kilian, *Die Hallstein-Doktrin. Der diplomatische Krieg zwischen der BRD und der DDR 1955–1973, aus den Akten der beiden deutschen Außenministerien*(Berlin, 2001).

8　아데나워 정부의 독일정책에 대해서는 Josef Foschepoth, *Adenauer und die Deutsche Frage*(Göttingen, 1988); Rudolf Morsey, *Die Deutschlandpolitik Adenauers. Alte Thesen und neue Fakten*(Opladen, 1991)을 참조하라.

9　건국 초기 동독 지도부의 입장은 Michael Lemke, "Nationalismus und Patriotismus in den frühen Jahren der DDR", *Aus Politik und Zeitgeschichte*, B 50/2000, pp. 11-19. 1960년대 초까지의 사통당 독일정책의 변화에 대해서는 Michael Lemke, *Einheit oder Sozialismus? Die Deutschlandpolitik der SED 1949-1961*(Köln, 2001); Dong-Ki Lee, *Option oder Illusion?*, pp. 119-176을 참조하라.

10　그 협정의 성립에 대해서는 Peter E. Fäßler, *Durch den 'Eisernen Vorhang'. Die deutsch-deutschen Wirtschaftsbeziehungen 1949-1969*(Köln, 2006), pp. 122-130을 참조하라. 1951년 9월 20일 내독 간 교역과 지불을 보장하기 위해 양독 정부 관계자들은 「베를린협정」을 맺었다. 그 협정은 1949년 「프랑크푸르트 협정」이 베를린 봉쇄로 지속되지 못하자 원상회복하는 역할을 수행했다. 그 협정은 1990년 통일까지도 유효했다.

11　'관계부재' 시기 내에서의 다양한 양독 간 관계와 접촉에 대해서는 Michael Herms, "Die deutsch-deutschen(Nicht-)Beziehungen bis zum Mauerbau", Rainer Eppelmann, Bernd Faulenbach und Ulrich Mählert(Hg.), *Bilanz und Perspektiven der DDR-Forschung*(Paderborn,

2003), pp. 333-337.

12   그 대화에 대해서는 Roger Engelmann und Paul Erker, *Annäherung und Abgrenzung. Aspekte deutsch-deutscher Beziehungen 1956-1969*(München, 1993), pp. 7-89; Siegfried Suckut, "Die Gespräche zwischen FDP und LDPD im Jahre 1956-Vorgeschichte, Verlauf, DDR-interne Erwartungen und Reaktionen", *Jahrbuch zur Liberalismus-Forschung 4*(1992), pp. 85-141; Wolfgang Benz, Günter Plum und Werner Röder, *Einheit der Nation. Diskussionen und Konzeptionen zur Deutschlandpolitik der großen Parteien seit 1945* (Stuttgart-BadCannstatt, 1978), pp. 62-63; Reinhard Hübsch, *Dieckman raus-Hängt ihn auf" Der Besuch des DDR-Volkskammerpräsidenten Johannes Dieckman am 13. Januar 1961 in Marburg Bonn, 1995*, pp. 26-28. 그 시기 자민당의 독일정책에 대해서는 Sebastian J. Glazeder, *Die Deutschlandpolitik der FDP in der Ära Adenauer. Konzeptionen in Entstehung und Praxis*(Baden-Baden, 1980); Christof Brauers, *Liberale Deutschlandpolitik 1949-1969. Positionen der FDP zwischen nationaler und europäischer Orientierung, mit einem Vorwort von Hans-Dietrich Genscher*(Hamburg, 1993)을 참조하라.

13   *Erinnerungen und Einsichten. Walter Scheel im Gepräch mit Jürgen Engert*(Stuttgart, 2004).

14   Edwin Czerwick, *Oppositionstheorien und Außenpolitik. Eine Analyse sozialdemokratischer Deutschlandpolitik 1955 bis 1966*(Königstein/Ts, 1981). 헤르베르트 베너의 역할에 대해서는 Herbert Wehner, *Wandel und Bewährung, Ausgewählte Reden und Schriften 1930-1967*, *Hrsg. von Hans-Werner Graf Finckenstein/Gerhard Jahn*(Frankfurt a,M., 1968); Peter Bender, "Herbert Wehner und die Deutschlandpolitik", Gerhard Jahn unter Mitwirkung von Reinhard Appel, Sven Backlund, Klaus Bölling und Günter Gaus(Hg.), *Herbert Wehner. Beiträge zu einer Biographie*(Köln, 1976), pp. 43-45; August H. Leugers-Scherzberg, *Die Wandlungen des Herbert Wehner. Von der Volksfront zur Großen Koalition (Berlin, 2002); Christoph Meyer, Herbert Wehner. Biographie* (München, 2006).

15   Christoph Meyer, "Die deutschlandpolitische Grundlegung der Großen Koalition. Herber Wehners Bundestagsrede vom 30. Juni 1960", *Deutschland Archiv*, 39. 3/2006, pp. 439-447; August H. Leugers-Scherzberg, *Die Wandlungen des Herbert Wehner*, pp. 235-246.

16   Günter Benser, "SED und SPD-Kontakte und Verbindungen in den 50er und 60er Jahren", Reinhard Hübsch(Hg.), *"Hört die Signale!" Die Deutschlandpolitik von KPD/SED und SPD 1945-1970*(Berlin, 2002), pp. 132-134; Heinrich Potthoff, *Im Schatten der Mauer. Deutschlandpolitik 1961-1990* (Berlin, 1999), pp. 48-50.

17   그 접촉에 대해서는 Andrea Ludwig, *Neue oder Deutsche Linke? Nation und Nationalismus im Denken von Linken und Grünen*(Opladen, 1995), pp. 25-27.

18   이동기, 「서독 68운동과 독일정책: 민족좌파로서의 신좌파?」, 《독일연구》 17, 2009, pp. 65-110.

19   사통당의 대서방정책과 활동에 대해서는 Heike Amos, *Die Westpolitik der SED 1948/49-1961*, Berlin 1999; Jochen Staadt, *Die geheime Westpolitik der SED 1960-1970. Von der gesamtdeutschen*

Orientierung zur sozialistischen Nation (Berlin, 1993)을 참조하라. 당시 동독안전부의 국외 첩보부장 마르쿠스 볼프의 회고록은 동독의 서방활동을 잘 보여준다. Markus Wolf, *Spionagechef im geheimen Krieg. Erinnerungen* (München, 1998).

20 이에 대한 포괄적인 연구로는 Alexander Gallus, Die Neutralisten. Verfechter eines vereinten Deutschland zwischen Ost und West 1945-1990 (Düsseldorf, 2001). 아울러 Rainer Zitelmann, *Adenauers Gegner. Streiter für die Einheit* (Erlangen-Bonn-Wien, 1991); Rainer Dohse, *Der dritte Weg. Neutralitätsbestrebungen in Westdeutschland zwischen 1945 und 1955* (Hamburg, 1974)를 참조하라.

21 1950년대 동독에서 등장한 '제3의 길' 구상에 대해서는 Martin Jänicke, *Der Dritte Weg. Die antistalinistische Opposition gegen Ulbrich seit 1953* (Köln, 1964); Dominik Geppert, "Auf dem Dritten Weg zu einem sozialistischen Gesamtdeutschland: Revisionistische Opposition und nationale Frage in der DDR", Dominik Geppert und Udo Wengst (Hg.), *Neutralität-Chance oder Chimäre? Konzepte des Dritten Weges für Deutschland und die Welt 1945-1990* (München, 2005), pp. 79-96을 참조하라.

22 그것에 대해서는 Hans-Peter Schwarz, *Anmerkungen zu Adenauer* (München, 2004), p. 76; Christian Hacke, Die Außenpolitik der Bundesrepublik. Von Konrad Adenauer bis Gerhard Schröder (Frankfurt a. M., 2003), pp. 49-54를 참조하라.

23 알렉산더 갈루스는 전후 독일 중립주의자들을 '제3의 길' 추종자와 반대자로 양분했다. 중립주의자들의 사상을 추상시키면 기본적으로 그 구분이 틀리지는 않다. 그렇지만 그 이분법은 너무 단순해 여타 핵심 사상의 요소들과 실천의 차이 및 시기상의 변화들을 놓친다. Alexander Gallus, "Für ein vereintes Deutschland zwischen Ost und West: Neutralistischer Protest in der Bundesrepublik Deutschland", Dominik Geppert und Udo Wengst (Hg.), *Neutralität-Chance oder Chimäre?*, pp. 59-78; Alexander Gallus, *Die Neutralisten*, pp. 447-476.

24 제프리 D. 삭스, 이종인 옮김, 『존 F. 케네디의 위대한 협상』 (21세기북스, 2013), pp. 159-164.

25 제프리 D. 삭스, 위의 책, pp. 264-278.

26 빌리 브란트의 동방정책 구상과 바르의 '접근을 통한 변화'의 의미에 대해서는 이동기, 『20세기 평화텍스트 15선』 (아카넷, 2013), pp. 159-171; 이동기, 「빌리 브란트, 민주사회주의와 평화의 정치가」, 《역사비평》 102, 2013.5, pp. 210-241을 참조하라.

27 이와 관련해서는 다음을 참조하라. Ansgar Skriver (Hg.), *Berlin und keine Illusion* (Hamburg, 1962); Wolf Christian von Harling, *Deutschland zwischen den Mächten-Grundlage einer aktiven Außenpolitik* (Hamburg, 1962); Fritz R. Allemann, *Zwischen Stabilität und Krise. Etappen der deutschen Politik 1955-1963* (München, 1963); Gottfried Griesmayr, *Ist Wiedervereinigung überhaupt noch möglich?* (Stuttgart, 1962); "30 Thesen des Göttinger Arbeitskreises zur Wiedervereinigung Deutschlands, insbesondere zum Oder-Neiße-Problem, vom Januar 1963", *Dokumente zur Deutschlandpolitik*, IV/ 9 (1963), pp. 74-81; Christian W. Hauck, *Endlösung*

Deutschland(München, 1963); Johannes W. Klefisch, *Schluß mit Deutschland?*(Köln, 1963); Hermann Schwann, *Wir müssen umdenken-Innerdeutsche Kontakte oder Verzicht auf die deutsche Einheit*(Hamburg, 1965); *'Die Lage der Vertriebenen und das Verhältnis des deutschen Volkes zu seinen östlichen Nachbarn'. Eine evangelische Denkschrift*, (Hannover, 1965); Wilhelm Wolfgang Schütz, *Reform der Deutschlandpolitik*(Köln, 1965); Gustav W. Heinemann, *Verfehlte Deutschlandpolitik-Irreführung und Selbsttäuschung*(Frankfurt a.M., 1966); Theo Sommer (Hg.), *Denken an Deutschland. Zum Problem der Wiedervereinigung Ansichten und Einsichten*(Hamburg, 1966). 그 시기 언론에서 등장한 화해협력정책에 대한 지지와 관심을 압축적으로 보여주는 것으로는 Theo Sommer, "Denken an Deutschland", Theo Sommer(ed.) *Denken an Deutschland*, pp. 11-34; Hans Apel, *Spaltung. Deutschland zwischen Vernunft und Vernichtung*(Berlin, 1966), 특히 pp. 197-293; Nae-sik Pak, *Die Ost- und Deutschlandpolitik der Bundesrepublik Deutschland 1958-1966 im Spiegel der Wochenzeitung 'Die Zeit'*(Münster, 1998), pp. 227-305.

28 이 시기 동서독 대화에 대해서는 Detlef Nakath, *Deutsch-deutsche Grundlagen. Zur Geschichte der politischen und wirtschaftlichen Beziehungen zwischen der DDR und der Bundesrepublik in den Jahren von 1969 bis 1982*(Schkeuditz, 2002); Heinrich Potthoff, *Im Schatten der Mauer. Deutschlandpolitik 1961 bis 1990*(Berlin, 1999), pp. 73-201. 사민당/자민당 연정의 독일정책에 대해서는 Jens Hacker, "Die Deutschland-Politik der SPD/FDP-Koalition 1969-1982", *Materialien der Enquete-Kommission Aufarbeitung von Geschichte und Folgen der SED-Diktatur in Deutschland, Band V/2, Deutschlandpolitik, innerdeutsche Beziehungen und internationale Rahmenbedinungen*(Baden-Baden, 1995), pp. 1489-1542; Peter Bender, *Die 'Neue Ostpolitik' und ihre Folgen. Vom Mauerbau bis zur Vereinigung*(München, 1996).

29 과정은 순탄하지 않았다. 미국과 소련 및 유럽 국가들은 이데올로기적 대결의 분리선을 넘어 저마다의 국가 이익에 따라 행동했다. 빌리 브란트 동방정책과 국제정치 사이의 관계에 대해서는 새로운 자료에 근거해 세밀한 연구들이 쏟아지고 있다. 그것의 개요는 Oliver Bange, "Ostpolitik-Etappen und Desiderate der Forschung. Zur internationalen Eindordung von Willy Brandts Außenpolitik", *Archiv für Sozialgeschichte*, Bd. 46(2006), pp. 713-736을 참조하라.

30 서독과의 화해협력을 추진하는 과정에서 나타나는 소련과 동독의 관계에 대해서는 Hermann Wentker, *Außenpolitik in engen Grenzen, Die DDR im internationalen System 1949-1989*(München, 2007), pp. 322-324; Detlef Nakath und Gerd-Rüdiger Stephan, *Das Dreiecksverhältnis Bonn-Moskau-Ostberlin. Aspekte der sowjetischen Einflußnahme auf die deutsch-deutschen Beziehungen in den siebziger und achtziger Jahren*(Berlin, 1999), pp. 9-28.

31 울브리히트의 민족구상 변화와 서독에 대한 태도 및 권력상실에 대해서는 Dong-Ki Lee, *Option oder Illusion?*, pp. 166-174를 참조하라.

32 Hermann Wentker, "Die Staatsräson der DDR", Günther Heydemann und Eckart Klein(Hg.), *Die Staatsräson in Deutschland*(Berlin, 2003), pp. 143-161.

33　이 시기 미소 간의 데탕트에 대한 개요는 빌프리트 로트, 앞의 글, pp. 124-128을 참조하라.

34　이하 브란트 총리의 동방정책과 미국 정치지도부의 관계에 대한 서술은 다음 문헌들을 참조했다. Stephan Fuchs, *"Dreiecksverhältnisse sind immer kompliziert" Kissinger, Bahr und die Ostpolitik*(Hamburg, 1999); Judith Michel, "Willy Brandt und die Vereinigten Staaten von Amerika", Bernd Rother(Hg.), *Willy Brandts Außenpolitik*(Wiesbaden, 2014), pp. 93-160, 특히 pp. 127-136; Gottfried Niedhart, "Zustimmung und Irritationen. Die Westmächte und die deutsche Ostpolitik 1969/70", Ursula Lemkuhl und Clemens A. Wurm(Hg.), *Gesellschaft und Internationale Geschichte im 20. Jahrhundert. Festschrift für Gustav Schmidt*(Stuttgart, 2003), pp. 227-245; Gottfried Niedhart, "Der alte Freund und der neue Partner. Die Bundesrepublik und die Supermächte", Detlef Junker(Hg.), *Die USA und Deutschland im Zeitalter des Kalten Krieges 1945-1990*, Bd. 2(Stuttgart, 2001), pp. 45-55; Gottfried Niedhart, "The Federal Republic's Ostpolitik und the United States: Initiatives and Contraints", Kathleen Burk and Melvyn Stokes(ed.), *The United States and the European Alliance since 1945*(Oxford, 1999), pp. 289-311; Hermann Wentker, "1972-Ein Schlüsseljahr für die innerdeutschen Beziehungen. Von der Entspannungspolitik zum Grundlagenvertrag im Kontext internationaler Politik", Andreas H. Apelt, Robert Grünbaum und Jens Schöne(hg.), *2 x Deutschland. Innerdeutschen Beziehungen 1972-1990*(Halle, 2013), pp. 49-51.

35　Detlef Nakath, *Deutsch-deutsche Grundlagen*, pp. 236-238.

36　Heinrich Potthoff, *Im Schatten der Mauer. Deutschlandpolitik 1961 bis 1990*, pp. 104-120; Detlef Nakath, *Deutsch-deutsche Grundlagen*, pp. 183-210. 국내 문헌으로는 최영태, 『독일통일의 3단계 전개과정. 동방정책에서 내적 통합까지』(아침이슬, 2018), pp. 80-84가 유익하다.

37　*Entscheidungen des Bundesverfassungsgerichts*, Bd. 36, Tübingen 1974, pp. 1-37.

38　이 시기 정상회담에 대해서는 Detlef Nakath, *Deutsch-deutsche Grundlagen*, pp. 39-102, pp. 268-274; Peter Merseburger, *Willy Brandt 1913-1992. Visionär und Realist*(Stuttgart, 2002), pp. 602-608.

39　Peter Brandt und Herbert Ammon, "Wege zur Lösung der Deutschen Frage", Peter Brandt, *Schwieriges Vaterland*(Berlin, 2001), pp. 72-73.

40　Egon Bahr, *Zu meiner Zeit*(München, 1996), pp. 498-499.

41　1970년대 후반 사민당 지도자이자 '통일정치가'인 헤르베르트 베너는 이미 1950년대 후반에 발의한 '독일경제공동체'안을 다시 제안했다. Werner Link, "Zwei Staaten Eine Nation", Otto Dann(Hg.), *Die deutsche Nation. Geschichte Probleme-Perspektiven*(Vierow, 1994), p. 119.

42　사민당 정치가들이나 당시 동방정책 수행자들은 이 평가에 동의하지 못하기도 하지만 최근 독일 역사가들 대부분은 동방정책이 곧장 독일통일을 낳았다는 평가에 유보적 태도를 보인다. 그것으로 동방정책에 대한 역사적 평가가 인색해지는 것은 아니다. 오히려 더 개방적인 접근과 복합적 분석이 가능해질 뿐이다. Hermann Wentker, "1972-Ein Schlüsseljahr für die innerdeutschen Beziehungen. Von der Entspannungspolitik zum Grundlagenvertrag im Kontext internationaler Politik", p. 65; 그렇기에 동방정책을 독일통일의 1단계나 '절반의 통일'로 이해하는 것은 단선적인 설명이다. 과정의 복합성과 행위의 의도치 않은 결과에 열린 태도로 접근해야 한다. 최영태, 『독일통일의 3단계 전개과정. 동방정책에서 내적 통합까지』, p. 19.

43 Timothy Garton Ash, *In Europe's Name. Germany and the Divided Continent*(New York, 1993), p. 312.

44 Egon Bahr, *Zu meiner Zeit*(München, 1996), p. 424.

3장

1 Timothy Garton Ash, *In Europe's Name. Germany and the Divided Continent* (London, 1993), pp. 149-150.

2 그 방문에 대해서는 *Helmut Kohl, Erinnerungen 1990-1994* (München, 2007), p. 486.

3 그레고어 쇨겐 지음, 김현성 옮김, 『빌리 브란트』(빗살무늬, 2003), pp. 292-294를 참조하라.

4 Daniel Friedrich Strum, *Uneinig in die Einheit. Die Soziademkratie und die Vereinigung Deutschlands 1980/90*(Bonn, 2006), pp. 237-253; Peter Merseburger, *Willy Brandt 1913-1992* (München, 2002), pp. 840-846을 참조하라.

5 Peter Merseburger, *Willy Brandt 1913-1992*, pp. 859-862.

6 콜의 회고록 *Erinnerungen 1990-1994*는 24장을 「존경」이라는 제목으로 잡아 빌리 브란트와의 관계를 따로 소상히 다뤘다. pp. 483-490.

7 Andreas Wirsching, *Abschied vom Provisorium. Geschichte der Bundesrepublik Deutschland 1982-1990*(Berlin, 2006), pp. 17-46.

8 헬무트 슈미트의 외교 정책과 동방정책에 대한 적절한 평가는 Heinrich Potthoff, *Im Schatten der Mauer. Deutschlandpolitik 1961-1990*(Berlin, 1999), pp. 200-201.

9 Otto Graf Lambsdorff, "Konzept für eine Politik zur Überwindung der Wachstumsschwäche und zur Bekämpfung der Arbeitslosigkeit", Otto Graf Lambsdorff, *Frische Luft für Bonn. Eine liberale Politik mit mehr Markt als Staat*(Stuttgart, 1987), pp. 64-89.

10 이에 대해서는 Karl-Rudolf Korte, *Deutschlandpolitik in Helmut Kohls Kanzlerschaft. Regierungsstil und Entscheidungen 1982-1989*(Stuttgart, 1998), pp. 87-97.

11 Heinrich Potthoff, *Im Schatten der Mauer. Deutschlandpolitik 1961 bis 1990*, pp. 202-205; Helmut Kohl, *Erinnerungen 1982-1990*(München, 2005), pp. 49-54.

12 베른트 슈퇴버 지음, 『냉전이란무엇인가―극단의 시대 1945-1991』(역사비평사, 2008), pp. 187-205; Wilfried Loth, *Helsinki, 1. August 1975 Entspannung und Abrüstung*(München, 1998), pp. 191-231.

13 긴장완화 정책과 '제2차 냉전'의 연관관계에 대한 의미 있는 분석은 Mary Kaldor, *The Imaginary*

War. Understanding the East-West Conflict (Oxford, 1990)를 참조하라.

14 Helmut Kohl, *Erinnerungen 1982-1990*, pp. 83-86.

15 Karl-Rudolf Korte, *Deutschlandpolitik in Helmut Kohls Kanzlerschaft*, p. 95.

16 Heinrich Potthoff, *Im Schatten der Mauer,* pp. 205-206.

17 Hans-Dietrich Genscher am 14, November 1982 in Moskau, Detlef Nakath und Gerd-Rüdiger Stephan(Hg.), *Von Hubertusstock nach Bonn. Eine dokumentierte Geschichte der deutsch-deutschen Beziehungen auf höchster Ebene 1980-1987* (Berlin, 1995), pp. 105-109.

18 Dokument 11. Schreiben Helmut Kohls an Erich Honecker vom 29. November 1982, 앞의 책, pp. 110-111.

19 Dokument 13. Telefongespräch zwischen Erich Honecker und Helmut Kohl am 24. Januar 1983, 앞의 책, pp. 114-123.

20 그 모델은 다른 대안 때문에 실험되지 못했지만 1986년까지 본과 베를린 양측에서 계속 논의되었다. 그것에 대해서는 Jürgen Nitz, *Unterhändler zwischen Berlin und Bonn* (Berlin, 2001); Holger Bahl, *Als Banker zwischen Ost und West, Zürich als Drehscheibe für deutsch-deutsche Geschäfte* (Zürich, 2002)를 참조하라.

21 Hans-Dietrich Genscher, *Erinnerungen* (München, 1997), pp. 473-479.

22 앞의 책, p. 475.

23 Timothy Garton Ash, *In Europe's Name. Germany and the Divided Continent* (London, 1993), pp. 99-100.

24 Andreas Grau, *Gegen den Strom. Die Reaktion der CDU/CSU-Opposition auf die Ost-und Deutschlandpolitik der sozial-liberalen Koalition 1969-1973* (Düsseldorf, 2005), pp. 279-298.

25 *Heinrich Potthoff, Im Schatten der Mauer*, p. 206.

26 Matthias Zimmer, *Nationales Interesse und Staatsräson. Zur Deutschlandpolitik der Regierung Kohl 1982-1989* (Paderborn, 1992), pp. 75-77.

27 그 네오 나치들의 정치 지향은 중립국가로의 민족통일이었다. 중간 단계로 현상유지에 기반을 두고 동독 체제를 인정했으며 동시에 국가연합을 통일의 길로 제안했다. Eckhard Fascher, *Modermsierter Rechtextrernismus? Ein Vergleich der Parteigründungsprozesse der NPD und der Republikaner in den sechziger und achtziger Jahren* (Berlin, 1994), pp. l62-164; Alexander Gallus, *Die Neutralisten. Verfechter eines vereinten Deutschland zwischen Ost und West 1945-1990* (Düsseldorf, 2001), pp. 391-393.

28 '민족좌파'의 가장 대표적인 인물과 세력은 페터 브란트(Peter Brandt)와 헤르베르트 아몬(Herbert Ammon) 그리고 '베를린 및 독일정책 연구 모임(Arbeitsgemeinschaft Berin-und Deutschlandpolitik)'이다. 서독의 민족좌파와 관련해서는 이동기, 「서독 68운동과 독일정책: 민족좌파로서의 신좌파?」, 《독일연구》 17, 2009, pp. 65-109를 참조하라. 페터 브란트와 그의 동료들의 구상에 대해서는 Peter Brandt, *Schwieriges Vaterland* (Berlin, 2001), 특히 동방정책에 대

한 평가는 같은 책, pp. 55-56, pp. 61-63, pp. 72-74를 참조하라.

29 그것에 대해서는 데틀레프 나카트와 게르트-뤼디거 스테판의 해버 관련 사료 모음집을 참조하라. Detlef Nakath und Gerd-Rüdiger Stephan(Hg.), *Die Häber-Protokolle. Schlaglichter der SED/Westpolitik 1973-1985*(Berlin, 1999). 또 Detlef Nakath, *Deutsch-deutsche Grundlagen. Zur Geschiche der politischen und wirtschaftlichen Beziehungen zwischen der DDR und der Bundesrepublik in den Jahren von 1969 bis 1982*(Schkeuditzer, 2002), pp. 281-311을 참조하라.

30 해버의 정치 이력과 활동에 대해서는 Herbert Häber, "Perönsnliche Anmerkungen zum Verhältnis zwischen den Führungen der SED und KPdSU", Jürgen Hoffmann und Detlef Nakath (Hg.), *Konflikt-Konfrontation-Kooperation. Deutsch-deutsche Beziehungen in vierzig Jahren Zweistaatlichkeit*(Schkeuditz, 1998), pp. 127-132; Detlef Nakath und Gerd Rüdiger Stephan, *Die Häber-Protokolle*, pp. 13-66.

31 Detlef Nakath, *Deutsch-deutsche Grundlagen*, pp. 281-290; Walther Leisler Kiep, *Brücken meines Lebens. Die Ennnerungen*(München, 2006), pp. 160-166을 참조하라.

32 Dokument 3. Information über eine Begegnung von Herbert Häber mit Walther Leisler. Kiep, Mitglied des Pr sidiums, Bundesschatzmeister sowie außenpolitischer Sprecher der CDU, in Berlin am 15. Januar 1975, Detlef Nakath und Gerd-Rüdiger Stephan(Hg.), *Die Häber-Protokolle*, pp. 76-81; Walther Leisler Kiep, *Brücken meines Lebens*, pp. 163-165; Karl Seidel, *Berlin-Bonner Balance. 20 Jahre deutsch-deutsche Beziehungen. Erinnerungen und Erkenntnisse eines Beteiligten*(Berlin, 2002), p. 229.

33 Dokument 5. Niederschrift des Gesprächs von Wadim Sagladin, Stellveitretender Leiter der Intemationalen Abteilung des ZK der KPdSU, mit Walther Leisler Kiep, Mitgleid des Presidiums und Bundesschatzmeister der CDU, in Moskau am 6. Februar 1975, Detlef Nakath und Gerd-Rüdiger Stephan(Hg.), *Die Häber-Protokolle*, p. 86.

34 앞의 자료 88쪽; Detlef Nakath, *Deutsch-deutsche Grundlagen*, pp. 289-291.

35 1970년대 후반 야당인 기민련과 동독 지도부 접촉의 역사적 역할에 대해서는 다소 엇갈린 평가가 존재한다. 하인리히 포트호프는 그 접촉을 기민련의 권력 인수에 우호적인 조건을 만들어낸 일종의 '평행외교'라고 규정했지만, 데틀레프 나카트가 보기에 그 평가는 과장이며 '평형외교' 개념 자체가 정치적으로 문제 있는 것이었다. Heinrich Potthoff, *Im Schatten der Mauer*, p. 208; Detlef Nakath, *Deutsch-deutsche Grundlagen*, p. 288; Karl Seidel, Berlin-Bonner Balance, p. 229.

36 Andreas Wirsching, *Abschied vom Provisorium*, pp. 591-594.

37 Karl-Rudolf Korte, *Deutschlandpolitik in Helmut Kohls Kanzlerschaft*, p. 96; Heinrich Potthoff, *Im Schatten der Mauer*, p. 206.

38 기민련 소속 연방의원 민족보수주의자 베른하르트 프리트만의 콜 비판을 보라. Bernhard Friedmann, *Einheit statt Raketen: Thesen zur Wiedervereinigung als Sicherheitskonzept*(Herford,

1987).

39 그 변화 과정에 대해서는 Markus Driftmann, *Die Bonner Deutschlandpolitik 1989/90. Eine Analyse der deutschlandpolitischen Entscheidungsprozesse angesichts des Zerfalls der DDR* (Münster, 2005), pp. 68-89.

4장

1 임마누엘 칸트, 이한구 옮김, 『영구평화론 - 하나의 철학적 기획 - 』(서광사, 2008), p. 63.

2 시의 제목은 「꿈」이다. Noa B. Nussbaum, *Für uns kein Ausweg. Jüdische Kinder und Jugendliche in ihren Schrift- und Bildzeugnissen aus der Zeit der Shoah* (Heidelberg, 2004), pp. 128-129에 실려 있다.

3 Zentrum für Zeithistorische Forschung Potsdam und der Stiftung Berliner Mauer(Hg.), *Die Todesopfer an der Berliner Mauer 1961-1989. Ein biographisches Handbuch* (Berlin, 2009), p. 20.

4 이하 홀거 H.의 죽음과 가족 이야기는 앞의 책, pp. 334-335.

5 Klaus Schroeder und Jochen Staadt(Hg.), *Die Todesopfer des DDR-Grenzregimes an der innerdeutschen Grenze 1949-1989. Ein biographisches Handbuch* (Berlin, 2018), pp. 24-25, pp. 648-651.

6 동독의 인권유린 현실에 대해서는 Internationale Gesellschaft für Menschenrechte(Hg.), *Menschenrechte in der DDR und Berlin (Ost). Dokumentation* (Frankfurt am Main, 1988); *Materialien der Enquete Kommission Aufarbeitung von Geschichte und Folgen des SED-Diktatur in Deutschland (12. Wahlperiode des Deutschen Bundestages)*, Herausgegeben vom Deutschen Bundestag, *Bd. IV: Recht, Justiz und Polizei im SED* (Baden-Baden, 1995)을 참조하라.

7 Presse- und Informationsamt der Bundesregierung(Hg.), "Grundlagenvertrag", *Dokumentation zu den innerdeutschen Beziehungen. Abmachungen und Erklärungen* (Bonn, 1990), p. 21; Willy Brandt, *Menschenrechte mißhandelt und mißbraucht* (Reinbek bei Hamburg, 1987), p. 92.

8 30. Januar 1975, Bundeskanzler Schmidt: Regierungserklärung zur Lage der Nation, *Texte zur Deutschlandpolitik II/3, 30. Januar 1975-19. Dezember 1975*, p. 11.

9 29. Januar 1976, Bundeskanzler Schmidt: Regierungserklärung zur Lage der Nation vor dem Deutschen Bundestag, *Texte zur Deutschlandpolitik II/4, 11. Januar 1976-27. Februar 1977*, p. 43; 9. März 1978, Bundeskanzler Schmidt: Bericht zur Lage der Nation, *Texte zur Deutschlandpolitik II/7, 21. Juni 1978-12. März 1980*, p. 1135.

10 14. März 1986, Bundeskanzler Dr. Helmut Kohl: Bericht der Bundesregierung zur Lage der Nation im geteilten Deutschland, *Texte zur Deutschlandpolitik III/4, 9. Januar 1986-31. Dezember 1986*, pp. 87-88.

11 7. bis 11. September 1987, Offizieller Besuch des Generalsekretär des ZK der SED und

DDR-Staatsratsvorsitzenden Erich Honecker in der Bundesrepublik Deutschland, *Texte zur Deutschlandpolitik III/5-1987*, p. 197.

12 27. Februar 1985, Bundeskanzler Dr. Helmut Kohl: Bericht der Bundesregierung zur Lage der Nation im geteilten Deutschland, *Texte zur Deutschlandpolitik III/3, 1. Januar 1985-30. Dezember 1985*, p. 60.

13 15. Oktober 1987, Bundeskanzler Dr. Helmut Kohl: Bericht der Bundesregierung zur Lage der Nation im geteilten Deutschland, *Texte zur Deutschlandpolitik III/5-1987*, p. 273. 여기서 독일정책은 독일분단과 동독과 관련한 정책이다. 동독과의 화해협력을 비롯한 평화정책과 민족문제 해결을 다루는 정책과 정치를 지시한다.

14 Willy Brandt, "Wider die Kreuzritter. Über Bedingungen und Chancen einer künftigen Entspannungs-Politik zwischen Ost und West", *Die Zeit vom* 26. August 1977, p. 3.

15 27. Juni 1985, Bundesminister Hans-Dietrich Genscher: Erklärung der Bundesregierung zum Expertentreffen für Menschenrechte der KSZE in Ottawa, *Texte zur Deutschlandpolitik III/3, 1. Januar 1985-30. Dezember 1985*, p. 362.

16 21. September 1979, Bundeminister Franke: Erklärung zur Antwort der Bundesregierung auf zwei Große Anfragen der CDU/CSU-Bundesfraktion zur Anwendung der Menschenrechtspakte der Vereinten Nationen in der DDR, *Texte zur Deutschlandpolitik II/7, 21. Juni 1978-12. März 1980*, p. 485.

17 12. Januar 1985, CSU: Gedanken zur Deutschlandpolitik, *Texte zur Deutschlandpolitik III/3, 1. Januar 1985-30. Dezember 1985*, pp. 21-22.

18 13. September 1973, Bundeskanzler Brandt: Rede vor dem Deutschen Bundestag, *Texte zur Deutschlandpolitik II/1, 22. Juni 1973-18. Februar 1974*, p. 136.

19 Große Anfrage Menschenrechte. Argumentationslinie, Mai 1979, BA-Ko, B 137/7676.

20 Willy Brandt, *Menschenrechte mißhandelt und mißbraucht*, p. 95.

21 Egon Franke an Hans-Dietrich Genscher, 16.5.1979, BA-Ko, B 137/7676.

22 Carola Stern, *Strategien für die Menschenrechte* (Frankfurt a. M., 1983), p. 25.

23 Willy Brandt, *Menschenrechte mißhandelt und mißbraucht*, p. 90.

24 30. Januar 1975, Bundeskanzler Schmidt: Regierungserklärung zur Lage der Nation, *Texte zur Deutschlandpolitik II/3, 30. Januar 1975-19. Dezember 1975*, p. 11.

25 15. November 1979, Gerhard Jahn: Rede vor dem Deutschen Bundestag, *Texte zur Deutschlandpolitik II/7, 21. Juni 1978-12. März 1980*, p. 520.

26 앞의 책, 같은 곳.

27 14. März 1986, Bundeskanzler Dr. Helmut Kohl: Bericht der Bundesregierung zur Lage der Nation im geteilten Deutschland, *Texte zur Deutschlandpolitik III/4, 9. Januar 1986-31. Dezember 1986*, p. 103.

28 23. Juni 1983, Bundeskanzler Dr. Kohl: Bericht der Bundesregierung zur Lage der Nation im geteilten Deutschland, *Texte zur Deutschlandpolitik III/1, 13. Oktober 1982-30. Dezember 1983*, p. 136.

29 27. Februar 1985, Bundeskanzler Dr. Helmut Kohl: Bericht der Bundesregierung zur Lage der Nation im geteilten Deutschland, *Texte zur Deutschlandpolitik III/3, 1. Januar 1985-30. Dezember 1985*, p. 68.

30 Carola Stern, *Strategien für die Menschenrechte*, pp. 25-26.

31 15. November 1979, Claus Jäger: Rede vor dem Deutschen Bundestag, *Texte zur Deutschlandpolitik II/7, 21. Juni 1978-12. März 1980*, p. 508.

32 15. Oktober 1987, Bundeskanzler Dr. Helmut Kohl: Bericht der Bundesregierung zur Lage der Nation im geteilten Deutschland, *Texte zur Deutschlandpolitik III/5-1987*, p. 278.

33 15. November 1979, Bundesminister Franke: Rede vor dem Deutschen Bundestag, *Texte zur Deutschlandpolitik II/7, 21. Juni 1978-12. März 1980*, p. 534.

34 27. Juni 1985, Bundesminister Hans-Dietrich Genscher: Erklärung der Bundesregeirung zum Expertentreffen für Menschenrechte der KSZE in Ottawa, *Texte zur Deutschlandpolitik III/3, 1. Januar 1985-30. Dezember 1985*, p. 362.

35 Treffen von Bundesminister Dr. *Wolfgang Schäuble mit DDR-Außenminister Oskar Fischer in Ost-Berlin, Texte zur Deutschlandpolitik III/6-1988*, p. 417.

36 Carola Stern, *Strategien für die Menschenrechte*, pp. 36-37.

37 Karsten D. Voigt, "Sozialdemokratische Menschenrechtspolitik", *Die Neue Gesellschaft* 30 (1983), H. 8, p. 736.

38 Willy Brandt, *Menschenrechte mißhandelt und mißbraucht*, p. 94.

39 15. November 1979, Claus Jäger: Rede vor dem Deutschen Bundestag, *Texte zur Deutschlandpolitik II/7, 21. Juni 1978-12. März 1980*, p. 507.

40 같은 책; Silke Voß, *Parlamentarische Menschenrechtspolitik. Die Behandlung internationaler Menschenrechtsfragen im Deutschen Bundestag unter besonderer Berücksichtigung des Unterausschusses für Menschenrechte und humanitäre Hilfe* (Düsseldorf, 2000), p. 204.

41 15. November 1979, Claus Jäger: Rede vor dem Deutschen Bundestag, *Texte zur Deutschlandpolitik II/7, 21. Juni 1978-12. März 1980*, p. 507.

42 17. Mai 1979, Dr. Rainer Barzel: Rede vor dem Deutschen Bundestag, *Texte zur Deutschlandpolitik II/7, 21. Juni 1978-12. März 1980*, p. 374.

43 Rainer Barzel, *Plädoyer für Deutschland* (Berlin, 1988), p. 181.

44 15. November 1979, Bundesminister Franke: Rede vor dem Deutschen Bundestag, in: *Texte zur Deutschlandpolitik II/7, 21. Juni 1978-12. März 1980*, pp. 532-533.

45 20. September 1979: Antwort der Bundesregierung auf zwei Große Anfragen der CDU/CSU-

Bundestagsfraktion zur Anwendung der Menschenrechtspakte der Vereinten Nationen in der DDR, *Texte zur Deutschlandpolitik II/7, 21. Juni 1978-12. März 1980*, p. 446.

46 이동기, 「1980년대 서독 녹색당의 평화·통일 정책」,《EU연구》33, 2013, pp. 375-402.

47 27. Juni 1985, Bundesminister Hans-Dietrich Genscher: Erklärung der Bundesregierung zum Expertentreffen für Menschenrechte der KSZE in Ottawa, *Texte zur Deutschlandpolitik III/3, 1. Januar 1985-30. Dezember 1985*, p. 370.

48 9. Januar 1986, Bundesminister Heinrich Windelen: Deutschlandpolitik heute, *Texte zur Deutschlandpolitik III/4, 9. Januar 1986-31. Dezember 1986*, p. 21.

49 Manfred Gehrmann, *Die Überwindung der 'Eisernen Vorhangs'. Die Abwanderung aus der DDR in die BRD und nach West-Berlin als innerdeutsches Migranten-Netzwerk* (Berlin, 2009), pp. 118-119.

50 그 과정에 대해서는 Ludwig A. Rehlinger, *Freikauf. Die Geschäfte der DDR mit politisch Verfolgten 1963-1989* (Berlin, 1991); Wolfgang Schulte, Hans Jörgen Gerlach und Thomas Heise, *Freikaufgewinnler. Die Mitverdiener im Westen* (Frankfurt am Main, 1993); 손기웅 지음, 『독일통일, 쟁점과 과제 1』(늘품 플러스, 2009), pp. 237-385를 참조하라.

51 Ludwig A. *Rehlinger, Freikauf*, p. 16.

52 Maximilian Horster, "The Trade in Political Prisioners between the Two German States, 1962-1989", *Journal of Contemporary History 39* (2004), pp. 408-409.

53 Jan Philipp Wölbern, "Die Entstehung des Häftlingsfreikaufs aus der DDR, 1962-1964", *Deutschland Archiv 41* (2008), pp. 856-867. 전체 역사에 대해서는 Jan Philipp Wölbern, *Der Häfilingsfreikauf aus der DDR 1962/63-1989: Zwischen Menschenhandel und humanitären Aktionen* (Berlin, 2014)을 참조하라.

54 Rainer Barzel, *Es ist noch nicht zu spät* (München, 1976), p. 36.

55 독일 기독교 사회부조사업회인 디아코니 협회에 대해서는 Ursula Röper und Carola Jüllig (Hg.), *Die Macht der Nächstenliebe. Einhundertfünfzig Jahre Innere Mission und Diakonie 1848-1998* (Stuttgart, 1998)을 참조하라. 1945년 이후 디아코니 협회의 성장에 대해서는 Johannes Michael Wischnath, "Vom Evangelischen Hilfswerk zum Diakonischen Werk", 같은 책, pp. 250-257. 구매를 통한 동독 정치범 석방과 이산가족 재결합 등을 위해 디아코니 협회가 수행한 역할과 공헌에 대해서는 Karl Heinz Neukamm, "Das Netzwerk kirchlich-diakonischer Hilfen in den Jahrzehnten der deutschen Teilung", 같은 책, pp. 270-272를 참조하라.

56 Manfred Kittel, "Franz Josef Strauß und der Milliardenkredit für die DDR 1983", *Deutschland Archiv 40* (2007), pp. 647-656; Stefan Finger, *Franz Josef Strauß. Ein politisches Leben*, pp. 488-504.

57 Thomas Ammer, "Stichwort: Flucht aus der DDR", *Deutschland Archiv 22* (1989), p. 1207.

58 Bundesministerium für innerdeutsche Beziehungen(Hg.), *Zehn Jahre Deutschlandpolitik. Die Entwicklung der Beziehungen zwischen der Bundesrepublik Deutschland und der Deutschen*

Demokratischen Republik 1969-1979. Bericht und Dokumentation (Bonn, 1979), p. 44.

59   Volker Ronge, *Der Einheit ist erst der Anfang. Soziologische Lehren aus der Übersiedlerbewegung für die deutsch-deutsche Integration* (Wuppertal, 1991), pp. 23-46.

60   이하 통계는 Bundesministerium für innerdeutsche Beziehungen (ed.), *Innerdeutsche Beziehungen. Die Entwicklung der Beziehungen zwischen der Bundesrepublik Deutschland und der Deutschen Demokratischen Republik 1980-1986. Eine Dokumentation* (Bonn, 1986)와 *Jahresbericht der Bundesregierung*을 참조하라.

61   15. September 1984, Bundesminister Windelen: Stand der innerdeutschen Beziehungen und ihte Perspektiven, *Texte zur Deutschlandpolitik III/2, 19 Januar 1984-31. Dezember 1984*, p. 393.

62   Manfred Gehrmann, *Die Überwindung des 'Eisernen Vorhangs'*, pp. 205-206.

63   Institut für Internationale Politik und Wissenschaft der DDR (Hg.), *Arbeitsmaterial. Imperialismus: Menschenrechte millionenfach verletzt und verweigert. Dokumentation* (Dresden, 1985), p. 53.

64   Peter Steglich und Günter Leuschner, *KSZE – Fossil oder Hoffnung? Mit einem Vorwort von Egon Bahr* (Berlin, 1996), p. 259.

65   이에 대해서는 Manfred Gehrmann, *Die Überwindung des 'Eisernen Vorhangs'. Die Abwanderung aus der DDR in die BRD und nach West-Berlin als innerdeutsches Migranten-Netzwerk* (Berlin, 2009), pp. 141-148.

66   Matthias Ott, *Deutschland-ein Ausreisemärchen. Die dokumentierte Geschichte einer Übersiedlung aus der DDR* (Koblenz, 1989), p. 65.

67   Holger Bahl, *Als Banker zwischen Ost und West. Zürich als Drehscheibe für deutsch-deutsche Geschäfte* (Zürich, 2002); Jürgen Nitz, *Unterhändler zwischen Berlin und Bonn. Zur Geschichte der deutsch-deutschen Geheimdiplomatie in den 80er Jahren* (Berlin, 1999); Reinhard Buthmann, "Bleiben Sie unser Mann in Zürich! Schalck-Golodkowskis Bereich Koko, das 'Zürcher Modell' und ein 'Länderspiel'", *Deutschland Archiv*, 36 (2003), pp. 63-67.

68   Manfred Gehrmann, *Die Überwindung des 'Eisernen Vorhangs'*, p. 205.

69   이 주제는 더 세밀한 연구가 필요하다.

70   Hans-Jürgen Grasemann, "Fluchtgeschichten aus der zentralen Erfassungsstelle Salzgitter", Bernd Weisbrod (Hg.), *Grenzland. Beiträge zur Geschichte der deutsch-deutschen Grenze* (Hannover, 1993), pp. 28-50.

5장

1   Stefan Heym, "Dialog. Essay. Der Spiegel", *Einmischung, Gespräche, Essays* (Frankfurt am Main,

1992), p. 242.

2 AfD에 대해서는 Armin Pfahl-Traughber, *Die AfD und der Rechtsextremismus: Eine Analyse aus politikwissenschaftlicher Perspektive* (Wiesbaden, 2019); David Bebnowski, *Die Alternative für Deutschland. Aufstieg und gesellschaftliche Repräsentanz einer rechten populistischen Partei* (Wiesbaden, 2015); Benno Hafeneger u.a., *AfD in Parlamenten. Themen, Strategien, Akteure* (Frankfurt a. M., 2018); Marcel Lewandowsky, "Alternative für Deutschland (AfD)", Frank Decker und Viola Neu (Hg.), *Handbuch der deutschen Parteien*, 3. Aufl. (Wiesbaden, 2018) pp. 161-170.

3 Christina Morina, "Die dunklen Schatten der Revolution", *Vorwärts*, 2/2019, p. 28.

4 '89세대'의 핵심 인물 180명은 「우리를 엮지 마라: 1989년 혁명을 선거를 위해 악용하는 것에 반대한다」는 연대 성명서를 만들어 발표했다. 대표 발의자와 서명자는 로베르트 하베만 협회(Robert Havemann Gesellschaft)의 프랑크 에베르트(Frank Ebert), 라이프치히 시민운동 아카이브의 우베 슈바베(Uwe Schwabe)와 역사가 일코-자샤 코발추크(Ilko-Sascha Kowalczuk)다. 그들은 AfD가 1989년의 동독 공산주의 독재와 현재의 연방공화국 민주주의를 동일시하며 '미완의 혁명'을 완성해야 한다는 식으로 주장하는 것은 역사 왜곡이면서 현실 기만이라고 비판했다. 성명서와 서명자 리스트는 https://www.havemann-gesellschaft.de/fileadmin/robert-havemann-gesellschaft/aktuelles/2019/Offene_Erklaerung_AFD/Offene_Erklaerung_Nicht_mit_uns_aktualisierte_Fassung_vom_9._September_2019_.pdf(2020.07.15.)을 참조하라. 이 주제와 연관된 여타 신문 인터뷰와 기고문은 https://www.havemann-gesellschaft.de/themen-dossiers/streit-um-die-revolution-von-1989/(2020.07.15.)을 참조하라.

5 1989년 가을 동독의 혁명에 대한 여러 개념 규정들, 즉 '평화혁명', '민주주의 혁명', '전환'에 대해서는 Bernd Lindner, "Begriffsgeschichte der Friedlichen Revolution. Eine Spurensuche", *Aus Politik und Zeitgeschichte* 64, 24-26/2014, 10, pp. 33-39를 참조하라. 당시 동독의 체제비판 운동가들은 '혁명'이라는 용어를 사용하지 않았다. 그들은 체제를 개혁한다고 생각했기 때문이다. 대신 '평화적'이란 용어는 아주 빈번히 사용했다. 1989년 가을 '평화혁명'이나 '민주혁명'이라는 말을 처음 사용한 이는 서베를린 시장이었던 발터 몸퍼(Walter Momper)였다. 그는 베를린장벽이 붕괴하기 시작한 다음 날, 즉 1989년 11월 10일 저녁 대중 집회에서 동독 주민들에게 '평화적이고 민주적인 혁명'을 이루어낸 것을 축하했다. 그는 "그것이 독일사에서 1918년 이후로 …… 완전히 평화적으로 이루어진 첫 혁명이라고" 덧붙였다. 그의 연설과 '평화혁명' 규정은 그 뒤에 언론을 통해 유포되었다. 그럼에도 동독 체제비판가들은 '혁명' 규정에 조심스러웠다. 다만 서독 정치가들과 언론은 곧 '민주혁명'과 '평화혁명'이라고 말하기 시작했다. 두 용어는 1989년 가을의 동독 혁명을 표현하는 것으로 적절하고 맥락과 상황에 맞게 둘 중 하나, 또는 둘 모두를 붙여 사용할 수 있다. 특히 2014년 요아힘 가우크 연방대통령과 독일 정부가 공식적으로 '평화혁명'이라고 부르면서 정치적으로는 '평화혁명' 규정이 정착되었다. 반면 '전환(Wende)'은 동독 사통당의 권력자 에곤 크렌츠가 위로부터의 개혁 추동이라는 의미로 사용했다는 점에서 늘 용어 수용에 한계가 있었다. 다만, '전환'은 동독 주민들의 삶과 동독 사회 전반

의 충격을 주체적으로 인지하는 과정에서 자주 사용되는 점에서 여전히 함축적 의미가 강한 장점이 있다. 학문적으로나 정치적으로 가장 불편함이 없는 용어는 '평화혁명'이다. 하지만 '민주 (주의)혁명' 규정은 동독 체제비판 운동가들과 저항 주민들이 단순히 시위 과정의 비폭력성과 성숙성을 넘어 자발적으로 민주주의 단체를 직접 조직하고 자율적으로 시민사회를 만들어간 과정을 더 잘 함축한다. 그런 면에서는 동독의 경우 평화혁명보다는 민주혁명 규정이 더 적절하다고 볼 수 있다. 다만 민주혁명이 동독에서 민주정부 수립 직후에 곧장 국가 소멸과 민족통일로 이어졌기에 애초 체제비판운동의 목표가 달성되었다고 보기에는 다시 한계가 있다.

6 통일 후 동독 상황과 동서독 '통합'에 대한 개요는 Raj Kollmorgen, Frank Thomas Koch und Hans-Liduger Dinel, "Diskurse der deutschen Einheit: Forschungsinteressen und Forschungsperspektiven des Bandes", Raj Kollmorgen, Frank Thomas Koch und Hans-Liduger Dinel (Hg.), *Diskurse der deutschen Einheit. Kritik und Alternativen* (Wiesbaden, 2011), pp. 7-9 를 참조하라. 독일통일 후의 동독정체성에 대해서는 이동기, 「독일통일 후 동독정체성: 오스탈기는 통합의 걸림돌인가?」, 《역사와 세계》 50, 2016.12. pp. 29-61; Jörg Ganzenmüller, "Ostdeutsche Identitäten: Selbst- und Fremdbilder zwischen Transformationserfahrung und DDR-Vergangenheit", *Deutschland Archiv*, 24.4.2020, Link: www.bpb.de/308016(2020.07.15.); Jana Henschel und Wolfgang Engler, *Wer wir sind: Die Erfahrung, ostdeutsch zu sein* (Berlin, 2018) 을 참조하라. 특히 동독 지역 청년 세대의 동독정체성과 집단 결속에 대해서는 Michael Hacker u.a.(Hg.), *Dritte Generation Ost: Wer wir sind, was wir wollen* (Berlin, 2013); Valerie Schönian, *Ostbewusstsein: Warum Nachwendekinder für den Osten streiten und was das für die Deutsche Einheit bedeutet* (München, 2020)을 참조하라.

7 Andreas Rödder, *Deutschland einig Vaterland. Die Geschichte der Wiedervereinigung* (München, 2009); Ehrhart Neubert, *Unsere Revolution. Die Geschichte der Jahre 1989/90* (München, 2008); Jens Schöne, *Die friedliche Revolution. Berlin 1989/90. Der Weg zur deutschen Einheit. Berlin Story* (Berlin, 2008); Gerhard A. Ritter, *Wir sind das Volk! Wir sind ein Volk! Geschichte der deutschen Einigung* (München, 2009), pp. 9-50.

8 Andreas H. Apelt, *Die Opposition in der DDR und die deutsche Frage 1989/90* (Berlin, 2009), pp. 46-47. 안드레아스 H. 아펠트는 '평화혁명' 대신 "민족민주혁명"이라고 부를 수 있다고 보았고 혁명을 두 단계, 즉 1989년 10월 7일부터 11월 9일까지는 민주혁명 단계, 11월 9일부터 1990년 3월 18일까지는 민족혁명 단계라고 말했다.

9 Gareth Dale, *The East German revolution of 1989* (Menchester, 2006), pp. 180-194; Christof Geisel, *Auf der Suche nach einem dritten Weg. Das politische Selbstverständnis der DDR-Opposition in den 80er Jahren* (Berlin, 2005), pp. 125-129.

10 티머시 가턴 애쉬, 최정호·정지영 공역, 『인민은 우리다. 1989년 동유럽 민주화 혁명』(나남, 1994), p. 140. 애쉬는 체코슬로바키아 작가 하벨에 의거해 그렇게 말했지만 그것은 동독의 체제비판 주민들에게도 해당된다. Günter Hofmann, *Vergeßt den Oktober 1989 nicht. Würdelos in der*

Diktatur. Gedächtnisprotokolle aus den Tagen der friedlichen Revolution (Dresden, 2010), pp. 34-36 을 참조하라.

11 Jürgen Kocka, "1989. Eine transnationale Revolution und ihre Folgen", Friedrich Ebert Stiftung Büro Warschau (Hg.) *Willy Brandt Vorlesung* (Warschau, 2009), pp. 17-33; Bernd Florath (Hg.), *Das Revolutionsjahr 1989. Die demokratische Revolution in Osteuropa als transnationale Zäsur* (Göttingen, 2011); James Mark, *1989: A Global History of Eastern Europe* (Cambridge, 2019); George Lawson, Chris Armbruster, et al(Hg.), *The Global 1989: Continuity and Change in World Politics* (New York, 2010); Jacque Rupnik(Hg.), *1989 as a Political World Event Democracy, Europe and the New International System in the Age of Globalization* (London, 2013); Susanne Stemmler et, al (Hg.), *1989-Globale Geschichten* (Göttingen, 2009).

12 Bernd Florath, "Einleitung", Bernd Florath (ed), *Das Revolutionsjahr 1989*. p. 13.

13 체제비판운동의 거점인 니콜라이 교회와 라이프치히의 역할에 대해서는 Ekkehard Kuhn, *"Wir sind das Volk!" Die friedliche Revolution in Leipzig*, 9. Oktober 1989 (Berlin, 1999); Hermann Geyer, *Nikolaikirche, montags um fünf: die politischen Gottesdienste der Wendezeit in Leipzig* (Darmstadt, 2007)을 참조하라. 사료집으로는 Tobias Hollitzer und Sven Sachenbacher (Hg.), *Die Friedlicher Revolution in Leipzig. Bilder Dokumente und Objekte, 2 Bde.* (Leipzig, 2012). 간략한 정리로는 Doris Mundus, Leipzig 1989. Eine Chronik(Leipzig, 2009)가 유용하다.

14 동독 '평화혁명'의 양상과 성격에 대해서는 Hannes Bahrmann und Christoph Links, *Chronik der Wende. Die Ereignisse in der DDR zwischen 7. Oktober 1989 und 18. März 1990* (Berlin, 1999); Ilko-Sascha Kowalczuk, *Endspiel. Die Revolution von 1989 in der DDR* (München, 2009); Martin Sabrow (Hg.), *1989 und die Rolle der Gewalt* (Göttingen, 2012); '협상혁명(Verhandelte Revolution)'의 개념에 대해서는 Philipp Ther, "1989 – eine verhandelte Revolution", Version: 1.0, Docupedia-Zeitgeschichte, 11.02.2010: http://docupedia.de/zg/ther_1989_de_v1_2010(2020.07.15.)을 참조하라.

15 Rainer Eckert, "Tradition und Gegenwart: Langfristige Oppositionserfahrungen und ihre Auswirkungen auf die friedlichen Revolutionen 1989/90", Andreas H. Apelt, Robert Grünbaum und Janos Can Togay(Hg.), *Die ostmitteleuropäischen Freiheitsbewegungen 1953-1989. Opposition, Aufstände und Revolutionen im kommunistischen Machtbereich* (Berlin, 2014), pp. 106-107.

16 그것에 대해서는 최승완, 『동독민 이주사 1949-1989. 분단의 벽을 넘어 또 다른 독일로 넘어 간 동독민 이야기』(서해문집, 2019), pp. 109-115를 참조하라.

17 Ilko-Sascha Kowalczuk, *Endspiel*, p. 303.

18 귄터 샤보스키(Günter Schabowski)는 1989년 5월 2일 헝가리-오스트리아 국경 개방을 사통당 몰락의 최종 단계를 여는 '첫 발화'였다고 평가했다. 일코-자샤 코발추크는 베를린장벽 붕괴가 1989년 5월 2일 헝가리에서 이미 시작되었다고 평가했다. Günter Schabowski, *Der Zerfall einer Leihmacht* (Rostock, 2009), p. 13; Ilko-Sascha Kowalczuk, "Ausreisebewegung, Friedensgebete

und die Kommunalwahl vom Frühjahr 1989", Franz-Josef Schlichting und Hans-Joachim Veen (Hg.), *Der Anfang vom Ende 1989. Schlussbilanz der DDR-Diktatur* (Erfurt, 2009), p. 33.

19 헝가리의 오스트리아 국경 개방과 그 의미에 대해서는 Andreas Oplatka, *Der erste Riss in der Mauer. September 1989-Ungarn öffnet die Grenze* (Wien, 2009)를 참조하라.

20 Karel Vodička, *Die Prager Botschaftsflüchtlinge 1989* (Göttingen, 2014), pp. 15-20, pp. 90-114. 1989년 9월 30일 저녁 7시경 프라하 주재 서독 대사관 발코니에서 겐셔는 동독 탈출민들에게 직접 그들이 서독으로 무사히 입국할 수 있음을 알렸다. 그때 겐셔는 "저는 여러분의 감정을 잘 알고 있습니다. 여러분은 제가 옛날에 동독을 떠났을 때 나이와 같아요. 그렇기에 여러분이 지금 어떤 느낌을 갖고 있는지 그리고 여러분의 걱정도 다 잘 느낄 수 있습니다"고 말했다. Hans-Dietrich Genscher, *Erinnerungen* (Berlin, 1995), p. 22. 할레 출신인 겐셔는 1952년 8월 동독을 떠났는데, 그때 그는 25세였다. 당시 동독 탈출 주민의 압도적 다수는 청년 세대였다.

21 동독 주민의 대량탈출과 이주의 규모에 대해서는 https://www.bpb.de/politik/hintergrund-aktuell/293568/ddr-ausreisewelle(2020.07.15.)를 참조하라.

22 최승완, 『동독민 이주사 1949-1989. 분단의 벽을 넘어 또 다른 독일로 넘어 간 동독민 이야기』, p. 115.

23 당시 라이프치히는 서독으로의 탈출과 이주 때문에 시내 교통 운전수의 40%가 결원이었다. Doris Mundus, *Leipzig 1989*, p. 35.

24 물론, 점차 "우리가 인민이다"와 "우리는 여기 머문다"는 구호가 '동독을 떠나'길 원한다는 구호보다 더 커졌다. Doris Mundus, Leipzig 1989, p. 16.

25 Bernd Florath, "Aktuere und Perspektive der Friedlichen Revolution", Andreas H. Apelt, Robert Grünbaum und Martin Gutzeit(Hg.), *Umbrüche und Revolutionen in Ostmitteleuropa 1989* (Berlin, 2015), p. 71. 베른트 플로라트는 '행위자 관점'을 통해 1989년 동독의 민주혁명을 분석했다. 그는 동독 사회 내부의 행위자 집단을 크게 네 가지로 나누었다. 첫째, 동독을 떠나는 사람들, 둘째, 체제비판가, 셋째, 사통당 내 개혁 세력들, 마지막으로 국가 운영자들이다. 특히 플로라트는 동독을 떠나려는 사람들과 동독에 남아 상황을 변화시키려는 사람들 사이의 긴장에 주목했다. p. 70. 반면, 두 번째와 세 번째, 즉 체제비판 그룹과 사통당 개혁 세력 사이의 차이에 대해서는 Rainer Land und Ralf Possekel, *Fremde Welten. Die gegensätzliche Deutung der DDR durch die SED-Reformer und Bürgerewegung in den 80er Jahren* (Berlin, 1999)을 참고하라. 사통당 내부의 개혁 세력은 사통당의 몰락이나 해체가 아니라 '현대 사회주의(Monderner Sozialismus)'를 내세워 권력유지를 지향했다. 그런 점에서 체제비판 그룹과는 근본적인 차이가 존재했다. 마지막으로 사통당 내부의 혼란과 동요에 대해서는 Bernd Florath, "Die SED im Untergang", Bernd Florath (Hg.), Das Revolutionsjahr 1989, pp. 63-104를 참조하라.

26 "Ausreisewelle", Bundeszentrale für politische Bildung und Robert-Havemann-Gesellschaft e.V. (Hg.), letzte Änderung Dezember 2019, www.jugendopposition.de/145317(2020.07.15.)

27 Bernd Florath, "Aktuere und Perspektive der Friedlichen Revolution", pp. 72-73.

28 두 흐름의 대립에 대해서는 Christof Geisel, *Auf der Suche nach einem dritten Weg*, pp. 125-139을

참조하라.

29 그런 관점에서 보면 2019년 데틀레프 폴락(Detlef Pollack) 교수가 제기한 도발적 주장, 즉 체제비판 운동가들은 사실상 동독 민주혁명에 큰 공헌을 하지 못했고 '평범한 시민들'의 역할이 결정적이었다는 테제는 수용되기 어렵다. https://www.faz.net/aktuell/feuilleton/debatten/historischer-irrglaube-zur-ddr-aufraeumen-der-mauerfall-legende-16279957.html(2020.07.150폴라의 주장에 대한 비판은 https://www.havemann-gesellschaft.de/themen-dossiers/streit-um-die-revolution-von-1989/(2020.07.15.)를 참조하라. 특히 일코-자샤 코발추크의 반론이 설득력 있다. https://www.havemann-gesellschaft.de/fileadmin/robert-havemann-gesellschaft/themen_dossiers/Streit_um_die_Revolution_von_1989/190715_FAZ_ISK.pdf(2020.07.15.) '평화혁명은 누구의 것인가'라는 이름을 얻은 이 '폴락-코발추크 논쟁'에 대해서는 "Mythos 1989", Martin Sabrow, in: Deutschland Archiv, 28.11.2019, Link: www.bpb.de/300737(2020.07.15.)을 참조하라.

30 Karsten Timmer, *Vom Aufbruch zum Umbruch. Die Bürgerbewegung in der DDR 1989*(Göttingen, 2000), pp. 179-188.

31 그 양상과 과정에 대해서는 Tobias Hollitzer und Sven Sachenbacher(Hg.), *Die Friedlicher Revolution in Leipzig. Bilder Dokumente und Objekte*, p. 429.

32 Irena Kukutz, *Chronik der Bürgerbewegung Neues Forum 1989-1990*(Berlin, 2009); Lothar Probst, "Neues Forum(Forum)", Frank Decker und Viola Neu(Hg.), *Handbuch der deutschen Parteien* (Wiesbaden, 2007), pp. 347-351

33 Gerhard Weigt, *Demokratie jetzt-Der schwierige Weg zur deutschen Einheit. Ein Zeitzeuge berichtet* (Leipzig, 2015).

34 Peter Gohle, *Von der SDP-Gründung zur gesamtdeutschen SPD. Die Sozialdemokratie in der DDR und die Deutsche Einheit 1989/90*(Bonn, 2014).

35 Jan Wielgohs, Marianne Schulz und Helmut Müller-Enbergs, *Bündnis 90. Entstehung, Entwicklung, Perspektiven. Ein Beitrag zur Parteienforschung im vereinigten* Deutschland (Berlin, 1992).

36 Doris Mundus, *Leipzig 1989*, p. 23.

37 Kurt Mühler und Steffen Wilsdorf, "Die Leipziger Montagsdemonstration – Aufstieg und Wandel einer basisdemokratischen Institution des friedlichen Umbruchs im Spiegel empirischer Meinungsforschung", *Berliner Journal der Soziologie*, 1991, 1, p. 161.

38 Gareth Dale, *The East German revolution of 1989*, p. 181.

39 앞의 책.

40 Andreas H. Apelt, Die *Opposi DDR und die deutsche Frage 1989/90tion in der*, pp. 207-288.

41 Dirk Rochtus, *Zwischen Realität und Utopie. Das Konzept des "dritten Weges" in der DDR 1989/90* (Leipzig, 1999); Dirk Rochtus, "Welche Umstände verhinderten die Verwirklichung des Dritten

Weges ", Andrea Pabst, Catharina Schultheiß und Peter Bohley(Hg.), *Wir sind das Volk? Ostdeutsche Bürgerbewegungen und die Wende* (Tübingen, 2001), pp. 97-109.

42 1989년 11월 28일 헬무트 콜의 '10개조 통일강령' 발표 후 국가연합은 백가쟁명의 시기를 맞이했다. 그것에 대해서는 Dong-Ki Lee, *Option oder Illusion? Die Idee einer nationalen Konföderation im geteilten Deutschland 1949-1990* (Berlin, 2010), pp. 370-385를 참조하라.

43 Konstanze Borchert, Volker Steinke und Carola Wuttke(Hg.), *Für unser Land-Eine Aufrufaktion im letzten Jahr der DDR* (Frankfurt a. M., 1994).

44 앞의 책.

45 https://www.ddr89.de/texte/land.html (2020.07.15)

46 그것에 대한 상세한 정보는 Dong-Ki Lee, *Option oder Illusion*, p. 383을 참조하라.

47 Karsten Timmer, *Vom Aufbruch zum Umbruch*, p. 342.

48 Dirk Rochtus, *Zwischen Realität und Utopie*, p. 216.

49 '우리나라를 위한 호소'에 대한 비판과 반대에 대해서는 Karsten Timmer, *Vom Aufbruch zum Umbruch*, pp. 342-343; Gareth Dale, *The East German revolution of 1989*, pp. 193-194.

50 Karsten Timmer, *Vom Aufbruch zum Umbruch*, p. 345.

51 Christof Geisel, *Auf der Suche nach einem dritten Weg*, pp. 208-214.

52 그것에 대해서는 이동기, 「'더 나은 통일안'은 없었는가?: 1989/90년 헬무트 콜, 국가연합 그리고 독일통일」, 《독일연구》 vol. 20, 2010.12, pp. 77-112; Dong-Ki Lee, *Option oder Illusion?*, pp. 348-360을 참조하라.

53 Konrad H. Jarausch, "Kollaps des Kommunismus oder Aufbruch der Zivilgesellschaft?", Eckart Conze, Katharina Gajdukowa und Sigrid Koch-Baumgarten(Hg.), *Die demokratische Revolution 1989 in der DDR* (Köln, 2009), p. 40.

54 그런 의미에서 1989년 동독 혁명을 특별히 '소비혁명'이라고 부르는 연구도 등장했다. Manuel Schramm, "Die 'Wende' von 1989/90 als Konsumrevolution ", *BIOS-Zeitschrift für Biographieforschung, Oral History und Lebensverlaufanalysen, Jg.* 27(2014), Heft 1/2, pp. 95-106. 정반대의 주장, 즉 동독 주민이 단순히 소비 열풍에 매몰되었다는 평가를 상대화하는 입장도 주목할 만하다. 개러스 데일은 동독인들이 소비와 관련해 오히려 신중했으며 서독 사회가 제공하는 탈물질적 욕구, 이를테면 해외여행 같은 욕구도 중요했다는 것이다. 아울러 동독 주민들은 물질적 풍요를 넘어 여가시간이나 스트레스가 덜한 삶 같은 문제에도 더 많은 관심을 가졌다고 보았다. Gareth Dale, *The East German revolution of 1989*, pp. 184-185.

55 Manuel Schramm, "Die 'Wende' von 1989/90 als Konsumrevolution ", p. 104.

56 그것에 대한 훌륭한 분석은 Gareth Dale, *The East German revolution of 1989*, pp. 186-189를 참조하라.

57 Ibid., p. 187.

58 토니 주트, 조행복 옮김, 『포스트워 1945-2005 : 1』 (플래닛, 2008), p. 1039.

1   Reden. Im Reichstag am 13. März 1877, *Ausgewählte Reden des Fürsten von Bismarck. Zweiter Band: Reden aus den Jahren 1871-1877* (Neumünster, 2017), p. 501.

2   이하 헬무트 콜의 생애에 대해서는 Der Spiegel(Hg.), *Biografie. Helmut Kohl, Kanzler der Einheit 1930-2117* (Hamburg, 2017); Hennig Köhler, *Helmut Kohl. Ein Leben für die Politik. Die Biografie* (Bonn, 2014)를 참조하라.

3   Rudolf Augstein, "Kein Bismarck, kein Ribbentrop", Der Spiegel(Hg.), Biografie. Helmut Kohl, Kanzler der Einheit 1930-2117, p. 98.

4   Nr. 60: Telefongespräch des Bundeskanzlers Kohl mit Generalsekretär Gorbatschow, 11. Oktober 1989, Dokumente zur Deutschlandpolitik. Deutsche Einheit 1989/90. Sonderedition aus den Akten des Bundeskanzleramtes 1989/90(이하 *DzD Deutsche Einheit 1989/90*), Bundesministerium des Innern unter Mitwirkung des Bundesarchivs(Hg.), bearbeitet von Hanns Jürgen Küsters und Daniel Hofmann(München, 1998), p. 450.

5   Karl-Rudolf Korte, *Deutschlandpolitik in Helmut Kohls Kanzlerschaft*, pp. 458-459에서 재인용.

6   Nr. 63: Vorlage des Ministerialdirigenten Duisberg an Bundeskanzler Kohl, Bonn, 19. Oktober 1989, *DzD Deutsche Einheit 1989/90*, pp. 455-458을 참조하라.

7   Karl-Rudolf Korte, *Deutschlandpolitik in Helmut Kohls Kanzlerschaft*, p. 459; Markus Driftmann, *Die Bonner Deutschlandpolitik 1989/90. Eine Analyse der deutschlandpolitischen Entscheidungsprozesse angesichts des Zerfalls der DDR* (Münster, 2005), p. 73.

8   Dok. 5. Schreiben von Alexander Schalck an Egon Krenz, 24.10.1989, mit der Anlage: "Vermerk über ein informelles Gespräch des Genossen Alexander Schalck mit dem Bundesminister und Chef des Bundeskanzleramtes der BRD, Rudolf Seiters, und mit dem Mitglied des Vorstandes der CDU, Wolfgang Schäuble, am 24.10.1989, Hans-Hermann Hertle, *Der Fall der Mauer. Die unbeabsichtigte Selbstauflösung des SED-Staates 2. durchgesehene Auflage* (Opladen, 1999), pp. 438-443.

9   앞의 책, pp. 152-153. 당시 총리공관 독일정책국 국장이었던 클라우스 두이스베르크 또한 자신의 회고록에서 이 비공식 의견교환이 서독 정부에게 동독의 내정에 개입하도록 하는 계기가 되었다고 밝혔다. Claus J. Duisberg, *Das deutsche Jahr. Einblicke in die Wiedervereinigung 1989/1990* (Berlin, 2005), p. 74.

10   Nr. 68: Telefongespräch des Bundeskanzlers Kohl mit dem Staatsratsvorsitzenden Krenz, 26. Oktober 1989, *DzD Deutsche Einheit 1989/90*, pp. 468-469; Dokument 6: Ton-Aufzeichnung eines Telefonats zwischen Egon Krenz und Helmut Kohl, 26. Oktober 1989, 8.30-8.44, Berlin, den 26. Oktober 1989, Hans-Hermann Hertle, *Der Fall der Mauer*, pp. 443-448.

11   Alexander Schalck-Golodkowski, *Deutsch-deutsche Erinnerungen* (Hamburg, 2001), pp. 325-

326.

12   Helmut Kohl, *Ich wollte Deutschlands Einheit*. Dargestellt von Kai Diekmann und Ralf Georg Reuth(Berlin, 1996), p. 111. 크렌츠에 대한 소련 지도부의 부정적 평가에 대해서는 Rafael Biemann, *Zwischen Kreml und Kanzleramt. Wie Moskau mit der deutschen Einheit rang*(Paderborn, 1997), pp. 221-227을 참조하라.

13   Dokument 11: Schreiben von Alexander Schalck-Golodkowski an Egon Krenz, 6. November 1989, mit der Anlage "Vermerk über ein informelles Gespräch des Genossen Alexander Schalck-Golodkowski mit dem Bundesminister und Chef des Bundeskanzleramtes des BRD, Rudolf Seiters und dem Mitglied des Vorstandes der CDU, Wolfgang Schäuble, am 06.11.1989", Hans-Hermann Hertle, *Der Fall der Mauer*, pp. 485-486.

14   Helmut Kohl, *Ich wollte Deutschlands Einheit*, p. 117; Wolfgang Jäger, *Die Überwindung der Teilung. Der innerdeutsche Prozess der Vereinigung 1989/90*(Geschichte der deutschen Einheit, Bd. 3) (Stuttgart, 1998), p. 39.

15   Dokument 12: Schreiben von Schalck-Golodkowski an Egon Krenz, 7. November 1989, Hans-Hermann Hertle, *Der Fall der Mauer*, pp. 486-487.

16   그 연설에 대해서는 Helmut Kohl, *Ich wollte Deutschlands Einheit*, pp. 116-117; Karl-Rudolf Korte, *Deutschlandpolitik in Helmut Kohls Kanzlerschaft*, pp. 462-463; Wolfgang Jäger, *Die Überwindung der Teilung*, p. 39를 참조하라.

17   Manuel Fröhlich, *Sprache als Instrument politischer Führung. Helmut Kohls Berichte zur Lage der Nation im geteilten Deutschlands*(München, 1997), pp. 205-209; Markus Driftmann, *Die Bonner Deutschlandpolitik 1989/90*, pp. 85-86.

18   Dokument 37: Schreiben von Alexander Schalck-Golodkowski an Egon Krenz, 15. November 1989, mit der Anlage "Vermerk über das informelle Gespräch des Genossen Alexander Schalck-Golodkowski mit dem Bundesminister und Chef des Bundeskanzleramtes Rudolf Seiters, am 15.11.1989", Hans-Hermann Hertle, *Der Fall der Mauer*, pp. 558-560.

19   이를테면 당시 서베를린 시장이었던 발터 몸퍼의 연설을 보라. Rede des Regierenden Bürgermeisters Walter Momper auf der Kundgebung vor dem Rathaus Schöneberg aus Anlass der Öffnung der Berliner Mauer, *Texte zur Deutschlandpolitik, III/Bd. 7-1989*, hg. von Bundesministerium für innerdeutsche Beziehungen(Bonn, 1990), pp. 395-399.

20   Bundeskanzler Helmut Kohl: Erklärung der Bundesregierung zur Lage in der DDR am 16. November 1989, *Texte zur Deutschandpolitik, III/7-1989*, p. 416.

21   앞의 책, p. 420.

22   Nr. 96: Gespräch des Bundesministers Seiters mit dem Staatsratsvorsitzenden Krenz und Ministerpräsidenten Modrow, Berlin(Ost), 20. November 1989, *DzD Deutsche Einheit 1989/90*, p. 557.

23 그것에 대해서는 Andreas Rödder, *Deutschland einig Vaterland. Die Geschichte der Wiedervereinigung* (München, 2009), pp. 118-127; Andreas H. Apelt, *Die Opposition in der DDR und die deutsche Frage 1989/90* (Berlin, 2009), pp. 207-288을 참조하라.

24 1989년 11월 중순 자유주의적 주간지 《차이트(*Die Zeit*)》에서는 이미 국가연합 방식의 통일 제 안들이 등장했다. Theo Sommer, "O Freiheit! Kehrst Du zurück?" Vom Aufbruch in der DDR zum Durchbruch der Mauer-wie weiter in Deutschland?, *Die Zeit*, 17. November 1989, p. 1; Harry Maier, "Das Gefälle beseitigen. Mit einer Konföderation ließe sich der Wandel in der DDR am besten bewältigen", 같은 신문, p. 28.

25 DDR-Ministerpräsident Hans Modrow: Vertragsgemeinschaft statt Wiedervereinigung, *Texte zur Deutschlandpolitik, III/7-1989*, p. 422.

26 Memorandum des Ministerpräsidenten der DDR, Hans Modrow, an die Staats- und Regierungschefs der G vom 17. November 1989, *Europa-Archiv 1/1990 D3*.

27 Michael Mertes, "Die Entstehung des Zehn-Punkte-Programms vom 28. November 1989", Heiner Timmermann (Hg.), *Die DDR in Deutschland. Ein Rückblick auf 50 Jahre* (Berlin, 2001), p. 21.

28 Michael Gorbatschow, *Perestroika. Die zweite russische Revolution. Eine neue Politik für Europa und die Welt* (München, 1987), pp. 259-262; 같은 저자, *Umgestaltung und neues Denken für unser Land und für die ganze Welt* (Berlin, 1988), pp. 257-258; Wolfgang Seiffert, *Die Deutschen und Gorbatschow. Chancen für einen Interessenausgleich* (Erlangen, 1989), p. 52를 참조하라.

29 Valentin Falin, *Konflikte im Kreml. Zur Vorgeschichte der deutschen Einheit und Auflösung der Sowjetunion* (München, 1997), p. 29.

30 Ekkehard Kuhn (Hg.), *Gorbatschow und die deutsche Einheit. Aussagen der wichtigsten russischen und deutschen Beteiligten* (Bonn, 1993), p. 77, pp. 81-82.

31 Nr. 112: Vorlage des Ministerialdirektors Teltschik an Bundeskanzler Kohl, Bonn, 6. Dezember 1989; Nr. 112A: SU und „deutsche Frage", *DzD Deutsche Einheit 1989/90*, pp. 616-618.

32 그 과정에 대해서는 Dong-Ki Lee, *Option oder Illusion? Die Idee einer nationalen Konföderation im geteilten Deutschland 1949-1990* (Berlin, 2010), pp. 348-355를 참조하라.

33 콜은 10개조 강령 발표 직후 외국 정치가들과의 대화를 통해 10개조 통일안이 시간 일정표를 제시한 것이 아님을 강조했다. 콜은 2005년 발간한 이 시기 관련 회고록에서 자신이 당시 "3-4 년 정도면 통일이 올 것이라고 확신했다"고 밝혔으나 이는 사실이 아니다. 오히려 콜은 1989년 12월 12일 베이커 미국무부 장관과의 대화에서 3-4년 내에 통일이 될 것이라는 전 미국무부 장관 키신저의 예단을 '완전히 잘못'된 것이라고 평가했다. Helmut Kohl, *Erinnerungen 1982-1990* (München, 2005), p. 995; Nr. 120: Gespräch des Bundeskanzlers Kohl mit Außenminister Baker Berlin (West), 12. Dezember 1989, 같은 책, p. 637. 당시 콜은 대략 5년 또는 10년의 국가연합 단계가 필요하리라는 생각을 여러 차례 암시했다. 이를테면 콜은 1989년 12월 1일 미

국 상원의 군수통제감시단 일행과의 대화에서 자신은 "당장의 목표를 의식적으로 연방국가가 아니라 국가연합적 구조라고 표시했다. 현재의 동맹조약으로는 연방제가 불가능하지만 8-10년 뒤 상황이 어떻게 전개될지 누가 알겠는가"라고 말했다. 이틀 뒤 12월 3일 부시 대통령과 대화에서 콜은 동서독이 연방제로 통합되는 것은 "몇년 후, 아마 5년 후에나" 실현될 것이라고 말했다. Nr. 104: Gespräch des Bundeskanzlers Kohl mit Mitgliedern der Rüstungskontroll-Beobacgtergruppe des amerikanischen Senats Bonn, 1. Dezember 1989: Nr. 109: Gespräch des Bundeskanzlers Kohl mit Präsident Bush Laeken bei Brüssel, 3. Dezember 1989, 같은 책, p. 589, p. 604: Horst Teltschik, *329 Tage. Innenansichten der Einigung*, 윤여덕 옮김, 『329일. 독일 통일의 기적을 만든 결정적 순간들』(한독산학협동단지, 2007), p. 79.

34   Reinhard Kiessler & Frank Elbe, *Der diplomatische Weg zur deutschen Einheit* (Frankfurt am Main, 1996), p. 54.

35   Markus Driftmann, *Die Bonner Deutschlandpolitik 1989/90*, p. 143.

36   그런 점에서 10개조 강령을 앞선 시기 서독의 독일정책과 외교정책의 연속으로만 보고 변화의 측면을 보지 못하는 것은 일면적이다. 그와 같은 평가의 한 예로는 Peter R. Weilemann, "Der deutsche Beitrag zur Überwindung der europäischen Teilung-Die zehn Punkte von Bundeskanzler Helmut Kohl", *Außenpolitik. Zeitschrift für internationale Fragen 41* (1990), pp. 15-23을 참조하라.

37   Michael Mertes, "Die Entstehung des Zehn-Punkte-Programms", p. 25.

38   같은 책, p. 33.

39   Oder-Neiße, *Der Spiegel*, 5. März 1990, p. 24.

40   10개조 통일강령 발표 후 서독과 폴란드 간의 외교적 긴장에 대해서는 Michael Ludwig, *Polen und die deutsche Frage. Mit einer Dokumentation zum deutsch-polnischen Vertrag vom 17. Juni 1991* (Bonn, 1991), pp. 38-40, Klaus Ziemer, "Zwischen Mißtrauen und Hoffnung: Polen und die deutsche Vereinigung", Klaus-Dietmar Henke(Hg.), *Revolution und Vereinigung 1989/90. Als in Deutschland die Realität die Phantasie überholte* (München, 2009), p. 639.

41   Nr. 120: Gespräch des Bundeskanzlers Kohl mit Außenminister Baker, Berlin(West), 12. Dezember 1989, *DzD Deutsche Einheit 1989/90*, p. 639. 텔칙 또한 같은 생각이었다. Nr. 112: Vorlage des Ministerialdirektors Teltschik an Bundeskanzler Kohl, Bonn, 6. Dezember 1989, 같은 책, p. 616.

42   Michael Mertes, "Die Entstehung des Zehn-Punkte-Programms", pp. 23-24.

43   같은 논문, p. 24.

44   Nr. 109: Gespräch des Bundeskanzlers Kohl mit Präsident Bush, Laeken bei Brüssel, 3. Dezember 1989, *DzD Deutsche Einheit 1989/90*, p. 603. 또 Nr. 135: Gespräch des Bundeskanzlers Kohl mit Staatspräsident Mitterand, Latché, 4. Januar 1990, 같은 책, p. 684를 참조하라.

45   이에 대해서는 Nr. 104: Gespräch des Bundeskanzlers Kohl mit Mitgliedern der

Rüstungskontroll-Beobachtergruppe des amerikanischen Senats, Bonn, 1. Dezember 1989, Nr. 109: Gespräch des Bundeskanzlers Kohl mit Präsident Bush, Laeken bei Brüssel, 3. Dezember 1989, 같은 책, p. 588과 p. 603을 참조하라.

46 Helmut Kohl, *Erinnerungen 1982-1990*, p. 994.

47 Nr. 104: Gespräch des Bundeskanzlers Kohl mit Mitgliedern der Rüstungskontroll-Beobachtergruppe des amerikanischen Senats, Bonn, 1. Dezember 1989, *DzD Deutsche Einheit 1989/90*, pp. 588-589; Michael Mertes, "Die Entstehung des Zehnpunkt-Programms", p. 28.

48 사통당의 국가연합안이 지닌 성격에 대해서는 이동기, 「1950년대 후반 동독 사통당의 국가연합 통일안」, 《서양사론》 102, 2009년 9월, pp. 285-317을 참조하라.

49 Lutz Niethammer, "Das Volk der DDR und die Revolution. Versuch einer historischen Wahrnehmung der laufenden Ereignisse", Charles Schüddekopf(Hg.), "*Wir sind das Volk*". *Flugschriften, Aufrufe und Texte einer deutschen Revolution* (Reinbek, 1990), p. 277.

50 Nr. 109: Gespräch des Bundeskanzlers Kohl mit Präsident Bush, Laeken bei Brüssel, 3. Dezember 1989, *DzD Deutsche Einheit 1989/90*, p. 604.

51 Nr. 158: Gespräch des Bundeskanzlers Kohl mit Ministerpräsident Modrow, Davos, 3. Februar 1990, 앞의 책, p. 755; Hans Modrow, *Aufbruch und Ende* (Hamburg, 1991), p. 128; Helmut Kohl, *Erinnerungen 1982-1990*, p. 1056.

52 Wilfried Loth, "9. November 1989. Auftakt zur deutschen Einheit", Dirk Blasius und Wilfried Loth(Hg.), *Tage deutscher Geschichte im 20. Jahrhundert* (Göttingen, 2006), p. 130.

53 드레스덴과 베를린에서의 그 체험에 대해서는 Helmut Kohl, *Erinnerungen 1982-1990*, pp. 1020-1031; Carl J. Duisberg, *Das deutsche Jahr*, pp. 122-124; 호르스트 텔칙, 『329일』, pp. 109-116, 특히 p. 121을 참조하라.

54 드레스덴에서의 콜의 체험에 대한 과대한 의미부여, 이른바 '드레스덴 신화(Mythos Dresden)'에 대한 비판으로는 Markus Driftmann, *Die Bonner Deutschlandpolitik 1989/90*, pp. 179-189를 참조하라.

55 Horst Teltschik, 『329일』, p. 118.

56 Nr. 136: Besprechung der beamteten Staatssekretäre, Bonn, 8. Januar 1990, *DzD Deutsche Einheit 1989/90*, p. 690.

57 Nr. 130: Gespräch des Bundeskanzlers Kohl mit Vertretern von Oppositionsgruppen in der DDR, Dresden, 20. Dezember 1989, 앞의 책, p. 674.

58 Nr. 128: Vorlage des Ministerialdirigenten Duisberg an Bundeskanzler Kohl, Bonn, 18. Dezember 1989; Nr. 128A: Vorschlag für Gesprächslinie; Nr. 129: Gespräch des Bundeskanzlers Kohl mit Ministerpräsident Modrow im erweiterten Kreis, Dresden, 19. Dezember 1989, 앞의 책, pp. 662-673; Carl J. Duisberg, *Das deutsche Jahr*, pp. 125-126.

59 Nr. 139: Entwurf der Bundesregierung. Vertrag zwischen der Bundesrepublik Deutschland und

der Deutschen Demokratischen Republik über Zusammenarbeit und gute Nachbarschaft, *DzD Deutsche Einheit 1989/90*, pp. 695-698.

60 Nr. 145A: Entwurf der Regierung der DDR. Vertrag über Zusammenarbeit und gute Nachbarschaft zwischen der Deutschen Demokratischen Republik und der Bundesrepublik Deutschland, 앞의 책, pp. 713-716.

61 Wolfgang Jäger, *Die Überwindung der Teilung*, p. 95.

62 Nr. 145: Gespräch des Bundesministers mit Ministerpräsident Modrow, Berlin(Ost), 25. Januar 1990, *DzD Deutsche Einheit 1989/90*, p. 710.

63 그것에 대해서는 Hanns Jürgen Küsters, "Entscheidung für die deutsche Einheit", 같은 책, pp. 82-83을 참조하라.

64 Anlage 5: Erklärung des Ministerpräsidenten auf der Pressekonferenz am 1. Februar 1990 zur Erklärung seiner Konzeption „Für Deutschland, einig Vaterland; Anlage 6: Wortlaut der Konzeption „Für Deutschland, einig Vaterland", Hans Modrow, *Aufbruch und Ende*, pp. 184-188. 아울러 Markus Trömmer, *Der verhaltene Gang in die deutsche Einheit. Das Verhältnis zwischen den Oppositionsgruppen und der (SED-)PDS im letzten Jahr der DDR* (Frankfurt am Main, 2002), pp. 161-163을 참조하라.

65 Dokument 62: Niederschrift des Gesprächs von Hans Modrow mit Michail Gorbatschow, KPdSU-Generalsekretär und Vorsitzender des Obersten Sowjets der UdSSR, a, 30. Januar 1990, Detlef Nakath & Gerd-Rüdiger Stephan eds., *Countdown zur deutschen Einheit. Eine dokumentierte Geschichte der deutsch-deutschen Beziehungen 1987-1990* (Berlin, 1996), p. 290. 사통당·민사당 지도부는 1990년 2월 15일에도 새로운 독일에 대한 정치적 구상을 발표하여 흡수통일을 경고하며 독-독 간 국가연합을 통한 중립화 통일을 주장했다. Markus Trömmer, *Der verhaltene Gang in die deutsche Einheit*, p. 188.

66 모드로안에 대한 반응에 대해서는 Markus Trömmer, *Der verhaltene Gang in die deutsche Einheit*, pp. 162-163, Hans Modrow, *Aufbruch und Ende*, p. 125; Wjatscheslaw Kotschemassow, *Meine letzte Mission. Fakten, Erinnerungen, Überlegungen* (Berlin, 1994), pp. 217-219를 참조하라.

67 Hans Modrow, *Aufbruch und Ende*, p. 124; Helmut Kohl, *Erinnerungen 1982-1990*, p. 1055.

68 Michael Mertes, "Die Entstehung des Zehn-Punkte-Programms", p. 34.

69 Helmut Kohl, *Erinnerungen 1982-1990*, p. 1057.

70 Wolfgang Jäger, *Die Überwindung der Teilung*, pp. 220-222.

71 Markus Driftmann, *Die Bonner Deutschlandpolitik 1989/90*, pp. 227-242.

72 Nr. 177: Gespräch des Bundeskanzlers Kohl mit Ministerpräsident Modrow, Bonn, 13. Februar 1990; Nr. 179: Delegationsgespräch des Bundeskanzlers mit Ministerpräsident Modrow, Bonn, 13. Februar 1990, *DzD Deutsche Einheit 1989/90*, pp. 814-819, pp. 821-830. 아울러 Helmut Kohl, *Erinnerungen 1982-1990*, pp. 1071-1073; Hans Modrow, *Ich wollte ein neues Deutschland*

(München, 1999), pp. 418-424를 참조하라.

73 *Der Spiegel*, 26. Februar 1990, p. 20.

74 Karl Dietrich Bracher, "Der deutsche Einheitsstaat: ein Imperativ der Geschichte?" (aus: Basler Zeitung vom 17. Februar), Udo Wengst(Hg.), *Historiker betrachten Deutschland. Beiträge zum Vereinigungsprozess und zur Hauptstadtdiskussion* (Febraur 1990-Juni 1991)(Bonn, 1992), p. 41.

75 Nr. 182: Konstituierende Sitzung der Arbeitsgruppe Außen- und Sicherheitspolitk des Kabinettsausschusses Deutsche Einheit, Bonn, 14. Februar 1990; Nr. 189: Zweite Sitzung der Arbeitsgruppe Außen- und Sicherheitspolitik des Kabinettsausschusses Deutsche Einheit, Bonn, 19. Februar 1990, *DzD Deutsche Einheit 1989/90*, pp. 830-831, p. 854.

76 Hartmut Zwahr, "Vertragsgemeinschaft, Konföderation oder Vereinigung? Die Übergänge zur nationaldemokratischen Revolution in der DDR im Herbst 1989", Uwe John und Josef Matzerath(Hg.), *Landesgeschichte als Herausforderung und Programm. Karlheinz Blaschke zum 70. Geburtstag*(Stuttgart, 1997), pp. 727-729.

77 Martin Walser, *Vormittag eines Schriftstellers*(Frankfurt am Main, 1994), pp. 143-144.

78 마르쿠스 드리프트만 또한 이 시기 콜 총리가 보여준 통일정책의 성격을 "주의 깊고, 실용적이며, 권력 지향적"이라고 요약했다. Markus Driftmann, "Gelobt wird aus den falschen Gründen. Helmut Kohl und die deutsche Wiedervereinigung", *Deutschland Archiv* 39(2006), pp. 868-875.

7장

1 프리드리히 니체, 김미기 옮김, 『니체 전집 8. 인간적인 너무나 인간적인 II』(책세상, 2002), p. 185(저자의 수정 번역).

2 "Ja, Ich liebe Charles de Gaulle", *Der Spiegel*, 06.03.1967.

3 Hermann Schreiber, "Nichts anstelle vom lieben Gott", *Der Spiegel*, 13.01.1969.

4 1980년대 브란트 전 총리의 독일통일관에 대해서는 Wolfgang Schmidt, "Was 'Reunification' the final objective of Willy Brandt's Ostpolitik? Reflections on the discussion about the German question 1949-1990", 『유럽통합과 독일의 분단, 통일 경험에 비추어 본 한국의 통일과제와 동아시아 공동체 구상』, 동아시아 공동의 역사인식 그리고 평화와 민주주의 변영을 위한 국제학술회의, 2009년 5월 20-23일, 한국외국어대학교, pp. 106-111을 참조하라.

5 서독의 탈민족론에 대해서는 이동기, 「독일 분단과 통일과정에서의 탈민족 담론과 정치」, 《통일과 평화》 2호, 2009, pp. 162-192를 참조하라.

6 Hans Mommsen, "Nationalismus und transnationale Integrationsprozesse in der Gegenwart", *Aus Politik und Zeitgeschichte*, B9/1980, pp. 8-9.

7 이와 관련해서는 녹색당의 주류인 '대서양주의자(Atlantiker)'의 대표 정치가 요슈카 피셔의

연설을 참조하라. "Zwischen Wiedervereinigungsillusion und Nato-Austrittsfiktion. Rede von Joschka Fischer zu den Grundsätzen einer neuen Deutschlandpolitik, gehalten am 20. November 1987 in der Urania Berlin", Archiv Grüne Gedächtnis(이하 AGG) 1337, p. 5.

8   1980년대 서독의 민족좌파에 대해서는 이동기, 「서독 68운동과 독일정책: 민족좌파로서의 신좌파?」,《독일연구》17, 2009.6, pp. 97-104를 참조하라.

9   "Interview mit Horst Teltschik", Erich Kuby ed., *Deutsche Schattenspiele. Dazu Interviews zur nationalen Frage mit Rudolf Augstein, Egon Bahr, Willy Brandt, Günter Gaus, Walther Leisler Kiep, Hans-Ulrich Klose, Elisabeth Noelle-Naumann, Otto Schily, Jürgen Schmude, Franz Josef Strauß, Horst Teltschik* (München, 1988), p. 308.

10   "Interview mit Willy Brandt", 같은 책, p. 234.

11   *Antje Vollmer im Gespräch mit Hans Werner Kilz. Eingewandert ins eigene Land. Was von Rot-Grün bleibt* (München, 2006), pp. 88-89.

12   Peter Merseburger, *Willy Brandt 1913-1992*, p. 844에서 재인용.

13   Horst Ehmke, *Mittendrin. Von der Großen Koalition zur Deutschen* Einheit (Berlin, 1994), p. 404.

14   Daniel Friedrich Sturm, *Uneinig in die Einheit. Die Sozialdemokratie und die Vereinigung Deutschlands 1989/90* (Bonn, 2006).

15   콜의 '10개조 통일강령'에 대한 사민당의 반응에 대해서는 앞의 책, pp. 217-230; Georgios Chatzoudis, *Die Deutschlandpolitik der SPD in der zweiten Hälfte des Jahres 1989/1990* (Bonn, 2005), pp. 81-90; Hans-Jochen Vogel, *Nachsichten. Meine Bonner und Berliner Jahre* (München, 1996), pp. 311-313을 참조하라.

16   사민당 내 대표적 이국가주의자들은 자를란트 주지사이자 차기 총리 후보 오스카어 라퐁텐, 최고위원이자 연방의원인 한스-위르겐 비슈네프스키 당내 핵심 이론가이자 최고위원이기도 한 페터 폰 외르첸, 연방의원 게르트 안드레스와 카트린 푹스 등이다.

17   Hans-Jochen Vogel, Nachsichten, p. 310; Georgios Chatzoudis, *Die Deutschlandpolitik der SPD*, pp. 79-80; Daniel Friedrich Sturm, Uneinig in die Einheit, p. 225.

18   Die SPD, *Die Deutschen in Europa. Berliner Erklärung der Sozialdemokratischen Partei Deutschlands* (Bonn, 1989), p. 1.

19   앞의 책, p. 1

20   앞의 책, p. 2.

21   Georgios Chatzoudis, *Die Deutschlandpolitik der SPD*, p. 104. 브란트에 따르면 국가연합은 "이미 통일의 한 방식"이었다. 그렇지만 동시에 브란트는 "급속한 통일에 반대하지 않는다"고 밝혔다. "Gespräch mit Willy Brandt über die deutsche Einheit", *Der Spiegel*, 5 Februar 1990, pp. 26-28. 브란트 전 총리의 당시 통일관에 대해서는 무엇보다 Merseburger, *Willy Brandt 1913-1991*, pp. 839-846을 참조하라.

22   Georgios Chatzoudis, *Die Deutschlandpolitik der SPD*, pp. 84-86; Daniel Friedrich Sturm,

Uneinig in die Einheit, pp. 230-237; Oskar Lafontaine, *Deutsche Wahrheiten. Die nationale und soziale Frage* (Hamburg, 1990). 사민당 내 민족문제를 둘러싼 세대 간 입장 차이에 대해서는 Egon Bahr, "Die Deutschlandpolitik der SPD nach dem Kriege", Dieter Dowe(Hg.), *Die Ost- und Deutschlandpolitik der SPD in der Opposition 1982-1989. Papier eines Kongresses der Friedrich-Ebert-Stiftung am 14.und 15. September 1993 in Bonn* (Bonn, 1993), p. 36을 참조하라.

23 Daniel Friedrich Sturm, "Sowjetischer als die Sowjets?" Die Sozialdemokratie und ihre Haltung zu den außenpolitischen Aspekte der Vereinigung Deutschlands 1990", *Deutschland Archiv 38* (2005), pp. 799-805.

24 Diskussionsbeitrag zur Deutschlandpolitik, Norbert Kostede und Helmut Wiesenthal, am 19.12.89, Materialien zur Deutschlandpolitik der Grünen in den 80er Jahren, Zusammenstellung von Ursular Jaerisch/Elisabeth Weber, AGG 1999/D04, pp. 108-111.

25 Helmut Lippelt, Die Deutschlandpolitik der Grünen in 80er Jahren, Dokumentation eines Diskussionsforums am 10. März 1994 in der Hessischen Landesvertretung Bonn, Bündnis90/ Die Grünen Bundesvorstand, Bonn 1994, AGG 1999/D04.

26 Eckhard Stratmann & Eva Quistorp & Roland Vogt & Rolf Stolz, Initiative für eine andere grüne Deutschlandpolitik, den 12. Januar 1990, Materialien zur Deutschlandpolitik der Grünen in den 80er Jahren, AGG 1999/D04, pp. 118-121.

27 Grüner Aufbruch 1/90, Ökologische Konföderation beider deutscher Staaten: Gemeinsamkeit in Autonomie, AGG, Die Grünen im Bundestag 1983-1990, Bd. II.1: Deutsche Einheit- Umweltpolitik-Sozialpolitik; Antje Vollmer, "Tips für David. Plädoyer für eine ökologische Konföderation", Frank Blohm & Wolfgang Herzberg eds., *Nichts wird mehr so sein, wie es war. Zur Zukunft der beiden deutschen Republiken* (Leipzig, 1990), pp. 117-125.

28 Grüner Aufbruch 1/90, Ökologische Konföderation beider deutscher Staaten: Gemeinsamkeit in Autonomie, AGG, Die Grünen im Bundestag 1983-1990, Bd. II.1: Deutsche Einheit- Umweltpolitik-Sozialpolitik.

29 Diskussionsbeitrag zur Deutschlandpolitik, Norbert Kostede und Helmut Wiesenthal, am 19.12.89, Materialien zur Deutschlandpolitik der Grünen in den 80er Jahren, AGG, 1999/D04.

30 물론 2월 중순, 심지어 3월에도 녹색당에는 국가연합안을 주장하는 세력이 존재했다. 그와 같은 움직임에 정치적 의미를 부여하기는 어려워졌다. Roland Wünsch, *Das Ende der Alternative. Die Grünen in der Wiedervereinigung* (Bonn, 1995), pp. 136-137; Faltblatt der Grünen: Konföderation statt Eingemeindung, März 1990, Materialien zur Deutschlandpolitik der Grünen in den 80er Jahren, AGG 1999/D04, pp. 131-134.

31 이에 대해서는 Konstanze Borchert, Volker Steinke und Carola Wuttke(Hg.), *"Für unser Land". Eine Aufrufaktion im letzten Jahr der DDR* (Frankfurt am Main, 1994)을 보라.

32 Wolfgang Jäger un Ingeborg Villinger(Hg.), *Die Intellektuellen und die deutsche Einheit* (Freiburg i.

Br., 1997), pp. 81-90.

33 Günter Grass, "Lastenausgleich. Rede auf dem Parteitag der SPD in Berlin, 18. Dezember 1989", *Deutscher Lastenausgleich. Wider das dumpfe Einheitsgebot. Reden und Gespräche* (Berlin, 1990), p. 7.

34 "Interview mit Günter Grass", Wolfgang Jäger un Ingeborg Villinger(Hg.), *Die Intellektuellen und die deutsche Einheit*, p. 237. 그라스는 이미 1967년 이래로 연방주의와 독일 문화민족 (Kulturnation) 개념에 근거해 국가연합을 통한 독일민족의 재결합을 주장했다. "Günter Grass vor dem Bonner Presseclub: Die Deutschen-eine Nation?", Dokumente zur Deutschlandpolitik V/1(1967), hg. vom Bundesministerium für Gesamtdeutsche Fragen(dann Bundesministerium für Innerdeutsche Fragen, dann Bundesministerium des Innern)(Frankfurt am Main/Berlin, 1961-1992), p. 1212.

35 이하 그라스의 국가연합론에 대해서는 Günter Grass, "Kurze Rede eines vaterlandslosen Gesellen", *Ein Schnäppchen namens DDR. Letzte Reden vorm Glockengeläut* (Frankfurt am Main, 1990), pp. 10-12; "Viel Gefühl, wenig Bewusstsein. Spiegel-Gespräch mit Günter Grass über die Wiedervereinigung", *Der Spiegel*, 20. November 1989, pp. 75-80; Günter Grass, *Deutscher Lastenausgleich*; "4.Dokument: Günter Grass gegen das Einheitsgeschrei, Die Tageszeitung, 12.1990", Volker Gransow und Konrad H. Jarausch (Hg.), *Die deutsche Vereinigung. Dokumente zu Bürgerbewegung, Annäherung und Beitritt* (Köln, 1991), pp. 125-128; Rudolf Augstein und Günter Grass, *Deutschland einig Vaterland? Ein Streitgespräch* (Göttingen, 1990), pp. 49-90. 또 한 Harro Zimmermann, *Günter Grass unter den Deutschen. Chronik eines Verhältnisses* (Göttingen, 2006), pp. 478-485을 참조하라.

36 Jan-Werner Müller, *Another Country. Germans Intellectuals, Unification and National Identity* (New Haven/London, 2000), pp. 90-119.

37 전후 연방주의를 통한 나치즘 극복과 관련한 토론에 대해서는 Peter H. Merkl, *Die Entstehung der Bundesrepublik Deutschland* (Stuttgart, 1963), pp. 37-45; Jochen Huhn, "Die Aktualität der Geschichte. Die westdeutsche Föderalismusdiskussion 1945-1949", Jochen Huhn und Peter-Christian Witt(Hg.), *Föderalismus in Deutschland. Traditionen und gegenwärtige Probleme* (Baden-Baden, 1992), pp. 31-53; Hans Ehard, *Freiheit und Föderalismus* (München, 1947); Walter Stelzle, *Föderalismus und Eigenstaatlichkeit. Aspekte der bayerischen Innen- und Außenpolitik 1945-1947. Ein Beitrag zur Staatsideologie* (München, 1980)을 참조하라.

38 "Interview mit Günter Grass", Wolfgang Jäger und Ingeborg Villinger(Hg.), *Die Intellektuellen und die deutsche Einheit*, p. 237; Jan-Werner Müller, *Another Country*, pp. 68-74를 참조하라.

39 "Interview mit Peter Bender", Wolfgang Jäger und Ingeborg Villinger(Hg.), *Die Intellektuellen und die deutsche Einheit, p. 225; Jan-Werner Müller, Another Country*, pp. 76-82를 참조하라.

40 하버마스, 「민족통일과 국민주권」, 하버마스 , 한상진 엮음, 『하버마스 한국방문 7강의. 현대성의 새로운 지평』(서울, 1996), p. 193.

1 Martin Wolf, "Europe's lonely and reluctant hegemon", *Financial Times*, 2014. December 10.

2 유럽에서는 18세기 말 구체제 말기에 '외교'라는 용어가 탄생한 이래 외교의 조건과 형식은 계
속 변화했다. 자유주의와 민주주의 국가와 비민주주의 국가의 외교도 차이가 있지만 시기별로
도 국제 외교는 변했다. 냉전 시기 외교는 1945년 전과 차이가 있었다. 유엔 창립과 핵전쟁 공
멸위기의 긴급 조정 및 세계시민사회의 역할 등은 국제정치와 외교의 양상에 새로운 변화를
자극했다. 1989/90년 독일통일 외교는 그런 변화를 의식하면서도 동시에 새로운 종류의 변화
를 추동했다. 국가지도자나 정부수반이 단독으로 정책 방향을 결정할 수도 없었고 한 번의 결
정적인 '춤추는 회의'가 아니라 수시로 통화하고 서신을 보냈을 뿐 아니라 짧은 시간에 양자
간 및 다자 간 만남이 빈발했다. 아울러 외교무대는 노골적인 국가 이익이나 이데올로기 수사
가 아니라 자유, 민주주의, 안보, 평화, 화해, 동반, 협력, 공동체, 미래 등의 용어들이 지배했다.
외교는 협상인데, 협상 방식은 정치규범과 소통양식, 경제협력과 기술조건, 인적 교류와 문화
연관의 변화에 따라 계속 변했다. 새로운 행위(자)들도 등장하니 개념과 이론도 더 새롭고 세
밀해져야 한다. 그것에 유의해 독일통일 외교를 더 분석할 필요가 있다. 후일의 과제로 남긴다.
외교의 개념사와 시기별 변화에 대한 개요는 Johannes Paulmann, "Diplomatie", Jost Dülffer
und Wilfried Loth(Hg.), *Dimensionen internationaler Geschichte*, pp. 47-64; Ralph Blessing,
"A Changing Diplomatic World", Gordon Martel(ed.), *A Companion to International History
1900-2001*(Malden, 2007), pp. 65-77. 반면 외교가 국가나 권력이 존재한 고대부터 이미 지속
된 현상이라는 식의 논의는 개념의 역사 변화도 반영을 못하지만 19세기와 20세기 외교의 새
로운 조건과 양상을 무시하는 일이다. Joseph M. Siracusa, *Diplomacy: A Very Short Introduction*
(Oxford, 2010).

3 독일통일의 외교사에 대해서는 Philip Zelikow and Condoleezza Rice, *Sternstunde der Diplomatie;
Werner Weidenfeld, Außenpolitik für die deutsche Einheit*(Berlin, 1997); Alexander von Plato, *Die
Vereinigung Deutschlands. Die Vereinigung Deutschlands-ein weltpolitisches Machtspiel. Bush, Kohl,
Gorbatschow und die geheimen Moskauer Protokolle*(Berlin, 2002); Richard Kiessler und Franke
Elbe, *Der diplomatische Weg zur deutschen Einheit*(Frankfurt a.M., 1996)를 참조하라. 통일외교
관련 사료집은 *DzD Deutsche Einheit 1989/90*; Andreas Hilger(Hg.), *Diplomatie für die Deutsche
Einheit: Dokumente des Auswärtigen Amts zu den deutschsowjetischen Beziehungen 1989/90* (Berlin,
2011)을 참조하라. 당시 활약한 주요 정치가와 외교관들의 회고록은 산더미로 쌓여 있다. 하
지만 "당시 내가" 관점의 회고적 역사는 비판적으로 검토해서 참고해야 한다. Elke Bruck
und Peter M. Wagner, "'Die deutsche Einheit und ich'. Die internationalen Aspekte des
Vereinigungsprozesses 1989/90 in Lebensbeschreibungen", *Zeitschrift für Politik*, 43. 2, Juni 1996,
pp. 208-224; Ernst Friedrich Jung, "Genschers 'Erinnerungen' im Rückblick. Eine kritische
Nachlese", *Historisch-Politische Mitteiliungen. Archiv für Christlich-Demokratische Politik* 5(1998),

pp. 237-254.

4 Nr. 94B: Haltungen der drei Westallierten und der Sowjetunion zur deutschen Frage und zur Entwicklung in der DDR, *DzD Deutsche Einheit 1989/90*, p. 546.

5 Zelikow and Rice, Sternstunde der Diplomatie, pp. 176-195; Werner Weidenfeld, Außenpolitik für die deutsche Einheit, pp. 126-134; Alexander von Plato, Die Vereinigung Deutschlands, p. 13.

6 이때 마침 한국의 노태우 대통령은 독일과 유럽을 방문해 유럽 정상들과 독일과 유럽 정세에 대해 대화할 수 있었다. 노태우는 1989년 11월 18일부터 12월 4일까지 서독, 헝가리, 영국과 프랑스를 공식 방문했다. 노태우의 서독 방문과 서독 정치가들과 나눈 대화는 https://www. bundesregierung.de/breg-de/service/bulletin/staatsbesuch-des-praesidenten-der-republik-korea-vom-20-bis-22-november-1989-782794(2020.7.15)를 참조하라.

7 부시 대통령의 반응에 대해서는 Zelikow and Rice, *Sternstunde der Diplomatie*, pp. 182-183. 미국의 독일통일 지지와 입장에 대해서는 Christian Hacke, *Zur Weltmacht verdammt. Die amerikanische Außenpolitik von J. F. Kennedy bis G. W. Bush*(München, 1997), pp. 456-487; Werner Weidenfeld, *Außenpolitik für die deutsche Einheit*, pp. 129-130, pp. 175-191.

8 미테랑은 11월 29일 아테네에서 그렇게 말했고 외무장관 뒤마는 파리에서 같은 내용을 언급했다. Nr. 102: Vorlage des Ministerialdirektors Teltschik an Bundeskanzler Kohl, Bonn, 30. November 1989, *DzD Deutsche Einheit 1989/90*, p. 575; Tilo Schabert, *Wie Weltgeschichte gemacht wird. Frankreich und die deutsche Einheit*(Stuttgart, 2002), p. 418.

9 그 대화들에 대해서는 앞의 책, pp. 418-422; Hans-Dietrich Genscher, *Erinnerungen*, pp. 677-680; Alexander von Plato, *Die Vereinigung Deutschlands*, pp. 137-139를 참조하라.

10 "Die deutsche Regierung beschleunigt zu stark-Der umstrittene DDR-Besuch von Mitterrand im Dezember 1989", Cyril Buffet, in: Deutschland Archiv, 01.10.2019, Link: www.bpb. de/297868(2020.7.15.).

11 François Mitterand, "Für eine europäische Konföderation", François Mitterrand, *Über Deutschland* (Frankfurt a. M., 1998), pp. 171-185.

12 Nr. 135: Gespräch des Bundeskanzlers Kohl mit Staatspräsident Mitterand, Latché, 4. Januar 1990, *DzD Deutsche Einheit 1989/90*, pp. 682-690. Tilo Schabert, *Wie Weltgeschichte gemacht wird*, pp. 435-450.

13 Klaus-Rainer Jackisch, *Eisern gegen die Einheit. Margaret Thatcher und die deutsche Wiedervereinigung* (Frankfurt a. M., 2004), pp. 47-65.

14 Margaret Thatcher, *Downing Street No. 10. Die Erinnerungen* (Düsseldorf, 1993), pp. 1094-1096; Günther Heydemann, "Partner oder Konkurrent? Das britische Deutschlandbild während des Wiedervereinigungsprozesses 1989-1991", Franz Bosbach(Hg.), *Feindbilder: Die Darstellung des Gegners in der politischen Publizistik des Mittelalters und der Neuzeit*(Köln, 1992), pp. 201-203.

15 Norbert Himmler, *Zwischen Macht und Mittelmaß. Großbritanniens Außenpolitik und das Ende des Kalten Krieges. Akteure, Interessen und Entscheidungsprozesse der brtischen Regierung 1989/90* (Berlin, 2001), p. 105; Klaus-Rainer Jackisch, *Eisern gegen die Einheit*, p. 19; Werner Weidenfeld, *Außenpolitik für die deutsche Einheit*, pp. 131-133.

16 Alexander von Plato, *Die Vereinigung Deutschlands*, p. 142.

17 Klaus-Rainer Jackisch, *Eisern gegen die Einheit*, pp. 202-203; Norbert Himmler, *Zwischen Macht und Mittelmaß*, pp. 107-108.

18 윌리엄 스마이저, 김남섭 옮김, 『얄타에서 베를린까지. 독일은 어떻게 분단되고 통일되었는가』 (동녘, 2019), p. 703.

19 '4대 원칙'은 미국무부 관리 프랜시스 후쿠야마와 데니스 로스가 작성하였고, 11월 29일 베이커 국무장관이 발표하였다. 서독 정부는 그것을 콜의 통일강령에 대한 '긍정적 수용'으로 이해했다. '4대 원칙'에 대해서는 Heinrich Bortfeld, *Washington-Bonn-Berlin. Die USA und die deutsche Einheit* (Bonn, 1993), pp. 75-84; James A. Baker, *Erinnerungen, Drei Jahre, die die Welt veränderten* (Berlin, 1996), pp. 160-162; Nr. 102: Vorlage des Ministerialdirektors Teltschik an Bundeskanzler Kohl, Bonn, 30. November 1989, *DzD Deutsche Einheit 1989/90*, p. 574, p. 577.

20 Nr. 126: Schreiben des Generalsekretärs Gorbatschow an Bundeskanzler Kohl, ohne Datum, *DzD Deutsche Einheit 1989/90*, pp. 658-659; Rafael Biermann, *Zwischen Kreml und Kanzleramt. Wie Moskau mit der Einhei rang* (Paderborn, 1997), pp. 337-340; Richard Kiessler und Frank Elbe, *Der diplomatische Weg*, pp. 68-70.

21 Schewardnadses Rede vor dem politischen Ausschuss des Europaparlaments, Auswärtiges Amt (Hg.), *Umbruch in Europa. Die Ereignisse im 2. Habljahr 1989. Eine Dokumentation* (Bonn, 1990), pp. 146-153.

22 로마 장군 파비우스 막시우스는 제2차 포에니 전쟁(BC 218-201) 초기에 지연 전술을 써서 전투를 계속 피했다. 그는 전투를 하지 않고 미룸으로써 한니발이 이끄는 카르타고 침략군에 대해 공세를 펼 수 있는 시간적 여유를 벌었다. 그 후 적이나 상대의 공세에 대응하지 않고 기다리는 정치나 태도를 '파비우스주의'라고 부른다. Alexander von Plato, *Die Vereinigung Deutschlands*, p. 421; Vladislav Zubok, "Die Krisen Gorbatschows und die Vereinigung Deutschlands", Hans-Hermann Hertle, Konrad H. Jarausch und Christoph Kleßmann(Hg.), *Mauerbau und Mauerfall. Ursachen-Verlauf-Auswirkungen* (Berlin, 2002), p. 257.

23 Anatoli S. Tschernjajew, *Mein deutsches Tagebuch*, pp. 245-252; Alexander von Plato, *Die Vereinigung Deutschlands*, pp. 187-199.

24 Alexander von Plato, *Die Vereinigung Deutschlands*, p. 171, pp. 415-418; Vladislav Zubok, "Die Krisen Gorbatschows und die Vereinigung Deutschlands", pp. 254-252, pp. 263-265.

25 Wilfried Loth, "Die Sowjetunion und das Ende der DDR", Konrad H. Jarausch und Martin Sabrow(Hg.), *Weg in den Untergang. Der innere Zerfall der DDR* (Göttingen, 1999), pp. 138-144;

Alexander von Plato, *Die Vereinigung Deutschlands*, pp. 275-393.

26 Helmut Kohl, *Erinnerungen 1982-1990*, p. 1067; 호르스트 텔칙, 윤여덕 옮김, 『329일』, p. 173.

27 *Der Spiegel*, 26. Februar 1990, p. 20. 그 '돌파' 용어에 대한 비판은 Kiesler und Elbe, *Der diplomatische Weg*, p. 98을 참조하라.

28 김영희, 『베를린장벽의 서사. 독일통일을 다시 본다』(창비, 2016), pp. 297-298.

29 Nr. 192: Gespräch des Bundeskanzlers Kohl mit Präsident Bush Camp David, 24. Februar 1990; Nr. 193: Tischgespräche des Bundeskanzlers Kohl miit Präsident Bush, Camp David, 24./25. Februar 1990; Nr. 194: Gespräch des Bundeskanzlers Kohl mit Präsident Bush, Camp David, 25. Februar 1990, *DzD Deutsche Einheit 1989/90*, pp. 860-877; Helmut Kohl, *Erinnerungen 1982-1990*, pp. 1079-1083.

30 이하 '2+4 회담'의 경과는 Reinhard Müller, *Der "2+4"-Vertrag und das Selbstbestimmungsrecht der Völker* (Frankfurt am Main, 1997); 윌리엄 스마이저, 앞의 책, pp. 719-760을 참조하라.

31 빌프리트 로트, 「국가와 권력관계의 변화」, 이리에 아키라 엮음, 『하버드-C.H.베크 세계사: 1945 이후 서로 의존하는 세계』(민음사, 2018), p. 178.

32 윌리엄 스마이저의 『얄타에서 베를린까지』는 19장 「독일을 다시 통합하기」에서 1989/90년 통일 외교 과정을 80쪽에 걸쳐 다루었지만 폴란드의 입장은커녕 오데르-나이세 국경문제도 미국과 영국의 독일통일 입장을 서술할 때 주변적으로만 언급했다. p. 705, p. 715.

33 그것에 대한 연구는 아직 빈약하다. Mieczyslaw Tomala, *Polen und die deutsche Wiedervereinigung* (Warszawa, 2004); Katarzyna Stokłosa, *Polen und die deutsche Ostpolitik 1945-1990* (Göttingen, 2011), pp. 510-525; Katarzyna Stokłosa, "Die Wiedervereinigung Deutschlands aus der polnischen Perspektive", Gerhard Besier und Katarzyna Stokłosa(Hg.), *15 Jahre Deutsche Einheit: Was ist geworden?*(Berlin, 2006), pp. 149-158; Klaus Ziemer, "Zwischen Mißtrauen und Hoffnung. Polen und die deutsche Vereinigung", Klaus-Dietmar Henke(Hg.), Revolution und Vereinigung 1989/90. *Als in Deutschland die Realität die Phantasie überholte*(München, 2009), pp. 509-524.

34 Katarzyna Stokłosa, *Polen und die deutsche Ostpolitik 1945-1990*, p. 521에서 재인용.

35 앞의 책, pp. 522-523.

36 Wolfgang Templin, "Antikommunistische Opposition in der DDR und in Polen", Basil Kerski, Andrzej Kotula und Kazimierz Wóycicki(Hg.), *Zwangsverordnete Freundschaft? Die Entwicklung der Beziehungen zwischen der DDR und Polen 1949-1990*(Osnabrück, 2003), pp. 167-175; Piotr Zariczny, "Dialog zwischen regimekritischen christlichen Gruppen und Oppositionellen aus der DDR und Polen", 같은 책 pp. 177-189; Piotr Zariczny, *Intellektuelle Oppositionelle in der DDR und in der Volksrepublik Polen. Ihre gegenseitige Perzeption und Kontakte*, http://diglib.bis.uni-oldenburg.de/pub/unireden/2000/ur101/pdf/zaricn.pdf(2020.7.15.)

37 Irena Lipowicz, "Die Qualität der deutsch-polnischen Beziehungen ist wie ein englischer Rasen-

sie bedarf der ständigen Pflege", Deutschland Archiv Online, 14.02.2014, Link: http://www.
bpb.de/178908(2020.7.15.)

38   Katarzyna Stokłosa, *Polen und die deutsche Ostpolitik 1945-1990*, p. 515; Katarzyna Stokłosa, "Die
Wiedervereinigung Deutschlands aus der polnischen Perspektive", p. 152; Mieczyslaw Tomala,
Deutschland von Polen gesehen. Zu den deutsch-polnischen Beziehungen 1945-1990(Marburg, 2000), p.
555.

39   Mieczyslaw Tomala, *Polen und die deutsche Wiedervereinigung*, p. 43.

40   Peter Bender, "Für eine gemeinsame Zukunft", *Merkur*, März 2000, p. 201.

41   앞의 책, p. 61.

9장

1   하인리히 하이네, 김수용 옮김, 『독일. 어느 겨울동화』(시공사, 2011), p. 242.

2   이하 하넬로레 콜에 대한 서술은 Ursula Kosser, "Der Ich-Mensch", *Der Spiegel Biographie. Helmut
Kohl Kanzler der Einheit 1930-2017*(Hamburg, 2017), pp. 128-129; Heribert Schwan, Die Frau
an seiner Seite: Leben und Leiden der Hannelore Kohl (München, 2012)를 참조하라.

3   독일통일의 문제와 결함에 대한 가장 균형 잡힌 글은 Christoph Kleßmann, "'Deutschland einig
Vaterland'? Politische und gesellschaftliche Verwerfungen im Prozess der deutschen Vereinigung",
Zeithistorische Forschungen/Studies in Contemporary History, 8 (2009), H. 1, pp. 85-104.

4   여기에 언급한 여러 통계는 최근 독일 일간지들을 살펴서 정리한 것이다. https://www.fr.de/
ratgeber/unterscheiden-sich-ost-westdeutschland-heute-10964945.html(2020.08.01.)

5   이하 통계와 보고는 다음을 참조하라. https://www.faz.net/aktuell/politik/inland/allensbach-
ostdeutsche-mit-wenig-vertrauen-in-den-staat-16002605.html(2020.08.01.)

6   https://www.faz.net/aktuell/politik/inland/allensbach-umfrage-das-ostdeutsche-
identitaetsgefuehl-16299169.html?premium(2020.08.01.)

7   그것에 대해서는 이동기, 「통일 기억과 일상. 독일역사박물관의 독일통일 전시」, 《통일인문학》
68, 2016.12, pp. 63-91을 참조하라

8   이하 서술은 이동기, 「독일통일 후 동독정체성: 오스탈기는 통합의 걸림돌인가?」, 《역사와 세
계》 50, 2016.12, pp. 29-60을 축약했다. 이동기, 『현대사 몽타주』, pp. 303-314와도 부분적으
로 겹친다.

9   Michael Hacker, Stephanie Maiwand, Johannes Staemmler u.a.,(Hg.), *Dritte Generation Ost.
Wer wir sind, was wir wollen*(Berlin, 2012); Judith C. Enders, Andriana Lettari, Mandy Schulze
und Johannes Staemmler(Hg.), *Fach-und Führungskräftemangel in Ostdeutschland. Eine qualitative
Untersuchungen der 'Dritten Generation Ostdeutschland'*(Bielefeld, 2013); Judith C. Enders, Mandy

Schulze und Bianca Ely(Hg.), *Wie war das für euch? Die Dritte Generation Ost im Gespräch mit ihren Eltern* (Berlin, 2016)을 참조하라.

10 이하 내용은 Raj Kollmorgen, Frank Thomas Koch und Hans-Liduger Dinel (Hg.), *Diskurse der deutschen Einheit. Kritik und Alternativen* (Wiesbaden, 2011), pp. 7-9를 참조하라.

11 https://www.faz.net/aktuell/politik/inland/allensbach-umfrage-das-ostdeutsche-identitaetsgefuehl-16299169.html?premium (2020.08.01.)

12 Peggy Piesche(Hg.), Labor 89. *Intersektionale Bewegungsgeschichten aus West und Ost* (Berlin, 2020) 을 참조하라.

13 http://www.nrhz.de/flyer/beitrag.php?id=1582 (2020.08.01.)

14 이 주제에 대한 개요는 https://www.freitag.de/autoren/der-freitag/angst-vor-einem-neuen-grossdeutschland (2020.08.01.)을 참조하라.

14 그것과 관련해 김학재 교수가 훌륭한 논문을 이미 발표했다. 김학재, 「통합」, 김성철·이찬수 편, 『평화의 여러 가지 얼굴』(서울대학교 출판문화원, 2020), pp. 364-418. 특히, pp. 373-378 을 참조하라.

10장

1 "Diskussionsbeitrag zur Deutschlandpolitik, Norbert Kostede und Helmut Wiesenthal, am 19. Dezember 1989", Materialien zur Deutschlandpolitik der Grünen in den 80er Jahren, AGG, 1999/D04, p. 11.

2 그것에 대해서는 김학재, 「김대중의 통일·평화사상」, 서보혁·이찬수 편, 『한국인의 평화사상 II』(인간사랑, 2018), pp. 384-386을 참조하라.

3 아태평화재단, 『김대중의 3단계 통일론: 남북연합을 중심으로』(한울, 1995).

4 김학재, 「김대중의 통일·평화사상」, p. 390.

5 Volker Grabowsky, *Zwei-Nationen-Lehre oder Wiedervereinigung? Die Einstellung der Partei der Arbeit Koreas und der Sozialistischen Einheitspartei Deutschlands zur nationalen Frage ihrer Länder seit dem Zweiten Weltkrieg. Ein Vergleich* (Bochum, 1987), pp. 276-287.

6 1957년 초부터 1966년까지 동독 정부와 사통당이 제안한 국가연합 통일안에 대해서는 이동기, 「1950년대 후반 동독 사통당의 국가연합통일안」, 《서양사론》 102호, 2009. pp. 285-319를 참조하라.

7 Balázs Szalontai, *Kim Il Sung in the Khrushev Era. Soviet-DPRK Relations and the Roots of the North Korean Despotism 1953-1964* (Washington D.C., 2005), pp. 157-158; Yang Sung Chul, "The Lessons of United Germany for Divided Korea". Young Whan Kihl(ed.), *Korea and The World. Beyond the Cold War* (Boulder, 1994), pp. 276-277, 주 46을 참조하라.

8 Kommuniqué über den Staatsbesuch des Vorsitzenden der Obersten Volksversammlung der Koreanischen Volksdemokratischen Republik, Zoi En Gen, vom 18. bis 24. April 1959 in der DDR, *Dokumente zur Außenpolitik der Regierung der Deutschen Demokratischen Republik*, Bd. VII, hg. vom Deutschen Institut für Zeitgeschichte (Berlin, 1960), pp. 381-388. 특히 p. 383을 참조하라.

9 Die politische Argumentation und die Schritte der Regierung der Koreanischen Volksdemokratischen Republik, der Partei der Arbeit Koreas und der Einheitlichen Demokratischen Vaterländischen Front Koreas zur Wiedervereinigung des Landes, 30. November 1957, MfAA PA A6928, Bl. 63.

10 Botschaft der DDR in Korea, Material über die 8. Tagung der Obersten Volkssammlung der KVDR, Pjöngjang, den 24. November 1960, MfAA PA A6968, Bl. 108.

11 Volker Grabowsky, *Zwei-Nationen-Lehre oder Wiedervereinigung?*, pp. 281-287; Balázs Szalontai, *Kim Il Sung in the Khrushev Era*, pp. 144-145, pp. 158-159.

12 1949년부터 1990년 분단 시기 독일의 국가연합 통일안에 대해서는 저자의 박사논문 Dong-Ki Lee, *Option oder Illusion? Die Idee eines nationalen Konföderation im geteilten Deutschland 1949-1990*(Berlin, 2010)을 참조하라.

13 Henning Mielke, *Die Auflösung der Länder in der SBZ/DDR. Von der deutschen Selbstverwaltung zum sozialistischen Einheitsstaat nach dem sowjetischen Modell 1945-1952*(Stuttgart, 1995). 헤닝 밀케는 동독 지역의 주 해체과정을 '살라미-전술'이라고 불렀다.(p. 47)

14 Dong-Ki Lee, *Option oder Illusion?*, p. 29.

15 이하 서술과 관련한 상세한 맥락과 내용은 이동기, 「경계인의 시간들: 분단 독일 초기(1949-1956) 국가연합 통일안의 등장」, 《역사학보》 202, 2009, pp. 333-380을 참조하라.

16 이하 이 절의 내용은 Dong-Ki Lee, *Option oder Illusion?*을 참조하라. 아래 서술은 이동기, 「국가연합과 평화체제-분단 독일의 국가연합안 개관」, 《시민과 세계》 27호, 2015.12, pp. 1-30과 부분적으로 겹친다.

17 그것에 대해서는 Dong-Ki Lee, *Option oder Illusion?*, pp. 20-23을 참조하라.

1차 문헌

1) 문서고와 사료집

Archiv Grünes Gedächtnis (AGG)

Bundesarchiv Koblenz (BA-Ko)

Politisches Archiv des Auswärtigen Amtes, Bestand Ministerium für Auswärtige Angelegenheiten der DDR (PA AA MfAA)

Dokumente zur Außenpolitik der Regierung der Deutschen Demokratischen Republik, hg. vom Deutschen Institut für Zeitgeschichte, Bd. II und VII, Berlin 1955 und 1960.

Dokumente zur Deutschlandpolitik, hg. vom Bundesministerium für Gesamtdeutsche Fragen (dann Bundesministerium für Innerdeutsche Fragen, dann Bundesministerium des Innern), Frankfurt am Main/Berlin 1961-1992.

Dokumente zur Deutschlandpolitik. Deutsche Einheit 1989/90. Sonderedition aus den Akten des Bundeskanzleramtes 1989/90, hg. vom Bundesministerium des Innern unter Mitwirkung des Bundesarchivs, bearbeitet von Hanns Jürgen Küsters und Daniel Hofmann, München 1998.

Texte zur Deutschandpolitik, hg. vom Bundesministerium für Gesamtdeutsche Fragen (später: innerdeutsche Beziehungen), Reihe I(1966-1968): 12 Bände, Bonn 1968-1973; Reihe II(1973-1982): 8 Bände, Bonn 1975-1983; Reihe III(1982-1990), Bonn 1983-1991.

2) 잡지와 신문

Archiv für Sozialgeschichte

Aus Politik und Zeitgeschichte

Aussenpolitik: Zeitschrift fur internationale Fragen

Berliner Journal der Soziologie

BIOS

Der Spiegel

Deutschland Archiv

Die Neue Gesellschaft

Die Zeit

Europa-Archiv

Financial Times

Frankfurter Allgemeine Zeitung

Historisch-Politische Mitteiliungen. Archiv für Christlich-Demokratische Politik

Jahrbuch zur Liberalismus-Forschung

Kursbuch

Mittelweg

Neue Pollitische Literatur

Neues Deutschland

Politik und Kultur

Vorwarts

Welt ohne Krieg

Zeithistorische Forschungen

Zeitschrift für Politik

2차 문헌

고유경, 「경계는 분리하고, 자연은 연결한다!: '생태학적 기억의 장소'로서 독일 그뤼네스반트」, 《역사교육》 145, 2018.03.

그레고어 쇨겐 지음, 김현성 옮김, 『빌리 브란트』(빗살무늬, 2003).

김성철·이찬수 편, 『평화의 여러 가지 얼굴』(서울대학교 출판문화원, 2020).

김영희, 『베를린장벽의 서사. 독일통일을 다시 본다』(창비, 2016).

베른트 슈퇴버, 최승완 옮김, 『냉전이란 무엇인가. 극단의 시대 1945-1991』(역사비평사, 2008).

블라디슬라프 주보크, 김남섭 옮김, 『실패한 제국 1-냉전 시대 소련의 역사』(아카넷, 2016).

서보혁·이찬수 편, 『한국인의 평화사상 II』(인간사랑, 2018).

세르히 플로히, 허승철 옮김, 『얄타: 8일간의 외교전쟁』(역사비평사, 2020).

손기웅 지음, 『독일통일, 쟁점과 과제 1』(늘품 플러스, 2009).

신욱희·권헌익 편, 『글로벌 냉전과 동아시아』(서울대학교출판문화원, 2019).

아르네 그렌, 하선규 옮김, 『불안과 함께 살아가기』(도서출판 b, 2016).

아태평화재단, 『김대중의 3단계 통일론: 남북연합을 중심으로』(한울, 1995).

윌리엄 스마이저, 김남섭 옮김, 『얄타에서 베를린까지. 독일은 어떻게 분단되고 통일되었는가』(동녘, 2019).

이동기, 「"독일, 통일된 조국": 1989년 동독의 민주주의 혁명과 통일문제의 관계」, 《독일연구》 44, 2020.08.

이동기, 「分斷ドイツにおける國家連合構想の成立と「越境者たち」, 《THE ECONOMIC REVIEW of KOMAZAWA UNIVERSITY》 49(1-2), 2018.01.

이동기, 「國民的 國家連合は不可能か - 朝鮮半島からみた1989·90年のドイツ再統一」, 《思想》 1119.

이동기, 「통일 기억과 일상: 독일역사박물관의 독일통일 전시」, 《통일인문학》 68, 2016.12.

이동기, 「독일통일 후 동독정체성: 오스탈기는 통합의 걸림돌인가?」, 《역사와 세계》 50, 2016.12.

이동기, 「국가연합과 독일통일 - 분단독일의 국가연합안 개관 - 」, 《시민과 세계》 27, 2015.12.

이동기, 「독일 냉전사 연구의 관점과 주제들」, 《역사비평》 111, 2015.05.

이동기, 「유럽냉전의 개요 - '탈냉전'의 관점에서」, 《세계정치》 22, 2015.04.

이동기, 「빌리 브란트, 민주사회주의와 평화의 정치가」, 《역사비평》 102, 2013.02.

이동기, 「1980년대 서독 녹색당의 평화, 통일 정책」, 《EU연구》 33, 2013.05.

이동기, 「평화와 인권: 서독 정부의 대동독 인권정책과 대북 인권정책을 위한 함의」, 《통일과 평화》 3권 1호, 2011.06.

이동기, 「'더 나은 통일안은' 없었는가?: 1989/90년 헬무트 콜, 국가연합 그리고 독일통일」, 《독일연구》 20, 2010.12.

이동기, 「1989/90년 독일통일 과정 시 서독 좌파의 비판과 대안들」, 《서양사연구》 43, 2010.11.

이동기, 「독일 분단과 통일과정에서의 탈민족 담론과 정치」, 《통일과 평화》 1권 2호, 2009.12.

이동기, 「1950년대 후반 동독 사통당의 국가연합통일안」, 《서양사론》 102, 2009.09.

이동기, 「서독 68운동과 독일정책: 민족좌파로서의 신좌파?」, 《독일연구》 17, 2009.07.

이동기, 「'경계인의 시간들: 분단 독일 초기(1949-1956) 국가연합 통일안의 등장」, 《역사학보》 202, 2009.

이동기, 「분단시기(1949-1989) 동독과 서독간 대화와 협상: 남북간 대화평가를 위한 관점들과 관련하여」, 《사림》 30, 2008.06.

이동기, 「보수주의자들의 '실용주의'적 통일정책 - 1980년대 서독 콜 정부의 동방정책 계승」, 《역사비평》 83, 2008.05.

이리에 아키라 엮음, 이동기·조행복·전지현 옮김, 『하버드-C.H.베크 세계사 1945 이후 서로 의존하는 세계』(민음사, 2018).

이안 부루마, 신보영 옮김, 『0년. 현대의 탄생, 1945년의 세계사』(글항아리, 2016).

임마누엘 칸트, 이한구 옮김, 『영구평화론 - 하나의 철학적 기획 - 』(서광사, 2008).

제프리 D. 삭스, 이종인 옮김, 『존 F. 케네디의 위대한 협상』(21세기북스, 2013).

최승완, 『동독민 이주사 1949-1989. 분단의 벽을 넘어 또 다른 독일로 넘어 간 동독민 이야기』(서해문집, 2019).

최영태, 『독일통일의 3단계 전개과정. 동방정책에서 내적 통합까지』(아침이슬, 2018).

키에르케고르, 강성위 옮김, 『불안의 개념/죽음에 이르는 병』(동서문화사, 2020).

토니 주트, 조행복 옮김, 『포스트워 1945-2005:1』(플래닛, 2008).

티머시 가턴 애쉬, 최정호·정지영 공역, 『인민은 우리다. 1989년 동유럽 민주화 혁명』(나남, 1994).

프리드리히 니체, 김미기 옮김, 『니체 전집 8, 인간적인 너무나 인간적인 II』(책세상, 2002).

하버마스, 한상진 엮음, 『하버마스 한국방문 7강의. 현대성의 새로운 지평』(서울, 1996).

하인리히 하이네, 김수용 옮김, 『독일. 어느 겨울동화』(시공사, 2011).

호르스트 텔칙, 윤여덕 옮김, 『329일. 독일통일의 기적을 만든 결정적 순간들』(한독산학협동단지, 2007).

Allemann, Fritz R., *Zwischen Stabilität und Krise. Etappen der deutschen Politik 1955-1963*(München, 1963).

Ammon, Herbert, *Ein Leben für Deutschland. Gedenkschrift für Wolfgang Venohr 1925-2005*(Berlin, 2005).

Amos, Heike, *Die Westpolitik der SED 1948/49-1961*(Berlin, 1999).

Apel, Hans, *Spaltung. Deutschland zwischen Vernunft und Vernichtung*(Berlin, 1966).

Apelt, Andreas H., *Die Opposition in der DDR und die deutsche Frage 1989/90*(Berlin, 2009).

Apelt, Andreas H., Robert Grünbaum und Janos Can Togay(Hg.), *Die ostmitteleuropäischen Freiheitsbewegungen 1953-1989. Opposition, Aufstände und Revolutionen im kommunistischen Machtbereich*(Berlin, 2014).

Apelt, Andreas H., Robert Grünbaum und Jens Schöne(Hg.), *2 x Deutschland. Innerdeutschen Beziehungen 1972-1990*(Halle, 2013).

Apelt, Andreas H., Robert Grünbaum und Martin Gutzeit(Hg.), *Umbrüche und Revolutionen in Ostmitteleuropa 1989*(Berlin, 2015).

Ash, Timothy Garton, *In Europe's Name. Germany and the Divided Continent*(New York, 1993).

Augstein, Rudolf and Günter Grass, *Deutschland einig Vaterland? Ein Streitgespräch*(Göttingen, 1990).

Auswärtiges Amt(Hg.), *Umbruch in Europa. Die Ereignisse im 2. Halbjahr 1989. Eine Dokumentation*(Bonn, 1990).

Bahr, Egon, *Zu meiner Zeit*(München, 1996).

Bahr, Egon, *Was wird aus den Deutschen? Fragen und Antworten*(Reinbek, 1982).

Bahrmann, Hannes und Christoph Links(Hg.), *Chronik der Wende. Die Ereignisse in der DDR zwischen 7. Oktober 1989 und 18. März 1990*(Berlin, 1999).

Baker, James A., *Erinnerungen, Drei Jahre, die die Welt veränderten*(Berlin, 1996).

Bebnowski, David, *Die Alternative für Deutschland. Aufstieg und gesellschaftliche Repräsentanz einer rechten populistischen Partei*(Wiesbaden, 2015).

Bender, Peter, *Das Ende des ideologischen Zeitalters. Die Europäisierung Europas*(Berlin, 1981).

Bender, Peter, *Die 'Neue Ostpolitik' und ihre Folgen. Vom Mauerbau bis zur Vereinigung*(München, 1996).

Benz, Wolfgang, *Wie es zu Deutschlands Teilung kam. Vom Zusammenbruch zur Gründung der beiden deutschen Staaten 1945-1949*(München, 2018).

Benz, Wolfgang, Potsdam 1945. *Besatzungsherrschaft und Neuaufbau im Vier-Zonen-Deutschland* (München, 1994).

Bergem, Wolfgang, *Identitätsformationen in Deutschland*(Wiesbaden, 2005).

Besier, Gerhard und Katarzyna Stokłosa(Hg.), *15 Jahre Deutsche Einheit: Was ist geworden?*(Berlin, 2006).

Biemann, Rafael, *Zwischen Kreml und Kanzleramt. Wie Moskau mit der deutschen Einheit rang*(Paderborn, 1997).

Blasius, Dirk und Wilfried Loth(Hg.), *Tage deutscher Geschichte im 20. Jahrhundert*(Göttingen, 2006).

Blohm, Frank und Wolfgang Herzberg(Hg.), *Nichts wird mehr so sein, wie es war. Zur Zukunft der beiden deutschen Republiken*(Leipzig, 1990).

Bölling, Klaus und Günter Gaus(Hg.), *Herbert Wehner. Beiträge zu einer Biographie*(Köln, 1976).

Borchert, Konstanze, Volker Steinke und Carola Wuttke(Hg.), *Für unser Land – Eine Aufrufaktion im letzten Jahr der DDR*(Frankfurt a. M., 1994).

Bortfeld, Heinrich, *Washington-Bonn-Berlin. Die USA und die deutsche Einheit*(Bonn, 1993).

Bosbach, Franz(Hg.), *Feindbilder: Die Darstellung des Gegners in der politischen Publizistik des Mittelalters und der Neuzeit*(Köln, 1992).

Brandt, Peter, *Schwieriges Vaterland*(Berlin, 2001).

Brandt, Peter und Ammon, Herbert(Hg.), *Die Linke und die nationale Frage. Dokumente zur deutschen Einheit seit 1945*(Reinbek, 1981).

Brauers, Christof, *Liberale Deutschlandpolitik 1949-1969. Positionen der FDP zwischen nationaler und europäischer Orientierung, mit einem Vorwort von Hans-Dietrich Genscher*(Hamburg, 1993).

Burk, Kathleen and Melvyn Stokes(Hg.), *The United States and the European Alliance since 1945*(Oxford, 1999).

Chatzoudis, Georgis, *Die Deutschlandpolitik der SPD in der zweiten Hälfte des Jahres 1989/1990*(Bonn, 2005).

Conze, Eckart, Katharina Gajdukowa und Sigrid Koch–Baumgarten(Hg.), *Die demokratische Revolution 1989 in der DDR*(Köln, 2009).

Czerwick, Edwin, *Oppositionstheorien und Außenpolitik. Eine Analyse sozialdemokratischer Deutschlandpolitik 1955 bis 1966*(Königstein/Ts, 1981).

Dale, Gareth, *The East German revolution of 1989*(Menchester, 2006).

Dann, Otto(Hg.), *Die deutsche Nation. Geschichte Probleme–Perspektiven*(Vierow, 1994).

Decker, Frank und Viola Neu(Hg.), *Handbuch der deutschen Parteien*(Wiesbaden, 2018).

Die SPD(Hg.), *Die Deutschen in Europa. Berliner Erklärung der Sozialdemokratischen Partei Deutschlands*(Bonn, 1989).

Die SPD(Hg.), *Die Deutschen in Europa. Berliner Erklärung der Sozialdemokratischen Partei Deutschlands* (Bonn, 1989).

Diwald, Hellmut, *Geschichte der Deutschen*(Frankfurt a. M., 1978).

Dohse, Rainer, *Der dritte Weg. Neutralitätsbestrebungen in Westdeutschland zwischen 1945 und 1955* (Hamburg, 1974).

Doßmann, Axel, *Begrenzte Mobilität. Eine Kulturgeschichte der Autobahnen in der DDR*(Essen, 2003).

Dowe, Dieter(Hg.), *Die Ost- und Deutschlandpolitik der SPD in der Opposition 1982-1989. Papier eines Kongresses der Friedrich-Ebert-Stiftung am 14. und 15. September 1993 in Bonn*(Bonn, 1993).

Driftmann, Markus, *Die Bonner Deutschlandpolitik 1989/90. Eine Analyse der deutschlandpolitischen Entscheidungsprozesses angesichts des Zerfalls der DDR*(Münster, 2005).

Duisberg, Claus J., *Das deutsche Jahr. Einblicke in die Wiedervereinigung 1989/1990*(Berlin, 2005).

Dülffer, Jost und Wilfried Loth(Hg.), *Dimensionen internationaler Geschichte*(München, 2012).

Ehmke, Horst, *Mittendrin. Von der Großen Koalition zur Deutschen Einheit*(Berlin, 1994).

Eichberg, Henning, *Nationale Identität. Entfremdung und nationale Frage in der Industriegesellschaft* (München, 1978).

Enders, Judith C., Andriana Lettari, Mandy Schulze und Johannes Staemmler(Hg.), *Fach- und Führungskräftemangel in Ostdeutschland. Eine qualitative Untersuchungen der 'Dritten Generation Ostdeutschland'*(Bielefeld, 2013).

Enders, Judith C., Mandy Schulze und Bianca Ely(Hg.), *Wie war das für euch? Die Dritte Generation Ost im Gespräch mit ihren Eltern*(Berlin, 2016).

Engelmann, Roger und Paul Erker(Hg.), *Annäherung und Abgrenzung. Aspekte deutsch-deutscher Beziehungen 1956-1969*(München, 1993).

Eppelmann, Rainer, Bernd Faulenbach und Ulrich Mählert(Hg.), *Bilanz und Perspektiven der DDR-Forschung*(Paderborn, 2003).

Falin, Valentin, *Konflikte im Kreml. Zur Vorgeschichte der deutschen Einheit und Auflösung der Sowjetunion* (München, 1997).

Fäßler, Peter E., *Durch den 'Eisernen Vorhang'. Die deutsch-deutschen Wirtschaftsbeziehungen 1949-1969* (Köln, 2006).

Fischer, Frank, *Im deutschen Interesse Die Ostpolitik der SPD von 1969 bis 1989*(Husum, 2001).

Florath, Bernd, *Das Revolutionsjahr 1989. Die demokratische Revolution in Osteuropa als transnationale Zäsur*(Göttingen, 2011).

Foschepoth, Josef, *Adenauer und die Deutsche Frage*(Göttingen 1988).

Friedmann, Bernhard, *Einheit statt Raketen. Thesen zur Wiedervereinigung als Sicherheitskonzept*(Herford, 1987).

Friedrich Ebert Stiftung Büro Warschau, *Willy Brandt Vorlesung*(Warschau, 2009).

Fröhlich, Manuel, *Sprache als Instrument politischer Führung. Helmut Kohls Berichte zur Lage der Nation im geteilten Deutschlands*(München, 1997).

Frohn, Alex, *Neutralisierung als Alternative zur Westintegation. Die Deutschlandpolitik der Vereinigten Staaten von Amerika 1945-1949*(Frankfurt a. M., 1985).

Fuchs, Stephan, *"Dreiecksverhältnisse sind immer kompliziert" Kissinger, Bahr und die Ostpolitik*(Hamburg, 1999).

Gallus, Alexander, *Die Neutralisten. Verfechter eines vereinten Deutschland zwischen Ost und West 1945-1990*(Düsseldorf, 2005).

Gaus, Günter, *Wo Deutschland liegt. Eine Ortsbestimmung*(Hamburg, 1983).

Geisel, Christof, *Auf der Suche nach einem dritten Weg. Das politische Selbstverständnis der DDR-Opposition in den 80er Jahren*(Berlin, 2005).

Genscher, Hans-Dietrich, *Erinnerungen*(Berlin, 1995).

Geppert, Dominik und Udo Wengst(Hg.), *Neutralität–Chance oder Chimäre? Konzepte des Dritten Weges für Deutschland und die Welt 1945-1990*(München, 2005).

Geyer, Hermann, *Nikolaikirche, montags um fünf: die politischen Gottesdienste der Wendezeit in Leipzig*(Darmstadt, 2007).

Gohle, Peter, *Von der SDP-Gründung zur gesamtdeutschen SPD. Die Sozialdemokratie in der DDR und die Deutsche Einheit 1989/90*(Bonn, 2014).

Gorbatschow, Michael, *Perestroika. Die zweite russische Revolution. Eine neue Politik für Europa und die Welt*(München, 1987).

Gorbatschow, Michael, *Umgestaltung und neues Denken für unser Land und für die ganze Welt*(Berlin, 1988).

Grabowsky, Volker, *Zwei-Nationen-Lehre oder Wiedervereinigung? Die Einstellung der Partei der Arbeit Koreas und der Sozialistischen Einheitspartei Deutschlands zur nationalen Frage ihrer Länder seit dem Zweiten Weltkrieg. Ein Vergleich*(Bochum, 1987).

Grass, Günter, *Ein Schnäppchen namens DDR. Letzte Reden vorm Glockengeläut*(Frankfurt a. M., 1990).

Greiner, Bernd, Christian Th. Müller und Dirk Walter(Hg.), *Angst im Kalten Krieg*(Hamburg, 2009).

Griesmayr, Gottfried, *Ist Wiedervereinigung überhaupt noch möglich?*(Stuttgart, 1962).

Habermas, Jürgen, *Eine Art Schadenabwicklung*(Frankfurt am Main, 1987).

Hacke, Christian, *Zur Weltmacht verdammt. Die amerikanische Außenpolitik von J. F. Kennedy bis G. W. Bush*(München, 1997).

Hacker, Jens, *Deutsche Irrtümer. Schönfärber und Helfershelfer der SED-Diktatur im Westen*(Berlin, 1992).

Hacker, Michael, Stephanie Maiwand, Johannes Staemmler u.a.,(Hg.), *Dritte Generation Ost. Wer wir sind, was wir wollen*(Berlin, 2012).

Hafeneger, Benno, *AfD in Parlamenten. Themen, Strategien, Akteure*(Frankfurt a. M., 2018).

Harrison, Hope M., *Driving the Soviets up the Wall: Soviet-East German Relations, 1953-1961* (Princeton, 2003).

Hartewig, Karin und Alf Lüdtke (Hg.), *Die DDR im Bild. Zum Gebrauch der Fotographie im anderen deutschen Staat* (Göttingen, 2004).

Hauck, Christian W., *Endlösung Deutschland* (München, 1963).

Heinemann, Gustav W., *Verfehlte Deutschlandpolitik- Irreführung und Selbsttäuschung* (Frankfurt a.M., 1966).

Henke, Klaus-Dietmar (Hg.), *Revolution und Vereinigung 1989/90. Als in Deutschland die Realität die Phantasie überholte* (München, 2009).

Henschel, Jana und Wolfgang Engler, *Wer wir sind: Die Erfahrung, ostdeutsch zu sein* (Berlin, 2018).

Hertle, Hans-Hermann, *Der Fall der Mauer. Die unbeabsichtigte Selbstauflösung des SED-Staates 2. durchgesehene Auflage* (Opladen, 1999).

Hertle, Hans-Hermann, Konrad H. Jarausch und Christoph Kleßmann (Hg.), *Mauerbau und Mauerfall. Ursachen-Verlauf-Auswirkungen* (Berlin, 2002).

Heydemann, Günther und Eckart Klein (Hg.), *Die Staatsräson in Deutschland* (Berlin, 2003).

Heym, Stefan, Einmischung, *Gespräche, Reden, Essays* (Frankfurt am Main, 1992).

Hillgruber, Andreas, *Alliierte Pläne für eine 'Neutralisierung' Deutschlands 1945-1955* (Opladen, 1987).

Himmler, Norbert, *Zwischen Macht und Mittelmaß. Großbritanniens Außenpolitik und das Ende des Kalten Krieges. Akteure, Interessen und Entscheidungsprozesse der brtischen Regierung 1989/90* (Berlin, 2001).

Hofmann, Günter, *Vergeßt den Oktober 1989 nicht. Würdelos in der Diktatur. Gedächtnisprotokolle aus den Tagen der friedlichen Revolution* (Dresden, 2010).

Hofmann, Jürgen und Detlef Nakath (Hg.), *Konflikt –Konfrontation–Kooperation. Deutsch-deutsche Beziehungen in vierzig Jahren Zweistaatlichkeit* (Scheukeuditz, 1998).

Hollitzer, Tobias und Sven Sachenbacher, *Die Friedlicher Revolution in Leipzig. Bilder Dokumente und Objekte* (Leipzig, 2012).

Hübsch, Reinhard (Hg.), *Dieckman raus–Hängt ihn auf Der Besuch des DDR-Volkskammerpräsidenten Johannes Dieckmann am 13. Januar 1961 in Marburg* (Bonn, 1995).

Hübsch, Reinhard (Hg.), *Hört die Signale! Die Deutschlandpolitik von KPD/SED und SPD 1945-1970* (Berlin, 2002).

Jackisch, Klaus-Rainer, *Eisern gegen die Einheit. Margaret Thatcher und die deutsche Wiedervereinigung* (Frankfurt a. M., 2004).

Jäger, Wolfgang, *Die Überwindung der Teilung. Der innerdeutsche Prozess der Vereinigung 1989/90* (Stuttgart, 1998).

Jäger, Wolfgang and Ingeborg Villinger (Hg.), *Die Intellektuellen und die deutsche EInheit* (Freiburg i. Br, 1997).

Jänicke, Martin, *Der Dritte Weg. Die antistalinistische Opposition gegen Ulbrich seit 1953* (Köln, 1964).

Jarausch, Konrad H, *Die unverhoffte Einheit 1989-1990* (Frankfurt a. M, 1995).

Jarausch, Konrad H. und Martin Sabrow(Hg.), *Weg in den Untergang. Der innere Zerfall der DDR* (Göttingen, 1999).

Jarusky, Jürgen(Hg.), *Die Stalinnote vom 10. März 1952. Neue Quellen und Analysen* (München, 2002).

Jaspers, Karl, *Freiheit und Wiedervereinigung. Über Aufgaben deutscher Politik* (München, 1960).

Jesse, Eckhard(Hg.), *Renaissance der deutschen Frage* (Stuttgart, 1987).

John, Uwe und Josef Matzerath(Hg.), *Landesgeschichte als Herausforderung und Programm. Karlheinz Blaschke zum 70. Geburtstag* (Stuttgart, 1997).

Junker, Detlef(Hg.), *Die USA und Deutschland im Zeitalter des Kalten Krieges 1945-1990, Bd. 2* (Stuttgart, 2001).

Keith Lowe, *Der wilde Kontinent. Europa in den Jahren der Anarchie 1943-1950* (Stuttgart, 2010).

Kerski, Basil, Andrzej Kotula und Kazimierz Wóycicki(Hg.), *Zwangsverordnete Freundschaft? Die Entwicklung der Beziehungen zwischen der DDR und Polen 1949–1990* (Osnabrück, 2003).

Kiessler, Richard und Elbe Frank, *Der diplomatische Weg zur deutschen Einheit* (Frankfurt a. M., 1996).

Kilian, Werner, *Die Hallstein-Doktrin. Der diplomatische Krieg zwischen der BRD und der DDR 1955–1973, aus den Akten der beiden deutschen Außenministerien* (Berlin, 2001).

Klefisch, Johannes W., *Schluß mit Deutschland?* (Köln, 1963).

Klönne, Arno, *Zurück zur Nation? Kontroversen zu deutschen Fragen* (Köln, 1984).

Kohl, Helmut, "*Ich wollte Deutschlands Einheit.*" *Dargestellt von Kai Dieckmann und Ralf Georg Reuth* (Berlin, 1996).

Kohl, Helmut, *Erinnerungen 1982-1990* (München, 2005).

Kollmorgen, Raj, Frank Thomas Koch und Hans-Liduger Dinel(Hg.), *Diskurse der deutschen Einheit. Kritik und Alternativen* (Wiesbaden, 2011).

Korte, Karl-Rudolf, *Deutschlandpolitik in Helmut Kohls Kanzlerschaft. Regierungsstil und Entscheidungen 1982-1989* (Stuttgart, 1998).

Kotschemassow, *Wjatscheslaw, Meine letzte Mission. Fakten, Erinnerungen, Überlegungen* (Berlin, 1994).

Kowalczuk, Ilko-Sascha, *Endspiel. Die Revolution von 1989 in der DDR* (München, 2009).

Kreis, Reinhild(Hg.), *Diplomatie mit Gefühl. Vertrauen, Misstrauen und die Außenpolitik der Bundesrepublik Deutschland* (München, 2015).

Kroneberg, Volker, *Patriotismus in Deutschland. Perspektiven für eine weltoffene Nation* (Wiesbaden, 2006).

Kuby, Erich(Hg.), *Deutsche Schattenspiele. Dazu Interviews zur nationalen Frage mit Rudolf Augstein, Egon Bahr, Willy Brandt, Günter Gaus, Walther Leisler Kiep, Hans-Ulrich Klose, Elisabeth Noelle-Naumann, Otto Schily, Jürgen Schmude, Franz Josef Strauß, Horst Teltschik* (München. 1988).

Kuhn, Ekkehard, "*Wir sind das Volk!*" *Die friedliche Revolution in Leipzig, 9. Oktober 1989* (Berlin, 1999).

Kuhn, Ekkehard(Hg.), *Gorbatschow und die deutsche Einheit. Aussagen der wichtigsten russischen und deutschen Beteiligten*(Bonn, 1993).

Kukutz, Irena, *Chronik der Bürgerbewegung Neues Forum 1989–1990*(Berlin, 2009).

Land, Rainer und Ralf Possekel, *Fremde Welten. Die gegensätzliche Deutung der DDR durch die SED-Reformer und Bürgerewegung in den 80er Jahren*(Berlin, 1999).

Lange, A. Kai-Uwe. *George Frost Kennan und der Kalte Krieg: Eine Analyse der Kennanschen Variant der Containment Policy*(Hamburg, 2001).

Larres, Klaus, *Politik der Illusionen: Churchill, Eisenhower und die deutsche Frage*(Göttingen, 1995).

Lawson, George, and Chris Armbruster, *The Global 1989: Continuity and Change in World Politics*(New York, 2010).

Lee, Dong-Ki, *Option oder Illusion? Die Idee eines nationalen Konföderation im geteilten Deutschland 1949-1990* (Berlin, 2010).

Lemke, Michael, *Die Berlinkrise 1958 bis 1963. Interessen und Handlungsspielräume der SED im Ost-West-Konflikt*(Berlin, 1995).

Lemke, Michael, *Einheit oder Sozialismus? Die Deutschlandpolitik der SED 1949-1961*(Köln, 2001).

Lemke, Michael, *Die Berlinkrise 1958 bis 1963. Interessen und Handlungsspielräume der SED im Ost-West-Konflikt*(Berlin 1995).

Lemkuhl, Ursula und Clemens A. Wurm(Hg.), *Gesellschaft und Internationale Geschichte im 20. Jahrhundert. Festschrift für Gustav Schmidt*(Stuttgart, 2003).

Leugers-Scherzberg, August H., *Die Wandlungen des Herbert Wehner. Von der Volksfront zur Großen Koalition*(Berlin, 2002).

Lindenberger, Thomas(Hg.), *Massenmedien im Kalten Krieg, Akteure, Bilder, Resonanzen*(Köln, 2005).

Linke, Angelika und Jakob Tanner(Hg.), *Attraktion und Abwehr: die Amerikanisierung der Alltagskultur in Europe*(Köln, 2006).

Loth, Wilfried, *Die Sowjetunion und die deutsche Frage. Studien zur sowjetischen Deutschlandpolitik von Stalin bis Chruschtschow*(Göttingen, 2007).

Loth, Wilfried, *Stalins ungeliebtes Kind. Warum Moskau die DDR nicht wollte*(Berlin, 1994).

Loth, Wilfried, *Die Teilung der Welt. Geschichte des Kalten Krieges 1941-1955*(München, 1980).

Ludwig, Andrea, *Neue oder Deutsche Linke? Nation und Nationalismus im Denken von Linken und Grünen*(Opladen, 1995).

Mann, Golo, *Deutsche Geschichte des 19. und 20. Jahrhunderts*(Frankfurt a. M., 1966).

Mark, James, *1989: A Global History of Eastern Europe*(Cambridge, 2019).

Trömmer, Markus, *Der verhaltene Gang in die deutsche Einheit. Das Verhältnis zwischen den Oppositionsgruppen und der(SED-)PDS im letzten Jahr der DDR*(Frankfurt a. M., 2002).

Martel, Gordon(Hg.), *A Companion to International History 1900-2001*(Malden, 2007).

Mellies, Dirk, *Trojanisches Pferde der DDR? Das neutralistisch-pazifistische Netzwerk der frühen Bundesrepublik un die Deutsche Volkszeitung, 1953-1973*(Frankfurt a. M., 2007).

Meyer, Christoph, *Herbert Wehner. Biographie*(München, 2006).

Michael Ludwig, *Polen und die deutsche Frage. Mit einer Dokumentation zum deutsch-polnischen Vertrag vom 17. Juni 1991*(Bonn, 1991).

Mielke, Hans-Jürgen, *Die Autobahn Berlin-Hamburg. Politik und Geschichte erfahren*(Halle, 2017).

Mielke, Henning, *Die Auflösung der Länder in der SBZ/DDR. Von der deutschen Selbstverwaltung zum sozialistischen Einheitsstaat nach dem sowjetischen Modell 1945-1952*(Stuttgart, 1995).

Mitterand, François, *Über Deutschland*(Frankfurt a. M., 1998).

Modrow, Hans, *Aufbruch und Ende*(Hamburg, 1991).

Modrow, Hans, *Ich wollte ein neues Deutschland*(München, 1999).

Morsey, Rudolf, *Die Deutschlandpolitik Adenauers. Alte Thesen und neue Fakten*(Opladen, 1991).

Müller, Jan-Werner, *Another Country: German Intellectuals, Unification and National Identity*(New Haven, 2000).

Müller, Reinhard, *Der "2+4"-Vertrag und das Selbstbestimmungsrecht der Völker*(Frankfurt am Main, 1997).

Mundus, Doris, *Leipzig 1989. Eine Chronik*(Leipzig, 2009).

Nakath, Detlef(Hg.), *Deutsch-deutsche Grundlagen. Zur Geschichte der politischen und wirtschaftlichen Beziehungen zwischen der DDR und der Bundesrepublik in den Jahren von 1969 bis 1982*(Schkeuditz, 2002).

Nakath, Detlef und Gerd-Rüdiger Stephan(Hg.), *Countdown zur deutschen Einheit. Eine dokumentierte Geschichte der deutsch-deutschen Beziehungen 1987-1990*(Berlin, 1996).

Nakath, Detlef und Gerd-Rüdiger Stephan(Hg.), *Von Hubertusstock nach Bonn. Eine dokumentierte Geschichte der deutsch-deutschen Beziehungen auf höchster Ebene 1980-1987*(Berlin, 1995).

Nakath, Detlef und Gerd-Rüdiger Stephan(Hg.), *Das Dreiecksverhältnis Bonn-Moskau-Ostberlin. Aspekte der sowjetischen Einflußnahme auf die deutsch-deustchen Beziehungen in den siebziger und achtziger Jahren*(Berlin, 1999).

Neubert, Ehrhart, *Unsere Revolution. Die Geschichte der Jahre 1989/90*(München, 2008).

Oplatka, Andreas, *Der erste Riss in der Mauer. September 1989 Ungarn öffnet die Grenze*(Wien, 2009).

Pabst, Andrea, Catharina Schultheiß und Peter Bohley(Hg.), *Wir sind das Volk? Ostdeutsche Bürgerbewegungen und die Wende*(Tübingen, 2001).

Pak, Nae-sik, *Die Ost- und Deutschlandpolitik der Bundesrepublik Deutschland 1958-1966 im Spiegel der Wochenzeitung "Die Zeit"*(Münster, 1998).

Pannier, Jörg, *Das Vexierbild des Politischen: Dolf Sterberger als politischer Aristoteliker*(Berlin, 1996).

Pfahl-Traughber, Armin, *Die AfD und der Rechtsextremismus: Eine Analyse aus politikwissenschaftlicher Perspektive*(Wiesbaden, 2019).

Piesche, Peggy(Hg.), *Labor 89. Intersektionale Bewegungsgeschichten aus West und Ost*(Berlin, 2020).

Plato, Alexander von, *Die Vereinigung Deutschlands-ein weltpolitisches Machtspiel. Bush, Kohl, Gorbatschow und die geheimen Moskauer Protokolle*(Berlin, 2002).

Plessner, Helmut, *Die verspätete Nation*(Stuttgart, 1959).

Plum, Günter und Werner Röder, *Einheit der Nation. Diskussionen und Konzeptionen zur Deutschlandpolitik der großen Parteien seit 1945*(Stuttgart-Bad Cannstatt, 1978).

Poiger, Uta G., *Jazz, rock and rebels: cold war politics and American culture in a divided Germany*(Berkeley, 2000).

Potthoff, Heinrich, *Die Koalition der Vernunft'Deutschlandpolitik in den 80er Jahren*(München, 1995).

Potthoff, Heinrich, *Im Schatten der Mauer. Deutschlandpolitik 1961-1990*(Berlin, 1999).

Prokop, Siegfried, *1956 DDR am Scheideweg. Opposition und neue Konzepte der Intelligenz*(Berlin, 2006).

Ritter, Gerhard A., *Wir sind das Volk! Wir sind ein Volk! Geschichte der deutschen Einigung*(München, 2009).

Rochtus, Dirk, *Zwischen Realität und Utopie. Das Konzept des "dritten Weges" in der DDR 1989/90*(Leipzig, 1999).

Rödder, Andreas, *Deutschland einig Vaterland. Die Geschichte der Wiedervereinigung*(München, 2009).

Roth, Florian, *Die Idee der Nation im politischen Diskurs. Die Bundesrepublik zwischen neuer Ostpolitik und Wiedervereinigung(1969-1990)*(Baden-Baden, 1995).

Rother, Bernd(Hg.), *Willy Brandts Außenpolitik*(Wiedbaden, 2014).

Ruggenthaler, Peter(Hg.), *Stalins großer Bluff: Die Geschichte der Stalin-Note in Dokumenten der sowjetischen Führung*(München, 2007).

Rupnik, Jacque, *1989 as a Political World Event Democracy, Europe and the New International System in the Age of Globalization*(London, 2013).

Sabrow, Martin, *1989 und die Rolle der Gewalt*(Göttingen, 2012).

Sabrow, Martin(Hg.), *Erinnerungsorte der DDR*(Bonn, 2010).

Sander, Hans-Dietrich, *Der nationale Imperative. Ideengänge und Werkstücke zur Wiederherstellung Deutschlands*(Krefeld, 1980).

Schabowski, Günter, *Der Zerfall einer Leihmacht*(Rostock, 2009).

Schalck-Golodkowski, Alexander, *Deutsch-deutsche Erinnerungen*(Hamburg, 2001).

Schlichting, Franz-Josef und Hans-Joachim Veen, *Der Anfang vom Ende 1989. Schlussbilanz der DDR-Diktatur*(Erfurt, 2009).

Schmidt, Wolfgang, "Was 'Reunification' the final objective of Willy Brandt's Ostpolitik? Reflections on the discussion about the German question 1949-1990", 「유럽통합과 독일의 분단, 통일 경험에 비추어 본 한국의 통일과제와 동아시아 공동체 구상, -동아시아 공동의 역사인식 그리고 평화와 민주주의 번영을 위한 국제학술회의-」, 2009년 5월 20일-23일, 한국외국어대학교.

Schöne, Jens, *Die friedliche Revolution. Berlin 1989/90. Der Weg zur deutschen Einheit. Berlin Story*(Berlin,

2008).

Schönian, Valerie, *Ostbewusstsein: Warum Nachwendekinder für den Osten streiten und was das für die Deutsche Einheit bedeutet*(München, 2020).

Schüddekopf, Charles, *"Wir sind das Volk." Flugschriften, Aufrufe und Texte einer deutschen Revolution* (Reinbek, 1990).

Schütz, Wilhelm Wolfgang, *Reform der Deutschlandpolitik*(Köln, 1965).

Schwan, Heribert, *Die Frau an seiner Seite: Leben und Leiden der Hannelore Kohl*(München, 2012).

Schwann, Hermann, *Wir müssen umdenken- Innerdeutsche Kontakte oder Verzicht auf die deutsche Einheit* (Hamburg, 1965).

Schwarz, Hans-Peter, *Anmerkungen zu Adenauer*(München, 2004).

Schweigler, Gerhard, *Nationalbewusstsein in der BRD und DDR*(Düsseldorf, 1973).

Sebastian J. Glazeder, *Die Deutschlandpolitik der FDP in der Ära Adenauer. Konzeptionen in Entstehung und Praxis*(Baden-Baden, 1980).

Seiffert, Wolfgang, *Die Deutschen und Gorbatschow. Chancen für einen Interessenausgleich*(Erlangen, 1989).

Siracusa, Joseph M., *Diplomacy: A Very Short Introduction*(Oxford, 2010).

Skriver, Ansgar(Hg.), *Berlin und keine Illusion*(Hamburg, 1962).

Sommer, Theo(Hg.), *Denken an Deutschland. Zum Problem der Wiedervereinigung Ansichten und Einsichten* (Hamburg, 1966).

Steininger, Rolf, *Der Staatsvertrag. Österreich im Schatten von deutscher Frage und Kaltem Krieg*(Wien, 2009).

Stemmler, Susanne, *1989 Globale Geschichten*(Göttingen, 2009).

Stephan, Alexander und Jochen Vogt(Hg.), *America on my mind: Zur Amerikanisierung der deutschen Kultur seit 1945*(München, 2006).

Sternberger, Dolf, *'Ich wünschte ein Bürger zu sein' Neun Versuche über den Staat*(Frankfurt a.M., 1967).

Stokłosa, Katarzyna, *Polen und die deutsche Ostpolitik 1945-1990*(Göttingen, 2011).

Stourzh, Gerald, *Um Einheit und Freiheit: Staatsvertrag, Neutralität und das Ende der Ost-West-Besetzung Österreichs 1945-1955*(Wien, 2005).

Stöver, Bernd, *Der Kalte Krieg. Geschichte eines radikalen Zeitalters 1947-1991*(München, 2007).

Sturm, Daniel Friedrich, *Uneinig in die Einheit. Die Sozialdemokratie und die Vereinigung Deutschlands 1989/90*(Bonn, 2006).

Supplan, Arnold and Wolfgang(eds.), *"Peaceful Coexistence" or "Iron Curtain". Austria, Neutrality and Eastern Europe in the Cold War and Detente, 1955-1989*(Wien, 2009).

Szalontai, Balázs, *Kim Il Sung in the Khrushev Era. Soviet-DPRK Relations and the Roots of the North Korean Despotism 1953-1964*(Washington D.C., 2005).

Teltschik, Horst, *329 Tage. Innenansichten der Einigung*(Berlin, 1991).

Thatcher, Margaret, *Downing Street No. 10. Die Erinnerungen*(Düsseldorf, 1993).

Timmer, Karsten, *Vom Aufbruch zum Umbruch. Die Bürgerbewegung in der DDR 1989*(Göttingen, 2000).

Timmermann, Heiner(Hg.), *Die DDR in Deutschland. Ein Rückblick auf 50 Jahre*(Berlin, 2001).

Tomala, Mieczyslaw, *Polen und die deutsche Wiedervereinigung*(Warszawa, 2004).

Tomala, Mieczyslaw, *Deutschland von Polen gesehen. Zu den deutsch-polnischen Beziehungen 1945-1990*(Marburg, 2000).

Tschernjajew, Anatoli S., *Mein deutsches Tagebuch*(Klitzschen, 2005).

Venohr, Wolfgang, *Ein Deutschland wird es sein*(Erlangen, 1990).

Venohr, Wolfgang(Hg.), *Die deutsche Einheit kommt bestimmt*(Bergisch-Gladbach, 1982).

Vodička, Karel, *Die Prager Botschaftsflüchtlinge 1989*(Göttingen, 2014).

Vogel, Hans-Jochen, *Nachsichten. Meine Bonner und Berliner Jahre*(München, 1996).

Vogtmeier, Andreas, *Egon Bahr und die deutsche Frage. Zur Entwicklung der sozialdemokratischen Ost-und Deutschlandpolitik vom Kriegsende bis zur Vereinigung*(Bonn, 1996).

Volmer, Ludger, *Die Grünen und die Außenpolitik-ein schwieriges Verhältnis*(Münster, 1998).

Walser, Martin, *Vormittag eines Schriftstellers*(Frankfurt a. M., 1994).

Wehner, Herbert, *Wandel und Bewährung. Ausgewählte Reden und Schriften 1930-1967, Hrsg. von Hans-Werner Graf Finckenstein/Gerhard Jahn*(Frankfurt a. M., 1968).

Weigt, Gerhard, *Demokratie jetzt Der schwierige Weg zur deutschen Einheit. Ein Zeitzeuge berichtet*(Leipzig, 2015).

Wengst, Udo(Hg.), *Historiker betrachten Deutschland. Beiträge zum Vereinigungsprozess und zur Hauptstadtdiskussion(Februar 1990-Juni 1991)*(Bonn, 1992).

Wentker, Hermann, *Außenpolitik in engen Grenzen, Die DDR im internationalen System 1949-1989*(München, 2007).

Weidenfeld, Werner, *Außenpolitik für die deutsche Einheit*(Stuttgart, 1998).

Westle, Bettina, *Kollektive Idetität im vereinten Deutschland. Nation und Demokratie der Deutschen* (Opladen, 1999).

Wielgohs, Jan, *Marianne Schulz und Helmut Müller-Enbergs, Bündnis 90. Entstehung, Entwicklung, Perspektiven. Ein Beitrag zur Parteienforschung im vereinigten Deutschland*(Berlin, 1992).

Winkler, Heinrich A. und Hartmut Kaelble(Hg.), *Nationalismus-Nationalitäten- Supranationalität* (Stuttgart, 1993).

Wolf Christian von Harling, *Deutschland zwischen den Mächten Grundlage einer aktiven Außenpolitik* (Hamburg, 1962).

Wolf, Markus, *Spionagechef im geheimen Krieg. Erinnerungen*(München, 1998).

Wolfgang, Harich, *Keine Schwierigkeiten mit der Wahrheit*(Berlin, 1993).

Wünsch, Roland, *Das Ende der Alternative. Die Grünen in der Wiedervereinigung*(Bonn, 1995).

Young Whan Kihl(Hg.), *Korea and The World. Beyond the Cold War*(Boulder, 1994).

Zelikow, Philip and Condoleezza Rice, *Germany Unified and Europe Transformed: Study in State-craft*(Cambridge, 1997).

Zimmer, Matthias, *Nationales Interesse und Staatsräson. Zur Deutschlandpolitik der Regierung Kohl 1982-1989*(München, 1998).

Zimmermann, Harro, *Günter Grass unter den Deutschen. Chronik eines Verhältnisses*(Göttingen, 2006).

Zitelmann, Rainer, *Adenauers Gegner. Streiter für die Einheit*(Erlangen, 1991).

ㄱ

가이젤, 크리스토프(Christof Geisel) 138
겐셔, 한스-디트리히(Hans-Dietrich Genscher)
　　78-83, 105-106, 111, 141, 240,
　　249-253, 261-262, 271
구차이트, 마르틴(Martin Gutzeit) 149
고르바초프, 미하일(Mikhail Gorbachev) 91,
　　176-178, 184, 189, 197, 240-249, 252-
　　256
그라스, 귄터(Günter Grass) 157, 213, 225-
　　230, 318
기민련(CDU) 28, 34, 46, 48, 51, 54-55, 66,
　　73, 76-78, 81-91, 101-102, 104-107,
　　109, 111-113, 127, 164, 173-176, 196,
　　198, 300
기사련(CSU) 24, 48, 51, 66, 76, 78, 83-89,
　　104-105, 196, 311
기지, 그레고어(Gregor Gysi) 247
김대중 93, 305-306
김일성 307-308
김정은 233
김정일 305

ㄴ

노무현 _93
노악, 울리히(Ulrich Noack) 311-312, 318
녹색당(Bündnis90/Die Grünen) 85, 113,
　　149, 164, 181, 209-213, 221-224, 230,
　　318-322, 326
닉슨, 리처드(Richard Nixon) 56-60, 62

ㄷ

달렘, 프란츠(Franz Dahlem) 52
데메지에르, 로타어(Lothar de Maiziere) 164-
　　165
데일, 개러스(Gareth Dale) 138, 162
델러, 토마스(Thomas Dehler) 51
데히오, 루트비히(Ludwig Dehio) 263
도이블러-그멜린, 헤르타(Herta Däubler-
　　Gmelin) 214
동맹90 ⇒ 녹색당
돌링거, 베르너(Werner Dollinger) 44-47
되링, 볼프강(Wolfgang Döring) 49
두마, 롤랑(Roland Dumas) 241, 251
두치케, 루디(Rudi Dutschke) 319
드레거, 알프레트(Alfred Dregger) 84
디프겐, 에버하르트(Eberhard Diepgen) 87

ㄹ

라이헤, 슈테펜(Steffen Reiche) 149
라이히, 옌스(Jens Reich) 148
람프스도르프, 오토 그라프(Otto Graf
　　Lambsdorff) 77
레링어, 루트비히(Ludwig Lehringer) 115

레이건, 로널드(Ronald Reagan) 73, 83

로스, 데니스(Dennis Ross) 367

로트, 빌프리트(Wilfried Loth) 195

리베르만, 도리스(Doris Liebermann) 145

ㅁ
—

마저, 쿠르트(Kurt Maser) 151

마조비에츠키, 타데우시(Tadeusz Mazowiecki)
258, 261

메르켈, 마르쿠스(Markus Merkel) 149

메르켈, 앙겔라(Angela Merkel) 174, 237-238,
294, 296

모드로, 한스(Hans Modrow) 163, 183-188,
193-201

모리아크, 프랑수아(François Mauriac) 207

몸젠, 한스(Hans Mommsen) 210

민사당(PDS) 164, 197

ㅂ
—

바르, 에곤(Egon Bahr) 53-54, 60-62, 67-69,
216, 324

바르첼, 라이너(Rainer Barzel) 115

바스티안, 게르트(Gert Bastian) 222

바이스, 콘라트(Konrad Weiß) 156

바이츠제커, 리하르트 폰(Richard von
Weizsäcker) 86, 271

박근혜 93

발, 홀거(Holger Bahl) 97-99, 127

베너, 헤르베르트(Herbert Wehner) 49-50, 65,
67, 322-325

베버, 알프레트(Alfred Weber) 51

베이커, 제임스(James Baker) 189, 244, 251

벤더, 페터(Peter Bender) 225

볼라이, 베르벨(Bärbel Bohley) 148

볼프, 크리스타(Christa Wolf) 156

브란트, 빌리(Willy Brandt) 11, 34, 53-55,
58-69, 73-76, 79, 83-84, 93, 102, 106,
108, 175, 210, 213, 215, 219-221, 230,
271, 324-325

브란트, 페터(Peter Brandt) 319, 322

브레즈네프, 레오니트(Leonid Brezhnev)
56-59, 80

블룀, 노르베르트(Norbert Blüm) 86

비덴코프, 쿠르트(Kurt Biedenkofp) 86

비르트, 요제프(Josef Wirth) 51

비엘레츠키, 크시슈토프(Krzysztof Bielecki)
262

비슈네프스키, 한스-위르겐(Hans-Jürgen
Wischnewski) 362

빈델렌, 하인리히(Heinrich Windelen) 84

ㅅ
—

사민당(SPD) 27, 34-35, 48-51, 53-55, 60,
62, 65-67, 73-85, 88-91, 101-108,
111-113, 127, 149, 164, 181, 200, 209-

210, 213-221, 225, 230, 319-324
사통당(SED) 27, 30, 34, 45, 49-52, 57, 80,
　　85-89, 116, 139, 142, 145, 149, 177-
　　181, 191, 197, 247, 307, 317, 323
샬크-골로트코프스키, 알렉산더(Alexander
　　Schalck-Golodkowski) 177-179
세바르드나제, 예두아르트(Eduard A.
　　Shevardnadze) 247, 251
섀퍼, 프리츠(Fritz Schäfer) 310-311
셸, 발터(Walter Scheel) 49
솅케, 볼프(Wolf Schenke) 51, 319-322
쇼이블레, 볼프강(Wolfgang Schäuble) 111,
　　177, 179
숄렘머, 프리드리히(Friedrich Schorlemmer)
　　156
쉬르데반, 카를(Karl Schirdewan) 52
슈마허, 쿠르트(Kurt Schumacher) 51
슈미트, 헬무트(Helmut Schmidt) 34, 50, 55,
　　65, 76-79, 81-83, 93, 102, 108, 175
슈탕에, 위르겐(Jürgen Stange) 115
슈톨츠, 롤프(Rolf Stolz) 222, 319, 322
슈톨텐베르크, 게르하르트(Gerhard
　　Stoltenberg) 86
슈트라서, 오토(Otto Strauβer) 51
슈트라우스, 프란츠 요제프(Franz Josef Strauβ)
　　84, 89-90, 126
슐트, 라인하르트(Reinhard Schult) 148
스쿠비셰프스키, 크시슈토프(Krzysztof
　　Skubiszewski) 261-262

ㅇ
ㅡ
아데나워, 콘라트(Konrad Adenauer) 28-29,
　　33, 48, 51-52, 115, 314
AfD(Alternative für Deutschland) 135-136
아우크슈타인, 루돌프(Rudolf Augstein) 51
아른트, 오토(Otto Arndt) 44-47
아커만, 안톤(Anton Ackermann) 52
안드레스, 게르트(Gerd Andres) 362
애쉬, 티머시 가튼(Timothy Garton Ash)
　　68, 71
얀, 롤란트(Roland Jahn) 145
얀카, 발터(Walter Janka) 52, 225
에르하르트, 루트비히(Ludwig Erhard) 8
에첼, 헤르만(Hermann Etzel) 313-318
에케르트, 라이너(Rainer Eckert) 139
엘페스, 빌헬름(Wilhelm Elfes) 315-316, 319
엠케, 호르스트(Horst Ehmke) 214
예닝어, 필리프(Philipp Jenninger) 80
옐친, 보리스(Boris Yeltsin) 256
오니스츠키비츠, 야누스(Janusz Onyszkiewicz)
　　260
오즈, 아모스(Amos Oz) 5-7
외르첸, 한 페터 폰(Peter von Oertzen) 362
울브리히트, 발터(Walter Ulbricht) 30, 52, 56-
　　57, 191-192, 310, 323
이명박 93

ㅈ

자민당(FDP) 34, 48-49, 51, 55, 66, 76-78,
    81-84, 104-108, 111, 127, 196
자이터스, 루돌프(Rudolf Seiters) 177, 179,
    182, 194, 196

ㅊ

차이서, 빌헬름(Wilhelm Zaisser) 52
치머만, 페터(Peter Zimmermann) 151
최승완 142
최용건 307

ㅋ

카르스텐스, 카를(Karl Carstens) 79, 84
카이저, 야코프(Jakob Kaiser) 51
케른, 헬무트(Helmuth Kern) 46
켈리, 페트라(Petra Kelly) 222
코플로비츠, 아브라함(Abraham Koplowicz)
    98
콜-리히터, 마이케(Maike Kohl-Richter) 173
콜, 하넬로레(Hannelore Kohl) 173, 271-273,
    302, 369
콜, 헬무트(Helut Kohl) 73-93, 101-103,
    108-110, 139, 143-144, 147, 155, 160,
    164, 173-203, 212, 214-221, 224-232,
    238-253, 258-264, 271-273, 301, 309,

325
쾨글러, 테오도어(Theodor Kögler) 51
쿤크타토르, 파비우스 막시우스(Fabius
    Maximus Cunctator) 247
크렌츠, 에곤(Egon Krenz) 149, 162, 177-179,
    183, 349
크룸프홀츠, 게르트(Gerd Krumbholz) 151
키신저, 헨리(Henry Kissinger) 58-62
키징거, 쿠르트 게오르크(Kurt Georg
    Kiesinger) 48
키프, 발터 라이슬러(Walther Leisler Kiep)
    85-88

ㅌ

텔칙, 호르스트(Horst Teltschik) 184, 186,
    189, 212, 239, 241, 248

ㅍ

팔린, 발렌틴(Valemtin Falin) 184
포겔, 볼프강(Wolfgang Vogel) 115
포겔, 한스-요헨(Hans-Jochen Vogel) 214-
    216
포르투갈로프, 니콜라이(Nikolai Portugalow)
    184
포크트, 롤란트(Roland Vogt) 222
포크트, 카르스텐(Karsten D. Vogt) 215
포페, 울리커(Ulriker Poppe) 156

폴머, 안트예(Antje Vollmer) 213, 222

폴페르트, 하인츠(Heinz Volpert) 115

푹스, 위르겐(Jürgen Duchs) 145

푹스, 카트린(Katrin Fuchs) 362

플라이더러, 카를 게오르크(Karl Georg
    Pfleiderer) 51

피셔, 오스카어(Oskar Fischer) 80, 111

ㅎ
—

하리히, 볼프강(Wolfgang Harich) 52

하버마스, 위르겐(Jürgen Habermas) 211, 226,
    232

하버만, 카티야(Katja Havemann) 148

하우스라이터, 아우구스트(August Haußleiter)
    51

하이네만, 구스타프(Gustav Heinemann) 51,
    207-208

하인리히, 롤프(Rolf Heinrich) 148

하임, 슈테판(Stefan Heym) 156-157, 225

해르텔, 이네스(Ines Härtel) 294

해버, 헤르베르트(Herbert Häber) 86-87

허드, 더글러스(Douglas Hurd) 243

헤른슈타트, 루돌프(Rudolf Herrnstadt) 52

호네커, 에리히(Erich Honecker) 34, 55-57,
    66, 80, 86, 90-92, 103, 116, 140, 149,
    177, 287, 307

후쿠야마, 프랜시스(Francis Fukuyama) 367

힐데브란트, 프라우케(Frauke Hildebrant) 295

비밀과 역설

10개의 키워드로 읽는 독일통일과 평화

1판 1쇄 펴냄 2020년 10월 3일
1판 2쇄 펴냄 2020년 12월 18일

지은이   이동기
펴낸이   김정호
펴낸곳   아카넷

출판등록   2000년 1월 24일(제406-2000-000012호)
주소   10881 경기도 파주시 회동길 445-3
전화   031-955-9511(편집) 031-955-9514(주문)
팩스   031-955-9519
책임편집   박수용
전자우편   acanet@acanet.co.kr
홈페이지   www.acanet.co.kr

ⓒ 이동기, 2020
Printed in Paju, Korea.

ISBN 978-89-5733-699-1 03920

이 도서의 국립중앙도서관 출판예정도서목록(CIP)은 서지정보유통지원시스템 홈페이지(http://seoji.nl.go.kr)와 국가
자료공동목록시스템(http://www.nl.go.kr/kolisnet)에서 이용하실 수 있습니다.(CIP제어번호: CIP2020040063)